KB052329

# 중국경제가 나아가야 할 방향

# 중국경제가 나아가야 할 방향

**초판 1쇄** 인쇄 2022년 1월 15일
**초판 1쇄** 발행 2022년 1월 20일
**옮 긴 이** 장잔빈(张占斌)
**발 행 인** 김승일(金勝一)
**디 자 인** 조경미
**출 판 사** 경지출판사
**출판등록** 제 2015-000026호

잘못된 책은 바꿔드립니다.
가격은 표지 뒷면에 있습니다.

ISBN 979-11-90159-76-0 (03320)

---

**판매 및 공급처** 경지출판사

**주소:** 서울시 도봉구 도봉로117길 5-14 **Tel:** 02-2268-9410 **Fax:** 0502-989-9415
**블로그:** https://blog.naver.com/jojojo4



※ 이 도서의 국립중앙도서관 출판시 도서목록(CIP)은 서지정보유통지원시스템 홈페이지(http://seoji.nl.go.kr)와 국가자료공동목록시스템에서 이용하실 수 있습니다.

B&R Book Program

# 중국경제가 나아가야 할 방향

장잔빈(张占斌) 지음 · 김승일(金勝一) 옮김

Korea Wisdom China
경지출판사

*contents*

*contents*

*contents*

## 전체 서언

중국 개혁의 역사는 사실상 관련 제도와 체제메커니즘 변천의 역사이기도 하다. 중국경제가 새로운 단계로 진입한 상황에서 제도개혁·제도혁신과 체제메커니즘 변천의 작용은 더욱 뚜렷해지고 있다. 당의 18차 전국대표대회 이래 시진핑(習近平) 동지를 핵심으로 하는 당 중앙(党中央)은 "우리 앞에 놓인 하나의 중대한 역사적 과제는 중국특색사회주의제도가 더욱 성숙되고 더욱 정형(定型)화 되도록 추진하고, 당과 국가의 사업발전, 인민들의 행복과 안정, 사회의 조화와 안정, 국가의 항구적인 안정을 위한 일련의 완벽하고 안정적이며 유용한 제도체계를 마련하는 것"이라고 강조했다. 또한 "2020년에 이르러 중요한 영역과 관건적 단계의 개혁에서 결정적인 성과를 이룩해야 하고", "완벽한 시스템을 이루고, 과학적이고 규범화되어, 효과적으로 운행할 수 있는 제도체계를 마련함으로써 각 방면의 제도가 더욱 성숙되고 정형화되도록 해야 하며", "국가 통치시스템과 통치능력의 현대화를 실현해야 한다."고 강조했다. 당의 문헌에서 '제도체계(制度体系)'와 '제도정형(制度定型)'이라는 낱말이 처음으로 출연했을 뿐만 아니라 특별히 강조되었는데, 이는 새로운 개혁의 제도적 방향을 세계에 보여주는 것이기도 하다.

오늘날 중국의 개혁은 제도건설을 강화하는 것을 핵심으로 하는 전면적인 개혁심화 단계에 들어섰다. '제도개혁(制度改革)'은 시종일관 중요한 영역이나 관건적인 단계에 초점을 모으고 있으며, '제도혁신(制度創新)'은 정층설계(頂層設計, Top-level design)와 조합연결(配套銜接)에 중점을 두고, '피아노를 치는 것'[1]을 종합적으로 배치함으로써 일련의 제도와 시스템이 더욱 성숙되고 정형화되고 있다. 개혁은 어느 단일 영역체제의 조정이나 보수(補修)가 아니라 여러 방면의 체제와 제도의 혁신이고, 어느 영역에 대한 체제개혁의 단일방향을 추진하는 것이 아니라 영역별·단계별에 따른 체계적인 추진이며, 체제메커니즘의 개혁에만 머무르는 것이 아니라 제도의 취합과 집성에 착안하여 총체적인 제도성과와 제도문명을 이룩하려는 것이다. 제도건설로써 개혁개방의 성과를 공고히 하고 제도혁신으로 사회에 활력을 불어넣음으로써 전체 인민들의 복지를 증강시키는 것은 전면적으로 개혁을 심화하고 온갖 정력을 집중하여 제도혁신을 추진해야 하는 심층적인 논리이다.

1) 피아노를 치는 것(弹钢琴) : 주가 되는 사업을 중점적으로 장악하되 이를 둘러싼 기타 관련 사업도 골고루 돌봐야 하는 것을 말한다.

중국은 여전히 사회주의 초급단계에 처해있다. '중진국 함정(Middle-income Trap)'을 뛰어넘는 과정에서 사회주의 시장경제체제를 보완하는 것은 특수한 긴박성을 안고 있다. 경제발전이 뉴노멀(新常態, New Normal)에 진입한 후 당 중앙과 국무원에서는 공급측(供給側, Supply side) 구조개혁에 대한 전략적 배치에 대해서 언급했다. 그 핵심 요의는 제도 공급을 최적화하고 경제발전의 뉴노멀을 인도하는 체제와 메커니즘을 형성케 하는 것이다. 이 총서(叢書)에서의 연구 역시 제도 공급 측 개혁의 이론과 실천에 부합하자는 것이다. 따라서 국가 사회과학기금 중대프로젝트의 항목인『경제발전의 추세적 특징을 파악하고, 경제발전의 뉴노멀을 인도하는 체제와 메커니즘의 형성과 그 발전방식에 대한 연구』(일련번호, 15ZDC009)의 지원을 받았다.

당의 18차 전국대표대회 이래 당과 국가의 사업은 역사성적인 변화를 맞이했다. 우리나라의 발전은 새로운 역사적 기점에 서게 되었고 중국특색 사회주의는 새로운 발전단계에 진입했다. 당의 19대(十九大)는 중국발전의 새로운 장을 열었고, 사회주의 현대화 강국을 건설하는 새로운 여정이 시작되었다. 이는 객관적으로 중국특색 사회주의 제도와 시스템이 더욱 성숙되고 정형화될 것을 요구하고 있다. 이 총서는 중국의 중요한 영역과 관건적인 고리의 제도건설을 추진하고, 국가 거버넌스 능력의 현대화를 이룩하려는데 대해 참고 역할을 하고자 하는데 그 의의가 있는 것이다.

장잔빈(張占斌)

2017년 8월

국가행정학원(國家行政學院)에서

## 머리말
## '사회주의 현대화 강국 건설'의 새로운 여정을 시작하다

당의 18차 전국대표대회 이래, 시진핑 동지를 핵심으로 하는 당 중앙은 전국의 여러 민족 인민들을 단합하고 이끌어, '샤오캉사회(小康社會)'의 전면적인 건설과 중화민족의 위대한 부흥이라는 「중국의 꿈」(中國夢)을 실현하기 위하여, 온 힘을 다하여 난관을 돌파하고 정치를 하는 데 힘을 쏟았으며, 인민을 중심으로 하는 치국이정(治國理政)의 새로운 이념과 새로운 사상, 새로운 전략을 제기하였다. 또한 경제발전을 추진하는 일련의 중대한 개혁과 혁신을 단행하였다.

이러한 이론과 실천적 탐색은 우리 당이 당대 중국의 실제 상황과 특징을 과학적으로 파악하고 마르크스주의 중국화(中國化)를 추진한 최신 성과이고, 새로운 많은 역사적 특점을 지닌 위대한 투쟁을 추진하는 예리한 무기이며, '샤오캉사회'의 전면적인 건설에 있어서 새로운 승리를 취득하는 전략적 청사진이고, 시대에 맞추어 경제건설과 경제개혁을 추진하는 행동지침이다. 복잡한 경제형세에 직면하여, 중국경제는 자체적인 경제 기준량이 방대하고, 세계경제가 완만하게 신장하는 추세에 발맞추어 안정적으로 발전을 추구하고, 안정적으로 최적화를 진행함으로써 지속적으로 합리적인 구간에서 운행하도록 하며,

글로벌 선두진영에 도달할 수 있도록 속도를 재촉해야 할 것이다. 실천이 증명하다시피 당 중앙의 일련의 결책(決策, 일을 처리하는 방책)과 배치는 중국특색 사회주의 발전의 실제에 부합되는 것이다. 우리는 반드시 당의 18차 전국대표대회 이래, 경제건설을 지도하는 당 중앙의 원대한 포부와 기본적으로 내포하고 있는 뜻을 깊이 이해하고 정확하게 파악함으로써 사회주의 현대화 강국 건설의 새로운 장을 열어나가야 할 것이다. 이를 위해서는

첫째, 더 강렬한 역사적 책임감으로, 경제대국으로부터 경제 강국으로 매진하는 발걸음을 재촉해야 한다. 당의 18차 전국대표대회 이래, 시진핑 동지는 우리나라 경제발전이 뉴노멀(新常態, New Normal)에 진입했다는 중요한 판단을 내리고 "경제대국으로부터 경제 강국으로 매진하려는 노력의 방향"과 "두 개 백년(兩个一百年)"이라는 분투목표를 언급했다. 시진핑 동지는 「부흥의 길(复興之路)」이라는 전람회를 관람하면서 다음과 같이 말했다. "현재 우리는 역사적으로 그 어느 시기보다도 중화민족의 위대한 부흥이라는 목표에 더 근접해있으며, 이러한 목표를 실현할 믿음과 능력 역시 역사적인 그 어느 시기보다도 더 강하다." "중화민족의 위대한 부흥을 실현하는 것은 근대(近代) 이래 중화민족의 가장 큰 꿈이다." 이 꿈에는 굴욕과 고난이라는 중화민족의 집체적 기억이 누적되어 있으며, 또한 우리 당이 전국 인민들을 이끌고 전면적인 샤오캉사회로 나아가고, 경제 강국의 꿈을 이루며, 나라를 이끌고 민족의 위대한 부흥으로 매진하는 진정한 의지와 결심을 드러내고 있다. 경제적인 각도에서 보면, 중화민족의 위대

한 부흥이라는 「중국의 꿈」을 실현하는 것은 샤오캉사회를 전면적으로 건설한 기초 위에서 "중진국의 함정"을 뛰어넘고 경제대국에서 경제 강국으로 도약하는 웅대한 목표를 실현하는 것이다. 이와 같은 중요한 사상은 시진핑 동지의 천하를 포용하는 포부와 강국부민(强國富民)의 역사적 사명감을 체현한 것이며, 중화의 아들딸들을 이끌고 사회주의 현대화 강국 건설의 새로운 장을 열어나가려는 원대한 이상과 포부를 보여주고 있다.

둘째, 더 넓은 국제적 안목으로, 국제경제의 합작과 글로벌 경제 거버넌스를 적극 추진해야 한다. 지금의 세계는 복잡하고 심각한 변화에 직면해 있고, 여러 나라들이 직면하고 있는 발전문제는 매우 엄중하다. 시진핑 동지를 핵심으로 하는 당 중앙은 넓은 국제적 안목으로, 평화적 발전전략 사상과 외교책략 방침을 긴밀히 둘러싸고, 일련의 중대한 외교활동들을 이뤄냈다. '일대일로(一帶一路)'의 건설, 세계경제의 증장 촉진, 지역 합작의 추진, 글로벌 거버넌스 등에 관한 주장들은 국제 여론의 주목을 받았다. 정확한 관점(義利觀)을 견지할 것을 주장하던 것으로부터 글로벌 거버넌스 메커니즘을 완성하기까지, 실크로드 경제벨트 건설을 발의하던 데로부터 21세기 해상 실크로드를 건설하기까지, '신형의 대국관계' 건립으로부터 '운명공동체' 구상을 서술하기까지, 이 모든 것들은 세계를 발전시키고 이롭게 하려는 중국의 진실된 염원을 보여주었고, 글로벌경제의 번영을 발전시키고 촉진케 하려는 중국의 초심을 드러냈다. 또한 중국에 대한 국제사회의 총체적 인식을 심화시켰고, 중국이 국제합작과 글로벌 거버넌스의 역사적 행정에 참여하는 것을 촉진시켰다.

중국은 여러 국제적 중요 회의에 적극적으로 참여했고, 세계 여러 나라들과 밀접하고 깊은 교류를 진행함으로써, 책임감 있는 대국으로서 더욱 주동적이고 자신감이 있는 모습으로 글로벌 경제거버넌스에 참여하려는 좋은 형상을 보여주었다.

셋째, 더욱 진정성 있게 법칙을 존중함으로써, 뉴노멀 시대에 시장이 자원배치에서 결정적인 역할을 하도록 하는 것이다. 당의 18기 3중전회(十八届三中全會)에서는 시장이 자원배치를 결정하는 것은 시장경제의 일반적 법칙이며, 시장경제는 본질적으로 시장이 자원배치를 결정하는 경제라고 언급했다. 여기서 '시장결정론(市場決定論)'을 제기한 것은 경제법칙을 존중하고 있음을 체현한 것이며, 이 법칙의 두드러진 특점을 잘 운용함으로써 시장경제체제를 보완하는 방면에서 확고하게 한걸음 더 내디디게 되었다. 당의 18기 4중전회(十八届四中全會)에서는 진일보하여, 법제화한 시장경제를 건설할 것을 제기하였다. 시진핑 동지를 핵심으로 하는 당 중앙은 현재의 국내외 거시경제 형세를 세밀하게 분석하고, 중국경제의 잠재적 성장률의 새로운 변화를 깊이 파헤친 기초위에서, 중국경제발전의 단계적 특징과 추세에 대해 새롭게 개괄했으며, 경제발전이 '뉴노멀'에 진입했다고 판단했다. 즉 우리나라의 경제가 이미 형태가 더욱 고급스럽고, 분공이 더욱 복잡하며, 구조가 더욱 합리적인 단계로 진화하고 있다고 인정한 것이다. 뉴노멀을 인식하고, 뉴노멀에 적응하며, 뉴노멀을 이끌어 나가는 것은 현재와 앞으로 한시기 동안 우리나라 경제발전의 객관적 법칙성이라고 할 수 있다. 발전은 반드시 경제법칙에 부합하는 과학적 발전이어야 하며, 반드시 자연법칙에 부합하는 지속가능한 발전이어야 하며, 반드시 사회법칙에 부합하는 포용성적인 발전이어야 한다. 이는 중국의 경제발전이 반드시 지켜야 하는 세 개의 법칙이다. 당의 18기 5중전회(十八届五中全會)에서는 혁신적이고 조화로우며, 친환경적이고 개방적이며, 함께 누리는 발전이념을 굳게 수립하고 굳건히 관철하고 실행해나가며, 발전의 중심축에서 공급 측 구조개혁을 추진해야 한다고 강조했다. 이러한 것들은 시진핑 동지를 핵심으로 하는 당 중앙이 역사적 경험과 인류의 발전법칙을 존중하고, 당면한 국정(國情)을 존중하고 있음을 체현해 내고 있는 것이다.

넷째, 더욱 실용적인 사상기풍으로, 경제체제 개혁이 전면적 개혁 심화(全面深化改革)에서 견인적인 역할을 하도록 해야 한다. 지도간부가 실용적이냐 아니냐에 대해서는 군중들의 예리한 안목으로 능히 보아낼 수가 있다. 군중노선 교육과 '양학일작(兩學一做)'[2] 실천 속에서, 시진핑 동지를 핵심으로 하는 당 중앙은, 지도간부는 반드시 진리를 추구하고 실효를 강조해야 하며, 실제정황을 이야기하고 현실적인 방안을 내놓으며, 실속 있게 일을 처리하고 실제적인 효과를 추구하며 소탈해야 한다고 강조했다. 이러한 중요한 언론과 사상과 실천은 보편적인 호평을 받았다. 대중들의 마음속에는 확실히 저울이 존재하기 때문이다.

---

2) 양학일작(两学一做) : 중국 시진핑 주석이 제시한 교육 방법으로 "당헌(党章) 혹은 지도자의 연설문을 익혀 참된 공산당원이 되자." 는 것이다.

우리는 시대의 조류를 맞이하고 굳건히 서서 개혁개방이야말로 당대 중국의 운명을 결정하는 관건적인 한 수이며, 또한 '두 개 백년'이라는 분투목표와 중화민족의 위대한 부흥을 실현하기 위한 관건적인 한 수였음을 강하게 느낄 수 있을 것이다. 30여 년의 지속적인 개혁을 거치면서, 쉽게 개혁할 수 있는 문제들은 거의 다 개혁을 마쳤다. 남은 것들은 태반이 다루기 어려운 것들이며, 심지어는 전체적인 국면을 뒤흔들 수도 있는 민감한 문제와 중대한 문제들이다. 따라서 우리는 반드시 실용적인 사상기풍과 더욱 큰 정치적 용기와 지혜로, 시기를 놓치지 말고 중요한 영역의 개혁을 이끌어나가야 하며, 과학적 발전을 방해하는 일체의 사상관념과 체제, 메커니즘의 병폐를 끝까지 타파해야 할 것이다. 또한 어렵고 위험한 임무를 과감하게 짊어지고 사상관념의 장애를 타파하기 위해 노력해야 할 것이다. 그리고 경제체제 개혁을 중점으로 하고, 경제체제 개혁의 견인작용을 이끌어내야 하며, "전면적 개혁 심화"의 목표를 앞당겨 실현해야 한다. 시진핑 동지는 당의 18차 전국대표대회 이후의 첫 지방고찰 지역으로 개혁개방의 전초기지인 선쩐(深圳)을 택하고, 덩샤오핑 동상에 꽃바구니를 증정함으로써 굳은 의지와 결심을 표명했다. 그리하여 중국 개혁개방이라는 거대한 수레바퀴가 계속해서 앞으로 나아가게 된 것이다. 당의 18기 3중전회 후 개혁은 전면적으로 전개되었는데, 개혁의 강도와 넓이·깊이는 전례가 없는 것이었고, 개혁을 추진하는 용기 또한 넘쳐났다. 이로써 경제체제 개혁은 부단히 심화되었고 "전면적 개혁 심화"라는 새로운 장을 열게 된 것이다.

다섯째, 인민을 위하는 꾸밈없는 마음으로 개혁발전의 성과가 더 많이, 더 공평하게 인민들에게 돌아가도록 해야 한다. 시진핑 동지는 당의 18차 전국대표대회 이후의 첫 공개 연설에서 "아름다운 생활에 대한 인민들의 바람은 곧 우리들의 분투목표이다." 라고 명확하게 선포했다. 당의 18차 전국대표대회 이래 시진핑 동지를 핵심으로 하는 당 중앙은 인민을 중심으로 하는 발전사상을 치국이정(治國理政)의 앞자리에 올려놓고, 인민들의 복지를 증진하고 개개인의 전면적 발전을 촉진하는 것을 발전의 출발점과 입각점(立脚點)으로 했다. 또한 인민민주를 발전시키고 사회의 공평과 정의를 수호하였으며, 인민들의 평등한 참여와 평등한 발전의 권리를 보장하고 인민들이 적극성과 능동성, 창조성을 충분히 자극했다. 당 중앙은 '삼농(三農)'[3]사업을 고도로 중시했는데, 식량안전 문제에 대해 시종일관 관심을 기울이고, "중국사람의 밥그릇은 시기를 불문하고 자기의 손에 굳게 움켜쥐어야 한다(中國人的飯碗任何時候都要牢牢端在自己手上)"고 제기하였다. 그리고 경작지 보호에 대해 시종일관 관심을 기울이고, "판다를 보호하듯이 경작지를 보호해야 한다."라고 제기하였다. 또 환경보호에도 시종일관 관심을 기울이고, "환경보호와 거버넌스에 있어서, 대중들의 건강에 특별히 해를 끼치는 환경문제를 중점적으로 해결해야 한다."고 제기하였다. 그리고 친환경 발전방식과 친환경 생활방식을 추진했으며, "푸른 하늘 보위전(藍天保衛戰)"에서 성과를 거두었다. 당 중앙은 또 "맞춤형 빈곤지원과 맞춤형 빈곤퇴치(精准扶貧, 精准脫貧)"를 해야 하

3) 삼농, 농촌, 농업, 농민을 뜻함.

며, '빈곤을 부조하는 공격전에서 승리를 거두어야 한다(打贏扶貧開發攻堅戰)'고 강조했다. 당의 18차 전국대표대회 이래 시진핑 동지는 연속 5년 동안 새해의 시작을 지방 고찰에 할애했는데 고찰 지역은 모두 편벽한 빈곤지역였다. 이는 "인민을 근본으로 하고 사람을 근본으로 한다(以民爲本, 以人爲本)"는 치국이념을 보여주는 것이며, 또 인민을 위하는 "진실하고 심후하며 소박하고 꾸밈이 없는(眞摯深厚, 朴實无華)" 마음을 보여주고 있는 것이다.

여섯째, 더욱 굳건한 당의 지도로 경제발전에서 정부의 역할을 더욱 잘 발휘토록 해야 한다. 역사적 경험이 보여주다시피 공산당은 천하를 얻을 수 있을 뿐만 아니라 능히 천하를 다스릴 수도 있다. 공산당은 신중국의 경제건설을 지도하였다. 특히 30여 년의 개혁개방을 지도하여 세계를 놀라게 한 "중국의 기적"을 이뤄냈다. 현재의 "오위일체(五位一体)"[4]와 "4개 전면(四个全面)"[5]이라는 전략적 배치 아래, 당의 지도를 강화하고 보완하는 것은 우리가 정권을 공고히 하고 발전을 촉구하는데 있어서 관건적인 요소라고 할 수 있다. 따라서 전체 당원 동지들은 시진핑 동지를 핵심으로 하는 당 중앙의 권위를 굳건히 옹호하고, 당 중앙의 결책과 조치대로 사상과 행동을 통일해야 하며, 중앙과 지방, 전체와 국부, 현재와 장원한 미래의 관계를 정확하게 처리하고, 당내의 민주를 충분히 발양토록 하며, 중앙의 권위를

---

4) 오위일체 : 경제 건설·정치 건설·문화 건설·사회 건설·생태 문명 건설을 추진하는 전략구도.

5) 4개 전면 : 전면적으로 샤오캉(小康)사회를 건설하고, 전면적으로 개혁을 심화하며, 전면적으로 법에 따라 나라를 다스리고, 전면적으로 당을 엄격하게 관리한다는 것임.

굳건히 옹호하고, 정부의 명령이 잘 관철될 수 있도록 보증하며, 중앙의 개혁에 대한 결책과 배치를 굳건히 실현시켜나가야 한다. 또한 당을 엄격하게 다스리는 법칙을 더 깊이 인식하고, 당의 지도능력과 집정능력을 제고시켜야 한다. 시진핑 동지는 "경제발전이 뉴노멀에 진입하였기에 당의 경제건설을 지도하는 개념이나 체제, 방식과 방법 역시 시대적 발전을 따라야 한다."라고 제기하였다. 당이 경제 사업을 지도하는 제도화 건설을 촉구하고, 당이 경제 사업을 지도하는 법제화 수준을 제고시켜야 하며, 당이 경제 사업을 지도하는 전문화 능력을 증강시키고, 여론을 인도하는 역할을 강화해야 한다.

당의 지도를 강화하는데 중점을 두면서, 경제사회 발전에서 정부의 역할이 더욱 잘 발휘될 수 있도록 해야 한다. 과학적인 거시 조정, 효과적인 정부 거버넌스 등은 사회주의 시장경제체제의 우세를 발휘하는 내재적 요구이다. 따라서 정부와 시장의 관계를 정확히 처리하여 정부의 역할이 더 잘 발휘될 수 있도록 하며, 정부의 직능을 효과적으로 전환하고 행정체제 개혁을 심화시키고, 행정관리 방식을 혁신하며, 거시조정 메커니즘을 완비하고, 시장 활동에 대한 관리감독을 강화하며, 공공서비스를 최적화하고, 사회의 공평 정의와 안정을 촉진시키며, 공동으로 부유해지는 것을 촉진시켜야 한다. 신 중국이 탄생한 후, 특히 개혁개방 이래 중국이 중대한 발전을 이루었고, 그 기초위에서 당과 국가의 사업에는 역사적인 변혁이 일어났으며, 우리나라의 발전은 새로운 기점에 서게 되었다. 중국특색 사회주의는 사회주의 현대화 강국 건설이라는 새로운 발전단계에 진입했다.

따라서 우리는 시진핑 동지를 핵심으로 하는 당 중앙의 굳건한 지도 아래, 새로운 정신과 분투 자세로 중국특색 사회주의를 새롭게 이끌어 나가야 할 것이다.

# 제1장

# 두개 100년:
# 샤오캉사회의 전면적인
# 건설과 「중국의 꿈」의 실현

# 제1장
# 두개 100년: 샤오캉사회의 전면적인 건설과 「중국의 꿈」의 실현

"중국의 변화는 세계 여러 나라들에 거대한 정치적, 경제적 영향을 미쳤다."[6]

시진핑 동지는 다음과 같이 언급했다. "나는 중국공산당 창립 100주년이 되는 때에 전면적으로 샤오캉사회를 실현한다는 목표를 완성할 수 있다는 것을 굳게 믿습니다. 나는 중화인민공화국 창립 100주년이 되는 때에, 우리나라를 부강하고 민주적이고 문명되며 조화로운 사회주의 현대화 강국을 건설한다는 목표를 반드시 실현할 수 있다는 것을 굳게 믿습니다. 나는 중화민족의 위대한 부흥이라는 꿈이 실현될 수 있다는 것을 굳게 믿습니다."[7] '두 개 100년'의 분투목표는 먼저 전면적인 샤오캉사회의 건설이라는 단기목표를 포함하고 있는데, 이는 '오위일체'의 총체적 배치와 '4개 전면'의 전략적 배치와 서로 호응한다. 또한 위대한 「중국의 꿈」의 실현이라는 장기 비전을 포함하고 있다. 중화민족은 간고한 노력을 통해 '두 개 100년'의 분투목표라는 전진의 궤도위에 올라서 있다. 이와 같은 자강불식의 역사적 화폭

---

6) 데이비·스미스, 『龙象之争』, 딩더량(丁德良) 역, 当代中国出版社, 2007년, 33쪽.

7) 『习近平谈治国理政』, 外文出版社, 2014년, 36쪽.

에는 여러 세대 중국인들의 정감과 염원이 녹아있으며, 중화민족과 중국인들의 총체적 이익을 체현하고 있는데, 이는 모든 중화의 아들 딸들이 원하는 바람이기도 하다.

### 1. '두 개 100년'의 목표와 「중국의 꿈」의 제기

'두 개 100년'의 분투목표에는 깊은 역사적 근원이 있다. 세계경제의 발전사를 보면 중화민족은 일찍이 뛰어난 창조능력으로 오랜 시간 동안 세계의 선두를 달렸었다. 앤거스 매디슨(Angus Maddison, 安格斯麥迪森)의 연구에 따르면, 10세기 경 중국의 1인당 수입은 이미 세계의 앞자리를 차지했는데, 이러한 상황은 줄곧 15세기까지 이어졌다.[8] 단순히 수입의 측면에서 보면 10세기부터 19세기 초까지 중국의 GDP 총생산량과 1인당 GDP는 모두 세계의 선두를 달렸다. 국외 학자들은 15~16세기 이전까지 중화민족이 세계의 선두에 있었다는 점에 대해 보편적으로 인정하고 있다. 과학기술 능력과 생산력 수준, 제도적 문명으로 구성된 중화문명은 세계에 이름을 떨쳤고 서방 국가들의 선망의 대상이었다.

선진적인 중화문명과 뛰어난 경제발전 수준으로 장장 2천여 년 동안 세계의 중심무대를 차지하였는데, 이는 중화민족의 자랑할 만한 일이다. '강옹건(康雍乾) 성세'[9] 시기에는 나라고 통일되고 사회가 안정

---

8) 앤거스 매디슨,『中国经济的长期表现 (기원 960년–2030년)』, 우샤오잉(伍晓鹰) 역, 上海人民出版社, 2011년, 1쪽.

9) 강옹건 성세 : 청 왕조의 강희제(康熙帝), 옹정제(雍正帝), 건륭제(乾隆帝)까지 150여년의 태평성세를 이름.

되었으며 경제가 번영하고 국력이 강대하였다. 1750년을 예로 들어보자. 이 해의 중국 GDP 총생산량은 세계의 32%나 차지하였다. 같은 해 유럽의 영국, 프랑스, 독일, 러시아, 이탈리아 국내총생산 합계는 세계의 17%에 불과했다. 즉 이 다섯 개 나라의 GDP가 중국의 반을 겨우 넘긴 것이다.[10]

서방 자본주의 문명의 굴기는 세계발전의 구도를 신속하게 타파해 버렸다. 16세기의 세계와 인류는 중대한 변혁을 맞이했다. 아시아·유럽대륙의 서쪽에 자리한 서유럽지역이 우선적으로 자본주의사회에 진입했다. 이탈리아에서 문예부흥운동이 발발하고 영국에서 산업혁명이 일어나면서 사상과 경제의 심각한 변혁은 서유럽 나라들로 하여금 중세기에서 벗어나 세계를 리드하게 했다. 1688년에 영국에서 '명예혁명'이 일어났다. 자산계급은 비폭력 방식으로 봉건세력을 물리치고 입헌군주의 근대국가 체제를 건립함으로써 산업혁명의 추진을 위한 장애물을 제거했다. 1733년 영국 기술자 존 케이(John Kay)가 방직기계 플라잉셔틀(Flying Shuttle)을 발명하였고, 1765년에 방직공 하그리브스(James Hargreaves)가 '제니(jenny) 방적기'를 발명하였으며, 1785년에 제임스 와트가 개량 형 증기기관을 만들어 사용하기 시작했다. 기계동력의 발명과 보급은 자본주의 공업혁명 시대의 도래를 촉진시켰다. 이로써 그동안 세계의 선두를 달리던 중국의 농업문명을 전복시켰고, 중국은 서방에 뒤떨어지게 되었다.

1840년 영국은 아편전쟁을 발동하여 '천조국(天朝國)'이라는 중국의

---

10) 『党建』, 잡지사, 『思考中国:〈学习活页文选〉选编』, 红旗出版社, 2010년, 34쪽.

꿈을 깨트렸다. 중화민족은 이때로부터 오랜 시간 동안 가난과 쇠약함의 역사적 곤경에 처하게 되었다. 청나라 정부의 관원들은 맹목적으로 스스로를 대단하다고 여기면서 낙후함을 인정하려 하지 않았지만, 국가가 부패하고 경제가 부진하고 사회가 혼란에 빠진 국면은 중화민족이 이미 세계의 선진조류에서 멀리 뒤떨어졌음을 냉혹하게 보여주고 있었다.

"나라 전체가 의기소침해진 상황에서 민족의 생기와 활력은 압살당하고 말았다."[11] 일련의 불평등조약과 영토 할양과 배상으로 인해 중화의 대지와 중화의 아들딸들은 번번이 수모를 당해야만 했다.

서방 열강들의 견고한 함선과 성능이 뛰어난 대포를 마주하여 천조(天朝)제국과 그 시스템은 맥없이 무너져버렸다. 시국은 암담하고 어수선해졌고, 점차 반식민지·반봉건사회로 전락해버리고 말았다. 심각한 민족적 고난과 위기에 직면하여 수많은 인의지사들이 앞사람이 쓰러지면 뒷사람이 뒤를 잇는 정신으로 나라와 백성을 구하는 길을 탐색했다. 중화민족의 위대한 부흥을 실현하는 것은 중화의 아들딸들의 공통된 숙원이었다. 1921년에 창립된 중국공산당은 중국인민을 단결시키고 이끌면서 28년이라는 피눈물 나는 싸움을 하였다. 그리하여 마침내 중화인민공화국을 창립하고 모래알처럼 흩어졌던 낡은 중국의 면모를 철저하게 변화시켰다. 신 중국이 창립된 후 계속해서 신민주주의혁명의 임무를 완수하고, 국민경제를 신속하게 회복함과 동시에 현대화 건설과 민족부흥의 여정도 함께 시작되었다.

---

11) 꾸안린(谷安林),『中国共产党历史二十八讲』, 人民出版社·党建读物出版社 2006 年, 2쪽.

당의 11기 3중전회(十一届三中全會)이래 중국공산당은 중국인민을 이끌고 개혁개방의 위대한 여정을 시작했다. 이로써 중국특색사회주의 길을 개척하고, 중국특색사회주의 이론체계를 형성했으며, 중국특색사회주의제도를 확립하게 되었고, 중화민족이 분발하여 나아가는 발걸음은 더욱 굳세어졌다. 새로운 탐색 속에 중국공산당은 인민들을 이끌고 여러 가지 장애를 극복했으며, 노선의 자신감, 이론의 자신감, 제도적 자신감과 문화적 자신감(道路自信, 理論自信, 制度自信和文化自信)으로 온 세계가 주목할 전대미문의 성과를 거두고 중화민족의 위대한 부흥이라는 풍모를 과시했다. 당의 15차 전국대표대회에서는 처음으로 '두 개 백년(兩个一百年)'이라는 분투목표를 언급했다. 즉 "중국공산당 창립 백주년이 되는 때에 국민경제가 더욱 발전하고 각종 제도가 더욱 완벽해지게 하며, 신 중국 창립 백주년이 되는 21세기 중엽에 이르러 현대화를 기본적으로 실현하고 부강하고 민주적이며 문명된 사회주의국가를 건설한다."는 것이다. 당의 18차 전국대표대회 보고에서는 '두 개 백년'의 분투목표를 거듭 천명했다. 중국공산당 창립 백주년이 되는 때에 전면적으로 샤오캉사회(小康社會)를 실현하며 신 중국 창립 백주년이 되는 때에는 부강하고 민주적이며 문명되고 조화로운 사회주의 현대화 국가를 건설한다는 것이다.

시진핑 동지는 총서기로 당선된 후 '부흥의 길'이라는 전시를 참관하면서 다음과 같이 천명했다. "현재 우리는 역사적인 어떠한 시기보다도 더 중화민족의 위대한 부흥이라는 목표에 근접해있습니다. 우리는 역사적인 어떠한 시기보다도 더 이 목표를 실현할 자신감과 능력을 가지고 있습니다." 중화민족의 위대한 부흥을 실현하는 것은 중화민족의 근대(近代) 이래 가장 위대한 「중국의 꿈」(中國夢)이라는 것이다. 시진핑 동지가 제기한 「중국의 꿈」이라는 청사진은 전체 사회주의 초급단계의 분투목표이며, 덩샤오핑(鄧小平)이 제기한 '세 걸음(三步走)' 전략의 최종적인 실천형식이라고 할 수 있다. 이 목표는 당의 18차 전국대표대회에서 제기한 '두 개 백년'의 분투목표와 일치하는 것이다. 즉 전면적으로 샤오캉사회를 실현한 기초 위에서, 2050년경에 이르러 부강하고 민주적이고 문명되고 조화로운 사회주의현대화국가를 건설한다는 것이다. 2050년이라는 전략적 시점은 곧 위대한 「중국의 꿈」이 이루어지는 시각이다. 이러한 의의에서 보면, '세 걸음' 전략의 실현은 곧 '두 개 백년'의 분투목표를 실현하는 것이며, 「중국의 꿈」이라는 청사진을 실현하는 것이다.

「중국의 꿈」은 현재 중국의 발전추세에 순응했으며, 당과 국가가 미래로 나가가는 웅대한 비전을 보여주고 있다. 시대의 발전과 보조를 맞추고, 중국의 현실적인 요구를 체현하며, 인심을 고무시키는 행동강령과 분투목표를 제기한 것은 중국공산당이 인민들을 이끌고 사업의 발전을 추진하겠다는 명확한 특징이다. '세 개의 큰 산(三座大山)'[12]을 뒤엎는 것으로부터 신 중국의 건설에 이르기까지, '네 개의 현대화(四个現代化)'[13]를 실현하는 것으로부터 전면적인 샤오캉사회에 이르기까지, 매 번의 행동강령과 분투목표의 제기는 모두 우리가 분투해

12) 새 개의 큰 산 : 제국주의·봉건주의·관료자본주의를 이름.
13) 4개의 현대화 : 농업·공업·국방·과학기술 등 네 부문의 현대화를 이름.

야 하는 전망을 밝혀주었고, 인민들의 힘을 응집시켰다. 장기적인 역사적 탐색과 힘겨운 실천을 거쳐 중국공산당은 성공적으로 중국특색사회주의를 개척하고 발전시켰으며, 중화민족은 위대한 부흥이라는 밝은 장래를 바라볼 수 있게 되었다. 현재 우리나라의 경제실력과 종합적 국력은 대폭 상승했고, 인민들의 생활은 현저하게 개선되었으며, 점차적으로 개발도상의 대국으로부터 현대화 강국으로 매진하고 있으며, 중저(中低)수입 국가로부터 중고(中高)수입 국가로 매진하고 있다. 우리는 이 새로운 역사적 기점에 서있고, 새로운 역사적 단계에 들어서 있으며, 예전의 어떠한 시기보다도 더 민족 부흥의 목표에 근접해있다고 할 수 있다. 「중국의 꿈」은 중화민족의 역사적 전통과 이어져있고, 현재 중국의 발전태세와 부합되며, 당과 국가사업 발전의 새로운 역사적 좌표를 확립했다.

「중국의 꿈」은 전국 여러 민족들의 아름다운 미래에 대한 열렬한 기대에 부응하였으며, 전체 중화의 아들딸들이 꿈에도 바라마지 않던 공동의 염원을 반영한 것이다. "「중국의 꿈」은 국가 전체가 부강해지는 꿈일 뿐만 아니라, 중국인들의 주택의 꿈·취업의 꿈·사회보장의 꿈·아름다운 생활환경의 꿈(住房夢, 就業夢, 社會保障夢, 生活环境优美夢) 등 개개인의 염원과도 직접적으로 연계되어 있다. 즉 중국의 총체적인 추구와 개개인의 개별적 추구가 긴밀히 결합되어 이루어진 동경(憧憬)이고 기대인 것이다."[14] 「중국의 꿈」은 국가와 민족의 꿈이기도

14) 리준루(李君如),『中国梦的意义, 内涵及辩证逻辑』,『毛泽东邓小平理论研究』, 2013년 제7기.

하지만 모든 중국인들의 꿈이기도 하다.[15] 중화민족은 위대한 민족으로서 휘황찬란한 중화문명을 창조했다. 하지만 근대에 들어서서 수많은 시련과 고난을 겪었다. 따라서 모든 중국인, 모든 염황자손(炎黃子孫)들은 민족부흥의 의의에 대해 누구보다 더 잘 알고 있다. 민족의 위대한 부흥을 실현하는 것은 중화민족과 중국인민의 총체적인 이익을 체현하는 것이며, 중국인들의 마음속에 깊이 뿌리를 내렸고, 민족적 기억 속에 각인되었으며, 전국 여러 민족 인민들의 공동적인 이상이 되었다. 따라서 「중국의 꿈」은 중국인민의 마음의 소리를 끌어냈고, 해내외 중화 아들딸들의 염원을 끌어냈으며, 응집력과 호소력이 가장 강하고, 가장 광범위하고 포용성이 있으며, 중화의 아들딸들을 격려하고 단결·분발케 하여 미래를 개척해나가는 하나의 뚜렷한 기치라고 할 수 있다.

「중국의 꿈」은 세계 발전과 진보의 조류에 순응하였으며, 인류 문명을 위해 더욱 큰 공헌을 하려는 중국의 염원을 보여주고 있다. "「중국의 꿈」은 중화민족의 꿈이고, 중국인민의 꿈이며, 또한 세계 인민의 꿈의 유기적인 구성부분이기도 하다."[16] 개혁개방과 사회주의현대화 건설의 추진에 따라 중국은 점차 세계무대의 중심으로 다가가고 있다. 중국의 발전은 세계를 떠날 수 없게 되었고, 세계의 발전 역시 중국을 떠날 수 없게 되었다. 국제사회는 중국의 발전이념, 발전방향에

---

15) 『习近平谈治国理政』, 外文出版社, 2014년, 39-40쪽.

16) 멍둥팡(孟东方), 왕쯔보(王资博), 『中国梦的内涵, 结构与路径优化』, 『重庆社会科学』, 2013년, 제5기.

주목하고 있으며, 중국의 발전기회와 발전성과를 공유하기를 희망하고 있다. 「중국의 꿈」은 억만 중국인민의 부흥의 꿈이며, 동시에 세계 인민들과 손에 손을 잡고 함께 나아가며, 세계 여러 나라들과 합작하고 상생하려는 꿈이기도 하다. 중국인민은 평화를 사랑하고 조화로움을 숭상하며 개방적이고 포용적인 전통을 갖고 있다. 또 발전을 이루려 하고 혼란을 싫어하며 평화를 갈구하고 있다. 부흥의 꿈은 바로 조화로움의 꿈이고 평화의 꿈이기도 하다. 중국의 발전, 「중국의 꿈」의 실현은 세계 평화와 발전 역량의 강화를 의미하고, 인류문명의 진보를 의미한다. 따라서 이는 중국이 존엄과 존경을 확보하는데 유리하며, 장구한 평화와 공동 번영이라는 세계 인민들의 꿈을 추진하고 실현하는데도 유리하다. 시진핑 동지는 「중국의 꿈」을 실현하기 위해서는 반드시 중국의 길을 걸어야 하고, 반드시 중국의 정신을 고취해야 하며, 반드시 중국의 역량을 결집해야 한다[17]고 언급했다. 이 '세 가지 반드시'는 우리 당이 전국 인민들을 단결시키고 이끌어서 중화민족의 위대한 부흥이라는 「중국의 꿈」을 실현하기 위한 기본적인 집정 정신인 것이다.[18]

시진핑 동지를 핵심으로 하는 당 중앙은 '두 개 백년'의 분투목표와 「중국의 꿈」 실현 목표를 서로 통일시킬 것을 요구하고 있다. 즉 '두 개 백년'의 분투목표를 실현하는 과정에서「중국의 꿈」을 함께 추구한다는 것이다. 이로부터 알 수 있듯이 우리는 지금 근대 이래의 중국

17) 『习近平谈治国理政』, 外文出版社, 2014년, 35-36쪽.
18) 허이팅(何毅亭),『学习习近平重要讲话』(증정본), 人民出版社, 2014년, 27쪽.

역사에서, 중화민족의 위대한 부흥에 가장 근접한 시기에 처해있다. 우리는 이에 대해 더 큰 자긍심을 가져야 하며, 당이 확립한 이상신념에 대해 더 굳게 믿어야 하며, 당이 짊어진 역사적 책임에 대해 더욱 선명하게 이해해야 할 것이다. 따라서 다음과 같이 말할 수 있다. '두 개 백년'의 목표는 반드시 우리 당이 노선의 자신감, 이론의 자신감, 제도적 자신감을 확고하게 하고, 중국특색사회주의의 새로운 승리를 이룩하는 이정표가 되어야 할 것이다.[19]

**2. 샤오캉사회에서 샤오캉사회의 전면적 건설을 완성하는데 이르기까지.**

"샤오캉사회의 전면적 건설과 부강하고 민주적이며 문명되고 조화로운 사회주의 현대화 국가 건설의 분투목표를 실현하고, 중화민족의 위대한 부흥이라는 「중국의 꿈」을 실현하는 것은 곧 나라의 부강과 민족의 진흥과 인민의 행복을 실현하는 것이다. 이는 오늘날 중국인들의 이상을 명확하게 체현하고 있는 것이며, 우리의 선인들이 끊임없이 진보를 추구해온 영광스러운 전통을 확실하게 보여주고 있는 것이다."[20] 샤오캉사회의 전면적 건설은 중화민족의 위대한 부흥이라는 「중국의 꿈」을 실현하는 관건적인 첫걸음이며, 현 단계에서 당과 국가사업 발전의 전략적인 통솔자이다.

'샤오캉(小康)'이라는 단어는『시경 · 대아 · 생민지십(詩經 · 大雅 · 生民之

---

19) 장잔빈(张占斌), 저우웨훼이(周跃辉),『两个百年战略节点与中国经济强国梦研究』,『中共党史研究』, 2014년 1기.

20) 『习近平谈治国理政』, 外文出版社, 2014년, 39쪽.

什)』에 나오는 말로, "백성들이 수고스러우니 응당히 부담을 줄여 원기를 회복하게 해야 하는데, 이는 중국의 백성들에게도 유리하고 천하의 안녕에도 유리하다(民亦勞止, 汔可小康, 惠此中國, 以綏四方)"는 뜻이다. '샤오캉'은 『예기·예운(礼記·礼運)』에서 좀 더 체계적으로 논술되었는데, '대동(大同)'에 버금가는 이상사회의 모델이 되고 있다. '샤오캉사회'는 우선 경제적 개념이다. 즉 온포(溫飽)[21]와 부유함 사이의 사회발전 단계인 것이다. 동시에 '샤오캉사회'는 일종의 국가 거버넌스 이념이기도 하다. 즉 생활의 풍족함을 실현한 기초위에서 법과 규율을 지키고 안정과 조화로움, 자유와 국가의 통일부강을 추구한다는 것이다. 고대의 철인 관자(管子)는 "곳간이 가득 차야 비로소 예절을 알게 되고, 먹고 입는 것이 풍족하면 자연히 영욕을 알게 된다(倉廩實而知礼節, 衣食足而識榮辱)"라고 했는데, 이 말이 곧 '샤오캉사회' 거버넌스 이념을 집중적으로 체현해낸 말이다.[22]

1979년 12월 6일 덩샤오핑은 내방한 일본 수상 오히라 마사요시를 회견하는 자리에서 처음으로 '샤오캉'이라는 개념과 '샤오캉사회'의 구상을 언급했다. "우리는 네 개의 현대화를 실현하려 합니다. 중국식 현대화지요. 우리의 네 개 현대화 개념은 당신들과 같은 현대화 개념이 아닙니다. 바로 '샤오캉의 가정(小康之家)'이지요. 본 세기 말에 이르러서 중국의 네 개 현대화가 어떠한 목표에 도달한다고 하더라도 우리의 1인당 GDP 수준은 아주 낮을 것입니다. 제3세계 국가들 가운데

---

21) 온포(温饱), 배부르게 먹고 따뜻하게 입는 것.

22) 웨이리춘(魏礼群), 『四个全面:新布局, 新境界』, 人民出版社, 2015년, 2쪽.

서 상대적으로 부유한 수준에 이르려 해도(이를테면 1인당 GDP가 1천 달러에 도달하려 해도), 아주 큰 노력을 들여야 합니다. 중국은 그때에 가서도 아직 샤오캉 상태에는 이르지 못할 것입니다."[23] 이는 우리나라의 당과 국가 지도자가 최초로 '샤오캉사회' 사상을 논술한 것이다. 그 후 당의 12차 전국대표대회와 13차 전국대표대회에서는 덩샤오핑이 제기한 이 전략적 구상을 전 당과 전국 인민의 장기적인 분투목표로 확정했다. 첫 단계는 1990년에 국민생산총액을 1980년의 두 배에 이르게 하여 인민들이 먹고 입는 문제를 해결하는 것이고, 두 번째 단계는 20세기 말에 이르러 1980년의 네 배에 이르게 하여 인민들의 생활을 샤오캉 수준에 도달하게 하며, 세 번째 단계는 21세기 중엽에 이르러 중등 정도로 발달한 국가의 수준에 도달하도록 하여, 인민들의 생활이 비교적 부유하고 기본적으로 현대화를 실현하는 것이다. 이것이 바로 지금 우리가 자주 언급하는, 사회주의 현대화의 세 걸음(三步走) 전략이다.

사실상 '샤오캉사회' 개념은 중국 사회주의 현대화의 실천 속에서 부단히 풍부해지고 완벽해졌으며, 더욱 정확하고 더욱 명확해졌다. 또한 전 당과 전국 인민들의 공동의 노력으로 2000년에 이르러서 중국의 샤오캉사회 건설은 명확한 성과를 거두었으며, 총체적으로 샤오캉을 실현했다. 하지만 좀 더 높은 요구를 기준으로 하면, 이 단계에

23) 『邓小平文选』, 제2권, 人民出版社, 1994년, 237쪽.

이룬 샤오캉사회는 비교적 낮은 단계의 샤오캉인 것이다.[24] 물론 평균적으로 보면 2000년에 중국의 1인당 GDP는 850 달러를 초과했지만 대부분의 사람들은 이제 막 먹고 입는 문제를 해결했고, 더러는 아직 먹고 입는 문제를 해결하지 못했다. 또한 민주·정치·문화교육사업과 시장경제 체제하의 기본의료와 사회보장 등 방면에서 사회주의현대화 강국의 목표와는 비교적 큰 차이가 있었고, 중국경제의 낙후한 면모는 근본적인 변화를 가져오지 못했다. 이러한 상황에서 국가의 경제·사회와 정치발전 전략을 끌어올리는 것은 중국특색사회주의의 피할 수 없는 역사적 선택이 되었다. 이러한 현실적인 상황을 배경으로 하여, 모든 사람들이 샤오캉생활을 영위할 수 있도록 하는 '전면적 샤오캉사회의 완성(全面建成小康社會)'이라는 목표가 점차 명확하게 대두되어 중국공산당과 중국정부의 발전전략 속에 자리매김했다.

2012년 11월 당의 18차 전국대표대회에서는 경제사회 발전의 실제적 진도에 근거하고, 중국특색사회주의의 총체적 안배에 따라 2020년에 전면적인 샤오캉사회를 완성한다는 새로운 요구와 새로운 전망을 언급했다. 당의 18차 전국대표대회 보고에서는 "2020년에 전면적 샤오캉사회를 완성한다는 웅대한 목표"와 그 시간표를 언급했다. 또한 경제가 지속적으로 건강하게 발전하고, 인민민주가 부단히 확대되며, 문화적 소프트파워가 현저하게 제고되고, 인민들의 생활수준이 전면적으로 향상되며, 자원절약형·친환경적 사회건설이 중대한 진전을

24) 자오성쉬안(赵胜轩), 『全面建成小康社会与中国梦』, 人民出版社, 党建读物出版社, 2015년, 33쪽.

가져와야 한다는 구체적 내용을 제시했다. “‘전면적 샤오캉사회 건설(全面建設小康社會)”을 “전면적 샤오캉사회 완성(全面建成小康社會)”이라고 바꾼 것은, 전면적 샤오캉사회 건설이 가장 관건적인 단계에 진입했음을 의미한다. 따라서 개혁개방 초기에 ‘샤오캉사회’ 이상의 제기, 20세기 말의 ‘샤오캉사회’ 발전단계에 진입과 ‘총체적 샤오캉사회’의 수준에 도달, 21세기 초의 ‘전면적 샤오캉사회의 건설’ 구상과 당의 18차 전국대표대회에서 제기한 ‘전면적 샤오캉사회의 완성’이라는 웅대한 청사진은 중국공산당이 전국 인민을 이끌고 ‘샤오캉’을 향해 매진하고 있음을 보여주고 있다. 또한 중화민족의 위대한 부흥이라는「중국의 꿈」을 단계적으로 실현해나가는 전략적 선택과 불굴의 추구를 보여주고 있다.[25]

‘전면적 샤오캉사회 완성’에서 핵심은 ‘전면적’이다. 이는「중국의 꿈」을 실현하는 기초이다. ‘전면적’이라는 것은 말 그대로 인민대중 전체를 포함한다는 것이다. 이는 지역을 따지지 않고, 도시와 농촌을 따지지 않으며, 남녀노소를 불문하는 전면적인 샤오캉이다. 한 사람도 대오에서 떨어지지 않는, “모든 사람들이 좋아야 진짜로 좋은(大家好才是眞的好)” 전면적인 샤오캉이다. ‘전면적’이라는 것은 또 파급되는 영역이 전면적이라는 의미도 가진다. 우리가 건설하려는 전면적인 샤오캉은 경제방면의 요구에만 국한된 것이 아니다. 이는 “간부와 정부가 청렴하고, 정치가 청명하며” “전체 사회의 염원과 요구의 최대공약수를 찾아내는” 전면적 샤오캉이고, “도시와 농촌의 2원적 구조를 타

---

25) 李君如, 『全面建成小康社会的政治宣言和行动纲领』, 『中国资产评估』, 2013년, 3기.

파하고 농민들이 행복하게 생활할 수 있는 아름다운 낙원을 건설하는" 전면적 샤오캉이며, "국가의 물질적 역량과 정신적 역량이 모두 증강되고 전국의 여러 민족 인민들의 물질적 생활과 정신적 생활이 모두 개선되는" 전면적인 샤오캉이다. 즉 경제가 더욱 발전하고, 민주가 더욱 완전해지며, 과학기술과 교육이 더욱 진보하고, 문화가 더욱 번영하며, 사회가 더욱 조화롭고, 인민들의 생활이 더욱 윤택해지며 생태환경이 더욱 개선된 전면적인 샤오캉인 것이다.

전면적 샤오캉사회 완성의 중점은 발전에 있다. 이는 「중국의 꿈」 실현을 지탱하는 힘이다. 중국이 개혁개방 30여 년 동안 샤오캉사회를 건설해온 경험에 미루어보면, 근본적인 하나가 바로 경제건설을 당과 국가의 중심임무로 해야 한다는 것이다. 발전이 새로운 단계에 진입하고 경제가 뉴노멀에 진입한 지금의 상황에서, 시진핑 동지는 전면적 샤오캉사회 완성에 대해 논술하면서 발전이야말로 가장 큰 민의(民意)이고 공통의 인식이며 가장 기본적인 경험이라고 피력했다. 따라서 발전과정에 존재하는 두드러진 모순을 극복하고, 경제와 사회, 구성원들의 자질을 전면적으로 제고시키는 데 힘을 쏟아야 할 것이다. 발전은 지금 세계의 조류이며, 발전은 또한 현 중국의 주제이기도 하다. "공업화, 정보화, 도시화, 농업현대화의 균형적인 발전", "발전이야말로 진리라는 전략적인 사상을 견지하는 것", "전면적 샤오캉사회의 완성이라는 전략적 목표" 등은 모두 중국특색사회주의의 근본적인 속성과 필연적인 요구를 체현하고 있는 것이다.

전면적 샤오캉사회 완성의 관건은 '완성'에 있다. 이는 「중국의 꿈」

을 실현하는 전략적 담보이다. 우리가 전에 제기했던 '총체적 샤오캉(總体小康)'은 수준이 비교적 낮고 전면적이지 못하며 균형적이지 못한 샤오캉이다. 하지만 "전면적 샤오캉사회의 완성"은 수준이 낮고 전면적이지 못하며 균형적이지 못한 샤오캉을 발전시켜, 더욱 수준 높고 전면적이며 균형적인 샤오캉사회를 건설하는 것이다. 샤오캉사회는 우리 당이 중국의 사회주의에 대한 인식이 심화되고 확장되었음을 잘 보여주고 있다. 전면적 샤오캉사회의 완성은 "인민대중들이 개개의 사법적 사건마다 모두 공평과 정의를 느낄 수 있는" 샤오캉이고, "아름다운 산과 물을 보면서 고향에 대한 추억을 되살릴 수 있는" 샤오캉이며, "개혁과 혁신의 정신으로 국방과 군대 건설의 새로운 국면을 개척하는" 샤오캉이고, "「중국의 꿈」 실현을 굳건히 뒷받침할 수 있는" 샤오캉이며, 구성원 개개인이 "꿈을 실현할 수 있는 기회를 공동으로 향유하는" 샤오캉이다. 이처럼 구체적인 꿈들은 전국 여러 민족 인민들의 분투와 노력으로 2020년에 최종적으로 실현될 것이며, 이는 또 인민대중이 「중국의 꿈」 실현을 위해 분투할 수 있도록 믿음과 투지를 심어줄 것이다. 전면적 샤오캉사회의 완성은 정량(定量)과 정성(定性)의 결합을 굳건히 해야 할 것이다. 샤오캉은 중국 인민들의 오래된 숙원이다. 전면적 샤오캉사회 완성 역시 측정 가능한 평가시스템이 있어야 한다. 근 몇 년래 전면적 샤오캉사회 건설의 성과를 평가하고 전면적 샤오캉사회 완성까지의 시간을 측정하기 위해, 일부 연구기구들에서는 전면적 샤오캉사회의 지표체계를 내놓았다. 이러한 지표체계는 사람들로 하여금 전면적 샤오캉사회 건설의 진행

상황을 직관적으로 볼 수 있게 하며, 샤오캉사회 실현의 여러 차원에 대해 정확하게 파악하고 이해할 수 있도록 하고 있다. 하지만 전면적 샤오캉을 단순하게 유한한 지표로만 이해서는 안 된다. 전면적 샤오캉은 정량(定量)과 정성(定性)이 결합된 목표이며, 다양한 내용들을 함축하고 있다. 특히 당의 18차 전국대표대회에서는 전면적 샤오캉사회의 완성에 대해 진일보 적으로 명확한 요구를 내놓았다. 즉 경제가 지속적으로 건강하게 발전하고, 인민민주가 부단히 확대되며, 문화적 소프트파워가 현저하게 증강되고, 인민들의 생활수준이 전면적으로 제고되며, 자원절약형·친환경적 사회건설이 중대한 진전을 가져와야 한다는 것이다. 이처럼 전면적 샤오캉사회의 실질은 우리나라 현대화의 단계적 목표로서, 공업·농업·국방·과학기술 등 '네 개 현대화'를 망라하고 있으며 중국 특색사회주의를 건설하는 '오위일체(五位一体)'의 총체적 배치를 보여주고 있다. 이 다섯 가지 내용에서 어떤 것은 계량화가 가능하다. 이를테면 경제나 사회방면의 일부 목표가 그것이다. 하지만 어떤 것들은 계량화가 불가능하다. 이를테면 정치나 문화방면의 일부 목표가 그렇다. 따라서 전면적 샤오캉사회의 목표는 정량(定量)목표와 정성(定性)목표의 결합인 것이다.[26]

### 3. '오위일체' 총체적 조치의 통일적 추진.

중국의 경제발전이 다차원적이고 복합적인 형태로 전환하는 중요한 전략적인 기회를 잡은 시점에서, 경제사회는 얽히고설킨 여러 가지 모

26) 장잔빈(张占斌), 『全面小康不能仅仅简化成有限指标』, 『人民日报』, 2015년 4월 8일.

순들을 직면하게 되었고 위험부담 역시 가중되고 있다. 이러한 상황에서 시진핑 동지를 핵심으로 하는 당·중앙은 경제건설·정치건설·문화건설·사회건설·생태문명건설에 대한 총체적 조치를 통일적으로 추진하고 있다. '오위일체'의 총체적 조치는 하나의 유기적인 통일체이다. 여기서 경제건설은 근본이고, 정치건설은 그 보증이며, 문화건설은 영혼이고, 사회건설은 조건이며, 생태문명건설은 기초이다.[27] '오위일체' 건설의 전면적 추진과 조화로운 발전을 견지해야만 경제가 부유하고 정치가 민주적이며, 문화가 번영하고 사회가 공평하며, 생태가 양호한 발전국면을 형성할 수 있으며, 부강하고 민주적이며 문명되고 조화로운 사회주의 현대화 국가를 건설할 수 있다.

첫째, 새로운 형세와 새로운 임무, 새로운 요구에 적응해야 하며 '오위일체'의 총체적 조치를 깊이 파악해야 한다. '오위일체'의 총체적 조치는 서로 다른 영역을 포함하고 있으며, 각 영역마다 독특한 내용과 법칙을 가지고 있지만, 이들은 또 하나의 유기적인 통일체이기도 하다. 따라서 갈라놓을 수 없는, 서로 보충하고 서로를 촉진케 하는 변증 통일의 관계이다. 경제건설은 중국특색사회주의의 정치·문화·사회·생태문명 건설의 전제이자 기초이다. 그 핵심은 대중들의 창조성을 불러일으키고 생산력을 발전시키며 현대화건설을 위해 견실한 물질적 기초를 마련하는 것이다. 정치건설은 계속해서 정치체제개혁을 심화시키고 추진하며, 사회주의 민주정치를 발전시키고 법치국가

27) 샤오궤이칭(肖贵清), 톈차오(田桥), 『习近平治国理政思想的逻辑主线和框架结构』, 『中国特色社会主义研究』, 2017년 1기.

를 건설하며, 개개인의 발전을 위해 평등한 지위와 균등한 기회를 제공하는 것이다. 문화건설은 선진적인 가치관으로 국민들을 무장시키고, 강력한 정신적 동력과 지력(智力)적 지지를 해줌으로써 풍부하고 다채로우며, 건강하고 진취적인 새로운 생활환경을 만들어가는 것이다. 사회건설은 사회거버넌스의 새로운 모델을 부단히 혁신하고 더욱 수준 높은 공공제품과 공공서비스를 제공하기 위해 노력함으로써 안정적이고 조화로운 사회적 분위기를 창조해나가는 것이다. 생태문명건설은 생태문명의 체제와 메커니즘 혁신을 추진하고 친환경적 발전방식과 생활방식을 도입함으로써 행복하고 건강하며 쾌적한 생활환경을 제공하는 것이다. '오위일체'는 서로 연계되고 서로 촉진케 하며 서로 돕고 보완하는 통일체이다. 이러한 전략적 배치는 과학적 발전의 총체적 배치로, 원칙적 요구가 있고, 정책적 안배가 있으며, 상응한 조치와 방법이 있다. 따라서 중국의 친환경적 발전과 친환경적 도약의 길을 더욱 선명하게 제시하고 있으며, 중국이 더 빠르고 더 좋은 발전을 이룩하고, 더욱 아름다운 미래를 맞이하는데 중요한 코치 역할을 하고 있다. 경제건설에서 발전은 반드시 과학적 발전이어야 하며, 경제성장은 반드시 실제적이고 거품이 없는 성장이어야 한다. 발전이 질과 효과를 제고시키는 것을 중심으로 하고, 공급측(供給側) 구조개혁을 주축으로 하며, 경제발전의 뉴노멀을 이끄는 체제와 메커니즘 형성을 촉구하고, 혁신이 발전을 이끌어나가도록 하는 전략을 심화시키며, 과학기술과 경제의 진일보한 융합을 추진하고, 신형의 공업화·정보화·도시화·농업현대화·친환경화의 균형적 발전을 촉진시키며, 지역 간 조화롭고 균형적인 발전구도를 형성케 하고, 더욱 높은 차원의 개방형 경제를 발전시켜야 할 것이다. 정치건설에서는 당의 영도를 견지하고, 인민이 나라의 주인이 되는 것과 의법치국(依法治國)이 유기적으로 통일되게 하며, 인민이 나라의 주인이 되는 것을 근본으로 하고, 당과 국가의 활력을 증진시키고, 인민들의 적극성을 고취시키는 것을 목표로 하며, 당의 영도를 강화하는 것을 근본적으로 보증하고, 제도건설을 중요한 위치에 놓으며, 사회주의 법제국가 건설을 촉구하고, 국가 거버넌스 능력과 거버넌스 시스템의 현대화를 추진해야 할 것이다. 문화건설에서는 사회적 효과를 우선시하는 것을 견지하고, 사회적 효과와 경제적 이익의 통일에 유의해야 하며, 사회주의 핵심가치관을 중심으로 사상도덕 건설과 사회신용 건설을 강화하고, 문화 제품과 서비스를 풍부히 해야 할 것이다. 또한 문화가 사회기풍을 이끌고, 인민을 교육하며, 사회를 위해 복무하고, 발전을 추진하는 등의 역할을 하도록 해야 할 것이다. 사회건설에서는 인민대중이 관심을 가지는 가장 직접적이고 현실적인 이익문제를 잘 해결해야 한다. "배우고자 하면 학교를, 일하고자 하면 일자리를, 병이 나면 의료를, 늙으면 돌봄을, 거주하고자 하면 주거지를(學有所教, 勞有所得, 病有所医, 老有所養, 住有所居)" 제공할 수 있도록 지속적으로 노력하고 새로운 진전을 이루어야 할 것이다. 중국특색 사회관리시스템을 구축함에 있어서, 당위원회가 영도하고 정부가 책임지며, 사회가 협조하고 법치가 보장하는 사회관리시스템의 형성을 촉구해야 하며,

공공서비스의 공동건설 능력과 공유 수준을 제고시켜야 할 것이다.[28] 인민내부의 모순을 정확하게 처리하고, 당과 정부가 주도하에 대중의 이익을 수호하는 메커니즘을 건립해야 할 것이다. 생태건설에서는 자원절약형, 친환경형 사회건설을 촉구하고, 사람과 자연이 조화롭게 발전하는 현대화 건설의 새로운 구도를 형성케 하며, "푸른 하늘 보위하는 전쟁""에서 승리하고, "아름다운 중국의 건설"을 추진하며, 글로벌 생태안전과 인류의 지속가능한 발전을 위해 공헌해야 할 것이다.

둘째, 생태문명을 중점적으로 배치하고, 친환경 발전의 새로운 모식을 만들어나가야 한다. 당의 18차 전국대표대회에서는 '오위일체'라는 중국특색사회주의의 총체적 배치에 생태문명건설을 새롭게 추가하고, "생태문명건설을 중요한 위치에 놓고, 경제건설·정치건설·문화건설·사회건설의 여러 방면과 전 과정에 융합시켜야 한다."라고 요구했다. 생태문명건설의 기능은 더욱 특수하다. 생태문명건설을 중국특색사회주의 건설을 전체적으로 추진하는 '5위일체'의 위치로 격상시키고, 생태문명건설이 '5위일체'의 총체적 배치에서 차지하는 특수한 의의·역할과 메커니즘을 깊이 파악해야 할 것이다. 그러려면, (1) 저탄소 순환경제(低碳循环經濟) 발전의 길을 걸어야 한다. 저탄소 순환경제는 예전의 생산방식을 완전히 바꾸게 될 것이다. 저탄소 경제와 순환발전의 관건은 에너지기술 진보의 추진에 있는데, 안전하고 고효율적

---

28) 위안팡청(袁方成), 뤄자웨이(罗家为),『十八大以来城乡基层治理的新方向, 新格局与新路径』,『社会主义研究』, 2016년 1기.

인 저탄소 청정에너지시스템을 건설해야 할 것이다. (2) 첨단기술이 주도하는 발전의 길을 걸어야 한다. 첨단기술이 주도하는 발전은 주로 다음과 같다. 먼저 과학기술혁명이 큰 진전을 이루어 나노·생물공학 등을 대표로 하는 새로운 정보기술이 경제사회의 대전환을 추진하는 혁명적인 변화를 이끌어내는 것이다. 다음으로 산업혁명이 비약적인 발전을 이루게 해야 한다. 즉 산업설계와 클라우드 컴퓨팅·사물인터넷·빅데이터·스마트도시 등 혁신정보기술의 새로운 시대를 여는 것이다. 그다음으로 산업형태가 폭발적인 변화를 이루어, 혁신산업클러스터가 산업클러스터와 산업업그레이드(轉型升級)의 새로운 모델이 되게 해야 한다. 마지막으로, 지역경제의 뉴노멀인데, 그 중점은 지역혁신과 지역 설계에 있다. (3) 테마기능지역(主体功能區)의 건설을 추진해야 한다. 테마기능지역의 중점적인 내용으로 지역시장의 형성과 발전, 테마기능과 어울리는 지역산업의 선택, 지역산업구조 조정, 지역성 에너지, 교통·통신 등 기초시설 건설, 지역 내 공공서비스 공급 등을 들 수 있다. 현재 테마기능지역은 최적화개발구(优化開發區), 중점개발구(重点開發區), 제한개발구(限制開發區), 금지개발구(禁止開發區) 등으로 나뉜다. (4) 생태안전보호벽 건설을 강화해야 한다. 경제생활에서 생태문명 이념을 크게 고취시켜야 하는데, 그 중점은 경제발전방식을 전환시키고 순환경제를 발전시키며, 친환경적 발전방식과 생활방식을 추진시키고, 동시에 완전하고 통일적인 생태문명제도시스템을 건립토록 하는 것이다. 생태안전보호벽 건설범위는 주로 생태중점지역과 생태취약지역이다. 건설내용은 삼림·습지·사막·도시 등 주요 생태시스템인데, 이는 국가 생태안전시스템의 기본골격이다.

셋째, '오위일체'의 전면적 배치를 전면적으로 추진하고, 경제와 사회의 전환을 추진토록 해야 한다. '오위일체'의 전면적 배치는 서로 갈라놓을 수 없는 것이며, 내재적인 일치성을 갖고 있다. '오위일체'의 총체적 배치에 따라, 경제의 뉴노멀을 둘러싸고, 새로운 발전이념을 관철시키며, 총적인 수요를 적절하게 늘리고, 공급 측 구조개혁을 추진하며, 경제사회의 전면적 조화와 지속적 발전을 촉진시키는 것은 '두 개 백년' 분투목표와 중화민족의 위대한 부흥이라는 「중국의 꿈」을 실현시키는데 중요한 의의가 있다. 시진핑 동지가 언급한 것처럼 전면적 샤오캉사회의 건설은 우리 당이 인민과 역사 앞에 선포한 장엄한 약속이며, 13억 중국인민의 공동된 염원이다. 따라서 '오위일체'의 총체적 배치를 견지하고, 경제발전을 추진하는 기초 위에서, 사회주의 시장경제·민주정치·선진문화·생태문명·조화사회를 건설해야만, 인민들이 부유하고 나라가 강성한 아름다운 중국을 건설할 수 있는 것이다.

### 4. '네 개 전면' 전략적 배치의 추진.

당의 18차 전국대표대회 이래, 시진핑 동지를 핵심으로 하는 당 중앙은 '오위일체'의 총체적 배치를 통일적으로 추진하면서, 또 '네 개 전면'이라는 전략적 배치를 제기함으로써 새로운 형세에서, 당과 국가의 여러 가지 사업의 전략적 목표를 확립했다. 이로써 '오위일체'의 총체적 배치에 방법론을 제공했다. '네 개 전면'은 우리나라 발전의 현실적 수요에서 나온 것이고, 인민대중의 열렬한 염원에서 나온 것이다. 따라서 이는 우리나라 경제의 건강하고 지속적인 발전을 추진하고, '두 개 백년'의 분투목표와「중국의 꿈」을 실현하는 근본적인 보장인 것이다.

첫째, '네 개 전면'이라는 전략적 조치의 중대한 의의와 내재적 논리를 깊이 이해해야 한다. '네 개 전면'이라는 전략적 조치는 당 중앙이 시대와 전반적 국면이라는 높이에서 제기한 것이다. 즉 세계적인 추세를 날카롭게 통찰하고 중국의 국정을 정확하게 인식한 것이며, 우리나라 현 단계 발전의 새로운 변화와 새로운 특점을 정확하게 분석하고, 지금의 당과 국가사업의 발전과정에서 반드시 해결해야 할 주요 모순을 깊이 파악한 기초 위에서, 우리 당이 새로운 시기 새로운 단계에서의 역사적 임무와 실천의 필요에 근거하여 제기한 것이다. '네 개 전면'이라는 전략적 조치는 새로운 형세 하에, 당과 국가의 여러 사업의 전략적 방향과 중점영역, 주요목표를 확립했다. 이는 우리 당의 치국이정(治國理政) 책략이 시대발전에 따른 새로운 창조이며, 우리당의 치국이정의 새로운 경지를 개척한 것으로 '두 개 백년'의 분투목표와 중화민족의 위대한 부흥이라는「중국의 꿈」실현에 이론적 지도와 실천적 방향을 제공했다.

'네 개 전면'이라는 전략적 배치는 유기적으로 연계되고 서로 관통하는 정층설계(頂層設計)이다. 전면적 샤오캉사회는 총괄적 지위에 있는 전략목표이다. 전면적 개혁심화와 전면적 의법치국, 전면적 종엄치당(從嚴治党, 당을 엄격히 관리하는 것)은 전략목표를 실현함에 있어서 강대한 동력과 믿을만한 보장, 정치적 담보를 제공할 것이다.[29] 따라서 우리는 사상과 행동을 '네 개 전면'이라는 전략적 배치로 통일시켜야 할 것이다. '네 개 전면'을 긴밀하게 둘러싸고 여러 사업들을 기획하고 추진해야 하며, 이를 관철시키고 실행하는 데 정열을 모으고, 국가의 부강, 민족의 진흥, 인민의 행복이라는 위대한 꿈을 한 걸음 한 걸음씩 실현해나가야 할 것이다. 또한 당이 집권함에 있어서 첫째 임무인 '발전'을 잘 이끌어야 하고 경제사회의 지속적이고 건강한 발전을 촉진시킴으로써 더 많은 발전성과를 거두어 전체 인민들에게 골고루 혜택을 주도록 해야 한다. 따라서 개혁을 전면적으로 심화시키고 사회의 활력을 불러일으킴으로써 인민대중들이 더 많은 성취감을 얻도록 해야 하며, 전면적 의법치국을 추진하여 헌법과 법률의 권위를 수호하고 사회의 공평과 정의를 수호하며, 전면적으로 '종엄치당'을 추진하여 당의 정치적 규율을 엄정히 함으로써 당이 시종일관 중국특색사회주의 사업의 견고한 지도핵심으로 자리매김하도록 해야 할 것이다.

둘째, '네 개 전면'이라는 전략적 배치가 각항 사업들을 이끄는 것을 견지해야 한다. 2015년 1월 시진핑 동지는 윈난(云南)을 시찰하면서 '네 개 전면'이 각항 사업들을 이끌어야 한다고 강조했다. '네 개 전면'이라는 전략적 조치는 당과 국가사업 발전을 위해 제기한 총체적 요구이다. 따라서 각 영역과 각 방면의 사업들은 모두 '네 개 전면'

29) 양융즈(杨永志), 『析 "四个全面" 战略布局的中国梦指向』, 『中共贵州省委党校学报』, 2015년, 4기.

을 위해 복무해야 하며, '네 개 전면'을 관철시키고 실행하는 데에 초점을 모아야 한다. 또한 '네 개 전면'이라는 전략적 조치에 따라 경제건설을 더욱 굳게 움켜쥐고, 더욱 견결하게 개혁개방을 추진토록 해야 한다. 먼저 '네 개 전면'이라는 전략적 조치를 중심으로 긴밀하게 발전을 꾀해야 하며, 사상적 공감대를 통해 역량을 집중하고, 각 영역에서 모두 '네 개 전면'이라는 발전요구가 체현되도록 해야 한다. 다음으로 '네 개 전면'에 나타나는 주요 모순을 잘 파악하고 해결해야 하며, 전면적인 샤오캉사회 건설이라는 목표에 역량을 집중시키는 데 중점을 두어야 하고, 개혁개방이 발전의 강대한 동력이 되도록 하는 데 중점을 두어야 하며, 보장하고 인도하고 규범화하는 등의 법치역할을 발휘하도록 하는 데 중점을 두어야 하며, '종엄치당'에 중점을 두어야 할 것이다. 마지막으로 뉴노멀을 인식하고 뉴노멀에 적응하며 뉴노멀을 이끌어나가야 한다. 중국경제의 뉴노멀은 '네 개 전면'이 형성됨에 있어서의 시대적·역사적 배경이다. 따라서 주도적으로 경제사회발전의 뉴노멀에 적응토록 해야 하며, 법칙성을 잘 파악하고 혁신성과 적극성을 발휘함으로써, 새로운 역사적 시점에서 우리의 위대한 목표를 실현토록 해야 한다.

셋째, 변증법적인 요구에 맞춰 '네 개 전면'이라는 전략적 조치를 조화롭게 추진해야 한다. 우리 당은 인민들을 단결시키고 이끌어서 '네 개 전면'이라는 전략적 조치를 조화롭게 추진함으로써 '두 개 백년'의 분투목표와 중화민족의 위대한 부흥이라는 「중국의 꿈」을 실현시켜야 한다. 그러기 위해서는 마르크스주의 철학의 지혜와 자양분을 부단히 흡수하고, 변증유물주의 세계관과 방법론을 자각적으로 견지하고 활용하며, 변증법적 사유와 전략적 사고능력을 강화하고, 여러 가지 사업들을 잘 완수해야 할 것이다. 또한 유물변증법의 근본방법을 반드시 견지해야 하며, 형이상학을 반대해야 한다. '네 개 전면'은 체계적인 프로젝트이며, 유기적으로 연결된 총체이므로 하나의 전략적 목표와 세 개의 전략적 조치로 이루어졌다. 이 네 개의 방면은 서로 보완하고 촉진시키고 상부상조할 것을 요구하고 있으며, 여러 '전면'들의 체계성과 정체성, 협동성을 요구하고 있다. 따라서 우리는 조사연구에 중점을 두고, 정층설계(頂層設計)와 '돌을 더듬으며 강을 건너는' 것을 서로 결합시키고, 총체적 추진과 중점적 전기를 서로 결합시키며, 사업의 원칙성과 예측성을 부단히 강화해 나가야 할 것이다.[30] 주요한 모순과 부차적인 모순, 모순의 주요한 방면과 부차적인 방면의 관계를 잘 구분해야 한다. '네 개 전면'은 지금 당과 국가사업 발전에서 반드시 해결해야 할 주요한 모순이다. 주요한 모순과 모순의 주요한 방면을 파악한 기초 위에서 일의 경중과 완급에 따라서 선후순서를 구분하고, 점차 여러 가지 모순을 해결함으로써 총체적인 효과를 달성토록 해야 한다. 또 이점론(兩点論)과 중점론(重点論)의 변증통일을 견지해야 한다. 시진핑 동지는 다음과 같이 언급했다. "'네 개 전면'을 추진하는 과정에서 우리는 총체적인 계획을 중시해야 할 뿐만 아니라 '소고삐'를 잘 움켜쥐는 것에도 중점을 돌려야 한다."[31] 이

30) 판칭위(范清宇),『浅谈加强顶层设计与摸着石头过河相结合』,『中国行政管理』, 2014년, 9기.
31) 허신위안(贺新元),『"四个全面" 战略布局 : 实现中国梦之 "四维"』『人民论坛』, 2015년, 13기.

를테면 우리는 전면적인 샤오캉사회의 건설을 체계적으로 조치 실행해야 할 뿐만 아니라, "샤오캉이든 아니든 그 관건은 백성들에게 있다"는 것을 강조해야 한다. 즉 전면적 개혁의 심화를 위해 정층설계를 해야 할 뿐만 아니라, 관건적인 영역이나 관건적인 고리의 개혁을 별도로 잘 파악하여야 하는 것이다. 총체적으로 말하면 통일적으로 계획하고 돌보는 것을 견지하고, 종합적으로 그 균형을 유지하며 "열 개의 손가락을 모두 사용하여 피아노를 치도록" 해야 하는 것이다.

넷째, 발전법칙을 탐색하는 가운데 '네 개 전면'이라는 전략적 배치를 조화롭게 추진토록 해야 한다. '네 개 전면'이라는 전략적 배치를 조화롭게 추진하는 과정에서 우리는 필연적으로 미증유의 새로운 상황과 문제들에 직면하게 될 것이다. 새로운 형세 속에서의 경제사회 발전의 특점과 법칙을 부단히 인식하고 장악하는 것은 당 전체가 장기적으로 견지해야 할 이론과 실천의 임무이다. 또한 심도 있게 인식하고 정확하게 움켜쥐기 위해서는 반드시 실사구시를 견지해야 한다. 2015년 6월 12일 시진핑 동지는 천윈(陳云) 동지 탄신 110주년을 기념하는 좌담회에서 다음과 같이 언급했다. "반복적인 실천에서 알 수 있듯이, 실사구시를 견지하느냐 못하냐는 당과 국가 여러 사업의 성패에 관련된 관건적인 일입니다. 전체 당원 동지들은 여러 가지 사업을 진행함에 있어서 반드시 실사구시를 적용하고, 경상적으로 광범위하고 심도 있는 조사연구를 진행해야 합니다. 그리하여 진실한 정황을 더 많이 장악하도록 노력하고, 객관법칙을 더 투철하게 이해할 수 있도록 노력함으로써, '네 개 전면'이라는 전략적 조치를 조화롭게 추진하기 위한 튼튼한 사업의 기초를 다져야 할 것입니다." '네 개 전면'이라는 전략적 배치를 조화롭게 추진하는 과정에서 우리가 부단히 그 법칙을 탐색하고 인식하고 적용함으로써 이러한 전략적 배치를 좀 더 심도 있게 추진할 수가 있다. 사상을 해방시키고, 실사구시하며, 시대와 보조를 맞추는 것은 마르크스주의의 살아있는 영혼이다. 시진핑 동지는 다음과 같이 언급했다. "'네 개 전면'이라는 전략적 배치를 실행하기 위해서는, 전체 당원 동지들이 시대와 보조를 맞추고 분투하며 노력하는 마음가짐으로 실천적 혁신과 이론적 혁신을 부단히 추진하고 마르크스주의의 중국화와 시대화의 새로운 장을 지속적으로 열어나가야 할 것입니다."[32] 여러 당원간부들은 학습과 조사연구를 강화하고 경제사회발전을 추진하는 전문가가 되기 위해 노력해야 한다. '네 개 전면'이라는 전략적 조치를 조화롭게 추진하는 과정에서 인식을 부단히 심화시키고 경험을 부단히 총결산하여 이론적 혁신과 실천적 혁신의 선순환을 실현해야 할 것이다.

## 5. 새로운 발전이념을 확고하게 수립하고 관철·실행해야 한다.

이념은 행동의 선도자이다. 발전이념의 정확성 여부는 근본적으로 발전의 효과와 성패를 결정하는 요소이다. 당의 18차 전국대표대회 이래 시진핑 동지를 핵심으로 하는 당 중앙은 시기와 형세를 잘 파악하고 외국의 발전경험과 교훈을 참고하여 국내의 발전 대세를 분석하고 연구함으로써 혁신적이고 조화로우며 친환경적이고 개방적이며 함

---

32) 천바오성(陈宝生), 『推进 "四个全面" 战略布局落地生根』, 『人民日报』, 2016년 9월 5일.

께 누리는 새 발전이념을 언급했다. 이로써 발전의 난제를 타파하고 발전 동력을 향상시켰으며, 발전 우세를 더 확고히 하고 새로운 이념으로 중국경제의 새로운 방향을 제시했다. 혁신적이고 조화로우며 친환경적이고 개방적이며 함께 누리는 새 발전이념은 우리 당이 우리나라 발전법칙에 대한 새로운 인식을 집중적으로 반영했고, '13차 5개년 계획'과 더 오랜 시기 우리나라 발전의 사로(思路), 발전의 방향, 발전의 작용점을 집중적으로 체현한 것이며, 중국이 더욱 고품질적이고 더욱 효율적이며 더욱 공평하고 더욱 지속가능한 발전의 길을 갈 것이라는 것을 집중적으로 제시했는데, 이는 우리나라의 전반적인 발전 국면에 관계되는 심각한 변혁이다.

첫째, 새로운 발전이념은 발전이론의 중대한 혁신이다. 개혁개방 30여 년래 우리 당은 늘 형세와 임무의 변화에 발맞추어 시기적절하게 그에 상응하는 발전이념과 전략을 제기하여 발전 실천을 이끌고 지도했다. 개혁개방 초기의 "경제건설을 중심으로 한다, 발전은 확고한 도리이다."로부터 21세기 초에 제기한 "발전은 당의 집정흥국(執政興國)의 제일 요건이다."까지, 또 "과학적 발전관을 견지한다, 전면적으로 지속가능한 발전을 조정한다."에 이르기까지, 매 단계의 발전 이념과 발전사로(思路)의 혁신과 보완은 발전의 새로운 도약을 촉진시키고 실현했음을 알 수 있다. 당의 18차 전국대표대회 이래 시진핑 동지를 핵심으로 하는 당 중앙은 우리나라의 새로운 발전 실천에 착안하여 당의 이론 혁신을 깊이 추진했으며, 발전 목표, 발전 동력, 발전 조치, 발전 보장 등 방면에서 일련의 새로운 이론과 새로운 전략을 형성했다. 새로운 발전이념은 우리 당이 경제사회의 발전법칙에 대한 인식의 심화를 집중적으로 반영했는데, 이는 우리나라 발전이론의 또 하나의 중대한 혁신이다. 또한 사회주의의 본질적 요구와 발전방향의 과학적 파악을 집중적으로 체현했는데, 이는 우리 당이 경제사회의 발전법칙에 대한 인식이 새로운 높이에 도달했음을 상징한다.

둘째, 새로운 발전이념은 중국의 국정에 기초한 과학적 판단이다. 우리나라는 여전히 사회주의 초급단계에 처해있을 뿐만 아니라 앞으로도 오랜 시간 동안 사회주의 초급단계에 처해있을 것이며, 기본국정과 사회의 주요모순은 변하지 않았음을 똑바로 인식해야 한다. 이러한 기초위에서 당 중앙은 혁신적이고 조화로우며 친환경적이고 개방적이며 함께 누리는 새 발전이념을 언급했다.

먼저 우리나라는 여전히 사회주의 초급단계에 처해있을 뿐만 아니라 앞으로도 오랜 시간 동안 사회주의 초급단계에 처해있을 것이라는 기본국정은 변하지 않았다. 인구가 많고 기초가 박약하며 발전이 균형적이지 못한 것은 여전히 우리나라의 가장 큰 실정이다. 현재 우리나라의 경체 총생산량은 11만억 달러를 넘어서서 세계 2위에 안착했지만 1인당 국내생산총액은 겨우 8천여 달러에 불과하다. 이는 세계 평균의 70% 수준으로 세계적으로 순위를 매기면 80위 정도밖에 안 된다. 노동생산율이 비교적 낮고 취업구조가 불합리한데다가 농업에 취업한 인구가 전체 취업 인구의 30%좌우를 차지한다. 도시와 농촌의 차이가 비교적 크고 농민들의 1인당 수입은 도시 주민의 1/3밖에 안 된다.

다음으로 인민들의 날로 늘어나는 물질문화 수요와 낙후된 사회생산력 사이의 모순이라는 사회의 주요 모순이 변하지 않았다. 다년간의 힘들고 어려웠던 분투를 통해 우리는 따뜻하게 배불리 먹는 '온포(溫飽)' 문제를 해결하고, 총체적인 샤오캉을 실현했다. 하지만 전면적 샤오캉사회의 건설과 인민들의 생활수준과 질을 보편적으로 향상시키는 등의 새로운 목표에 비하면, 아직도 큰 차이가 존재한다. 우리나라는 공공제품 공급이 총체적으로 부족하고, 1인당 공공시설자본의 저장량(存量)은 서방의 발달한 나라들과 비교하면 아직도 큰 차이가 존재한다. 또 공공서비스의 보장 수준이 비교적 낮으며, 주민들의 의식주행과 같은 기본적인 생활소비 지출이 1인당 소비지출에서 차지하는 비중이 여전히 높다. 서비스업 증가치가 국내생산총액에서 차지하는 비중이 50%를 초과하여 국민경제의 제1산업으로 되었지만, 동등한 수준으로 발전한 나라들에 비하면 여전히 10% 정도의 차이가 있으며, 75%에 달하는 발달한 나라들의 수준에 도달하기에는 아직도 역부족이다.

그 다음으로 우리나라는 세계에서 가장 큰 개발도상국이라는 국제적 지위가 변하지 않았다. 최근 몇 해 동안 글로벌경제가 금융위기의 영향으로 지속적인 불황을 보이고 있는 상황에서도, 우리나라의 경제성장 속도는 세계 주요 경제체 중에서 앞자리를 차지하고 있다. 하지만 종합적 발전수준은 발달한 나라들과 아직도 큰 차이가 있다. 예를 들면, 2016년 우리나라 상주인구의 도시화 비율은 57.35%[33]로

33) 『2016年国民经济实现 "十三五" 良好开局』, 국가통계국 홈페이지, 2017년 1월 20일.

발달한 나라들의 기준에 비하면 거리가 멀며, 동등한 수준으로 발전한 국가들의 평균에도 미치지 못한다. 2016년 연말 기준, 우리나라는 여전히 4천여 만 명의 사람들이 빈곤에서 벗어나지 못했는데 이는, 중등 규모 국가의 전체 인구와 맞먹는 수치이다.

셋째, 새로운 발전이념은 반드시 장기적으로 견지해야 할 기본원칙이다. 경제총생산량이 부단히 증가함에 따라, 우리는 발전과정에서 일련의 새로운 상황과 새로운 문제에 직면했다. 경제발전이 속도 조절 접점에 직면했고, 구조적 조정의 접점에 직면했으며, 동력 전환의 접점에 직면했다. 발전의 난제를 타파하고 지속적이고 건강한 발전을 실현하려면, 반드시 새로운 발전이념으로 발전방식의 전환을 이끌고 경제발전의 새로운 운동에너지를 배양해야 하며, 경제발전에서의 불균형 문제를 해결하고 발전의 질과 효과를 높여야 한다.

혁신적 발전은 발전 동력의 문제를 해결할 수 있다. 혁신을 움켜쥐는 것은 곧 발전을 움켜쥐는 것이고, 혁신을 도모하는 것은 곧 미래를 도모하는 것이다. 글로벌발전 경쟁이 날로 치열해지고 우리나라의 발전 동력이 전환하고 있는 상황에서, 혁신을 발전의 출발점으로 하고 혁신을 추진하는 체제적 틀을 형성해야만 혁신구동(創新驅動)과 선발우세(先發优勢)의 선도적 발전을 이룩할 수 있다. 최근 몇 년간, 우리나라는 전체적인 과학기술 수준이 눈에 띄게 높아졌다. 하지만 관건적이고 핵심적인 기술을 남들에게 의존해야 하는 국면은 근본적인 개선을 이루지 못했다. 따라서 반드시 혁신을 전반 국가발전의 핵심적 위치에 두어야 하며 제도적 혁신과 과학기술 혁신을 주요내용으로 하는 각 방면의 혁신을 부단히 추진해야 할 것이다.

조화로운 발전은 발전이 불균형한 문제를 해결할 수 있다. 조화로운 발전은 지속적이고 건강한 발전을 위한 내재적 요구이다. 지역 간에 협조하고, 도농 일원화(城鄉一体)를 실현하며, 물질문명과 정신문명을 다 같이 중시하고, 경제건설과 국방건설을 융합시켜야만 조화로운 발전 공간을 확보할 수 있으며 발전의 추진력을 얻을 수 있다. 현재의 중점은 징진지(京津冀)[34]의 협동적 발전, 창장경제벨트(長江經濟帶) 발전과 '일대일로' 건설을 적극적으로 추진하고, '3대전략(三大戰略)'과 '4대블록(四大板塊)'의 시너지효과가 충분히 발휘되도록 하며, 신형 도시화를 중점으로 도시와 농촌의 조화로운 발전을 이루고 새로운 성장극(增長极, growth pole)을 형성하는 것이다.

친환경 발전은 사람과 자연이 조화롭게 어울리는 문제를 해결할 수 있다. 친환경은 항구적으로 발전하는 필요한 조건이며 인민들이 아름다운 생활을 추구하는 중요한 체현이다. 친환경 부국(富國)과 친환경 혜민(惠民)을 견지하고, 인민들에게 양질의 생태(生態)제품을 더 많이 제공하며 친환경적 발전방식과 생활방식을 추진해야만, 인민들이 부유하고 나라가 부강한 아름다운 중국 건설을 함께 추진할 수 있다. 따라서 반드시 자원을 절약하고 환경을 보호하는 기본국책을 견지해야 하며, 생산이 발전하고, 생활이 부유하며, 생태가 양호한 문명발전의 길을 꿋꿋하게 걸어야 한다. 이로써 양호한 생태환경이 새로운 경제성장 포인트가 되게 하고, 우리나라의 좋은 이미지를 구

34) 징진지(京津冀), 베이징(北京), 톈진(天津), 허베이(河北) 3개 지역을 아울러 이르는 말.

축하는 성장포인트(增長点)가 되게 하며, 인민대중들이 아름다운 생활을 누리는 지렛목이 되게 해야 한다.

개방적 발전은 발전의 내외 연동 문제를 해결할 수 있다. 개방은 국가의 번영발전을 이룸에 있어서 반드시 거쳐야 할 길이다. 대외개방의 내실을 풍부하게 하고 대외개방의 수준을 제고시키며 전략적 상호 신임, 경제합작, 인문교류를 협동적으로 추진해야만 대외개방의 새로운 국면을 열 수 있으며, 고도로 융합된 호혜 합작의 국면을 형성할 수 있다. 따라서 우리나라경제가 세계경제에 깊이 융합되는 추세에 순응하고, 더욱 높은 차원과 더 넓은 시야로 전 방위적인 개방을 추진해야 한다. 또한 내수와 외수의 조화, 수출입 균형, '해외에서 들여오는 것(引進來)'과 '해외로 나아가는 것(走出去)'의 균형, 외자의 도입과 기술의 도입과 두뇌의 영입(引資和引技引智)의 균형을 견지함으로써 서로 이득이 되는 공동발전의 새로운 국면을 이루어야 한다.

함께 누리는 발전은 사회의 공평과 정의의 문제를 해결할 수가 있다. 다수의 인민대중들이 개혁개방의 성과를 함께 누릴 수 있어야만 진정으로 사회주의제도의 우월성을 체현해 낼 수 있다. 우선 인민을 중심으로 한다는 발전사상을 이행해야 한다. 인민들의 복지를 증진시키고 개개인의 전면적 발전을 촉진케 하는 것을 발전의 출발점과 입각점으로 해야 하며, 기회가 공평하게 주어지도록 하고, 기본적인 민생을 보장해야 한다. 이로써 인민대중들의 적극성, 주도성, 창조성을 충분히 이끌어내고 전체 인민들이 함께 건설하고 함께 누리는 발전 속에서 더욱 많은 성취감을 얻게 하며, 공동으로 부유해지는 방향으로 온건하게 걸어 나가도록 해야 한다.

넷째, 새로운 발전이념은 세계의 변화에 대응하기 위한 전략적 선택이다. 지금의 세계는 평화와 발전이라는 시대적 주제가 변하지 않았다. 세계의 다극화, 경제의 글로벌화, 문화의 다양화, 사회의 정보화가 날로 심화 발전하고 있다. 한 방면으로는 세계경제가 심층적인 조정을 거치면서 어렵게 회복되고 있다. 국제금융위기는 세계경제의 성장 동력을 파괴했으며, 그로 인한 충격과 심층적인 영향은 현재진행형이다. 주요 경제체(經濟体)의 발전추세와 거시적 정책의 방향은 엇갈리고 있고, 글로벌무역은 약세를 보이며 무역보호주의가 대두하고 있고, 새로운 성장 동력은 아직 형성되지 못했으며, 글로벌경제의 발전은 더디기만 하다. 다른 한 방면으로 외부환경의 불확실성과 불안전성 요소가 점점 더 많아지고 있다. 새로운 과학기술혁명과 산업변혁 또한 폭풍처럼 다가오고 있다. 국제 에너지자원 구도는 중대한 조정국면에 직면해 있고, 국제 에너지 생산과 소비구조, 에너지 기술은 저탄소화(低碳化)의 방향으로 발전하면서 세계 에너지 판도에 균열을 일으키고 있다. 글로벌 거버넌스시스템은 심각한 변혁을 맞이했고 국제무역시스템, 국제 화폐와 금융 감독시스템은 새롭게 개편되고 있으며, 인터넷, 심해, 극지, 우주 등 영역의 관련 국제제도와 국제규칙 건설에 대한 수요도 부단히 증가하고 있으므로 국제관계는 전에 없이 복잡해지고 있다.

# 제2장

# 발전단계: 능동적으로 적응하고 뉴노멀을 이끌어가야 한다.

# 제2장
# 발전단계: 능동적으로 적응하고 뉴노멀을 이끌어가야 한다.

우리나라의 경제발전은 형태가 더 고급적이고, 분공이 더 복잡해지고, 구조가 더 합리적으로 되어가는 단계로 진화하고 있다. 뉴노멀을 인식하고 뉴노멀에 적응하는 것은 현재와 금후의 한 시기 우리나라 경제발전의 큰 법칙이라고 할 수 있다. 시진핑 동지는 우리나라의 경제가 뉴노멀에 진입했다고 피력했는데, 이는 우리나라 경제의 중장기적 성장률 하락 추세에 대한 심각한 게시이며, 또한 우리나라 경제발전의 추세 특징에 대한 과학적 판단이다. 새로운 단계의 시작점이라는 시대의 길목에 서있는 우리는 우리나라 경제발전의 단계적 특징을 반드시 역사적·변증법적 관점으로 인식해야 할 것이며, 능동적으로 적응하고 뉴노멀을 이끌어나가야 할 것이다.

## 1. 새로운 경제발전단계의 시작점에 서서.

뉴노멀은 우리나라 경제발전이 더 높은 단계로 진입한다는 표현이다. 시진핑 동지는 2013년 중앙경제사업회의에서 처음으로 '뉴노멀(新常態)'이라는 개념을 제기했으며, 그 후에도 여러 번 언급했다. 2014년 5월의 허난(河南) 고찰과 7월의 '당 외 인사 좌담회'에서 모두 '뉴노멀'

을 언급했고, 11월에는 아시아 태평양 경제협력체(APEC) 정상회의 개막식에서 처음으로 전면적으로 경제뉴노멀에 대해서 논술했으며, 12월에 있은 중앙경제사업회의에서 뉴노멀에 대해 심층적이고 체계적으로 논술했다. 2016년 1월 18일 시진핑 동지는 성부급(省部級) 주요 지도간부들이 당의 18기 5중전회 정신을 학습·관철하자는 워크숍에서 다음과 같이 언급했다.

> "'13차 5개년 계획'시기 우리나라 경제사회 발전을 추진함에 있어서 뉴노멀에 적응하고, 뉴노멀을 파악하고, 뉴노멀을 이끌어나가는 것을 전 발전과정의 법칙으로 인식해야 합니다."

이는 개혁개방 30여 년의 위대한 분투노력을 거친 우리나라가 이제 새로운 발전단계와 새로운 시대적 시작점에 서게 되었음을 보여주는 것이다. 경제 총생산량, 일부 성의 GDP, 수출입 총액, 외화 비축 등 종합적 지표로 볼 때, 우리나라는 이미 명실상부한 경제대국이 된 것이다.[35] 시진핑 동지는 다음과 같이 말했다. "우리 중국공산당이 혁명을 하고, 경제건설을 하고, 개혁개방을 한 것은 모두 중국의 현실적 문제를 해결하기 위한 것이다."[36] 세계적으로 보면 우리나라는 이미 경제대국이 되었지만 아직 진정한 세계 경제 강국과는 거리가 있다.

---

35) 웨이리췬(魏礼群), 「由经济大国到经济强国的发展战略」, 『新华文摘』, 2013년 제18기.

36) 『十八大以来重要文献选编』(상), 中央文献出版社, 2014년, 497쪽.

'중진국의 함정'을 뛰어넘으려면, 경제대국이라는 인식 수준, 발전 수준, 거버넌스 수준에만 머물러있어서는 안 된다. 중국경제의 뉴노멀이라는 추세와 특징을 과학적으로 인식하고 개혁과 혁신으로써 우리나라가 발전과정에서 직면한 일련의 뚜렷한 모순과 문제들을 해결해야 하며, 경제대국에서 경제 강국으로 나아가는 발걸음을 재촉해야 한다. 현재 국제금융 위기의 여파는 아직 완전히 사라지지 않았고, 일부 경제체(經濟体)의 회복세는 아직도 미약하며, 신구(新旧) 성장포인트의 전환 임무는 매우 힘든 상황이다. 시간의 흐름에 따라 뉴노멀 상황에서 우리나라 경제발전의 내적인 지탱 조건과 외부 수급환경 변화는 모두 심각한 변화를 가져왔으며, 우리는 경제의 잠재적 성장률이 점차적으로 하락하는 객관적 사실을 직시해야 한다. 전체적으로 보면 중국의 경제발전이 뉴노멀에 진입한 직접적인 요인은 글로벌 경제 회복세의 더딤에 있다. 하지만 내적 요인은 발전환경이 심각한 변화를 가져온 것이다.[37]

첫째, 세계의 경제구도가 심각한 조정을 겪었고, 글로벌경제의 성장세가 둔화되고 있다. 2008년의 국제금융 위기 이래 세계경제는 "수요 총생산량의 증가세가 더디고 경제구조가 심각한 조정을 겪는("總量需求增長緩慢, 經濟結构深度調整)" 현저한 특징을 보여주고 있다. 따라서 우리나라의 외부 수요는 장기적인 위축세를 보이고 있으며, 우리나라의 저원가(低成本) 비교우세에도 변화가 발생하고 있다. 미국 등 경제 강국들은 새롭게 '재공업화(再工業化)', '공업4.0', '2020전략', '재생

37) 한캉(韩康), 「经济新常态: 新观察, 新思考」, 『国家行政学院学报』, 2015년, 제2기.

전략(重生戰略)' 등 조치들을 내놓고 있는데, 이는 새로운 에너지, 새로운 소재, 새로운 기술을 접목하여 실물경제를 발전시키고 국제 경제의 주도권을 선점하기 위한 것이다. 하지만 개발도상국들은 모두 발전모델을 조정하는데 힘을 쏟고 있으며, 상대적으로 우세한 산업을 발전시키는데 주력하고 있다. 결국 이는 한정된 세계시장에서의 경쟁이 더욱 치열해지는 결과를 초래하게 된다. 이러한 태세는 우리나라를 '양쪽에서 압박을 받는(双向擠壓)' 상황으로 몰아가고 있으므로 반드시 위기의식을 가져야 할 것이다. 현재의 세계경제는 국제금융위기 후 심층적인 조정 시기에 처해있으며, 국제금융시장의 파동이 커지고 있고, 국제 벌크상품의 가격 파동이 심하며, 지정학적 요소와 같은 비경제적 요소의 영향이 커지고 있다. 따라서 우리는 기회를 포착하여 글로벌 전략배치를 촉구해야 할 뿐만 아니라 여러 가지 리스크를 피하도록 해야 할 것이다.

둘째, 우리나라의 경제발전은 '요소자원(要素資源)'의 병목에 직면해 있는데, 산업 업그레이드 임무는 더욱 무거워졌다. 30여 년의 대규모 고강도 개발과 건설 후, 우리나라 경제의 성장구조는 현재 역사적인 변화기에 진입했다. 전통산업은 상대적으로 포화되었고, 전통적인 인구보너스(人口紅利) 우세는 점차 감소하고 있으며, 인구 노령화 사회에 진입하고 있고, 루이스 전환점(Lewis Turning Point)[38]이 앞당겨지고 있다. 이와 반대로 우리나라는 투자와 외수에 과도하게 의존하는

38) 루이스 전환점(Lewis Turning Point) : 개발도상국에서 농촌의 잉여 노동력이 고갈되면 노동자의 임금이 급등하고 경제 성장세가 꺾이는 현상.

경제성장 모델을 취하고 있으며, 따라서 에너지와 자원, 환경 등에서 비롯된 제약이 날로 명확해지고 있다. 석유, 천연가스 등 중요한 자원들의 대외 의존도가 이미 50%를 넘어섰고, 생태환경 압력이 부단히 가중되고 있으며, 요소 공급의 한계(要素的邊際供給增量)로 인해 전통적인 고속발전의 길을 더 이상 지탱하지 못하고 있다. "우리나라는 '세계의 공장'이라고 불리고 있지만, 아직도 노동밀집형과 저부가가치 제품이 주를 이루고, 핵심기술은 외국에 의존하고 있고 자주적인 혁신능력이 많이 부족하다."[39] 우리나라의 산업은 장기적으로 중하위 수준에 머무르고 있으며, 발전방식이 조방하고 기술혁신 능력이 부족하다. 또한 과학기술과 산업의 접목이 효과적으로 이루어지지 못하고 많은 분야의 산업경쟁력이 부목하며, 핵심기술은 남들에게 끌려가는 상황을 면치 못하고 있다. 따라서 경제성장 속도의 하향조정에 따라 여러 가지 숨어있던 위험들이 표면화되고 있는 실정이다. 이는 우리로 하여금 주도적으로 경제성장 속도를 늦춰서 경제의 업그레이드를 위한 시간과 공간을 확보할 것을 요구하고 있다.[40]

셋째, 1인당 GDP가 상대적으로 낮으며, 중요한 경제지표의 차이가 매우 크다. 2016년에 우리나라의 경제규모는 이미 74조원(인민폐)에 달했고, 경제 총생산량이 세계에서 차지하는 비율은 14.84%에 달하여 글로벌경제권 가운데서 확고하게 2위를 유지했다.[41] 하지만 1인당

39) 마젠탕(马建堂), 「全面实现济强国任重道远」, 『中国集体经济』, 2011년, 4기.

40) 국가행정대학 경제학부(国家行政学院经济学教研部) 편저, 『中国经济新常态』, 人民出版社, 2015년, 4쪽.

41) 『全国各国GDP出炉! 中国排名第二』, 搜狐财经, 2017년 2월 25일.

GDP는 국제적으로 겨우 80위 정도밖에 되지 않는다. 하지만 경제 강국이라는 기준을 양적으로 환산하면 아래와 같다. 1. 국내생산총액이 세계경제에서 차지하는 비중이 6%에 도달해야 하고, 2. 기술혁신지수가 세계 5위 안에 들어야 하며, 3. 서비스산업 생산액이 70%를 초과해야 하고, 4. 도시화 비율이 70%보다 낮아서는 안 되며, 5. 글로벌 외화 비축이 4%를 초과해야 한다.[42] 경제 강국의 여러 지표와 대조해 보면 중국은 글로벌한 경제강국의 목표에 도달하기 위해서는 아직 갈 길이 멀다. 아직은 차이가 아주 큰데 이에 대해 반드시 분명하게 인식해야 할 것이다. 따라서 예전의 인클로저운동 식의 조방한 성장을 타파하고, 질과 효율을 추구하는 성장을 추구해야 한다. 경제발전의 질과 효율 제고를 중심으로 하는 것을 견지해야 하며, 인력자본의 제고와 과학기술의 진보, 전면적인 혁신에 주의를 돌려야 한다.

넷째, '중진국의 함정'에 바질 위험이 커지고 있고, 심각한 개혁과 혁신의 압력에 직면해 있다. 세계은행이 2006년에 발표한 「동아시아 경제발전 보고」에서 '중진국의 함정'에 대해 진일보적인 경제성장이 원유의 성장 메커니즘에 의해 고정(lockup)되고, 1인당 국민소득이 10,000 달러라는 한계를 돌파하기 어려우며, 이때 경제체가 경제성장 단계의 정체기와 배회기에 처하게 된다고 정의했다. 이는 우리나라 학술계에서 비교적 공감대를 형성하고 있는 관점이다. '중진국의 함정'은 경제성장에 역효과를 일으키게 된다. 생산요소의 원가가 상승하고 투입산출이 감소하며, 노동밀집형 비교우세가 부단히 감소

42) 장잔빈(张占斌), 『中国经济强国梦』, 河北出版传媒集团, 河北人民出版社, 2014년, 52쪽.

하는 등 경제성장 요소의 변화로 말미암아 경제성장이 새로운 동력을 잃어버리고, 이로써 한 국가나 지역이 '중진국의 함정'에 빠지게 되는 것이다. 경제이론 연구가 표명하다시피, 세계적으로 대다수 국가와 지역들의 최초의 경제성장은 본 지역의 자원 비교우세를 이용했으며, 단기간 내에 생산요소를 대량으로 투입하는 방식으로 성장을 이루었다. 하지만 어떠한 나라나 지역이든 모두 노동력·토지 등 자원의 공급이 유한할 수밖에 없으며, 또 시장경쟁 등 문제에도 직면해야 한다. 따라서 '중진국의 함정'을 건너뛰어 지속적인 경제성장을 이루려면 반드시 기술 발전에 의존해야 한다. 즉 '총 요소 생산율(全要素生産率, Total Factor Productivity)'을 제고시켜야지 단순한 요소 투입 증가만으로 경제성장을 유지하려 해서는 안 되는 것이다. 우리나라 경제발전의 현 상황을 보면, '중진국의 함정' 위험은 객관적으로 존재하는 것이다. 따라서 우리는 그럴 가능성을 염두에 두고, 명석한 두뇌를 유지해야 하며, 하루 빨리 '중진국의 함정'에서 벗어날 수 있도록 갑절로 노력하고 갑절로 조심해야 할 것이다.[43]

## 2. 경제 뉴노멀의 추세변화와 특징.

시진핑 동지는 중국경제의 뉴노멀에 대해서 중요한 자리에서 여러 번 분석하고 상세히 해석했다. 그는 다음과 같이 강조해서 말했다. 경제발전이 뉴노멀에 진입하여, 고속성장으로부터 중·고속성장으로 전환하고 있으며, 경제발전 방식도 규모와 속도만 추구하는 조방

---

43) 장잔빈(张占斌),「中国跨越中等收入陷阱战略问题」,『经济研究参考』, 2012년 제56기.

한 성장으로부터 질과 효율을 추구하는 집약형 성장으로 전환하고 있다. 경제구조 역시 증량과 생산능력 확대(增量擴能)로부터 재고량(存量) 조절과 증량 최적화가 병존하도록 하는 심층적 조정단계로 전환하고 있으며, 경제발전 동력 역시 전통적인 성장 포인트로부터 새로운 성장포인트로 전환하고 있다.[44] 이와 같은 심각한 해석은 중국의 경제학 이론의 발전에 새로운 시각과 내용을 보충해줬다. 그는·또 전체 당원과 간부들의 인식을 제고시키기 위해 중국 경제 뉴노멀의 추세와 특징변화에 대해 아홉 가지로 개괄해서 설명했다.

소비 수요 측면에서 보면 과거 우리나라 소비는 선명한 모방형·파도식(模仿型排浪式)[45] 특징을 갖고 있다. 즉 "네가 있으면 나도 있고 모두 있는" '캐스케이드 효과'[46]가 선명하고 소비가 물결처럼 이어졌다. 현재는 기본적으로 모방형·파도식 소비 단계를 벗어났다. 개성화·다양화 소비가 점차 주류를 이루고, 제품의 질과 안전을 보장하고 혁신적인 공급을 통해 수요를 활성화시켜야 하는 중요성이 현저하게 상승하고 있다. 따라서 정확한 소비정책을 실시하고 소비 잠재력을 이끌어냄으로써 소비가 지속적으로 경제발전의 기초적 역할을 하도록 추진해야 한다. 투자 수요 측면에서 보면, 과거 투자 수요 공간이 거대

44) 시진핑(习近平), 「在中央经济工作会议上的讲话」, 『人民日报』, 2014년 12월 12일.

45) 파도식 소비 : 소비에 참신함이 없고 소비성향이 한 쪽으로 쏠리며, 일정한 시간 내에 단일한 소비가 주도적 위치를 차지하는 소비.

46) 캐스케이드 효과 : 프로그램 매매에 포함되는 종목들은 지수 영향력이 큰 시가총액 상위종목인데다 매매 규모도 커 시장에 상당한 영향을 미친다. 특히 기관마다 프로그램 매매패턴이 비슷해 일시에 매물이 쏟아져 나올 경우 주가가 폭락할 수 있다. 증시에는 이를 폭포수에 빗대 "캐스케이드 효과"라고 부른다.

하여, 자금이 충족하고 과감하게 투자에 나서기만 하면 수익을 거둘 기회가 얼마든지 있었으며, 투자는 경제발전에서 중요한 역할을 담당했다. 30여 년이라는 지속적이고 강도 높은 대규모 개발과 건설 이후, 전통산업과 부동산 산업은 상대적으로 포화상태에 다다랐고, 현재는 지속적인 투자 잠재력이 크지 않다. 반면에 기초시설의 상호 연결과 일부 신기술, 신제품, 신 상업모델 등의 투자기회가 대량으로 솟아나오면서 혁신적인 투자와 자금 조달방식에 대해 새로운 요구가 제기되고 있다. 기업가와 각계의 정부는 반드시 투자방향을 잘 포착해야 하며, 투자 시 장애요소를 해소하고, 경제발전에서 투자가 지속적으로 제 역할을 발휘하도록 해야 한다.

수출과 국제수지(收支) 측면에서 보면, 글로벌 금융위기가 발생하기 전에는 국제 시장공간의 확장세가 두드러지고, 원가 우세만 있으면 수출은 확대가 가능했으며, 수출은 우리나라 경제의 고속발전을 이끄는 중요한 동력이었다. 현재는 글로벌 수요가 둔화되고 우리나라가 갖고 있던 원가 비교우세에 변화가 발생했다. 그러나 우리나라 수출경쟁력 우세는 여전히 존재하며 고차원 '해외로부터의 인입'(高水平 "引進來")과 대규모 해외진출(大規模 "走出去")이 동시에 진행되고 있다. 따라서 반드시 새로운 비교우세를 적극 발전시키고 수출이 지속적으로 경제발전을 지탱하도록 해야 한다.

생산능력과 생산조직방식 측면에서 보면, 과거의 공급부족은 오랜 시간 동안 우리를 괴롭히던 주요 모순이었다. 현재는 전통산업 공급능력이 수요를 훨씬 초과했고, 철강, 시멘트, 유리 등 산업의 생산능력이 이미 정점에 도달했다. 또 부동산은 구조성, 지역성적인 과잉이 나타났고, 각종 개발구, 공업구, 신도시 기획건설 총면적이 실제 수요를 초과했다. 따라서 산업구조는 반드시 최적화하고 업그레이드해야 한다. 기업의 합병과 구조조정, 생산의 상대적 집중은 불가피한 것이며, 서비스업과 중소기업의 역할이 더욱 두드러지고 생산의 소형화, 지능화, 전문화가 산업조직의 새로운 특징으로 되고 있다.

생산요수의 상대적 우세 측면에서 보면, 과거 노동력 원가가 낮은 것은 가장 큰 장점이었다. 새로운 노동력과 농업잉여 노동력이 끊임없이 쏟아져 나왔고, 기술과 관리를 도입하기만 하면 신속하게 생산력으로 탈바꿈했다. "일부 개발도상국은 낮은 생산원가를 바탕으로 시장을 개척하고 자본을 축적함으로써 GDP가 점차 중등수입국 수준에 근접하거나 중등수입국 수준에 도달하게 되었다."[47] 현재 우리나라는 노령화가 가속화되고 농업잉여 노동력이 감소하고 있으며, 생산요소 규모화 구동력(要素的規模驅動力)이 약화되고 있으며, 경제성장을 이끌 수 있는 핵심적 기술은 선진국들이 제공하기를 거부하고 있다. 따라서 경제성장은 반드시 인력자본의 질과 기술 진보에 의존해야 하며, 혁신이 발전을 위한 엔진이 되게 해야 한다.

시장경쟁 측면에서 보면, 과거에는 주로 양적인 확장과 가격경쟁이 위주였다면, 현재는 점차 품질형, 차별화 위주의 경쟁이 주를 이루고, 전국의 시장을 통일하고, 자원 배치의 효율을 제고하는 것이 경

47) 청쓰웨이(成思危), 리이닝(厉以宁), 우징롄(吴敬琏), 린이푸(林毅夫) 등,『改革是中国最大的红利』, 人民出版社, 2013년, 26쪽.

제가 발전하는데 필요한 요구사항이 되고 있다. 기업들이 세수와 토지 등 방면의 우대정책으로 경쟁적 우세를 확보하거나, 외자(外資)가 자국민을 초월하는 특별우대를 받는 방식은 더 이상 유지하기 어렵게 되었다. 따라서 우리는 반드시 개혁개방을 더욱 확대하고, 통일적이고 투명하고 질서 있는 시장 환경을 조성하여 시장이 충분히 경쟁할 수 있도록 양호한 조건을 제공해야 한다.

자원과 환경의 제약이라는 측면에서 보면, 과거 에너지자원과 생태환경 공간이 상대적으로 커서 쉽게 대규모 개발을 하고 고속발전을 이룰 수 있었다. 현재는 생태환경이 소화할 수 있는 능력이 이미 최고치에 근접했거나 도달했기에 더 이상 소모적이고 조방한 발전을 지탱하기 어렵게 되었다. 인민대중들이 맑은 공기, 맑은 수질과, 청결한 환경 등 생태제품에 대한 요구가 점점 더 절박해지고 생태환경이 점점 더 소중하게 되었다. 우리는 반드시 양호한 생태환경에 대한 인민들의 기대에 순응하고 친환경저탄소 순환발전 방식을 추진해야 할 것이다. 경제위험 축적과 해소 측면에서 보면, 과거에는 경제의 고속발전이 일부 모순과 위험을 덮어주었다. "지방정부 부채, 부동산 버블, 엄중한 생산과잉과 유동성 위험 등 4대 위험은 서로 영향을 주고 서로 전환하면서 자금조정수단과 경제운행의 취약성을 끌어올리고 있다."[48] 현재 경제의 성장속도가 둔화됨에 따라 각종 잠재위험들이 점차 표면화되고 있는데, 일부 위험들은 비교적 엄중하여 주의를 돌릴 필요가 있다. 전체적으로 보면 위험은 통제 가능하지만 하이 레버리

48) 류스진(刘世锦), 『在改革中形成增长新常态』, 中信出版社, 2014년, 35쪽.

지(高杠杆, high leverage)와 버블화를 주요 특징으로 하는 각종 위험은 한동안 계속될 것이므로 반드시 지엽적인 것과 근본적인 것을 함께 다스리고, 증상에 따라 약을 쓰며 각종 위험을 제거하는 체제와 메커니즘을 형성시켜야 할 것이다. 자원배치 모식과 거시조정 방식 측면에서 보면, 과거에 총수요의 성장 잠재력이 컸기에 케인즈주의 방법으로 경제발전을 효과적으로 추진할 수 있었다. 경제발전 중의 단점이 아주 명확했고, 산업정책이 기러기 편대 이론(flying-geese model)[49]에 따라 선행국가를 모방하기만 하면 산업의 비교우세를 이룰 수 있었다. 현재는 전면적 경제 부양책의 한계 효과가 현저하게 감소했고, 전면적으로 생산과잉을 해소해야 할 뿐만 아니라 시장 메커니즘의 역할을 통해 미래 산업발전의 방향을 탐색해야만 한다. 따라서 반드시 총체적 공급과 수요 관계의 변화를 전면적으로 파악하여 과학적으로 거시적 조정을 해야 한다.

시진핑 동지의 경제 뉴노멀에 관한 논술에 대해 우리는 적어도 두 가지 시사점을 찾을 수 있다. 하나는 이미 나타났거나 실현한 정황으로 이를테면 경제성장이 중고속(中高速)으로 전환한 점이다. 다른 하나는 현재 실현하기 위해 노력하고 있는 일이다. 즉 발전방식의 전환, 성장 동력의 전환 등이 그것이다. 전체적으로 보면 경제 뉴노멀의 주요한 특징은 경제성장 속도의 전환, 경제발전 방식의 전환, 산업구조 조정의 최적화, 경제성장 동력의 변화, 자원배치 방식의 전환, 경제복지와 포용공유(包容共享) 등의 풍부한 내용을 내포하고 있다.

---

49) 기러기 편대 이론(flying-geese model)은 1935년 일본 학자 아카마쓰 가나메가 제기했다.

첫째는 성장속도가 고속에서 중·고속(中高速)으로의 하향된 점이다. 이는 경제 뉴노멀의 기본 특징이다. 최근 10년간의 상황을 보면, 2003년부터 2007년까지 우리나라의 경제는 연속 5년 동안 두 자릿수 성장세를 이어오다가 2008년 글로벌 금융위기의 영향으로 한 자릿수로 내려앉았다. 또 2012년과 2013년 경제성장률은 7.7%대로 내려앉았다. 국가통계국에서 발표한 소식에 따르면 2014, 2015, 2016년 GDP 성장률은 동기 대비 각각 7.4%, 6.9%, 6.7%였다. 경제성장이 진일보 적으로 내림세를 보이고 있는 것이다. 경제 총생산량의 확대와 더불어 생산요소의 상대적 우세가 약해지고 자원과 환경의 제약이 부각되고 있으며 경제성장 속도의 둔화는 이미 피할 수 없는 추세로 되었다. 우리는 이러한 변화를 이성적으로 대해야 할 것이며, '평정심'을 가지고 경제의 중고속 성장이라는 뉴노멀을 마주해야 할 것이다.

둘째는 발전방식이 규모·속도형의 조방한 성장에서 품질·효율형의 집약성장으로 전환하고 있다는 점이다.

이는 경제 뉴노멀의 기본적인 요구이다. 현재 "실력이 있는 자가 땅을 차지하고, 땅을 차지하는 자가 왕이 되는" 무질서한 경쟁은 이미 통하지 않게 되었다. 환경이 감당할 수 있는 능력은 이미 최고치에 이르렀고, 규모나 수량에만 의존해 확장하는 조방한 성장도 지속하기 어렵게 되었으며, 자원을 과도하게 수입에 의존하는 문제가 점점 더 부각되고 있다. 이러한 모순과 곤란을 마주하여, 우리는 반드시 경제성장의 속도문제를 정확하게 인식하고, 관리의 인사고과 수단을 바꾸고, 경제의 질과 효율을 제고하며, 품질형·차별화 시장경쟁으로 나아가고, 친환경과 지속가능한 발전을 추진하며, 민생을 보장하고 개선하는 등의 방면에서 노력을 기울여야 하며, '장인정신'을 발휘하고 심혈을 기울여 경작함으로써 '중국품질'을 업그레이드시키기 위해 노력해야 할 것이다.

셋째는 산업구조가 중·저급 레벨(中低端)에서 중고급 레벨(中高端)으로 전환했다는 점이다. 이는 경제의 뉴노멀 상황에서 경제구조 최적화 업그레이드의 주요 공략 방향이다. 지금까지 우리나라의 산업구조는 글로벌 가치사슬의 중·저급 레벨에 처해있었고, 비교 이익이 상대적으로 아주 낮았다. "우리나라 산업구조의 모순은 주로 생산과 가공제조 등 단계에 과도하게 치중되고, 연구개발·설계·공급네트워크 관리·마케팅·브랜드 등 관건 단계에서는 뒤떨어진다는 것이다. 이로 인해 생산과잉 문제가 부각되고, 에너지·자원·환경 압력이 배가되어 무역조건이 악화되고 있으며, 국민수입 성장이 둔화되고 서비스업이 신속한 발전을 이루지 못하는 등 일련의 문제들이 대두하게 되었다."[50] 역사적 경험이 보여주다시피 중·저급 레벨의 산업구조로는 경제강국이 될 수 없다. 우리는 신흥산업과 서비스업, 중소기업의 역할이 더욱 두드러지고, 생산의 소형화·스마트화·전문화가 점차적으로 산업조직 기본특징의 추세로 변화되어 가고 있는 상황에 적응해야 한다. 또한 중고급 레벨을 향한 발걸음을 재촉하고 글로벌 산업경제의 전략적 고지와 '통제권'을 차지하기 위해 노력함으로써 우리나라

50) 국가개혁발전위원회 거시경제연구소조, 「"十二五"时期我国产业结构调整战略与对策研究」, 『经济研究参考』, 2010년, 43기.

산업이 글로벌 가치사슬에서의 지위를 업그레이드시키고 '중국의 효익(效益)'을 창출해야 할 것이다.

넷째는 성장 동력이 요소와 자원에 의존하는 구동으로부터 혁신을 통한 구동으로 전환했다는 점이다. 이는 경제 뉴노멀의 핵심적인 내포이다. 지난 30여 년 동안 우리나라는 고 투입, 고 소모, 고 오염, 저 산출(高投入, 高消耗, 高污染, 低産出)의 경제발전 길을 걸어왔지만, 현재는 요소와 자원에 의존하여 구동하는 경제의 고속성장 모델은 지속되기 어렵다. 현재 새로운 과학기술혁명과 산업혁명이 바야흐로 진행되고 있으며, 세계 주요 국가들은 미래 과학기술의 전략적 고지를 선점하기 위해 치열하게 경쟁하고 있다. 우리는 중고속 성장과 중고급 수준이라는 목표를 이루기 위해, 전력을 다해 혁신에 의한 구동전략을 실시해야 한다. 현재 앞 다투어 창업하고 앞 다투어 혁신을 도모하는 붐이 일고 있으며, 기업은 주도적으로 업그레이드하고 혁신의 의지가 더욱 명확하며, 우리나라 경제성장의 동력이 점차 전환되고 있다. 전 요소 생산율(全要素生産率)의 수준이 점차 제고되고 있고, 점진적으로 혁신에 의해 구동되는 경제 뉴노멀로 진입하고 있으며, 일부 신흥기술, 신흥제품, 신흥경영방식, 신흥상업모델의 투자기회가 대량으로 나타나고 있으므로 이와 같은 투자가 경제발전의 새로운 동력과 성장 포인트가 되고 있는 것이다.

다섯째는 시장이 자원배치의 기초성적인 역할에서 결정적인 역할로 전환하고 있다는 점이다. 이는 경제 뉴노멀의 메커니즘 보장이다. 지난 20여 년의 실천에서 보면, 우리나라는 기본적으로 정부 주도의 불완전한 시장경제를 이어왔다. "정부 주도의 성장방식이 역사적으로 중요한 역할을 발휘했지만, 국내외 발전환경의 변화에 따라 내재하고 있던 폐단들이 전면적으로 표면화되었고, 시장에 대한 부작용은 이미 경제생활의 정상적인 운행에 영향을 주는 상황이 되었다."[51] 이를테면 자원배치의 불합리와 쉽게 정경유착을 유발할 수 있는 부패문제 등은 룰(rule)을 파괴했을 뿐만 아니라 간부와 기업가들을 해쳤다. 당의 18기 3중전회(十八屆三中全會)에서는 "시장이 자원배치에서 결정적인 역할을 해야 하고, 정부는 더 좋은 역할을 해야 할 것"이라고 언급했다. 당의 18기 4중전회(十八屆四中全會)에서는 "사회주의 시장경제는 본질적으로 법제(法制)경제"라고 언급했다. 이는 당이 시장경제 법칙에 대한 인식이 새로운 높이에 올라섰음을 의미한다. 시장이 결정적인 역할을 하는 뉴노멀 상황에서 정부는 강제적인 부양책을 지양하고, 주로 직능의 전환, 행정 간소화와 권력 이양, 감세와 이윤 양도, 시장 환경 규범화(轉變職能, 簡政放權, 减稅讓利, 規范市場环境) 등의 방식으로 자원배치의 결정권을 시장에 넘기고, 시장의 방식으로 하이 레버리지(高杠杆, high leverage)와 거품화를 주요 특징으로 하는 각종 위험을 해결하며, 블록 간 조정, 정향 조정 등의 방식으로 "시장이 통제를 상실하는" 상황을 방지해야 한다.

여섯 번째는 경제 복지에서 먼저 부유해지고 먼저 좋아지는 것으로부터 포용성 공동 소유로의 전환이 되어야 한다는 점이다. 이는 경제 뉴노멀의 발전결과이다. 개혁개방 이래 계획경제 시대의 큰솥밥(大鍋

51) 츠푸린(迟福林), 『改革红利』, 中国经济出版社, 2013년, 203쪽.

飯)[52]을 타파하기 위하여 일부 사람들과 일부 지역을 먼저 발전시키고 먼저 부유해지게 하는 정책을 실시했었는데, 이는 경제발전을 유력하게 추진하였고 좋은 효과를 거두었다. 효율을 우선시하고 공평을 함께 돌보는(效率优先, 兼顧公平) 경제 복리는 국민수입의 양과 국민수입이 사회 구성원들 사이에서의 분배정황에 따라 결정된다. 하지만 개혁이 심화됨에 따라 수입 분배 방면의 문제가 점차 많아지고 일부 방면의 문제는 점점 더 엄중해져 사회의 안정을 위협하는 수준에 이르렀다. 효율과 공평을 잘 조화시키는 것은 경제사회 발전에서의 중대한 문제로 대두했고, 경제 복지에서 먼저 부유해지고 먼저 좋아지는 데로부터 포용성 공동 소유로 전환하는 것은 절대적인 임무가 되었다. 뉴노멀 상황에서는 효율도 중시해야 하지만 공평도 함께 돌봐야 한다. 우리는 인민대중들의 수요를 충족시키는 것을 더욱 중시해야 하고, 빈곤지역과 저소득층의 생활에 더 주의를 돌려야 하며, 단점을 보완하는 데 더 중점을 두고, 사회의 안정을 더욱 중시해야 하며, 경제 복지가 점차적으로 포용성 있는 공용 형으로 나아가도록 해야 할 것이다.

### 3. 경제발전 뉴노멀의 기회와 도전.

기회는 늘 도전과 병존한다. "경제발전이 뉴노멀에 진입한 것은 우리나라가 여전히 중요한 전략적 기회에 직면했다는 판단을 변화시킨

52) 한솥밥(大锅饭) : 다 같이 한 솥의 밥을 먹는다는 뜻으로, 능력이나 경력에 상관없이 똑같이 대우함을 이르는 말.

것이 아니라 중요한 전략적 기회의 내포와 조건을 변화시켰으며, 우리나라의 경제발전이 총체적으로 좋은 방향으로 나아간다는 펀더멘털(Fundamental)[53]을 변화시킨 것이 아니라 경제발전 방식과 경제구조를 변화시켰다."[54] 경제의 뉴노멀은 중국에 있어서 새로운 발전의 기회이자 도전이다.

첫째, 경제의 증량(增量)은 여전히 상당한 수준이다. 하지만 안정적인 경제성장을 이루는 임무는 매우 어렵다. 30여 년의 고속성장을 통해 중국의 경제규모는 옛날과 비할 바가 아니다. 2016년 중국경제의 증가액은 5조(兆) 위안(인민폐)을 넘었는데 이는 대체적으로 1994년도의 경제 총생산량과 거의 같은 수준이다. 하지만 전 세계적으로 보면 17위에 불과하다.[55] 경제 총생산량으로 보면 우리나라는 현재 이미 미국에 버금가는 제2경제대국이 되었다. 발전속도로 보면 30여 년래 연평균 두 자릿수에 육박하는 성장속도로 고속발전을 이룸으로써 경제성장에서 '중국의 기적'을 창조했다. 경제 뉴노멀 상황에서도 여전히 만족할만한 실제 성장에 힘입어 국가 재정실력의 지속적인 증강을 효과적으로 보장할 수 있다. 재력의 증가는 또 경제발전을 촉진시키고, 경제와 사회의 빈약한 고리를 보강하며, 민생을 효과적으로 개선하고, 각종 위험과 자연재해에 효과적으로 대응하는데 유력한 자금 보장을 해주고 있다. 우리나라 발전의 실제적 상황으로 보면 여전히 만

---

53) 펀더멘털 , 국가의 경제 상태를 가늠할 수 있는 기초경제여건을 말한다. 경제성장률과 경상수지, 실업률, 물가상승률, 외환보유고, 종합재정수지 등의 거시경제지표를 종합해 평가한다.

54) 리웨이(李伟),「适应新常态, 迈向新阶段」,『人民日报』, 2014년 12월 29일.

55) 『发改委:预计2016 年经济增长6.7%左右』, 腾讯财经, 2017년 1월 10일.

족할만한 실제 성장에 힘입어 중국경제에 더욱 많은 '대국 보너스(大國紅利)'를 가져다 줄 것이다. 하지만 객관적으로 보면, 경제 뉴노멀 상황에서 경기하락의 도전 역시 아주 명확하다. "경제성장 메커니즘의 가장 큰 변화는 공급제한(供給約束)에서 수요제한(需求約束)"으로 바뀐 것이다."[56] 따라서 우리는 전략적 정력(定力)을 유지하고 종합적인 대책을 통해 공급을 강화하고 경제성장이 합리적인 구간에서 운행되도록 해야 한다.

둘째, 경제성장 동력이 더욱 다원화되었지만, 핵심적인 동력원은 현재 배양 중에 있다. 개혁개방 이래 중국 경제성장의 동력에는 두 가지 명확한 특점이 있다. 즉 투자가 지속적으로 성장을 견인하는 역할을 해왔고, 비교적 높은 성장세를 보이는 수출 또한 강력한 견인 역할을 해왔다. 하지만 현재 수출은 여러 가지 도전에 직면했고, 대규모로 수입하고 대규모로 수출하는 구동 작용은 점차 약화되고 있다. 그렇기 때문에 새로운 경제성장 포인트를 어떻게 배양할 것인가 하는 것은 아주 긴박한 문제로 대두되고 있다.

이를 도시화와 공업화의 각도에서 보면 다음과 같다. 먼저 도시화 각도에서 보면, 우리나라는 한창 세계적으로 속도가 가장 빠르고 규모가 가장 큰 도시화 과정을 겪고 있다. 도시화로 인한 대규모 인구이동은 소비의 지속적인 성장을 견인할 것이므로 이는 중국 경제성장의 강력한 추진력이 될 것이다. 2016년 우리나라 명의상의 도시화 비율은 57.35%에 불과했고, 호적상의 도시화 비율은 그보다 더 낮은

56) 정신리(郑新立),「努力保持经济稳定增长』,『经济日报』, 2015년 1월 8일.

41.2% 좌우였는데, 선진국에 비하면 아직 많은 발전 공간이 있다.[57] 둘째, 공업화 각도에서 보면, 우리나라는 현재 공업화 중기 단계에 처해있으므로 공업화 임무를 완성하기에는 아직 많이 부족하다. 동부의 일부 성시가 공업화를 기본적으로 완성한 것을 빼면, 중부와 서부 등에 있는 성과 지구의 공업화는 아직 충분한 발전을 이루지 못했고 아직도 많은 발전 공간이 있다. 다른 한 방면으로는 혁신 구동의 중요한 작용을 더욱 중시해야 하며, 인민대중들의 창업과 인민대중들의 혁신을 추진해야 한다는 것이다. 우리나라는 과학기술 체제 개혁과 혁신능력 제고 등 방면에서 아직도 갈 길이 멀며, 혁신이 직면한 도전과 기술 병목 현상이 여전히 존재한다. 또한 '기술보너스(技術紅利)'에 의존하여 경제성장의 핵심 동력원을 창조하는 데는 아직 많은 발전 공간이 있지만 당면한 문제를 해결하기에는 역부족이다.

셋째, 발전 전망은 더욱 확정적이지만 경제구조 업그레이드에는 여러 가지 곤란이 있다. "업그레이드는 경제발전 과정의 객관적인 현상이고 필연적인 요구이다."[58] 2013년 우리나라 제3산업 증가치가 GDP에서 차지하는 비중은 46.1%로, 처음으로 제2산업을 넘어섰다. 2015년 제3산업 증가치가 GDP에서 차지하는 비중은 50%를 넘어섰고, 2016년 제3산업 증가치가 GDP에서 차지하는 비중은 51.6%에 달했다. 이는 아주 좋은 경제구조이 최적화 현상이다. 우리나라 30여 년의 고

57) 치즈밍(齐志明), 리젠(李坚), 수칭(许晴),「城镇化不能只重面子, 要防止过度城镇化」,『人民日报』, 2017년 3월 14일.

58) 양징(杨晶),「努力推动中国经济转型升级」,『行政管理改革』, 2013년 9기.

속 성장에서, 내수 구조 중 투자가 차지하는 비중이 줄곧 높았다. 하지만 2010년에 이르러 소비율과 투자율이 각각 50%를 차지하게 된 후로, 소비율이 비교적 빠른 성장세를 나타냈다. 경제구조 중에서 차지하는 비중이 투자율을 넘어섰으며, 소비의 기초성적인 역할과 투자의 관건성적인 역할이 점차 나타난 것이다. 지리조건, 발전 기초, 역사문화 등 요소로 인하여 우리나라 구역경제 구조에서 동부와 중부, 서부의 발전 격차는 비교적 크다. '일대일로(一帶一路)', '경진기(京津冀) 지역의 협동발전', '창장(長江)경제벨트' 등 구역발전전략의 제정·실시와 더불어 구역구조가 점차 최적화되고 중국경제에 더욱 많은 '발전 보너스(發展紅利)'를 가져다 줄 것이다. 하지만 동시에 우리나라 경제구조의 업그레이드가 수많은 도전에 직면하고 있음을 간과해서는 안 된다. 산업구조는 발달한 나라에 비하면 아직도 많이 뒤떨어지고, 수요구조·구역구조·성향(城鄕)구조·수입 분배구조 등 조정해야 할 곳이 많다. 이러한 것들은 중국의 경제품질을 끌어올리는 것을 제약하는 요소들이다.

넷째, 시장의 활력을 위한 규제완화 조치는 진일보 적으로 취해지고 있다. 하지만 정부의 직능을 전환하기 위해서는 개혁을 더 심화시켜야 한다. 경제의 뉴노멀 상황에서 정부의 직능 전환의 핵심은 여전히 정부와 시장의 관계를 원활하게 처리하는 것이다. 우리나라 경제를 업그레이드 과정에서 정부의 직능 전환문제는 경제체제 개혁의 핵심문제일 뿐만 아니라 미래 우리나라 경제사회의 건강한 발전에 영향을 주는 관건적 변수이기도 하다. 새로 출범한 정부가 기구를 간소화하고 권력을 하부에 이양하며, 정부의 직능을 전환하는 것을 전면적 개혁심화의 '돌파구'로 삼는 목적은, 제제와 메커니즘 측면에서 시장의 규제를 완화하고 시장이 자원배치에서 결정적인 역할을 하도록 하기 위함이다. 2016년 말까지 국무원 차원의 행정심사비준 항목은 600여 개가 감소했고, 또 중앙에서 지정하여 지방에서 실시하도록 했던 행정심사비준 항목도 200여 개가 감소했다. 행정심사비준 뿐만이 아니다. 기구를 간소화하고 권력을 하부에 이양하는 기타 항목 역시 마찬가지이다. 이를테면 비(非)행정 허가항목을 철저히 없앤 것인데 직업자격 433개를 취소했으며, 중개서비스 300여 개를 줄였고, 공상등록 선행심사비준(前置審批) 85%를 줄인 것 등으로 그 효과가 현저했다.[59] 2016년에 전국적으로 새로 등록한 기업이 553만 개에 달했는데 전해에 비해 24.5%로 증가한 것이다. 이는 매일 평균 1.5만 개가 새로 등록한 셈이다.[60] 이러한 조치는 기업의 부담을 경감시키고 시장을 활성화하는 데 중요한 역할을 하게 했으며, 앞으로 중국 경제개혁의 중요한 기회의 하나로 평가될 것이다. 동시에 우리는 또 다년간 지방의 일부 직능부문에서 기업의 경영관리에 과도하게 간섭하고 함부로 향응을 베풀거나 뇌물을 바치도록 강요하는 등의 부패현상이 보편적으로 존재했음을 인정해야 한다. 근 몇 년간 반부패 정서가 일면서 이러한 문제는 부분적으로 개선되었지만, 일부 간부들의 부작위가 새로운 문제로 대두되고 있다. 현대적인 서비스정부와 법치정부를

---

59) 『国务院常务会41次议简政放权』, 中国政府网, 2017년 1월 17일.

60) 『李克强 : 2016年新登记企业增长24.5%平均每天新增1.5万户』, 人民网, 2017년 3월 5일.

건설하고 정부의 직능을 전환하기 위해서는 아직 갈 길이 멀다고 할 수 있으므로 새로운 차원의 개혁이 필요한 상황이다.

### 4. 경제의 뉴노멀에 순응하고 적극적으로 인도해야 한다.

우리나라의 경제는 새로운 역사적 전환점에 직면해 있기에 반드시 적극적이고 주동적인 자세로 경제발전의 새로운 국면을 개척해야 한다. 시진핑 동지는 다음과 같이 말했다. "우리가 지금 추진하고 있는 전면적 개혁에 대한 심화는 사회생산력을 해방시키는 것일 뿐만 아니라 사회의 활력을 해방시키는 것이다. 따라서 반드시 중국 경제사회 발전의 강대한 동력이 될 것이다."[61] 우리는 전면적 개혁심화의 중요한 역할을 더욱 부각시켜야 하며, 주동적으로 우리나라 경제의 거대한 탄력과 잠재력을 잘 운영하여 경제발전의 품질을 제고시키고 효율을 높이기 위해 끊임없는 노력을 기울여야 하며, 주동적으로 중국경제의 뉴노멀에 순응하고 적극적으로 인도해야 한다.

첫째, 경제의 건강하고 평온한 성장을 유지해야 한다. 경제발전에서 기어를 바꿔 넣어 속도를 높이고, 방식을 업그레이드하며, 구조조정을 하고, 동력을 전환시켜야 하는(增速換擋, 方式轉型, 結构調整, 動力轉換) 뉴노멀에 직면하여, 객관적이고 냉정한 시각을 가져야 하며 평정심을 유지해야 한다. 하지만 이는 합리적인 성장속도마저 포기하라는 의미가 아니라 구조적 개혁을 추진하여 경제의 평온하고 건강한

61) 신진핑(习近平),「谋求持久发展, 共筑亚太梦想在亚太经合组织工商领导人峰会开幕式上的演讲」,『人民日报』, 2014년 11월 10일.

성장을 유지해야 한다는 것이다. 중점적으로 산업구조·수요구조·공급구조·구역구조 등 영역의 개혁을 추진하고, 우선적으로 선진제조업·전략적 신흥산업을 발전시키며, 현대서비스업을 적극적으로 발전시키고, 새로운 소비성장 포인트를 적극적으로 찾아서 배양하며, 중국 특색 도시화의 길을 확고부동하게 견지하며, 경제성장이 합리적인 구간에서 운행되도록 해야 한다. 지금 당장은 물론 2020년까지 GDP 성장률을 6.5% 좌우로 유지하는 것이 바로 합리적인 구간이다. 물론 실제 운행에서 이보다 높을 수도 있고 낮을 수도 있다. 하지만 그 편차가 너무 커서는 안 된다. 특히 언급해야 할 것은, 현재 추진 중인 당풍염정(党風廉政) 건설과 반부패 투쟁이 점점 심화됨에 따라 일부 관리들이 문제를 일으킬까봐 두려워서 부작위를 일삼는 경우가 있는데, 이를 중시하고 적극적으로 해결해야 한다. 우리는 또 반부패에 따른 '자금 보너스(資金紅利)', '효율 보너스(效率紅利)', '공평보너스(公平紅利)' 등이 충분히 방출되도록 해야 하며 전 사회적으로 창업의 붐을 일으키고 경제의 건강하고 안정적인 발전을 이끌어내야 한다.[62]

둘째, 경제발전의 품질과 효율을 제고시켜야 한다. 뉴노멀 상황에서의 경제성장은 실제적이고 거품이 없는 성장이어야 하며, 효익와 품질이 있는 지속 가능한 성장이어야 한다. 여기서의 관건은 이왕의 성장모델을 과감하게 버리고 발전방식을 전환시키는 것이다. 이 또한 우징롄(吳敬璉) 등 경제학자들이 다년간 호소하던 주제이다.[63] 그렇다

62) 장이타오(张依涛),「让反腐释放经济增长新红利」,『人民日报』, 2015년 1월 12일.

63) 우징롄(吴敬琏),『中国增长模式抉择』(제4판), 上海远东出版社, 2013년.

면 발전방식의 전환은 무엇에 의거해야 할 것인가? 전면적인 혁신에 의거해야 한다. 특히 산업화의 혁신으로 새로운 성장 포인트를 배양하고 형성시켜야 한다. 물론 여기서 말하는 '혁신'은 과학기술의 혁신뿐만 아니라, 생산조직 방식의 혁신, 상업모델의 혁신, 체제와 메커니즘의 혁신 등을 포함한다. 우리는 중국특색 자주혁신의 길을 걸어야 하며, 글로벌 시각으로 혁신을 꾀하고 추진해야 하며, 새로운 제품과 신흥 경영방식을 적극적으로 배양하고 키워야 한다. 우리는 또한 혁신 구동과 내생적 성장(endogenous growth)의 길을 걸어야 하며, "인민대중들이 광범위하게 창업하고 혁신을 이루는" 새로운 국면을 개척해야 한다. 우리는 또 여러 기업들이 산업조직방식, 상업모델, 시장경쟁 등 영역에서 혁신을 이루는 것을 지지하고 격려해야 하며, 중국 대지에 더 많은 알리바바와 화웨이, ZTE, 레노버, 텐센트, 샤오미 등과 같은 혁신기업들이 나타나도록 해야 한다.

셋째, 경제를 온건하게 발전시킬 수 있다는 믿음을 가져야 한다. "'최저선 사유'(底線思維)는 체계적이고 전략적인 사유이다. '최저선 사유'는 무엇이 넘을 수 없는 최저선인지, 현행의 전략적 기획에는 어떤 위험과 도전이 있는지, 일어날 수 있는 가장 나쁜 결과는 무엇인지에 대해 마음에 준비가 있게 한다. '최저선 사유'는 또 체계적인 사고와 운행을 통해 의외의 재난을 미연에 방지하게 하며, 어떻게 위험한 상황을 순조롭게 전환시켜야 하는지, 어떻게 도전을 기회로 바꿔야 하는지, 어떻게 최저선을 지키면서 자신감을 가지고 주도권을 확보할 것인지, 어떻게 시스템의 최상의 결과를 도출하고 긍정적 에너지를 이끌어낼 것인지를 알려준다."[64] 시진핑 동지는 다음과 같이 강조했다. "'최저선 사유'를 견지하는 것은 모든 일에서 최악의 결과를 염두에 두고 최선의 결과를 얻을 수 있도록 노력하며, 문제에 직면하여 당황하지 않도록 사전에 철저히 준비함으로써 주도권을 확실하게 움켜쥐는 것이다." 이는 우리가 복잡한 경제상황에 대처하는 과학적인 방법일 뿐만 아니라 경제의 뉴노멀에 대응하는 거버넌스 이념이기도 하다. 우리는 경제의 뉴노멀 단계에서 부동산 위험, 지방정부의 부채위험, 금융 유동성 위험, 생산과잉 위험, 등 잠재적인 경제위험에 대해 명확히 인식하고, 각종 위험에 대응하는 체제와 메커니즘을 마련해야 하며, 경제영역에 나타날 수 있는 각종 위험과 도전을 적극적으로 마주해야 한다.[65]

식량 안전문제에 주의를 기울이고 농업의 발전 방식 전환을 촉구하며, 식량과 주요 농산물의 생산량을 안정적으로 유지함으로써 스스로의 밥그릇을 스스로 챙겨야 한다 (飯碗牢牢端在自己手上).

넷째, 개혁개방이 새로운 단계에 올라서도록 추진해야 한다. 우리는 뉴노멀 상황에서 또 새로운 모순이 기다리고 있으며, 일부 잠재해 있던 위험이 점차 수면 위로 떠오르게 된다는 것을 명확하게 인식해야 한다. 뉴노멀에 잘 적응하고 정확한 방향으로 인도하는 관건은 전면적 개혁심화의 강도에 달렸다. 따라서 진일보 적으로 기구를 간소화하고 권력을 이양하며, 권력 이양과 합리적 관리를 결부시키고, 서

64) 장궈쭤(张国祚), 「谈谈"底线思维"」, 『求是』, 2013년 19기.
65) 류스진(刘世锦), 『在改革中形成增长新常态』, 中信出版社, 2014년. 11쪽.

비스의 품질을 향상시킴으로써 기업과 시장에 활력을 불어넣어야 한다. 호적과 토지 관리제도의 개혁, 국유기업 개혁과 요소의 시장화(要素市場化) 등을 전면적으로 추진하고, 에너지·의료·의약 등 영역의 불필요한 생산경영 규제를 중점적으로 완화시켜야 한다. 재정의 체제개혁을 추진하고 재정과 세무 거버넌스시스템을 보완하며 예산 개혁, 세제 개혁, '직권과 경제권 통일개혁(事權財權統一改革)'을 통합적으로 추진해야 한다. 금융개혁을 촉구하고 실물경제를 위한 금융체제를 빠르게 보완하고, 자본시장을 발전시키고 키워나가야 한다. 중점영역에 대한 투자와 융자 메커니즘을 혁신하고, 기초시설과 수리공정 등 영역의 투자 운영 메커니즘을 진일보 적으로 보완해야 한다. 이율·환율·자원상품 가격 등의 시장화 개혁을 서둘러 추진해야 한다.

다섯째, 개방형 경제의 새로운 장점을 힘써 이끌어내야 한다. 뉴노멀 상황에서 글로벌 분업 패턴이 빠르게 재편되고 있으며, 글로벌 경제 거버넌스 구조가 날로 복잡해지고 각양각색의 새로운 지역합작 프레임과 메커니즘이 부단히 나타나고 있다. "개방형 경제수준을 전면적으로 제고하기 위해서는 근본적으로 대외개방을 부단히 확대하고 개방으로 개혁을 촉진시키는 것이다."[66] 우리는 반드시 적극적으로 내수와 외수의 균형, 수입과 수출의 균형, 외자도입과 대외투자의 균형을 촉진해야 하며, 점차적으로 국제수지(收支)의 기본 균형을 실현하고, 개방형 경제의 새로운 체제를 구축해야 한다. 수출을 확대하고 수입을 증가하는 정책을 적극적으로 보완하고, 무역의 편리

---

66) 가오후청(高虎城), 「全面提升开放型经济水平」, 『求是』, 2013년 24기.

화 환경을 제고시키며, 수출시장 점유율을 공고히 해야 한다. 혁신적인 플랫폼이자 혁신적인 창구인 상하이 자유무역 시험구역을 효과적으로 이용하고, '일대일로' 건설을 적극 추진해야 한다. 대외투자 효율과 질을 제고시키기 위해 노력하고, 기초시설의 일체화 연동을 촉진시키며, 고속철도·핵발전·4G 이동통신 등 우위적 산업의 '해외진출(走出去)'을 추진하고, 선진기술 합작을 전개하고, 인민폐의 국제화를 온당하게 추진해야 한다.[67] 아시아 인프라 투자은행(Asian Infrastructure Investment Bank) 설립을 촉구하고, 실크로드펀드를 설립해야 한다. 상하이 협력조직(The Shanghai cooperation organisation)·APEC 등 지역 합작 메커니즘을 효과적으로 이용하고, 글로벌 경제 거버넌스에 적극 참여하여 더 많은 경제 주도권을 확보해야 한다.

여섯째, 민생을 보장하고 개선하는 사업을 강화해야 한다. 인민대중의 기본생활을 보장하고 핵심영역의 민생사업을 움켜쥐며 체계적인 민생제도 시스템을 형성시켜야 한다. 민생의 최저선을 지키는 것은 당과 국가의 경제사업이 기본적으로 귀착해야 할 선이며, 경제 뉴노멀에 적극적으로 적응하는 목표의 출발점이자 입각점이다. 민생문제에서는 양점론(兩点論)을 견지해야 한다. 이를 위해서는 먼저 최선을 다 하는 것이다(盡力而爲). 즉 적극적인 조치로 여러 가지 곤란을 극복하고 민생사업을 적극적으로 추진해야 한다. 다른 하나는 능력

67) 「李克强主持召开国务院常务会议: 部署加快中国装备"走出去" 推进国际产能合作」, 『人民日报』, 2015년 1월 29일.

껏 하는 것이다(量力而爲). 즉 실사구시의 원칙에 따라야 하며, 지나치게 높은 목표를 설정하지 말고, 실제 능력을 초월하는 공약을 해서도 안 된다. 동시에 포퓰리즘에 빠지지 않도록 경계해야 한다. 우리는 농촌 토지권 제도의 설립을 촉구하고, 호적제도 개혁을 심화하며, 교육체제·위생의료체제·양로서비스체제·생태문명체제 등의 개혁을 강화하며, 지역이 조화로운 발전전략을 진일보 적으로 실시해야 하며, 하루빨리 도시와 농촌의 이원화 구조를 일원화 구조로 전환시켜야 한다. 기본공공서비스와 빈곤을 부조(扶助 사업을 더욱 폭 넓게 펼쳐나가고, 맞춤형 빈곤 부조를 실현하며, 평균치로 대다수를 덮어 감추는 것을 경계해야 한다. 취업문제를 잘 해결해야 한다. 타켓을 잘 잡고 역량을 집중하여 취업목표를 완수해야 한다. 또한 취업 문제에서 시장의 역할이 잘 발휘될 수 있도록 하고, 창업을 격려하여 취업을 이끌어내도록 하며, 취업교육의 품질을 제고하고, 정부의 공공 취업 서비스 능력을 제고시켜야 한다.

# 제3장

# 기본방침:
# 경제성장의 질과 효익을 제고시켜야 한다.

## 제3장

## 기본방침:

## 경제성장의 질과 효익을 제고시켜야 한다.

경제규모와 경제의 질은 경제발전에서 사람들의 주목을 받는 2대 명제이다. 과거에는 경제 총생산량이 아주 낮았기 때문에 우리는 어떻게 경제규모를 확대하고 고속성장을 이룰 것인가에만 관심을 기울였다. 현재 우리나라의 경제규모는 전례 없이 커져서 경제의 질을 제고시키는 문제가 점점 더 중요해지고 긴박해졌다. 시진핑 동지는 다음과 같이 언급했다. "우리는 더 이상 국내생산 총액 성장률을 가지고 영웅을 논해서는 안 된다. 이제는 경제성장의 질과 효익에 입각점을 두어야 한다."[68] 성장은 반드시 실제적이고 거품이 없는 성장이어야 하며 질이 있고 효익이 있고 지속 가능한 성장이어야 한다.[69] 현재 우리나라 경제발전은 뉴노멀에 진입했다. 경제성장의 '여유로운 상태(從容狀態)', '이성적인 상태(理性狀態)'에 진입한 것이다. 우리는 발전 속도를 조절하되 발전의 기세를 유지하고 양적 성장과 질적 성장을 동시에 확보함으로써 중국경제의 업그레이드를 이루어야 한다.

---

68) 『十八大以来重要文献选编』, 中央文献出版社, 2014년, 436쪽.

69) 『习近平谈治国理政』, 外文出版社, 2014년 112쪽.

### 1. 실제적이고 거품이 없는 성장을 이뤄야.

과거의 실천에서 일부 경제성장과 발전에 대한 잘못된 인식이 있었다. 경제성장과 발전을 단순하게 국내생산 총액(GDP)의 성장으로 본 것이다. "발전이 곧 확실한 도리이다.(發展就是硬道理)"를 "GDP 성장이 곧 확실한 도리이다."로 인식한 것이다.[70] 따라서 GDP를 지도간부의 실적을 평가하는 주요 기준으로 삼았고, 점차 GDP 성장을 방향으로 하는 경제성장 모델을 형성했다. 결국에는 일부 외국의 전문가들이 중국의 지방정부를 회사형 정부라고 비판하는 일까지 벌어졌다. 이런 상황이 더 이상 지속되어서는 안 될 것이다.

첫째, 실제적이고 거품이 없는 성장은 효과적이고 질적이며 지속가능한 성장이다. 효과적인 성장은 자원, 특히 희소자원의 배치 효율을 제고시키고 가능한 적은 자원을 투입하여 더 많은 제품을 생산하고 더 큰 효과를 거두게 하는 것이다. 즉 사회 노동생산율을 제고시키고 재정수입을 증가시키며, 기업의 효익과 투자효과를 높이며, 주민늬 수입을 증가시키는 등의 기초성적인 성장을 해야 하는 것으로 과학기술의 진보가 밑바탕이 되어야 한다. 질적인 성장은 사람을 근본으로 하는 것이다. 전체 인민들이 모두 성과를 향유할 수 있도록 하며, 사회의 공평과 정의를 촉진시키는 성장이다. 질적인 성장은 단순히 GDP 성장만 말하는 것이 아니라, 사회복지의 증진과 사회의 공평과 정의 등 방면을 모두 포함하는 성장이다. 우리가 강조하는 사람을 근본으로 하는 발전이란, 발전은 인민을 위하고, 발전은 인민에

70) 천샹광(陈享光), 「实现没有水分的经济增长」, 『前线』, 2014년 9기.

의거하며, 발전성과는 전체 인민들이 공유한다는 것이다. 지속가능한 성장은 친환경 성장이며, 경제와 사회, 자연환경이 서로 조화를 이루는 성장이다. 우리가 말하는 발전이란 인구와 자원, 환경이 서로 조화를 이루는 지속가능한 발전이며, 구조를 최적화하고 질과 효익을 제고한 기초 위에서 건립된 발전이다. 지속가능한 성장은 또 제1산업, 제2산업, 제3산업이 서로 조화를 이루는 성장이고, 소비와 투자, 수출이 서로 조화를 이루는 성장이며, 과학기술의 진보와 노동자의 소질 제고, 관리의 혁신에 의해 구동되는 성장이다.

둘째, 실제적이고 거품이 없는 성장은 합리적인 속도를 유지하는 성장이다. 우선 성장은 일정한 속도를 유지해야 한다. 우리나라는 여전히 개발도상국으로서, 사회주의 초급단계에 처해있기 때문에 발전은 우리나라의 모든 문제를 해결하는 관건이다. 성장은 발전의 전제와 기초로서, 일정한 성장속도를 유지하지 못하면 취업문제를 보장할 수 없으며, 인민들의 생활수준은 제고되기 힘들다. 따라서 우리는 발전의 난제를 해결하고 발전의 명목을 전환시키며, 발전의 도전을 풀어냄으로써 일정한 성장속도를 유지하는 것이 아주 필요하다.[71] 다음으로 성장속도가 빠를수록 좋은 것은 아니다. 지나치게 빠른 성장속도는 우리들로 하여금 대량의 노동력 복리를 희생하게 했으며, 환경자원을 대량으로 낭비하게 했다. 과도한 투자와 중복건설 등의 문제가 더욱 엄중해졌고, 재정과 금융의 위험을 초래했으며, 경제거품의 위험 등 취약점을 노출하게 했다. 맹목적으로 속도만 추구하고 활

71) 장잔빈(张占斌), 『"新常态"经济发展仍需合理速度』, 人民网, 2014년 8월 14일.

시위를 너무 팽팽하게 조이면, 발전방식을 전환하고 경제구조를 조정하며 심층적인 모순과 문제를 해결하기 위한 시간과 공간을 잃어버리게 된다. 또한 성장은 반드시 합리적인 속도를 유지해야 한다. "경제효익은 경제사업의 정확성을 가늠하는 척도일 뿐만 아니라, 국민경제가 사회 재생산을 축적하고 확대시키는 중요한 원천이다."[72] 성장속도는 중복건설로 이루어도 안 되고, 자원낭비를 통해 취득해서도 안 되며, 환경의 희생을 대가로 해서도 안 되고, 허위조작으로 창조해서도 안 된다. "속도만 추구하지 말고 속도와 질, 효익의 유기적인 통일을 추구해야 할 것이다." 실제적이고 거품이 없는 속도를 추구해야 한다. 즉 경제가 큰 폭으로 등락하는 일이 없고, 인플레이션을 인민들이 받아들일 수 있는 범위에 잡아두는 속도여야 하고, 민생의 개선과 취업이 비교적 충분한 속도여야 하며, 노동생산율이 함께 제고되고 경제활력이 증강되며, 구조조정이 효과를 보는 속도여야 하고, 경제발전의 질과 효과가 제고되면서도 후유증을 낳지 않은 속도여야 한다.

셋째, 실제적이고 거품이 없는 성장은 실사구시적이고 경제법칙을 존중하는 성장이다. 경제성장은 단순한 양적 성장만이 아니고 질적 성장도 포함한다. 따라서 양이나 속도만 강조하고 질을 간과하는 성장모델은 더 이상 지속되어서는 안 된다. 우선 성장은 실사구시적인 성장이어야 하며, 물질 재부의 성장이어야 한다. "지었다가 허물고 허물었다가 또 짓는" 창조해낸 GDP여서는 안 되며, '블랙 GDP'여서도 안 되고, "피를 묻힌 GDP"여서도 안 되며, "관리가 수치를 만들어내

72) 정유징(郑友敬), 『经济效益问题研究』, 中国社会科学出版社, 1990년, 20쪽.

고 만들어낸 수치로 승진하는(官出數字, 數字出官)" 일이 없어야 할 것이며, 허위로 조작해낸 성장이 없어야 할 것이다. 시진핑 동지는 2012년 중앙당교(中央党校) 봄 학기 제2기 입학생들을 대상으로 한 개학 연설에서 다음과 같이 언급했다. "우리는 결책을 내리거나 일을 처리하고, 발전을 도모함에 있어서 해당 법칙을 인식하고 그 법칙에 따라야 합니다." "실제를 이탈하고 단계를 뛰어넘어 급급히 목적을 이루려 하거나 무모하게 추진하는 잘못을 경계해야 하며, 있는 능력껏 노력하여 경제사회의 건강한 발전을 추진해야 합니다." "실제적인 업적을 이루어야 합니다. 억지로 큰일을 하여 공을 세우려 하지 말고 겉치레를 하지 말아야 합니다."[73] '실제적'이라는 것은 우리가 경제상황을 더욱 객관적으로 대한다는 것을 의미한다. 중국의 경제성장은 세계의 주목을 받고 있지만, 성장 가운데 존재하는 '거품'문제를 외면해서는 안 된다. '성장'이 내포하고 있는 것에 대해 부단히 되짚어보아야 하고, 효과적이고 질적이며 지속가능한 성장을 실현하며, 성장의 '거품을' 제거하는 것은 경제발전을 개선하는 것이며, 민심에 순응하는 것이다. 다음으로 성장은 경제법칙을 존중하는 성장이어야 한다. 경제성장은 반드시 국정에 맞춰서 진행해야 하며, 실사구시 적이어야 하고 행정명령으로 각종 규제를 만들지 말아야 하며, 성급하게 서두르지 말아야 한다. 개혁개방 30여 년을 거치면서 우리나라의 경제사회 발전은 적지 않은 새로운 상황과 변화에 직면했다. 우리나라의 경제는 지속적인 빠른 성장세를 보이지만, 발전 가운데 불균형하고 부조

73) 习近平, 「坚持实事求是的思想路线」, 『学习时报』, 2015년 5월 27일.

리하며 지속이 불가한 문제들이 대두하고 있다. 중국경제는 이미 구조적 조정의 진통기와 성장속도 조절시기에 진입했다. 따라서 이 단계에서 우리는 경제법칙을 더욱 중시하는 방향으로 눈을 돌려야 할 것이다. 실제적이고 거품이 없는 성장은 반드시 시장의 법칙을 따르고, 시장이 자원배치에서 결정적인 역할을 하도록 해야 한다. 기타의 사물과도 마찬가지로 경제성장 역시 질과 양의 유기적인 통일을 이루어야 한다. 양이 없으면 질도 없으며, 질을 떠난 양은 그 의의를 상실하게 된다. 따라서 실제적인 성장은 반드시 질과 양, 속도와 효익의 통일을 이루어야 한다. 실제적이고 거품이 없는 성장은 시진핑 동지를 핵심으로 하는 당 중앙이 발전에 대한 심각한 재고에서 비롯된 것으로 우리가 금후의 사업에서 따라야 할 지침이다. 실제적이고 거품이 없는 성장을 실현하려면 심사수단을 개진(改進)하고, 경제의 질과 효익을 높이며, 친환경적이며, 지속가능한 발전을 추진하고, 민생을 보장하고 개선하는 등의 방면에 힘을 쏟아야 한다.

첫째, 정치적 심사의 내용과 수단을 개진해야 한다. 단순하게 GDP만 따져서 영웅을 논하는 일이 더 이상 있어서는 안 된다. 시진핑 동지는 당의 18기 2중전회(十八届二中全會)에서 다음과 같이 언급했다. “정확한 치적관(政績觀)을 수립하고, 기초적이고 오랫동안 이익이 되는 일을 많이 해야 하며, 실제를 이탈한 맹목적적인 경쟁심을 버리고, 국민을 혹사시키고 물자를 낭비하는 ‘겉치레 행정’이나 ‘치적공정(政績工程)’을 벌이지 않으며, 진리를 추구하고 실효를 강조하고 용감하게 책임을 짊어짐으로써 역사와 인민을 위한 일을 해야 합니다.”

"GDP를 봐야 하지만 GDP만 봐서는 안 됩니다. GDP의 신속한 성장도 치적이지만 생태보호와 건설도 치적입니다. 경제발전도 치적이지만 사회의 안정을 수호하는 것도 치적입니다. 바로 효과를 보는 발전도 치적이지만 기초를 잘 다지는 것도 치적입니다. 경제발전 중의 문제를 해결하는 것도 치적이지만 민생문제를 해결하는 것도 치적입니다."[74] 그는 또 허베이성 상무위원회 지도부 민주생활회의(民主生活會)에서 발언할 때 다음과 같이 강조했다. "정확한 치적관(政績觀)을 수립해야 합니다. 기초를 다지고 오래도록 이익이 되는 일을 확실하게 움켜쥐어야 합니다. 하나의 청사진을 끝까지 움켜쥐어야 합니다." 우리는 단순하게 경제성장 속도만 가지고 치적을 평가하는 편향된 시각을 버려야 한다. "더 이상 단순하게 국내생산총액의 성장으로 영웅을 논하지 말고, 경제성장의 질과 효익 제고를 입각점으로 해야 합니다."[75] 발전성과 평가시스템을 보완해야 한다. 더 과학적인 표준으로 '치휘'에 대한 심사·평가를 해야만, 각급 지도간부들이 실제적이고 거품이 없으며, 후유증이 없는 속도를 추구하게 될 것이며, 이들이 주요한 정력을 질적이고 효율적이며 지속가능한 발전에 쏟을 수 있게 되며, 기초를 다지고 오래도록 가는 이익이 되며 민생에 유리한 치적을 이룰 수 있게 된다.

둘째, 경제발전의 질과 효익을 제고시키는 것을 중심으로, 경제구조의 조정과 경제발전의 방식전환을 재촉해야 한다. 실제적이고 거품

---

74) 시진핑(习近平), 『之江新语』, 浙江出版联合集团, 浙江人民出版社, 2007년, 30쪽.
75) 2013년 10월 7일, 시진핑 동지가 아시아태평양경제협력체(APEC)에서 강연한 내용에서 발췌함.

이 없는 성장은 경제성장의 내적 활력과 동력을 증강시키는 본질적 요구이다. 여기서의 관건은 발전을 추진하는 입각점을 질과 효익을 제고시키는 높이에 올려놓고 촉구하여 새로운 경제발전 방식을 형성하는 것이다. 경제성장의 질과 효익을 제고시키는 것을 중심으로, 안정적으로 진보를 추구하고 개척하여 혁신을 이뤄야 한다. 경제발전 방식을 부단히 전환하고 경제구조를 부단히 최적화하는 가운데 성장을 실현해야 한다. 우선 경제구조 조정과 발전방식 전환을 동력으로 삼아야 한다. 환경을 희생하고 자원을 파괴하는 것을 대가로 하는 조방한 경제 성장방식을 철저하게 변화시켜야 한다. 실제적이고 거품이 없는 성장을 실현하는 관건은 경제구조의 전략성적인 조정이다. 시진핑 동지는 다음과 같이 강조했다. "경제법칙에 부합되는, 질적이고 효과적이며 지속가능한 발전을 실현하는 관건은 산업구조에 대한 전략적인 조정입니다. 글로벌 금융위기로 인해 형성된 부도장치(倒逼机制)를 충분히 이용하며, 생산과잉의 모순을 해결하는 것을 사업의 중점으로 삼아야 합니다."[76] 지금의 조정과 업그레이드는 더욱 건강하고 질적이며 지속가능한 미래의 성장을 위한 것이다. 다음으로 자주혁신을 동력으로 삼아야 한다. 혁신에 의해 구동되는 발전전략을 실시해야 하며, 서둘러 발전방식을 전환하고 경제발전의 내적 동력과 활력을 증강하는 전략적 조치를 취해야 한다.

셋째, 경제발전과 생태환경 보호의 관계를 정확하게 인식하고 친환경 발전과 지속가능한 발전을 추진해야 한다. 경제발전과 환경보호는

---

76) 「习近平在中央经济工作会议上的讲话」, 『人民日报』, 2012년 12월 17일.

밀접한 관계가 가 있으므로 양자는 서로를 제약하면서 서로를 촉진시키는 관계이다. 시진핑 동지는 다음과 같이 언급했다. "우리가 추구하는 사람과 자연의 조화, 경제와 사회의 조화는 통속적으로 말하면 '두 개의 산'을 요구하는 것입니다. 즉 금산과 은산도 요구하고 녹수청산도 요구하는 것이지요. 녹수청산이 곧 금산이고 은산입니다. 이 '두 개의 산'은 서로 모순되기도 하지만, 또 서로 변증통일의 관계이기도 합니다." "우리에게는 녹수청산도 필요하고 금산과 은산도 필요합니다. 금산이나 은산보다는 녹수청산을 우선시해야 하는데 녹수청산이 곧 금산이고 은산이기 때문입니다."[77] 그는 또 다음과 같이 강조했다. "경제발전과 생태환경 보호의 관계를 정확하게 처리해야 합니다. 생태환경을 보호하는 것이 곧 생산력을 보호하는 것이고, 생태환경을 개선하는 것이 곧 생산력을 발전시키는 것이라는 이념을 확실하게 수립해야 합니다." "친환경 발전, 순환발전, 저탄소 발전을 더욱 자각적으로 추진해야 합니다. 환경을 희생시키는 대가로 일시적인 경제성장을 이루려고 해서는 절대로 안 됩니다."[78] 환경보호를 더욱 뚜렷한 위치에 올려놓고, 생태문명의 체제개혁을 긴밀하게 둘러싸고 서둘러 생태문명 제도를 설립해야 하며, 국토개발, 자원의 절약 이용, 생태환경 보호에 관한 체제와 메커니즘을 보완하고 사람과 자연이 조화롭게 공존하는 현대화 건설의 새 구도를 마련해야 한다.

---

77) 중공중앙선전부(中共中央宣传部) 편찬,『习近平总书记系列重要讲话读本』, 学习出版社, 人民出版社, 2014년, 120쪽.

78) 2013년 5월, 시진핑 동지가 중앙정치국 제6차 집체학습에서 한 발언임.

넷째, 민생을 보장하고 개선하는 데 더 못을 박아야 하며 경제발전과 민생 개선의 양성순환을 이뤄야 한다. "백성이 곧 나라의 근본이고, 근본이 튼튼하면 나라가 평안해진다.(民爲邦本, 本固邦宁)" 시진핑 동지는 다음과 같이 말했다. "우리의 모든 사업의 효과를 검증하는 것은 최종적으로 인민들이 실제적인 혜택을 받았는지, 인민들의 생활이 진정으로 개선되었는지에 있습니다. '최저선을 지키고 중점을 뚜렷하게 하며 제도를 보완하고 여론을 인도하는(守住底線, 突出重点, 完善制度, 引導輿論)' 노선에 따라 민생사업을 움켜쥐어야 합니다." "민생을 보장하고 개선하는 것은 장기적인 사업으로서 종착점이 없습니다. 오직 새로운 시작만 있을 뿐입니다. 따라서 경제발전과 민생개선의 양성순환을 실현해야 합니다." "민생을 부단히 개선하는 것은 발전을 추진하는 근본 목적입니다."[79] 한편으로는 천방백계로 주민의 수입을 제고시켜 인민대중들이 경제발전의 성과를 향유하게 해야 한다. 다른 한편으로는 공동으로 부유해지는 길을 동요 없이 걸어 나가도록 해야 한다. 민생을 보장하고 개선하며, 사회의 공평과 정의를 촉진시키는 것을 중심으로 사회체제의 개혁을 심화시켜야 하며, 사회영역 제도의 혁신을 추진하고, 기본 공공서비스의 균등화를 추진해야 한다.

79) 중공중앙선전부(中共中央宣传部) 편찬,『习近平系列重要讲话读本』, 学习出版社, 人民出版社, 2014년, 109쪽.

2. '5화병거(五化幷擧)'로 새로운 경제발전 방식을 형성해야 한다.

우리나라의 경제발전은 오랫동안 규모를 중시하고 질을 경시하며, 속도를 중시하고 효익을 경시하는 문제가 존재했다. 따라서 서둘러 새로운 경제발전 방식을 형성하고 발전을 추진하는 입각점을 고품질·고효익(高效益)으로 전환하기 위해서는, 결국 경제발전 중의 규모와 질, 속도와 효익의 관계를 제대로 처리해야 한다. 구조가 최적화되었는지, 질과 효익이 제고되었는지는 경제발전 방식이 제대로 전환되었는지를 가늠하게 하는 기준이다. 여기서의 관건은 5화병거(五化幷擧)로서 다섯 가지 포커스를 형성해야 한다.

당의 18차 전국대표대회 보고에서는 다음과 같이 언급했다. "중국 특색의 신형 공업화·정보화·도시화·농업현대화의 길을 견지하고 정보화와 공업화의 심층적 융합, 공업화와 도시화의 시너지 효과, 도시화와 농업현대화의 상호 조화를 추진해야 한다." 따라서 "신형 공업화·정보화·도시화, 농업현대화의 동시 발전"을 추진해야 한다. 시진핑 동지는 2015년 3월 24일에 개최된 중앙정치국 회의에서 처음으로 '친환경화'라는 개념을 언급했다. '친환경화' 개념의 제기는 당의 18차 전국대표대회에서 제기한 '신4화(新四化)'의 확장이다. 이로써 '4화(四化)'는 '5화(伍化)'로 되었다. 이는 하나의 중대한 이론과 실천의 혁신으로 경제사회 발전 중에 나타나는 심층적인 모순과 문제를 해결하는 중요한 루트이다.

첫째, 정보화와 공업화의 심층적 융합을 추진해야 한다. 정보혁명의 붐은 글로벌 범위 내에서 바야흐로 발전하고 있다. 우리나라는 이

전략적 기회를 확실하게 움켜쥐고 정보화와 공업화의 심층적 융합을 추진해야만 발달한 나라를 따라잡을 수 있다. 우선 서둘러 정보기술 혁신을 추진하고 격려해야 한다. 국민경제와 사회발전이 각개 영역에서 가장 선진적인 정보기술을 연구개발해야 하고 응용해야 한다. 다음으로 전통산업에 대한 기술 개조를 촉구하며 최신 정보기술로 전통산업을 개조해야 한다. 정보기술은 생산과 경영과정의 방면에 적용될 수 있으며, 기술 개조를 통해 전통산업에 새로운 활력을 불어넣을 수 있다. 그 다음으로 신흥산업에서 공업기술과 정보기술의 일체화를 실현해야 한다. 또한 국민경제의 여러 영역들에 정보기술을 적용해야 한다. 정보기술을 공업뿐만 아니라 농업이나 서비스업에도 적용해야 하며 농업과 서비스업의 현대화를 추진해야 한다.

둘째, 공업화와 도시화의 시너지 효과를 추진해야 한다. 공업화와 도시화는 고립적으로 발전할 수 없으며, 양자의 시너지 효과를 끌어내야 한다. 우선 공업에 대한 합리적인 배치가 중요하다. 지난 한 시기 동안 일부 지역들은 공업화 과정에서 마을마다 불을 지피고 집집마다 연기가 나는(村村点火, 户户冒烟) 현상이 존재했다. 공업이 과도하게 분산되었으며, 많은 인구가 농업노동을 이탈했지만 이는 효과적인 도시화로 이어지지 못했다. 따라서 '5화병거(五化并擧)'를 지도사상으로 하여, 공업프로젝트가 공업단지에 입주하고 더 많은 노동력들이 지역별로 집거할 수 있도록 추진해야 한다. 다음으로 호적제도 개혁을 심화하고 농업 이탈 인구의 시민화(市民化)를 질서 있게 추진해야 하며, 도시의 공공서비스가 상주인구 전체를 커버할 수 있도록 노력을 기울이고, 농촌을 이탈한 노동력이 진정으로 도시의 문명을 향유하게 해야 한다. 그 다음으로 중국 특색의 신형 공업화의 길을 걸어 나가야 한다. 현대기술을 적용하여 전통산업을 개조하고 자원 절약형, 환경 보호형의 새로운 공업을 발전시키며, 환경오염을 대가로 공업을 발전시키는 잘못된 방식을 피해야 한다. 현대공업에 어울리는 현대금융·보험·정보 등 서비스업을 발전시키고, 공업과 서비스업의 조화로운 발전을 추진해야 한다.

셋째, 도시화와 농업현대화의 상호 조화를 추진해야 한다. 우리나라가 도시화와 농업현대화를 추진하는 임무는 여전히 아주 막중하기 때문에 양자의 상호 조화와 양성 및 발전을 추진해야 한다. 우선 도시와 농촌의 발전을 과학적으로 기획하여 공간 배치, 기초시설, 사회보장과 사회복리 교육과 문화 등의 일체화를 이루어야 하며, 농업현대화와 도시화를 위해 더 많은 우수 노동력과 각 분야의 인재를 배양해야 한다. 다음으로 개혁을 심화하여 생산요소 시장을 보완하고 도시와 농촌의 생산요소의 평등한 교환과 공공자원의 균등한 배치를 촉진케 하며, 공업으로 농업을 이끌고 도시가 농촌을 이끌며 공업과 농업이 서로 혜택을 보는 도시와 농촌 일체화의 새로운 구도를 형성토록 해야 한다. 그 다음으로 농업현대화의 과정은 단순하게 농약이나 화학비료, 살초제와 같은 화학물질을 무분별하게 대량으로 사용하는 과정이 아니라 농업의 생태문명을 실현하고 더 많은 도시 주민들이 고품질의 농산품을 향유하고 농촌에 가서 현대농업과 농촌문명을 향유하도록 하는 것이다.

넷째, 친환경화를 '4화(四化)'의 전반 과정에 융합시켜야 한다. 친환경화를 크게 추진하는 것은 발전을 하는데 필요한 수요이고, 인민들이 원하는 것이며, 형세에 순응하는 것이다. 또한 경제발전 방식을 전환하는 중요한 돌파구이기도 하다. 우선 "녹수청산이 바로 금산이고 은산이다."라는 이념을 수립하고, 눈동자를 보호하듯이 생태환경을 보호하며, 생명을 대하듯 생태환경을 대해야 하며, 절대로 생태환경을 희생시키는 것을 대가로 일시적인 경제성장을 추구해서는 안 된다. 다음으로 생산방식의 친환경화를 서둘러 추진해야 한다. 과학기술 함량이 높고 자원소모가 적으며 환경오염이 적은 산업구조와 생산방식을 구축하고 경제의 친환경화 정도를 크게 제고시키고, 친환경산업의 발전을 다그치며 경제사회 발전의 새로운 성장 포인트를 형성토록 해야 한다. 그 다음으로 생활방식의 친환경화를 서둘러 추진해야 한다. 생활방식과 소비패턴을 근검절약·친환경 저탄소·문명건강의 방향으로 전환하도록 이끌어야 하며, 사치와 낭비, 불합리한 소비를 지양하도록 해야 한다. 또한 생태문명을 사회주의 핵심가치체계에 포함시키고, 사람마다·일마다 시시각각 생태문명을 숭상하는 사회기풍을 이끌어내야 하며, 생태문명 건설을 위해 견실한 사회적 대중적 기초를 마련해야 한다. 총체적으로 '5화병거'는 '4화동보(四化同步)' 개념의 '업그레이드'이며, 경제발전 방식을 서둘러 전환하는 새로운 경로이다. '5화병거'를 서둘러 추진하고, 공업화·정보화·도시화·농업현대화·친환경화를 통일적으로 발전시켜야만 최종적으로 경제발전 방식의 전환을 실현할 수 있는 것이다.

### 3. 새로운 경제성장 포인트를 적극 발전시키고 배양해야 한다.

새로운 경제성장 포인트는 어디에서 오는 것일까? 새로운 경제성장 포인트는 당연히 경제구조의 조정에서 오는 것이다. 경제구조 조정은 가감승제(加减乘除)를 잘 해야 한다. 더하기는 새로운 성장 포인트를 발견하고 배양하는 것이고, 빼기는 낙후산업을 압축하여 생산과잉을 해결하는 것이며, 곱하기는 과학기술·관리·시장·상업모델의 혁신을 전면적으로 추진하는 것이고, 나누기는 분자를 확대하고 분모를 축소하여 노동생산율과 자본수익률을 높이는 것이다. 이는 경제구조 조정이라는 가감승제(四則運算)의 최종 목표이다.

새로운 경제성장 포인트가 있을까? 있다면 어디에 있을까? 새로운 경제 성장 포인트는 신형의 공업화·정보화·도시화·농업현대화·친환경화 과정에서 경제성장을 이끄는 중요한 역할을 한다. 농촌을 예로 들면, 현재 거주조건이 보편적으로 개선되었지만 오수와 쓰레기가 넘쳐나고, 진창길이 많으며, 공공시설 투자가 형편없이 부족하다. 도시를 예로 들면, 고층건물이 즐비하고 도로가 쭉쭉 뻗었지만 공공시실이 노화되고 뒤떨어졌으며, 도시 관리가 보조를 맞추지 못하고 있고, 지하시설이 노화되고 판자촌이나 성중촌(城中村)이 대량으로 존재하는데 역시 개선해야 할 문제들이다. 산업을 예로 들면, 전통산업의 비중이 과도하게 높고, 신흥산업의 비중이 낮으며, 과학기술 혁신 공간이 크고, 산업구조 업그레이드가 시급하다. 서비스업을 예로 들면, 노령화가 점점 더 대두되고, 건강 수요가 지속적으로 커지고 있으며, 학전교육(學前教育)의 발전이 시급하고, 이로 인한 특수 수요가 넘쳐나지만 효과적인 공급이 많이 부족하다. 따라서 서비스업 역시 거대한 발전 공간이 존재하는 것이다. 생태환경을 예로 들면, 대기·물·토양 등의 오염이 엄중하고, 생태환경을 시급히 복원해야 하지만 관련 기술과 제품·서비스가 역부족이다. 또한 우리나라의 도시와 농촌 지역 간 발전의 불균형 현상이 엄중하고 격차가 심하다. 하지만 이 격차를 좁힐 수 있는 잠재력은 충분하다.

새로운 경제성장 포인트를 어떻게 배양하고 발전시킬 것인가? 이에 대해 시진핑 동지는 다음과 같이 개괄했다. 첫째는 시장이 활성화되어야 한다는 것이고, 둘째는 실제적인 혁신을 이루는 것이며, 셋째는 정책이 뒷받침되어야 한다는 것입니다.[80]

시장이 활성화되어야 한다는 것은, 시장이 자원 배치에서 결정적인 역할을 하도록 하고, 주로 시장의 발전과 배양을 통해 새로운 경제성장 포인트를 이루는 것이다. "시장은 단순한 도구가 아니다. 시장은 분업이 교차된 시스템으로서 수많은 기초제도를 포함하고 있으며, 법률과 계약·유한정부 등을 포함하고 있다."[81] 공급과 수요의 관계가 날로 복잡해지고 산업구조가 최적화되고 업그레이드되는 배경에서, 많은 새로운 기술과 산업, 새로운 산업, 새로운 제품들이 쏟아져 나오는 것은 정부가 발견하고 배양해낸 것이 아니라 '풀려나는' 것이며, 이는 시장경쟁의 결과이다. 기술이 첫 번째 난제이지만 더욱 어려운 것은 시장에 대한 이해인데, 이는 우리가 실패를 감안하면서 탐구해야

---

80)『习近平：创新是引领发展的第一动力』, 中国网, 2016년 2월 25일.

81) 츠푸린(迟福林), 『改革红利』, 中国经济出版社, 2013년, 204쪽.

할 과정이다. 실제적인 혁신을 이루어야 한다는 것은, 전면적인 혁신을 추진하고 주로 산업화한 혁신을 통해 새로운 경제 포인트를 배양하고 성장시켜야 한다는 것이다. 혁신구동이란 혁신을 주요한 추진력으로 하여 발전하는 방식을 말한다. 이러한 혁신은 기술혁신을 포함할 뿐만 아니라, 체제·구조·조직·인력자원과 분배메커니즘 등 방면의 혁신도 포함한다. 당연히 혁신은 새로운 경제성장 포인트를 창조하는 가운데 체현되어야 한다. 단순히 얼마나 많은 지적재산권을 등록했느냐에 그쳐서는 안 된다. 우리는 혁신의 성과를 실제적인 산업활동에서 체현해 내야하며, 생동적인 생산력으로 변화시켜야 한다. 우리는 혁신에 발전을 구동한다는 인식을 가져야 하며, 세계 과학기술의 혁신과 산업변혁의 추세를 정확하게 판단하고, 현실 상황에 결부하여 해야 할 일과 하지 말아야 할 일을 구분해야 하며, 혁신의 돌파구를 확정하고 새로운 성장 동력을 확보하기 위해 노력해야 할 것이다. 정책이 뒷받침되어야 한다는 것은, 창업에 유리하고 시장이 주체적으로 혁신을 이룰 수 있는 정책적, 제도적 환경을 조성해야 한다는 것이다. 정부는 큰 결심을 내리고 직능의 전환을 다그쳐야 하며, 정부가 마땅히 해야 할 일을 하고 더 좋은 시장 환경을 창조하며 시장화한 혁신 메커니즘을 배양해야 한다. 또 지적재산권 보호, 공평유지, 금융환경 개선, 격려 메커니즘의 강화, 우수한 인재 집결 등 방면에서 마땅한 역할을 해야 한다. "기구 간소화와 권력 이양을 진일보 적으로 추진하고 불필요한 자격 심사와 같은 규제를 과감하게 풀어야 하며, 신진기업의 진입 문턱을 낮추고 장애를 제거해야 할 것이다."[82] 또한 확실히 지지할 필요가 있는 사항에 대해서는 정부가 일부 합리적이고 차별화된 격려 정책을 실시해야 하며, 공평한 경쟁과 우열승패의 시장 메커니즘이 진정으로 그 역할을 하도록 해야 한다.

구체적으로 보면 아래의 몇 가지 방면에서 새로운 경제 포인트를 중점적으로 배양해야 한다.

첫째, 6대 소비 성장 포인트를 재촉하여 배양해야 한다. 내수 확대는 중국 경제발전의 전략적 기점이며, 또한 우리나라 경제발전의 장기적인 전략적 방침이다. 대중 소비를 격려하고 '삼공(三公)'[83]소비를 척결시켜야 한다. 양로와 가사 관리의 건강한 소비를 촉진케 하고, 정보 소비를 확대하며 여행과 레저 소비를 제고하고, 친환경 소비를 추진하며, 부동산 소비를 안정시키고 교육문화와 스포츠 소비를 확대해야 한다. 냇물이 모여 큰 강을 이루게 하고, 억만 대중들의 소비 잠재력을 이끌어내어 경제성장의 강력한 동력으로 만들어야 한다.

둘째, 산업구조가 중·고급 레벨로 향하도록 추진해야 한다. 제조업은 우리의 우위 산업이다. '중국 제조 2025'를 실시하고 혁신 구동·직능 전환·기초 강화·친환경 발전을 견지하며, '중국 제조'에서 '중국 스마트제조(中國智造)'로의 전환을 촉구하고, 제조대국으로부터 제조 강국으로 전환해야 한다. 재정적인 지원을 늘리고 감가상각을 촉구하는 등의 방식으로 전통산업의 기술 개조를 추진해야 한다. 보장

82) 장잔빈(张占斌),「政府怎样推动大众创业」,『时事报告』, 2014년, 11기.

83) 삼공소비, 관공서의 무분별한 공무용 차량 사용, 접대비 과도 지출, 불필요한 출장경비 지출 등으로, 중국 정부에서 척결을 목표로 개혁하고 있는 것임.

과 압력이 동시에 존재(有保有壓)하도록 견지하며, 과잉생산을 피하고 기업의 인수·합병을 지지하고, 시장경쟁 속에서 우열승패를 이루도록 해야 한다. 공업화와 정보화의 심층 융합을 추진하고, 인터넷화·디지털화·스마트화 등의 기술을 개발·이용하며, 일부 관건적 영역에서 기회를 선점하고 극복하기 위해 힘을 모아야 한다.

셋째, 신흥산업과 신흥 경영방식으로 경쟁의 고지를 선점해야 한다. 첨단장비와 정보 네트워크, 집적회로와 같은 중대한 프로젝트를 추진하고, 여러 신흥산업을 주도적 산업으로 배양해야 한다. '인터넷+(互聯网+)' 행동계획을 제정하고 모바일인터넷, 클라우드 컴퓨팅, 빅데이터, 사물인터넷 등을 현대제조업과 결합시키고 전자상거래·산업인터넷·인터넷 금융의 건강한 발전을 촉진시키며, 인터넷 기업이 글로벌시장을 개척하도록 인도해야 한다.

넷째, 신형 도시화가 새로운 돌파구를 찾을 수 있도록 촉진시켜야 한다. 도시화는 도시와 농촌의 격차를 해결하는 근본적인 지름길이며, 내수를 확대하는 가장 확실한 방법이다. 사람을 핵심으로 하는 것을 견지하고, "세 개의 1억 명" 문제[84] 해결에 못을 박아야 하며, 도시화가 현대화 건설에 이바지할 수 있도록 해야 한다. 판자촌과 불법주택 개조를 막고, 농민공(農民工)과 같은 외래인구의 도시화를 추진하며, 도시의 기획과 건설, 관리 수준을 제고하고, 자금과 토지 등

84) 세 개의 1억명 문제 : 1억 명의 농업인구를 도시 호적에 편입시키고, 판자촌이나 성중촌(城中村) 인구 1억 명의 주거환경을 개조하며, 중서부 지역의 1억 명 농촌 인구를 해당 지역에서 도시화를 실현하게 하는 것.

도시화의 걸림돌을 제거해야 한다.

다섯째, 현대 서비스업의 대규모 발전을 촉진시켜야 한다. 서비스업은 상당한 취업난을 해결할 수 있고 발전 전망도 밝다. 서비스업의 개혁개방을 심화하고 재정·세수, 토지, 가격 등 면에서 부조하는 정책과 유급휴가 등의 제도를 실시하고, 여행·건강·양로·패션 등과 같은 생활·생산 서비스업을 크게 발전시켜야 한다. 물류체제 개혁을 심화시키고, 대형 농산품의 도매, 창고 저장(倉儲), 저온 유통 등 현대적인 물류시설 건설을 강화하고, 물류 원가를 대폭 감소하기 위해 힘을 쏟아야 한다.

### 4. 온건한 성장과 구조 조정의 관계를 잘 처리해야 한다.

시진핑 동지는 다음과 같이 강조했다. "온건한 성장과 구조 조정, 개혁 추진 등을 통일적으로 계획하고 전반적인 국면에 영향을 주는 문제를 잘 해결하며, 경제의 지속적이고 건강한 발전을 촉진해야 합니다."[85] GDP로 영웅을 논하지 말라는 것은 결코 GDP를 포기하라는 의미가 아니다. 우리나라는 세계에서 가장 큰 개발도상국이기에 발전은 여전히 첫째가는 임무이며 모든 기타 문제를 해결하는 기초이며 관건이다. 일방적으로 속도만 추구하지 말라는 것은 더 많은 공간을 내어 구조개혁을 추진함으로써 경제발전의 질과 효익을 높이기 위함이다. 따라서 방식을 전환하고 구조를 조정하는 것을 더 중요한 위치에 놓아야 한다. 일부 지방들의 GDP 성장속도가 완만해진 것은 우

85) 「中共中央召开党外人士座谈会, 习近平主持会议并发表重要讲话」, 新华网, 2013년 7월 30일.

리나라 경제발전이 뉴노멀에 진입한 것과 밀접한 관계가 있다. 뉴노멀 상황에서 경제규모 총생산량의 지속적인 확대와 경제성장 동력의 전환으로 말미암아, 중국경제는 지속적인 고속성장이 불가능하며, 경제는 필연적으로 고속성장으로부터 중속 성장으로 전환하게 된다. 이런 의미에서 보면, 지방의 GDP성장 속도가 완만해진 것은 경제발전이 어느 한 역사 단계에 이르러서 나타나게 되는 필연적인 현상이다. 이는 경제발전의 객관적 법칙에 의해 결정되는 것이다. 발전 이념에서 보면, 중앙에서는 심사를 발전만 보는 것이 아니라 기초도 봐야 하고, 드러나는 업적을 봐야 할 뿐만 아니라 숨은 업적도 봐야 하고, 민생 개선과 사회 진보·생태 효익 등의 지표를 중요한 심사 내용으로 봐야 하며, 단순하게 GDP 성장률만 가지고 영웅을 논하는 일이 없어야 한다고 명확하게 언급했다. 이는 지방정부에서 발전방식을 전환하고 구조를 조정하며 민생에 혜택을 주는 방면에 더 많은 정력을 쏟게 하였다. 하지만 우리가 GDP로 영웅을 논하지 않는다고 해서 GDP를 배척하는 것은 아니며, 지방정부의 책임자가 경제성장 속도에 대해 무관심해도 된다는 말은 더욱 아니다. 질과 효익을 보증하는 전제하에서 경제발전 속도가 빠르다면 당연히 중앙정부의 표창을 받을 일이다. 우리나라는 세계에서 가장 큰 개발도상국으로서 발전은 여전히 첫째가는 임무이다. 특히 경제발전은 여전히 모든 문제를 해결하는 기초이고 관건이다. 따라서 각급 간부들은 여전히 경제발전 문제를 주목하고 탕개(물건을 묶은 줄을 죄는 장치–역자 주)를 풀어서는 안 된다. 경제의 뉴노멀 상황에서 맞춤형 정책으로 투자의 평온한 증강, 소비의 확대와 업그레이드, 대외무역 구조의 조정과 최적화 등을 이룸으로써, 경제의 지속적이고 건강한 발전을 견인하도록 해야 한다. 온건한 성장과 구조조정의 관계를 정확히 처리해야 한다. 여기서의 중점은 안정 속에서 진보를 추구하는 사업 기조이다. "안정 속에서 진보를 추구하는 것(穩中求進)"은 흔히 볼 수 있는 말인데, 현재 중국의 "사업의 총체적 기조"이다. 중국과 중국공산당 입장에서 말하면, 이러한 총체적 기조는 "경제건설을 잘하는 방법론"이며 "치국이정(治國理政)의 중요한 원칙이다." 당의 18차 전국대표대회 이래, 시진핑 동지는 국내외의 여러 장소에서 이 말을 여러 번 언급했다. 중앙정치국회의, 중앙경제사업회의 등 중량급 회의에서도 누차 이 화제를 언급했다. 당의 18차 전국대표대회가 폐막된 후로부터 얼마 안 지난 2012년 11월 30일 중공중앙이 중난하이(中南海)에서 당외인사(党外人士) 좌담회를 개최했을 때, 시진핑 동지는 "안정 속에서 진보를 추구하는 사업의 총체적 기조"에 대해 언급했다. 그는 2013년에는 "경제성장의 질과 효익을 제고하는 것을 중심으로 안정 속에서 진보를 추구하고, 개척하고 혁신하며, 성실하게 시작해나가야 한다."고 말했다. 그로부터 얼마 안 지난 12월 9일 광쩌우(广州)에서 경제사업 좌담회를 개최하고 다음과 같이 강조했다. "필승의 신념을 가져야 할 뿐만 아니라, 걱정하는 마음도 가져야 합니다. 안정 속에서 진보를 추구하는 사업의 총체적 기조에 따라 우리나라 경제의 지속적이고 건강한 발전을 착실하게 추진해나가야 합니다." 2014년 12월 1일 그는 중공중앙에서 소집한 당 외 인사 좌담회에서 안정의 중점은 경제운행의 안전에 두어야 하며, 진보의 중점은 개혁개방 심화와 구조 조정에 두어야 한다고 언급했다. 2016년 12월 14일부터 16일까지 열린 중앙경제사업회의에서는 또 다음과 같이 말했다. "안정은 주요 기조이고 안정은 대국입니다. 안정을 전제로 한 기초위에서, 관건적인 영역에서 진보를 가져와야 하며, 선을 넘지 않는 전제하에서 분발하여 성과를 이루어 내야 합니다." 시진핑 동지는 또 중앙재정영도소조 제15차 회의를 주재했을 때 다음과 같이 언급했다. "2017년 경제 사업을 잘하려면 안정 속에서 진보를 추구하는 총체적 기조를 견지해야 하며, 경제사회 발전의 대국을 잘 파악하고, 경제의 평온하고 건강한 발전을 확보하며, 경제운행의 질과 효익을 제고하기 위해 힘을 쏟아야 합니다." 이처럼 평온한 성장은 경제운행과 발전의 첫째가는 목표인 것이다.

경제운행의 합리적인 속도를 강조하고, 더 이상 속도만을 공조하지 않는 것은, 더 많은 공간을 확보하여 구조개혁을 추진하고 경제발전의 질과 효익을 높이기 위한 것이다. 따라서 발전방식 전환과 구조조정을 더 중요한 위치에 놓아야 한다. 현재 경제성장이 둔화되면서 일부 지방에서는 수요가 총체적으로 약세를 보이고, 새로운 성장은 보릿고개에 직면하고, 산업 업그레이드는 아직 갈 길이 먼 문제가 존재한다. 따라서 걱정하는 마음을 가져야 할 뿐만 아니라, 뉴노멀 상황에서 숨어있는 새로운 기회를 포착하며, 해로운 것을 버리고 유리한 것을 취하며, 대세에 순응하여 발전을 꾀해야 한다. 발전 관념에서 보면, 현실을 직시하고 경제성장이 완만한 상황을 객관적이고 이성적으로 봐야 하며, '최저선 사유'(底線思維)를 유지하고, 물가가 마지노선을 넘거나 취업이 바닥을 치는 일이 없도록 해야 한다. 정책 조정 면에서, 속도의 변화에 적응해야 하며, 부조와 통제, 보증과 압력이 동시에 존재하도록 하며, 경제성장 속도가 합리적인 구간을 벗어나는 것을 방지함으로써 전면적 개혁 심화와 발전방식 전환이나, 구조조정을 위해 공간을 확보해야 한다. 동시에 경제성장 속도가 조금만 파동을 보여도 "물꼬를 크게 열어 넘쳐나도록 물을 채우는(大水漫灌)" 식의 억지 부양책을 함부로 내놓는 것을 지양해야 하며, 성장 동력의 전환을 서둘러 추진하고 여러 방면을 통일적으로 계획하고 골고루 돌봐야 한다.

# 제4장

# 전면적 개혁:
경제체제 개혁의 견인역할을 발휘해야 한다.

## 제4장
## 전면적 개혁:
## 경제체제 개혁의 견인역할을 발휘해야 한다.

중국의 개혁개방은 이미 30여 년이라는 파란만장한 여정을 걸어오면서, 거대한 개혁보너스(改革紅利)를 얻었고, 중국과 세계를 크게 변화시켰다. 시진핑 동지는 다음과 같이 말했다. "중국 인민의 면모, 사회주의 중국의 면모, 중국공산당의 면모에 이처럼 심각한 변화가 생기고, 우리나라가 국제사회에서 중요한 지위를 획득한 것은 개혁개방을 견지했기 때문입니다."[86] 하지만 국제와 국내정세에 심각한 변화가 발생하고 우리나라의 발전에도 여러 가지 복잡한 문제들이 대두하고 있다. 개혁은 어려운 고비에 들어섰다. 당의 18차 3중전회(十八届三中全會)에서는 전면적으로 개혁을 심화하는 것에 대해 의결하고, 경제체제 개혁을 중점으로 하고, 경제체제 개혁의 견인 역할을 발휘해야 한다고 주문했다. 시진핑 동지를 핵심으로 하는 당 중앙은 "산에 호랑이가 있는 걸 뻔히 알면서도 기어코 산으로 가는(明知山有虎, 偏向虎山行)" 용기로 과감하게 떨쳐나서서 어려움을 극복하고, "어려운 일은 쉬운 데로부터 착수하고, 큰일은 세세한 일에서부터 착수하는(圖難于其易, 爲大于其細)" 지혜로 책략을 세워 판세를 장악해야 하며, "청산을

86) 『十八大以来重要文献选编』(상), 中央文献出版社, 2014년, 494쪽.

붙잡고 놓지 않는(咬定青山不放松)" 결심과 책임감으로 실행에 옮김으로써 전면적인 개혁에 대한 심화를 향해 매진하고 있다.

### 1. 전면적 개혁 심화의 실질과 제도의 현대화를 추구하다.

미국 경제학가 더글러스 노스(Douglass Cecil North)는 다음과 같이 말했다. "제도의 변천은 제도의 창립·변경과 시간의 변화에 따라 극복되는 방식이다. 구조 변천의 변수로는 기술·인구·재산권과 자원에 대한 정부의 통제 등이 있다. 제도의 변천은 어떤 경제의 장기적인 성장의 원천을 구성하고 있다."[87] 로널드 코스(Ronald H. Coase)는 다음과 같이 인정하고 있다. 중국의 개혁개방이 위대한 성과를 거둔 중요한 원인의 하나가 바로 제도의 변천을 실현하고, 재산권 시장을 인정했기 때문이다. 시진핑이 제기한 전면적 개혁 심화에서 "국가거버넌스 체계와 거버넌스 능력의 현대화"를 실현해야 한다는 것은, 본질적으로 보면 제도의 변천을 통해 제도의 현대화를 실현하고 진일보 적으로 국가 거버넌스의 현대화를 실현하는 것이다.

국제적 경험과 우리나라의 실천이 표명해 주고 있듯이 제도의 현대화를 실현하지 않으면 기타 방면의 현대화는 오래 지속되지 못하며, 심지어는 실현 자체가 불가능하게 된다. 제도의 현대화는 단 번에 실현되는 것이 아니고, 점진적으로 보완되는 발전의 과정이다. 제도의 현대화를 부단히 추진하는 근본적 동력은 전면적 개혁 심화이다. 현

87) 더글러스 노스(Douglass Cecil North), 『经济史中的结构与变迁』, 上海三联书店, 1991년, 225쪽.

재 경제체제 개혁은 전면적 개혁심화의 중점이다. 1992년 덩샤오핑(鄧小平)은 남방 중요담화(南方重要談話)에서 다음과 같이 명확하게 언급했다. "대략 30년 쯤 지나야 우리는 여러 방면에서 더욱 성숙되고 정형화된 일련의 제도를 마련할 수 있을 것입니다." 이런 관점은 그야말로 원대한 식견이고 의미심장한 것이다. 그로부터 지금까지 우리는 이미 20여 년의 개혁을 진행해왔다. 2020년에 이르러 우리는 중요한 영역과 관건적인 단계의 개혁에서 결정적인 성과를 거둘 수 있을 것이다. 또한 체계적이고 완벽하며, 과학적이고 규범화되었으며, 효과적으로 운행할 수 있는 제도시스템을 형성하고, 각 방면의 제도가 더욱 성숙되고 정형화할 수 있을 것이다. 당의 18기 3중전회에서는 전면적 개혁심화의 총체적 목표와 시간표를 제기했는데, 이는 당시 덩샤오핑 동지가 제기한 제도 정형화의 목표와 일치하는 것이다. 따라서 이는 곧 덩샤오핑 동지의 개혁사상의 창조성적인 계승과 발전이라고 할 수 있다.

첫째, 제도의 현대화는 중국 현대화의 전제이다. 인류의 경제적 복리와 고도의 과학기술 발달, 인류의 이성적인 진보는 현대화의 외적이고 직접적인 표현이며, 이러한 성과와 진보는 현대화한 제도시스템 중에서만 이루어질 수 있는 것이다. 현대화 발전은 그에 어울리는 상응하는 제도를 필요로 하는데, 현대화를 이룬 대다수 국가들의 사례가 이를 증명하고 있다. 현대화의 후발주자로서 중국의 현대화는 부단히 발달한 나라들을 추격하는 과정이다. 이 과정에서 제도의 현대화는 국가 현대화의 전제이다. 20세기에 우리는 농업의 현대화, 공업의 현대화, 과학기술의 현대화, 국방의 현대화를 언급했다. 당의 18차 전국대표대회에서는 이를 '오위일체(五位一体)'로 발전시켰다. 즉 경제의 현대화, 정치의 현대화, 사회의 현대화, 문화의 현대화, 생태문명건설의 현대화이다. 당의 18기 3중전회에서는 국가거버넌스 체계와 거버넌스 능력의 현대화를 언급했다. 국가제도는 현대화 국가의 기본제도이고 국가의 기초시설이며, 국가가 사회와 인민들에게 제공하는 국가적인 공산품이다. 국가제도의 현대화를 실현하는 것은 현대화 국가의 가장 주요한 목표이며, 국가 현대화의 구성부분이고, 하나의 국가가 현대화를 실현하는 과정에서 반드시 거쳐야 할 길이다.

둘째, 제도의 현대화는 중국의 현대화를 위해 길을 개척했다. "국가 현대화는 새로운 현대화 요소를 부단히 증가시키고 현대화 요소들로 전통 요소를 부단히 개조하는 과정이며, 전통 요소를 부단히 현대화하는 과정이다."[88] 제도는 현대화의 발전을 촉진시키기도 하지만, 일정한 역사적 조건에서는 사회의 발전과 문명의 진보를 제약하기도 한다. 제도의 변혁과 제도의 현대화가 있어야만 낡은 국면을 타개하고 사회의 생활에 새로운 방향을 제시하며 현대화를 위한 길을 개척할 수 있다. 개혁개방 이래의 실천이 바로 가장 좋은 증거이다. 덩샤오핑은 1992년 남방담화에서 다음과 같이 언급했다. "사회주의 기본제도가 확립된 후, 생산력 발전을 속박하는 경제체제를 근본적으로 변화시키고 생기와 활력이 넘치는 사회주의 경제체제를 구축하여 생

88) 후안강(胡鞍钢), 「治理现代化的实质是制度现代化如何理解全面深化改革的总目标」, 『人民论坛』, 2013년, 11기.

산력의 발전을 촉진시켜야 하는데, 이것이 바로 개혁입니다. 따라서 개혁 역시 생산력을 해방시키는 것입니다."[89] 개혁은 사회주의제도의 자체적인 보완이고 발전이며, 사회주의 제도의 본질적인 특징이고 내재적인 요구이다. 중국특색 사회주의가 왕성한 생명력과 발전 잠재력을 가지고 있는 것을 근본적으로 보면, 우리 당이 개혁개방의 기치를 높이 들었기 때문이다. 지속적인 개혁을 통해 낡은 제도가 소멸되고 새로운 제도가 설립되는 이 과정은 국가의 현대화가 실현되는 과정이다.

셋째, 제도의 현대화는 중국의 현대화에 보장을 제공한다. 현대화 행정은 안정적이고 질서 있는 사회 환경을 필요로 한다. 이는 제도의 변혁이 추구하는 목표와 그 기능이 산생시킨 직접적인 후과이다. 따라서 제도의 변혁이 현대화에 보장을 제공한다고 하는 것이다. 제도의 변혁은 새로운 제도가 전통사회질서의 경직성을 극복하게 해준다. 한편으로는 사회의 변화와 발전을 효과적으로 용납하고 촉진시키며, 다른 한편으로는 사회질서와 상대적 안정을 유지하고, 현대화의 순조로운 발전을 보증해준다. 우리나라의 현대화는 현대화한 제도시스템의 지지와 보장이 없이는 완성할 수 없는 것이다.

넷째, 제도의 현대화가 중국의 발전방향이다. 나라마다 국정이 다르므로 제도 현대화의 실현방식은 완전히 같을 수 없다. 따라서 자기 국가의 실제에 비추어 스스로의 풍격과 기질이 있는 제도시스템을 만들어야 할 것이다. 시진핑 동지는 다음과 같이 강조했다. "국가

---

89) 『邓小平文选』(제3권), 人民出版社, 1993년, 370쪽.

거버넌스 시스템은 당의 영도 아래 국가를 관리하는 제도 시스템이다."[90] 이 말은 제도의 현대화에 명확한 지침을 제공했다. 사실상 "제도의 현대화는 한번에 이루어지는 것이 아니라 점차적으로 보완되고 발전하는 과정이다. 제도의 현대화를 추진하는 근본적 동력은 전면적으로 개혁을 심화시키는 일이다."[91] 우리나라의 거버넌스 시스템과 거버넌스 능력은 총체적으로 양호하며, 우리나라의 국정과 발전 요구에 부합되는 것이다.

하지만 실천은 발전하는 것이며, 제도의 혁신도 역시 이에 보조를 맞춰야 한다. 이는 우리가 이미 완전한 제도시스템을 형성했지만 지속적으로 개혁을 해야 하는 이유이다. 구체적으로 아래와 같은 몇 가지 방면에 주력해야 한다.

첫째, 당의 지도체제 개혁을 심화시켜야 한다. 우리 당은 집권당으로서, 국가의 권력과 긴밀히 연계되어 있다. 따라서 국가 거버넌스의 현대화 수준은 정당 건설과 정당 영도의 현대화 수준에 달렸다고 해도 과언이 아니다. 당 건설의 현대화를 추진하는 관건은 당과 국가의 관계, 당과 정부의 관계, 당과 인민의 관계를 잘 처리하는 것이다. 그 근본요구는 전면적 종엄치당(從嚴治党)으로, 당의 선진성과 순결성을 유지하고 당내의 부패현상을 굳건히 척결하는 것이다. 따라서 당의 영도체제와 집권방식을 보완하고 과학적 집권, 민주적 집권, 법에 의

90) 시진핑, 「切实把思想统一到党的十八届三中全会精神上来」, 『人民日报』, 2014년 1월 1일.
91) 바오신젠(包心鉴), 「以制度现代化推进国家治理现代化」, 『中共福建省委党校学报』, 2014년, 1기.

한 집권 등 수준을 제고시켜야 한다.

둘째, 경제체제 개혁을 심화시켜야 한다. 경제체제 개혁은 전면적으로 개혁을 심화시키는 중점이다. 개혁은 우리나라가 장기적으로 사회주의 초급단계에 처해있다는 현실에 입각해야 하며, 발전이야말로 우리나라의 모든 문제를 해결하는 관건이라는 이 중대한 전략적 판단을 견지해야 한다. 현재 반드시 시장화 개혁을 폭 넓고 심도 있게 추진해야 하며, 자원배치에서 정부의 직접적인 관여를 최소화하고, 자원배치가 시장규칙, 시장가격, 시장경쟁에 따르도록 추진하고, 효익 최대화와 효율 최대화를 실현해야 한다. 귀속이 분명하고, 권력과 책임이 명확하며, 엄격하게 보호되고, 흐름이 유창한 현대 재산권 제도를 설립하고, 혼합소유제 경제를 크게 발전시키고 국유기업의 개혁을 추진해야 한다. 사유재산권 보호제도를 보완하고 완비하며, 기업가들에게 믿음을 주어야 한다. 현대 시장시스템을 서둘러 보완하고 공평하고 개방적이고 투명한 시장규칙을 마련해야 한다.

셋째, 행정체제 개혁을 심화시켜야 한다. 정부 거버넌스는 국가 거버넌스의 주요한 매개체이며 집중적인 체현이다. 국가 거버넌스 시스템과 거버넌스 능력의 현대화 수준은 정부 거버넌스 시스템과 거버넌스 능력의 현대화 수준에 의해 체현된다. 정부 거버넌스 현대화를 추진하는 관건은 정부와 시장의 관계, 정부와 사회조직의 관계, 정부와 인민대중의 관계를 잘 처리하는 것이다. 그 근본요구는 정부의 직능을 확실하게 전환하고, 시장이 자원 배치에서 결정적인 역할을 제대로 발휘할 수 있도록 거시적 조정과 행정감독을 제대로 하는 것이다.

'방관복(放管服)'[92] 개혁을 힘써 추진하고, "세 가지 공개와 세 가지 리스트(三个公開, 三个清單)"제도를 전면적으로 실시해야 한다. 행정관리 방식을 혁신하고 공공서비스를 최적화하며, 사회 구성원들에게 더 많고 더 좋은 공공서비스를 제공해야 한다. 정부의 공신력과 집행력, 법제화 수준을 제고시키고 힘을 쏟아 청렴한 정부와 법제화한 정부를 건설해야 한다.

넷째, 사회체제 개혁을 심화시켜야 한다. 국가 거버넌스 현대화를 추진하는 것은 쉽게 말하면, 국가와 사회의 관계를 잘 처리하고 국가의 직능과 권력을 사회에 이전하며, 사회의 발전에 더욱 유리한 정치조건과 제도적 환경을 제공하는 것이다. 따라서 사회 거버넌스를 혁신하고 사회 거버넌스의 현대화 수준을 제고시키는 것은 국가 거버넌스 현대화의 중요한 기초일 뿐만 아니라, 중요한 목적이기도 하다. 그 근본요구는 사회 거버넌스 방식을 개진하고, 체계적인 거버넌스와 법에 의한 거버넌스, 종합적 거버넌스와 원천적인 거버넌스를 견지하는 것이다. 사회조직의 활력을 활성화시키고, 서둘러 정부와 사회를 분리시키며, 각종 사회조직을 힘써 발전시키고, 사회조직이 당·정부와 인민대중의 관계에서 교량과 유대 역할을 충분히 발휘할 수 있도록 해야 한다.[93]

---

92) 정부기능 간소화 : 권력 이양, 서비스 최적화를 말함.
93) 국가행정학원 편찬팀(国家行政学院编写组),『攻坚 : 全面深化经济体制改革』, 国家行政学院出版社, 2014년, 14쪽.

## 2. 경제체제 개혁은 전면적 개혁 심화의 중점이다.

"개혁의 재출발을 실현할 수 있느냐 하는 것은 생사에 관계되는 큰 일이다."[94] 사실상 전면적으로 개혁을 심화시키는 것은 중점이 있는 전면적인 개혁을 말한다. 그 중점이 바로 경제체제 개혁인 것이다. 따라서 경제체제 개혁의 견인 역할을 잘 발휘해야 하는 것이다. 당의 18기 3중전회 보고에서는 다음과 같이 언급했다. 경제체제 개혁은 전면적 개혁 심화의 중점이다. 핵심문제는 정부와 시장의 관계를 잘 처리하는 것이며, 시장이 자원배치에서 결정적인 역할을 하도록 하고, 정부의 역할을 더 잘 발휘케 하는 것이다. 개혁개방 이래 우리는 거대한 정치적 용기를 통해 개혁개방을 추진해왔다. 농촌에서 도시에 이르기까지, 연해지구에서 내륙지구에 이르기까지, 경제체제 개혁은 시종 전면적으로 개혁을 추진하는 돌파구였고 중점 임무였으며, 이론과 실천에서 지속적으로 중대한 진전을 이루었다. 현재 전면적인 샤오캉사회 건설이든, 국가 현대화의 전면적 실현이든 모두 경제건설을 중심으로 할 것을 요구하는 것이며, 경제체제 개혁을 개혁의 중점으로 할 것을 요구하는 것이다.

첫째, 경제체제 개혁은 머리털 한 오라기를 당겨 온몸을 움직이게 하는(牽一發而動全身) 역할을 갖고 있다. 인류사회의 진보는 생산력과 생산관계, 경제기초와 상부구조의 기본 모순운동 중에서 발전하고 진화하여 왔다. 생산력이 생산관계를 결정하고 경제기초는 상부구조를 결정한다. 이와 같은 사회발전의 기본법칙은 우리들로 하여금 반

94) 우징롄(吳敬璉),「中国改革再出发」,『改革是中国最大的红利』, 人民出版社, 2013년, 42쪽.

드시 경제체제 개혁을 우선으로 하고, 그 견인역할을 잘 발휘시켜 전면적으로 개혁을 심화시키기 위한 조건을 창조하고 동력을 제공하도록 요구한다. 경제체제 개혁이 진일보 적으로 심화되면 생산력의 해방과 발전을 촉진시키고, 중국특색 사회주의의 경제기초를 다져주며, 상부구조와 각종 영역의 개혁을 더 잘 이끌어 갈 수 있으며, 전면적으로 개혁을 심화시킬 수 있도록 견인할 수 있게 된다.

둘째, 발전단계는 반드시 경제건설을 중심으로 할 것을 요구한다. 당의 11기 3중전회 이래 농촌에서 도시에 이르기까지, 연해지구에서 내륙지구에 이르기까지, 경제체제 개혁은 시종 전면적으로 개혁을 추진하는 '돌파구'였고, '중점 임무'였다. 현재 국내외의 환경은 폭넓고 엄청난 변화를 겪고 있다. 우리나라의 1인당 국민생산총액은 여전히 세계 평균수준에 못 미치며, 세계 평균의 60% 좌우밖에 안 된다. 또한 신형 공업화, 정보화, 신형 도시화, 농업현대화, 친환경화의 임무는 막중하다. 전반적 국면에서 보면, 우리나라는 여전히 사회주의 초급단계에 처해있고 이러한 기본 국정은 장기적으로 지속될 것이다. 인민들이 날로 늘어나는 물질문화 수요와 낙후된 사회생산력 사이의 모순이라는 이 주요모순도 변하지 않았고, 우리나라는 세계 최대의 개발도상국이라는 우리나라의 세계적 지위도 변하지 않았다. 이러한 상황은 우리들로 하여금 반드시 이성적 사유를 유지하고 스스로의 일부터 잘해나갈 것을 요구하고 있으며, 경제체제 개혁의 심화를 통해 사회생산력을 부단히 해방시키고 발전시켜 종합적 국력과 글로벌 경쟁력을 높일 것을 요구한다.

셋째, 경제체제 개혁의 심화는 전면적 개혁을 추진하는데 유리하다. "경제체제 개혁의 심화라는 이 '코뚜레'를 잘 잡으면 기타 영역의 심층적인 모순을 해결하는데 유리하며, 기타 영역에 대한 개혁과의 조화와 심화를 촉진케 하는데 유리하다."[95] 한편으로 시장화 개혁의 추진은 시장경제의 법제화 건설이 부단히 보완되게 하며, 이로써 정치체제 개혁을 이끌고, 사회주의 문화체제 개혁을 추진하며, 진일보 적으로 생태문명 체제를 추진하고 건립하게 한다. 다른 한 방면으로는 개혁과 발전이 일정한 단계에 이르면, 경제체제 개혁을 진일보 적으로 심화시키기 위해서는 정치·문화·사회·생태문명 등 기타 영역의 개혁을 통일적으로 계획하고 추진할 것을 절박하게 요구한다. 따라서 경제체제 개혁, 정치체제 개혁, 문화체제 개혁, 사회체제 개혁, 생태문명체제 개혁이 서로 협조하고 서로 지탱할 수 있도록 하는 것이다.

넷째, 경제체제의 개혁을 심화시키는 경제발전이 균형적이지 못하고 조화롭지 못하며, 지속적이지 못한 것을 해결하기 위한 필요에서이다. 지난 몇 년 간 우리나라 경제체제와 경제구조는 부단히 최적화되었지만, 균형적이지 못하고, 조화롭지 못하며, 지속적이지 못한 문제는 여전히 심각하다. 제1산업의 기초가 안정적이지 못하고, 제2산업은 핵심경쟁력이 부족하며, 제3산업 비중이 과도하게 낮은 문제는 여전히 심각하다.[96] 구역 구조가 균형을 잃었고, 도시와 농촌의 구조

---

95) 장가오리(张高丽), 「以经济体制改革为重点全面深化改革」, 『〈中共中央关于全面深化改革若干重大问题的决定〉 辅导读本』, 人民出版社, 2013년, 18쪽.

96) 국가행정학원 편찬팀(国家行政学院编写组), 『攻坚：全面深化经济体制改革』, 国家行政学院出版社, 2014년, 15쪽.

가 균형을 잃었으며, 구역 간·도시와 농촌 간 발전의 격차는 여전히 너무 크다. 이러한 문제들은 모두 경제체제 개혁을 진일보 적으로 심화시켜 이를 통해 해결토록 해야 하는 것이다.

### 3. 경제체제의 개혁을 심화시키는 새로운 사유.

시진핑 동지는 다음과 같이 강조했다. "새로운 형세와 새로운 임무에 직면하여, 우리는 반드시 전면적으로 개혁을 심화시키는 것을 통해 우리나라의 발전이 직면한 일련의 두드러진 모순과 문제를 해결하고 중국특색 사회주의제도의 자아 보완과 발전을 추진해야 합니다."[97] 현재 개혁은 이미 관건적인 시기에 진입했다. 경제체제 개혁을 전면적으로 심화시킨다는 기본 맥락은 '다섯 가지 상호 결합'으로 개괄할 수 있다.

첫째, 개혁보너스(改革紅利)의 창조와 개혁 보너스를 공유하는 것을 서로 결합시켜야 한다. 개혁개방 이래 수많은 개혁성과는 모두 기층의 대중들이 창조해냈다. 사실상 우리나라 경제체제 개혁 30여 년의 여정에서 보이듯이, 인민대중은 개혁 보너스를 창조하는 주체이며, 인민대중들의 개혁 적극성이 높아야만 개혁사업이 질서 있게 앞으로 추진될 수 있다. 현재 경제체제 개혁에는 조화롭지 못하고 포용적이지 못한 문제들이 존재하고 있으며, 도시와 농촌 간, 구역 간, 업종 간 격차가 부단히 확대되고 수입·분배체제의 개혁이 뒤처지고 있으며, 이 때문에 고수입 계층과 저수입 계층의 격차가 부단히 확대되

---

97) 『十八大以来重要文献选编』(상), 中央文献出版社, 2014년, 494쪽.

고 있다. 이는 모종의 의미에서 광대한 인민군중의 개혁에 대한 적극성에 영향을 주게 되는 것이다. 따라서 광대한 인민대중들이 개혁과 발전의 성과를 공유하게 하는 것은 경제개혁의 출발점이고 귀착점이며, 경제체제 개혁을 심화시키는 가장 유력한 보장이다.

둘째, 시장 주도와 정부의 추진을 서로 결합시켜야 한다. 우리나라 30여 년의 개혁 여정을 회고해 보면, 그 실질은 "고도로 집중된 계획경제체제"에서 "사회주의 시장경제 체제"로 전환하는 과정이었다. 개혁개방 이전의 고도로 집중된 계획경제에서 당의 12기 3중전회(十二届三中全會)에서 제기한 "계획적인 상품경제"에 이르렀고, 또 당의 14차 전국대표대회에서 사회주의 시장경제라는 개혁의 목표를 최종적으로 확립하기까지, 그 본질은 계획경제에서 점차적으로 시장경제로 궤도를 바꾸는 과정이었다. 따라서 우리나라는 경제체제 개혁을 심화시키는 과정에서 가격 메커니즘, 공급과 수요(供求) 메커니즘과 경쟁 메커니즘이 시장에서의 지렛대 역할을 충분히 발휘하게 하고, 시장이 자원배치에서의 결정적인 역할을 잘 발휘할 수 있게 하며, 서로 다른 경제 주체들에게 가능한 공평경쟁의 시장 환경을 마련해주어야 할 것이다. "현대 시장경제 체제는 결코 정부의 간섭을 배척하지 않는다."[98] 따라서 시장경제 체제개혁에서 정부의 역할도 잘 발휘해야 한다. 당의 18차 전국대표대회 보고에서는 다음과 같이 명확하게 언급했다. "경제체제 개혁의 핵심문제는 정부와 시장의 관계를 잘 처리하

98) 가오상췐(高尚全),『经济体制改革的核心是处理好政府与市场的关系』,『改革是中国最大的红利』, 人民出版社, 2013년, 76쪽.

는 것이다." 따라서 경제체제 개혁을 진일보 적으로 심화시키고 "시장의 주도와 정부의 추진을 서로 결합하는" 기본 방침을 반드시 따라야 한다.

셋째, 정층설계(頂層設計)와 기층의 개척정신을 서로 결합시켜야 한다. 우리나라의 경제체제 개혁은 농촌체제 개혁에서 시작되었다. 이런 개혁은 주로 아래에서 위로, 쉬운 것으로부터 어려운 것으로 향하는 개혁모델이며, "돌을 더듬어가며 강을 건너는(摸着石頭過河)" 식의 점진적인 개혁이다. 과거의 경제체제 개혁에서 "풀어놓으면 바로 혼란스러워지고 움켜쥐면 바로 죽어버리는(一放就亂, 一收就死)" 기현상이 나타나게 된 근본적인 원인은 개혁에 일체성과 체계성이 부족했기 때문이다. 현재 우리나라 경제체제의 개혁은 이미 중요한 고비에 직면해 있는데, 상대적으로 쉬운 개혁은 이미 과거에 기본적으로 실현했고, 남은 개혁은 하나같이 어려운 것들이다. 따라서 이와 같은 모순과 문제를 해결하는 근본적인 방법은 정층설계(頂層設計)를 강화해야 한다. 전반적 국면에서 출발하여 개혁의 전반적 사유와 전략적 방향에 대해 정층설계를 해야 하며, 경제체제 개혁의 완전성과 체계성과 협동성을 강화해야 한다. 우리는 경제개혁이 잠재성이 있으며 인민대중은 개혁의 근본적인 창조자라는 것을 알아야 하며, 경제체제 개혁에서 인민들의 개척정신을 존중하고 광범위한 인민대중의 적극성과 창조성을 발휘시켜야만 경제체제 개혁을 진일보 적으로 심화시킬 수 있다는 것을 알아야 한다. 돌을 더듬으며 강을 건너는 것과 정층설계는 변증통일의 관계이다. 국부적인 단계적 개혁개방을 추진하는 것은 정층설계의 전제하에 진행해야 하며, 정층설계를 강화하는 것은 국부적인 단계적 개혁개방을 추진하는 기초위에서 이루어져야 한다.

넷째, 종합적 조합(綜合配套)과 개혁테스트를 서로 결합시켜야 한다. 사회주의 시장경제 체제를 경제개혁이 목표모델로 확정한 후, 정치체제·문화체제·사회체제·생태문명체제 등은 반드시 사회주의 시장경제 체제와 순응하고 조합되어야 한다. 관련 영역의 조합과 개혁을 심도 있게 추진해야만 경제체제 개혁을 효과적으로 추진할 수 있다.[99] 이를테면 우리나라 일부 경제영역의 개혁, 즉 독점업종의 개혁, 재정과 세무체제의 개혁, 가격 개혁, 사업단위(事業單位) 분류 개혁 등은 관련 영역의 종합적 개혁을 떠날 수 없다. 우리나라의 경제체제 개혁을 심화시키기 위해서는 종합적으로 조합을 추진하고 각종 영역의 개혁을 공동으로 심화시키고, 서로를 촉진케 하는 양성 발전을 이루게 해야 한다. “머리털 한 오라기를 당겨 온몸을 움직이게 하는(牽一發而動全身)” 일부 중점영역에 대해서는 개혁테스트를 진행하여, 복제할 수 있고 보급할 수 있는 경험을 부단히 축적하여 전국적 범위로 확대 추진해야 한다.

다섯째, 질서 있는 추진과 중점적 돌파를 서로 결합토록 해야 한다. 우리나라의 경제체제 개혁은 점진적으로 추진하는 것이지 급진적으로 추진하는 개혁모델이 아니다. 이는 우리나라 경제개혁의 기본 특징의 하나이다. 개혁이 매 한 걸음은 모두 점진적이고 단계적으로

99) 장잔빈(张占斌), 저우웨훼이(周跃辉), 「释放经济体制改革红利的基本思路与战略重点」, 『中国延安干部学院学报』, 2013년, 5기.

진행되어야 하며, 모두 인민대중의 실천적 탐색과 혁신의 기초위에서 질서 있게 추진되어야 하는 것이다.

우리나라의 경제체제의 개혁은 시종 사회주의 초급단계라는 기본 국정에서 출발하고 있다. 먼저 농촌을 개혁하고 나중에 도시를 개혁하며, 먼저 국부적으로 탐색하고 나중에 전면적으로 보급하며, 먼저 계획경제 체제를 실행하고 나중에 사회주의 시장경제 체제로 전환했다. "중점적으로 돌파하는 방법을 동원하여, 점에서 면으로 확대하면서(以点帶面) 개혁의 동력을 이끌어내는 것은 우리나라 개혁이 성공을 거두는 중요한 경험이 되었다."[100] 정부기구의 개혁, 자원제품가격의 개혁, 의료체계의 개혁, 금융체계의 개혁, 수입·분배 체제의 개혁 등 관건 영역의 개혁은 반드시 중점적으로 이뤄내야 할 것이다.

### 4. 체제와 메커니즘의 중점 영역에서 성과를 이뤄내야 한다.

시진핑 동지는 다음과 같이 말했다. "개혁은 문제에서 생겨나며, 또 문제를 부단히 해결하는 과정에서 심화됩니다."[101] 우리는 체제와 메커니즘의 중점 영역에서 성과를 가져와야 하며, 소유제, 재정·세수, 금융, 가격, 수입·분배 등 중점 영역의 개혁을 부단히 심화시켜야 한다.

첫째, 소유제 개혁을 심화시키고 기본 경제제도를 견지하며 보완해야 한다. 우리나라 소유제 개혁의 실질은 공유제 경제와 비공유제 경

---

100) 왕이밍(王一鳴),『改革红利与发展活力』, 人民出版社, 2013년, 262쪽.
101) 『十八大以来重要文献选编』(상), 中央文献出版社, 2014년, 497쪽.

제의 공동 발전이다. 소유제 개혁을 심화시키기 위해서는 반드시 당의 18차 전국대표대회에서 제기한 “절대 동요해서는 안 되는(毫不動搖)” 두 가지를 장악해야 한다. 한편으로는 공유제 경제를 공고히 하고 발전시키는 것을 절대 동요해서는 안 된다. 공유제의 주도적 지위를 견지하고 국유경제의 주도적 역할을 발휘토록 해야 한다.[102] 국유기업 개혁 방면에서 중요한 성과를 이루어내야 하며, 국유기업의 다른 기능을 정확히 확정하고 분류해서 개혁을 추진해야 한다. 국유기업은 우리나라 경제발전의 중견역량이며, 당과 국가의 사업이 발전하는데 있어서 중요한 물질적 기초이고 정치적기초이다. 따라서 “국유기업에 대해 제도적 자신감을 가져야 한다.” 국유기업의 개혁을 심화시키기 위해서는 국정에 부합되는 길을 택해야 하며, 시장경제 법칙을 준수해야 한다. 하지만 시장의 맹목적성을 좇아서는 안 되며, 국유기업이 효익과 효율을 부단히 제고하도록 추진해야 한다.[103] 흔들림 없이 국유기업을 키우고 발전시켜야 하며, 국유기업의 활력과 통제력, 영향력과 리스크 저항능력을 부단히 증강시켜야 한다. 다른 한편으로는 비공유제 경제의 발전을 흔들림 없이 격려 지지하고 인도해야 하며, 중소 민영기업의 발전을 격려 지지해야 한다. 각종 제도성 장애를 제거하고 민간투자를 방해하는 체제장애를 제거함으로써, 각종 소유제 경제주체가 합법적이고 공평하게 시장경쟁에 참여하도록 해야 한다.

둘째, 재정·세수체제의 개혁을 심화시키고, 각종 재정 권리를 조절

---

102) 왕장(王绛), 「国企突围供给侧结构性改革」, 『国资报告』, 2016년, 8기.
103) 「习近平长春考察聚焦国有企业」, 新华网, 2015년 7월 18일.

해야 한다. 재정은 국가 거버넌스의 기초이고 중점이며, 재정·세수체제의 개혁은 수입·분배구조, 공공제품 공급 등을 거시적으로 통제하고 조정하는데 있어서 주도적인 역할을 한다. 따라서 이는 현재 우리나라가 직면한 특별히 중요하고 절박한 개혁이다. 거시적 측면에서 보면, 재정·세수체제 개혁의 핵심은 네 가지 권리를 조정하는 것이다. 바로 세권·예산권·재산권·정리권(歸置權)이다. 현재 우리나라는 기층의 재정상황이 여의치 않고, 지방정부의 숨은 채무 부담이 크며, 수입의 재분배 효과가 제한적인 등 문제가 뚜렷하다. 따라서 재정·세수체제 개혁을 심화시키고, 재력과 직권이 서로 어울리는 재정체제를 진일보 적으로 건립해야 하며, 현급 정부의 기본공공서비스 보장능력을 증강시켜야 한다. 이전지급(轉移支付) 구조를 최적화하고, 일반성 이전지급 규모와 비례를 늘리며, 부분적인 특별이전지급항목을 정리·병합하고, 통일적이고 투명하며 규범화된 재정 이전지급제도를 설립해야 한다. 동시에 예산관리 제도를 보완하고, 예산 편성과 공개적이고 투명한 관리 제도를 마련해야 한다. 개인소득세 제도개혁을 진일보 적으로 심화시키고, 세권과 재산권을 정돈해야 한다.

셋째, 금융체제 개혁을 심화시키고 온건한 금융시스템을 마련해야 한다. 금융은 현대 시장경제의 핵심이다. 금융체제 개혁을 심화시키는 것은 실물경제의 발전을 촉진시키고, 사회주의 시장경제 체제를 공고히 하는데 중요한 의의가 있다. 하지만 현실적으로 보면 우리나라 금융과 실물경제의 발전은 균형을 이루지 못하고 있으며, 실물경제의 융자가 어려운 문제가 뚜렷하다. 이런 문제를 해결하기 위해서는 금리의 시장화 개혁을 추진하여 금리가 자금의 공급과 수요의 정황을 영민하게 반영할 수 있게 하며, 자금의 최적화 배치를 실현하고 내부와 외부의 경제 불균형을 완화시키며, 금융기구 간의 경쟁을 증강시켜야 한다. 금융기구에 대한 거버넌스를 강화하고, 현대금융기업제도 건설을 추진하며, 민간금융기구의 발전을 촉구하고, 금융조직 시스템을 완비토록 해야 한다. 자본시장의 발전을 촉구하고, 차원이 분명하며 서로 보완하는 현대 금융시장 체계를 설립하며, 금융의 시장화 정도를 부단히 높이고, 기업의 직접 융자 원가를 낮추며, 금융이 실물경제와 중소기업의 발전에 기여토록 해야 한다. 금융시스템의 유동성 위험관리를 강화하고, 금융위험을 확실하게 예방하고 제거하며, 금융시스템의 온건하고 효과적인 운행을 수호토록 해야 한다.

넷째, 자원제품가격 개혁을 심화시키고 가격조절시스템을 정돈해야 한다. 가격메커니즘은 시장경제의 핵심메커니즘이다. 가격개혁의 목적은 시장의 공급과 수요, 자원의 희소정도를 반영하는 정보전달 메커니즘을 설립하기 위한 것이다. 따라서 '요소의 시장화' 원칙에 따라 가격의 개혁을 심화시키고, 가격 조절시스템을 진일보 적으로 정돈함으로써 구조조정과 자원 보호를 촉진시켜야 한다. 우리나라의 1차 에너지 가격은 비교적 높다. 자원제품 가격에 대한 개혁의 시야는 더 넓어야 하고, 전체 자원과 환경을 아우르는 각도에서 고려해야 한다. 담수, 전기, 천연가스, 석유 완제품 등의 가격개혁을 우선적인 위치에 놓아야 한다. 가격개혁 과정에 재산권 제도개혁을 동시에 추진해야 하며, 국유자원과 공공자원의 권리 확정(确權)을 추진해야 한다.

동시에 경쟁메커니즘을 도입하고 독점을 타파하며 관리를 개선하고, 대량의 자원이 규범적이지 못하거나 심지어는 불법적인 루트로 개인의 재부로 탈바꿈하는 체제와 메커니즘 요소들을 부단히 타파해 버려야 한다.

다섯째, 수입·분배체제의 개혁을 심화시키고, 전체 인민들이 개혁보너스(改革紅利)의 혜택을 볼 수 있게 해야 한다. 수입·분배제도는 경제사회 발전에서 근본적이고 기초적인 제도적 조치이며, 사회주의시장경제 체제의 중요한 주춧돌이다. 인민을 중심으로 하는 발전을 강조하고, 인민들이 더 많은 성취감을 얻게 하며, 전면적 샤오캉사회 건설의 결정적인 단계에 수입·분배체제의 개혁을 지속적으로 심화시키고, 수입·분배의 구조를 최적화하며, 사회의 공평과 공정을 촉진시키고, 전체 인민들이 개혁보너스(改革紅利)의 혜택을 보도록 해야 한다. 한편으로는 노동에 의한 분배를 주체로 하고, 다양한 분배방식이 병존하는 것을 견지해야 하며, 기초분배와 재분배를 다 같이 중시하고, 노동력·자본·기술·관리 등 요소들이 공헌도에 따라 분배에 참여하는 기초분배 메커니즘을 지속적으로 보완해야 한다. 다른 한편으로는 세수·사회보장·이전지급 등을 수단으로 하는 재분배 메커니즘을 완비하며, 주민 수입의 증가가 경제발전에 보조를 맞추게 하고, 노동보수 증가가 노동생산율 제고에 보조를 맞출 수 있게 해야 한다.

여섯째, 토지·호적·사회보장 등 제도개혁을 심화시키고, 개혁의 종합성을 증강시켜야 한다. 개혁의 길은 앞으로 나아가지 않으면 퇴보하게 된다. 현재 우리나라의 개혁은 이미 관건적인 시기에 진입했다.

각종 이해관계가 서로 엇갈리고 있기에 경제체제 개혁을 심화시키기 위해서는 반드시 종합적인 개혁을 추진토록 해야 한다. 농촌 토지소유권제도 설립을 강화하고, 호적제도의 개혁을 심화시키며, 사회보장 수준을 제고시키고, 교육체제·과학연구체계·위생의료체계 등 분야에서의 개혁 강도를 높임으로써, 도시화 보너스·기업혁신 보너스·경제구조 조정 보너스, '신 인구보너스(新人口紅利)' 등을 이끌어내야 한다.[104] 특히 주의를 기울여야 할 것은 광범위한 인민대중들이 의료위생 체제, 보장성 주거제도, 생태와 환경보호 제도 등 영역의 개혁에 대한 요구가 아주 높다는 것이다. 따라서 개혁의 성과를 인민들이 볼 수 있고 만질 수 있도록 성실하게 추진하고 중점적인 성과를 이루도록 해야 한다. 동시에 정치체제·문화체제·사회체제와 생태문명제도 개혁의 협동효과에 주의를 돌리고, 종합적인 개혁과 개혁테스트를 서로 결합시킴으로써 체제와 메커니즘 변혁에 따른 잠재적인 보너스를 발굴해내야 한다.

104) 창예(常晔), 「保持增强战略定力. 持续释放改革红利」, 光明网, 2015년 9월 14일.

# 제5장

## 시장이 결정한다: 시장이 자원배치에서 결정적인 역할을 발휘토록 해야 한다.

## 제5장
## 시장이 결정한다: 시장이 자원배치에서 결정적인 역할을 발휘토록 해야 한다.

정부와 시장의 관계를 잘 처리하는 것은 개혁과정에서 발생하는 여러 가지 난제를 해결하는 핵심이다. 시진핑 동지는 다음과 같이 말했다. "경제체제개혁의 핵심문제는 여전히 정부와 시장의 관계를 잘 처리하는 것입니다."[105] "우리는 전면적으로 개혁을 심화시켜 시장의 숨은 활력을 이끌어내야 합니다."[106] 당의 14기 3중전회(十四届三中全會)에서는 다음과 같이 언급했다. "사회주의 시장경제 체제를 건립하는 것은 시장이 국가의 거시적 조정 아래, 자원을 배치하는 것에 대해 기초적인 역할을 하게 하는 것이다." 당의 18기 3중전회(十八届三中全會)에서는 "전면적으로 개혁을 심화시키기 위해서는 반드시 경제체제 개혁의 견인 역할을 발휘해야 하며, 시장이 자원을 배치하는 데에 결정적인 역할을 하도록 경제체제 개혁을 심화시켜야 한다." '기초적(基础性)'에서 '결정적(決定性)'으로의 전환은 두 글자가 바뀌었을 뿐이지만, 시장의 역할에 대해 완전히 새롭게 인식하고 정의한 것이다. 우리나

105) 장신위(张新宇),「政府和市场关系研究的四重维度」,『毛泽东邓小平理论研究』, 2017년 2기.

106) 시진핑,「谋求持久发展, 共筑亚太梦想在亚太经合组织工商领导人峰会开幕式上的演讲」,『人民日报』, 2014년 11월 10일.

라의 시장경제 이론과 실천이 또다시 용감하게 앞으로 한발자국 매진했음을 말해준다. 이는 중국의 경제발전이 새로운 단계에 진입하고 뉴노멀에 진입하면서 인식이 심화된 필연적인 결과이며 또한 실천과 발전을 간절히 기대한 결과이기도 하다.

### 1. 경제체제 개혁 이론의 정립과 발전.

서방국가들이 케인즈주의(凱恩斯主義)에 근거하여, 줄곧 신봉해온 것은 시장의 주도와 국가의 간섭을 서로 결합하는 경제체제였다. 즉 시장이 조정역할을 하는 것에 치중한다는 기초위에서 정부가 때로는 조였다가 때로는 느슨하게 풀어주는 재정과 금융정책으로 경제에 대해 거시적 조정을 하고, 경제 관련 입법을 통해 기업의 행위를 제약하며, 지도적인 계획과 경제조정 수단으로 기업이 경영을 인도한다는 것이다.[107] 우리나라의 경제체제 개혁은 줄곧 정부와 시장의 관계를 조정하는 방식으로 진행되어 왔다. 계획경제에서 계획적인 상품경제로, 다시 사회주의 시장경제로 오면서 시장의 역량은 진일보 적으로 방출되었고, 정부와 시장의 관계에 대한 당의 인식도 부단히 승화되었다.

첫째, 계획경제에서 계획적인 상품경제로 전환하면서 계획경제와 상품경제를 대립시키던 전통적 관념을 타파했다. 1978년 당의 11기 3중전회(十一屆三中全會)에서는 굳건히 경제법칙에 따라 일을 처리하고

107) 장잔빈(张占斌),『中国式崛起 : 渐进改革与政府公共政策选择』, 中央文献出版社, 2004년, 26쪽.

가치법칙의 역할을 중시해야 한다고 주문했다. 1979년 덩샤오핑(鄧小平) 동지는 다음과 같이 언급했다. "사회주의도 시장경제를 할 수 있습니다.", "이를 방법으로 인식하면, 전체 사회주의에 영향을 주지도 않고, 자본주의로 되돌아가지도 않습니다."[108] 덩샤오핑 동지는 처음으로 시장경제와 사회주의를 직접적으로 연결시키고, 시장경제를 생산력을 발전시키는 방법으로 인식했다. 이로써 우리나라 개혁개방의 위대한 여정이 시작된 것이다. 학술계의 '사상혁명'도 그 서막을 열었다. 계획경제와 상품경제의 논쟁에서 학술적인 마찰이 끊임없이 발생했으며 새로운 관점이 부단히 나타났다. 1982년 당의 12차 전국대표대회에서는 "계획경제를 위주로 하고 시장의 조정을 보조로 한다."는 경제체제 개혁의 원칙을 언급했다. 1984년 당의 12기 3중전회(十二届三中全會)에서는 "사회주의 상품경제를 발전시키는데"에 대한 중요한 언급을 하고, 계획경제와 상품경제를 대립시키던 전통적 관념을 타파해 버렸다.

둘째, 시장경제 개념으로 상품경제 개념을 대체함으로써 이론적 인식에서 크게 한 걸음을 내디뎠다. 1980년대 후반기에 이르러, 개혁실천의 발전과 이론연구에 힘입어 경제체제 개혁에 대한 인식이 진일보적으로 심화되었으며, 상품경제 개념과 상품경제 사유가 점차 시장경제 개념과 시장경제 사유로 교체되었다. 이처럼 이론적 인식의 중요한 진보는 1987년 당의 13차 전국대표대회 보고에서 다음과 같이 집중적으로 표현되었다. "사회주의는 계획상품 경제체제가 있는데 이는

---

108) 『邓小平文选』(제2권), 人民出版社, 1994년, 231, 236쪽.

계획과 시장이 내재적으로 통일된 체제이다.” “새로운 경제운행 메커니즘은 총체적으로 보면 응당 ‘국가가 시장을 조정하고 시장이 기업을 인도하는’ 메커니즘이다.” 즉 계획과 시장이 동시에 강조되었으며 더 이상 계획경제를 위주로 한다고 언급하지 않은 것이다. 당의 12기 3중전회(十二届三中全)에서 사회주의 상품경제를 발전시킨다는 것과 비교하면, 당의 13차 전국대표대회 보고에서 사회주의 시장경제 체제를 설립하고 배양한다는 논조는 이론적으로 한 걸음 크게 내디딘 것이며, 이는 개혁실천의 안목과 영역에 대한 사유가 크게 넓혀진 것이라고 할 수 있다.

셋째, 사회주의 시장경제 체제를 설립할 목표를 제기하여, 경제체제 개혁 이론의 중대한 돌파를 가져왔다. 1992년 당의 제14차 전국대표대회에서 우리나라 경제제도 개혁의 목표는 사회주의 시장경제 체제를 설립하는 것이라고 언급했다. “시장이 사회주의 국가의 거시조정 아래 자원을 배치하는 것에 대해 기초적인 역할을 하게 한다.”는 것이다. 이는 장기적으로 “계획인가? 시장인가?”의 사이에서 갈팡질팡하던 개혁에 있어서 기념비적인 일이었다. 이로써 우리 당이 사회주의 시장경제에 대한 인식과 정부와 시장의 관계에 대한 인식이 새로운 높이에 올라서게 되었다. 시장경제는 시장경쟁 메커니즘과 공수 메커니즘, 가격 메커니즘 뿐만 아니라 자원배치 메커니즘이기도 하다. 시진핑 동지는 1992년의 경제제도 개혁목표를 말할 때 다음과 같이 언급했다. “이 중대한 이론 정립은 우리나라 개혁개방과 경제사회 발전에 적극적이고 중요한 역할을 했습니다. 이는 이론 혁신이 실천

혁신에 대해 중대한 선도적 역할을 했음을 보여주는 것이며, 전면적으로 개혁을 심화시키는데 있어서 반드시 이론적 혁신이 우선시 되어야 함을 제시해주고 있습니다."[109]

넷째, "시장이 자원배치에서 결정적인 역할을 해야 한다."는 역사적 결정을 내린 것은 사회주의 시장경제 체제가 새로운 한 걸음을 내디딘 것이다. 2013년 당의 18기 3중전회에서는 다음과 같이 언급했다. "시장이 자원배치에서 결정적인 역할을 해야 한다." '결정적'으로 '기초성적'을 대체한 것은 인식의 지속적인 심화와 이론의 중대한 혁신이다. 시진핑 동지는 「전면적으로 개혁을 심화시키는데 있어서 약간한 중대 문제에 대한 중공중앙의 결정(中共中央關于全面深化改革若干重大問題的決定)」에 대해 설명할 때 다음과 같이 언급했다. "당의 14차 전국대표대회부터 20여 년 동안 정부와 시장의 관계에 대해 우리는 줄곧 실천에 근거하여 인식을 확장·심화하고 새로운 과학적 정의를 찾았습니다. 현재 우리나라의 사회주의 시장경제 체제는 이미 초보적으로 설립되었고, 시장화 정도도 큰 폭으로 높아졌습니다. 시장법칙에 대한 우리의 인식과 관리능력은 부단히 향상되어 왔고, 주관적 조건과 객관적 조건도 구비되었습니다. 따라서 사회주의 시장경제 체제를 보완하기 위해 새로운 걸음을 내디뎌야 합니다. 이론적으로 새로운 표현을 할 수 있는 조건도 이미 성숙해졌습니다. 즉 시장이 자원을 배치하는 데서의 '기초적 역할'을 '결정적 역할'로 바꾸어야 합니다." 이는 1992년에 사회주의 시장경제 체제의 개혁목표를 제기한 이래, 20여 년

---

109) 『十八大以来重要文献选编』(상), 中央文献出版社, 2014년, 498쪽.

이라는 실천을 거친 후에 이루어진 이론상의 중대한 발전이었다.

## 2. 시장이 결정하는 것은 시장경제법칙의 내적 요구이다.

시진핑 동지는 다음과 같이 강조했다. "정부와 시장의 관계를 진일보 적으로 처리하는 것은 사실상 자원배치에서 '시장이 결정적인 역할을 하느냐? 아니면 정부가 결정적인 역할을 하느냐?' 하는 문제입니다."[110] 중앙에서 "시장이 자원배치에서 결정적인 역할을 하게 한다."는 과학적인 포지션을 확정한 것과 시장경제 법칙에 대한 인식, 우리나라가 이미 사회주의 시장경제 체제를 초보적으로 건립했다는 현실 등을 결합하면, 곧바로 이론과 실천의 통일인 것이다. "이론적 분석이나 실천이 모두 증명하다시피, 시장메커니즘은 인류사회가 지금까지 생산력을 발전시키고, 사람들의 창조력을 이끌어내며, 사회의 활력을 증강하는데 있어서 가장 효과적인 수단이다."[111]

첫째, 시장이 자원을 배치하는데서 결정적인 역할을 하게 하는 것은 시장경제의 본질적인 요구이다. 시장이 자원을 배치하는 것을 결정하는 것은 시장경제의 일반법칙이다. 시장경제는 본질적으로 시장이 자원의 배치를 결정하는 경제이다. 모든 경제활동에서 가장 근본적인 문제는 자원을 어떻게 가장 효율적으로 배치할 것인가 하는 것이다. 자원의 배치란 각종 생산요소들을 다른 상품의 생산에 어떻게

110) 『十八大以来重要文献选编』(상), 中央文献出版社, 2014년, 499쪽.

111) 장준쿼(张军扩),「论市场在资源配置中起决定性作用的核心问题及相关改革』,『经济纵横』, 2014년, 7기.

사용할 것인가 하는 것이며, 또 생산해낸 상품을 각 생산요소의 소유자들에게 어떻게 분배하느냐 하는 것이다. 자원을 배치하는 방식이 다르면 다른 배치의 효율을 가져오게 된다. 경제발전은 자원 특히 희소자원의 배치 효율을 높이는 것이다. 즉 가능한 적은 자원을 투입하여 가능한 많은 제품을 생산해내고, 가능한 큰 효익을 거두는 것이다. 이론과 실천이 증명하듯이 시장이 자원을 배치하는 것은 가장 효과적인 형식이다. 시장이 자원의 배치를 결정하는 것은 곧 경제활동에서 가치법칙을 준수하고 관철시키는 것이고, 그 실질은 가치법칙과 공수법칙 등 시장경제의 법칙들이 자원배치에서 결정적인 역할을 하게 하는 것이다.

둘째, 시장이 자원배치에서 결정적인 역할을 하게 하는 것은 시장이 자원배치의 모든 역할을 도맡아 한다는 것은 결코 아니다. 시장이 자원을 배치하는데서 '기초적인 역할'을 '결정적인 역할'로 바꾼 것은, 시장 활동에서 시장이 아닌 다른 어떤 요인도 자원을 배치하는 데서 결정적인 역할을 할 수 없음을 명확히 보여주고 있다. 정부의 조정 역시 예외가 아니다.

하지만 그렇다고 해서 시장이 자원을·배치하는 모든 역할을 도맡는다는 것은 아니다. 시장이 효력을 상실한 영역에서는 정부의 효과적인 역할이 필요하다. 시장의 역할과 정부의 역할은 서로 모순되는 것이 아니고, 다만 그 직능이 다를 뿐이다. 시장이 자원을 배치하는데서 결정적인 역할을 하게 한다는 것은 가치법칙 중의 우열승패의 원칙에 따라 자원을 배치한다는 것이지 절대로 부정할 수가 없는 것이다. 정부의 효과적인 역할이란, 우열승패의 원칙에 따른 자원배치를 방해하는 요인들을 정부가 적극적으로 제거한다는 것이다. 당의 18기 3중전회에서는 정부의 효과적인 역할에 대해 명확하게 요구했다. 정부의 직책과 작용은 주로 거시경제의 안정을 유지하고, 공공서비스를 강화하고 최적화하며, 공평한 경쟁을 보장하고, 시장에 대한 감독과 관리를 강화하며, 시장의 질서를 수호하고, 지속가능한 발전을 추진하며, 공동부유를 촉진하고, 시장의 효력을 상실한 부분을 미봉하는 것이다.

셋째, 우리나라가 실천을 통해 증명했듯이, 사회주의와 시장경제는 성공적인 결합이 가능하다. 기세 높이 개혁을 실천한다는 점에서 보면 사회주의와 시장경제는 모두 경직되고 불변하는 것이 아니며, 능동적이고 부단히 앞으로 발전하는 것이다. 시장경제가 사회주의에 생기와 발전의 활력을 불어넣어주고, 사회주의는 시장경제에 참신한 경지와 광활한 청사진을 열어준다. 사회주의와 시장경제는 심층적인 결합이 가능하다.[112] 우리나라는 사회주의 시장경제 체제를 실시하고 있다. 우리는 여전히 사회주의제도의 우월성을 발휘하는 것을 견지하고, 당과 정부의 적극적인 역할을 발휘하는 것을 견지해야 한다. 사회주의 시장경제 체제의 거대한 우월성과 강대한 생명력은, 사회주의와 시장경제의 장점을 서로 결합한데 있으며, 또한 실천과 인식의 발전에 따라 개혁을 심화시키면서 이러한 결합을 부단히 최적화할 수 있다는 데 있다.

112) 장잔빈(张占斌), 『大国经济的治理』, 国家行政学院出版社, 2014년, 169쪽.

넷째, 시장이 자원배치에서 결정적인 역할을 하는 것은 경제발전을 실천하자는 요구이다. 사회주의 시장경제 체제가 부단히 보완됨에 따라, 우리나라에서 시장의 자원을 배치할 수 있는 기능과 조건이 점차적으로 형성되었다. 하지만 시장체계가 보완되지 못했고, 시장규칙이 통일되지 못했으며, 시장질서가 규범화되지 못했고, 시장경쟁이 충분하지 않으며, 정부의 권리가 지나치게 크고, 심사·비준이 지나치게 번잡하며, 간섭이 지나치게 많고, 관리감독이 따라가지 못하는 등의 문제들이 존재한다. 이러한 문제들은 경제발전의 활력과 자원배치의 효율에 영향을 주고 있다. 시진핑 동지는 다음과 같이 강조했다. "시장이 자원배치에서 결정적인 역할을 하게 한 것은 전 당과 사회 전체에 정부와 시장관계의 정확한 관념을 심어주는 데 유리하고, 경제발전 방식을 전환하는데 유리하며, 정부의 직능을 전환하는데 유리하고, 부정적 정서와 부패현상을 억제하는데 유리합니다." 이로부터 알 수 있듯이, "시장이 자원배치에서 결정적인 역할을 하게 한 것"은 실천만이 부단히 발전할 수 있다는 것에 대한 요구인 것이다.

### 3. 시장의 결정적인 역할을 발휘하게 하자는 현실적 지향.

현재 우리나라 사회주의 시장경제 체제는 발전의 보완 단계에 있으므로, 시장규칙이 통일되지 못했고, 경쟁의 공평성이 떨어지며, 요소시장의 발육이 충분하지 못하고, 정부의 관리감독이 따라가지 못하는 등의 문제들이 존재한다. "시장에 자원배치에서 결정적인 역할을 해야 한다."는 이론의 혁신은 곧 이러한 문제점들을 해결하기 위한 것이다.

첫째, 시장이 자원을 배치하는데서 결정적인 역할을 하게 하는 기초가 튼튼하지 못하다. 우리나라는 사회주의 시장경제 체제를 시행한 이래 시장시스템 건설에서 아주 큰 성과를 거두었다. 하지만 통일적이고 개방되고 질서 있는 경쟁을 하는 시장시스템을 건설한다는 목표에는 한참 미치지 못한다. 서로 다른 시장주체는 흔히 동등한 시장진입조건을 갖지 못하며, 특히 이동통신·전력·석유·철로·금융· 보험 등 영역에서 민간자본의 진입에는 많은 제한조치가 따른다. 지방의 보호주의와 시장의 분할 현상이 비교적 엄중하고, 일부 지방에서는 아예 입법 단계에서 본 지방의 기업에 유리한 각종 표준을 만들거나 행정적 권리를 이용하여 타 지방 기업이나 상품의 진출을 제한하고 있다. 농촌에서 토지제도 개혁이 제대로 이루어지지 못하고 있으며, 토지가격이 기형적으로 책정되고 자원에 대한 배치가 비효율적으로 이루어지고 있다. 자본시장은 여전히 행정 통제의 색채가 짙으며 기술시장의 발전은 아직도 상대적으로 많이 낙후하다. 이러한 문제들은 자원을 배치하는 데서 시장의 역할에 영향을 주었으며, 시장이 자원을 배치하는데서 결정적인 역할을 하게 하는 기초가 아직 튼튼하지 못하다는 것을 의미한다.

둘째, 시장규칙이 공개적이고 투명하지 못하며 시장경쟁의 공평성이 떨어진다. 사회주의 시장경제 체제를 발전시키기 위해서는 시장메커니즘이 충분한 역할을 발휘할 수 있는 플랫폼을 구축해야 한다. 기업들이 자주적으로 경영하고 공평하게 경쟁할 수 있도록 하고, 소비자들이 자유롭게 선택하고 자주적으로 소비할 수 있도록 하며, 상품과 요소가 자유롭게 유통하고 평등하게 교환될 수 있도록 해야 한다. 현재 우리의 시장진입 네거티브 리스트(市場准入負面清單)가 설립되지 못했고, 각종 시장주체들이 법에 의해 평등하게 진입할 수 있는 영역이 확정되지 못했다. 각종 불법적인 우대정책이 남발되고 공평경쟁을 가로막는 각종 시장규제가 넘쳐난다. 공권력이 사유재산과 민영기업의 재산을 침해하는 행위도 수시로 발생하고 있다. 이러한 것들은 일정한 정도에서 인민대중과 기업가의 재산 안전감에 위협을 주고 있으며, 기업가들의 투자 적극성에 영향을 주고 경제사회 발전에 부작용을 초래하고 있다.[113] 유통영역의 체제와 메커니즘 장애가 뚜렷하고 법제화한 마케팅환경이 제대로 구축되지 못했다. 우열승패의 시장화 퇴출메커니즘이 제대로 구축되지 못했고, 일부 생산과잉 업종에도 질서 있는 퇴출이 이루어지지 못하고 있다. 시장규칙이 완전하지 못하고 투명하지 못한 상황은 시장의 효율적인 운행과 시장주체의 경쟁력 제고를 엄중하게 제약하고 있다.

셋째, 가격메커니즘이 그 역할을 충분하게 발휘하지 못하고 있으며 요소시장 육성이 뒤떨어졌다. 가격메커니즘은 가치법칙의 핵심이다. 현재 우리나라 일부 중점영역의 가격형성 메커니즘에는 아직도 많은 문제점들이 존재한다. 특히 물, 석유, 천연가스, 전력, 교통, 이동통신 등 영역의 가격개혁은 지속적이고 심도 있게 진행해야 할 것이다. 이뿐만 아니라 우리나라의 중요한 요소시장의 개혁은 아직 제대로 이

113) 우징롄(吴敬琏), 「完善产权保护制度的行动纲领」, 『人民日报』, 2016년 11월 29일.

루어지지 못했고, 도시와 농촌의 통일된 건설용지 시장이 제대로 형성되지 못했다. 기술혁신시장의 인도메커니즘은 보완이 필요하고, 정보시장이나 노동력시장 등은 발육이 충분하지 못하다. 금융시스템은 아직 온건하지 못하며 자본시장이 발달하지 못했고, 금융업의 개방이 제대로 이루어지지 않았으며, 지방정부의 채무위험이 부단히 축적되고 있고, 인민폐 환율 형성 메커니즘과 금리의 시장화개혁은 지속적으로 심화되어야 한다. 이러한 문제점들의 존재는 사회주의 시장경제 체제를 보완하는 임무가 아직도 막중하다는 것을 의미한다.

넷째, 사회신용시스템이 건전하지 못하고, 시장질서가 규범화되지 못했다. 시장경제는 신용경제이며, 사회신용시스템은 시장경제의 중요한 제도이다. 현재 신용시스템 건설의 정체로 인해, 재무왜곡, 세금포탈, 계약위반, 상업사기, 은행채무의 악성 불이행, 짝퉁 제조와 판매 등 현상들이 지속적으로 발생하고 있는데, 이는 정상적인 시장 질서를 엄중하게 교란하고 있다. 사회주의 시장경제 체제를 보완하기 위해서는 시장 관리감독시스템을 개혁하는 동시에 신용건설이라는 취약한 고리를 장악해야 하며, 관련 메커니즘을 구축함으로써 성실하고 신용을 지키는 사회분위기를 형성해야 한다.

다섯째, 정부의 지나친 간섭과 관리감독이 따라가지 못하는 문제가 뚜렷하다. 한편으로는 시장에 대한 정부의 과도한 간섭이 자원배치의 저효율과 낭비를 초래하고 시장주체의 창업과 혁신을 저애했다. 특히 민간투자를 제한하는 '유리문', '용수철문'과 '회전문'의 존재, 경쟁성 경제영역의 투자규제 등 문제는 민간자본을 밀어내는 결과를 초래했을 뿐만 아니라 권력을 이용한 사익 취득과 부패를 조장했다.[114] 다른 한편으로는 정부의 관리감독이 따라가지 못하는 문제로 인해 시장질서의 혼란을 초래했다. 이를테면 식품약품 안전에는 '방화벽'이 부족하고 환경보호에는 '분리대'가 부족하다. 또한 방비 소홀로 인한 중대 안전사고, 불법모금 활동의 창궐, 불량상품의 범람 등 역시 비일비재하다. 이러한 현상이 발생한 원인은 근원적으로 보면, 시장이 자원배치에서의 결정적인 역할과 정부의 효과적인 역할이 제대로 발휘되지 못했기 때문이다.

**4. 시장의 결정성인 역할을 위한 루트와 선택.**

시장이 자원배치에서 결정성인 역할을 하도록 하고, 이로써 자원배치의 효율을 제고하기 위해서는, 반드시 개혁을 심화해야 하며 그 핵심은 정부와 시장의 관계를 잘 처리하는 것이다. 진일보 적으로 시장의 기초를 다지고, 시장경제의 보편적 법칙을 잘 활용하며, 사회주의 시장경제의 일반 특징을 강화하고, 현대화한 시장시스템을 서둘러 구축하며, 공개적이고 투명한 시장규칙을 정립해야 한다.

첫째, 정부와 시장의 관계를 잘 처리해야 한다. 개혁을 심화시키는 관건은 정부와 시장의 관계를 잘 처리하는 것이다. 즉 '보이는 손'과 '보이지 않는 손'이라는 '두 손'의 관계를 잘 처리하는 것이다.[115] 당

114) 왕홍루(王红茹),「从 "玻璃门" , "弹簧门" , "旋转门" 到 "没门" 民间投资比例 10 年罕见下滑」,『中国经济周刊』, 2016년, 20기.

115) 장수(张旭),「 "看得见的手" 和 "看不见的手" 都要用好」,『经济日报』, 2017년 6월 9일.

의 18기 3중전회에서는 또 다음과 같이 언급했다. 정부와 시장의 관계를 잘 처리하는 것은 결국 자원배치에서 시장이 결정적인 역할을 할 것이냐, 아니면 정부가 결정적인 역할을 할 것이냐에 대한 문제이다. 「전면적으로 개혁을 심화시키는 약간의 중대한 문제에 대한 중공중앙의 결정(中共中央關于全面深化改革若干重大問題的決定)」에서도 다음과 같이 언급했다. "자원에 대한 배치는 시장의 규칙과 시장의 가격, 시장의 경쟁에 근거해야 한다." "정부의 직책과 역할은 주로 거시경제의 안정을 유지하고 공공서비스를 강화하고 최적화하며, 공평경쟁을 보장하고 시장의 관리감독을 강화하며, 시장의 질서를 유지하고 지속가능한 발전을 유지하며, 공동부유를 추진하고 시장의 취약점을 보완하는 것이다." 개혁이 현 단계에 이르러 시진핑 동지가 말했듯이, '두 손'의 관계는 이러한 것이다. 이를테면, 경제사회의 조정에서, 시장이라는 '손'은 경제 자체에 더 많이 치중하고, 정부라는 '손'은 사회관리와 공공서비스를 강화하는 직능을 맡는 것이다. 경제 운행에서 시장이라는 '손'은 미시영역의 경제활동을 조정하고, 정부라는 '손'은 규칙을 정하고 거시적 조정을 하는 것이다. 공평과 효율에서 시장이라는 '손'은 효율을 활성화시키고 정부란 '손'은 공평에 더 치우치게 되는 것이다. 도시의 발전은 시장이라는 '손'의 역할에 더 많이 의지하게 되고, 농촌의 발전은 정부라는 '손'의 역할에 더 많이 의지하게 된다.

둘째, 현대시장시스템 보완을 촉구해야 한다. "현대시장시스템을 보완하는 것은 국가가 현대화를 실현하기 위한 기초이다. 이는 경제기초가 상부구조를 결정한다는 데에 따른 것이며, 또한 국가제도와 국가 거버넌스 시스템에서 시장제도가 차지하는 지위에 의해 결정된 것이다."[116] 개혁개방 이래, 우리나라 현대시장시스템 건설은 현저한 진전을 이루었다. 상품시장시스템이 기본적으로 구축되었고, 요소시장은 초보적인 규모를 이루었으며, 공수관계에 의해 결정되는 가격 형성 메커니즘도 이미 확립되었고, 시장의 개방정도가 부단히 높아지고 있으며, 다원화 시장주체는 전례 없는 활약을 보이고, 시장과 관련된 법률법규시스템과 사회신용시스템이 중시되고 부단히 보완되고 있으며, 시장이 자원을 배치하는데서 기초적인 역할이 잘 발휘되고 있다. 이러한 것들은 시장이 자원을 배치하는데서 결정적인 역할을 하는 조건을 창조했다. 다음 단계에서는 시장의 장벽을 부수는 데 힘을 쏟아야 한다. 즉 자원을 배치하는 효율성과 공평성을 제고시키며, 주로 시장에 의해 가격이 결정되게 하는 메커니즘을 보완하고, 도시와 농촌이 통일된 건설용지 시장을 설립하며, 금융시스템을 보완하고 과학기술시스템을 개혁하는 것 등이다.

셋째, 공평하고 공개적이고 투명한 시장규칙을 마련해야 한다. 시장시스템은 특정한 규칙에 의해 운행되며, 시장 규칙이 다르면 시장시스템 운행의 방식과 효율 역시 다르게 된다. 최근 몇 년 간 나타난 지방 보호, 시장 분할, 각종 불법적인 우대정책 등은 자원배치를 왜곡했으며, 장기적으로 경제발전에 악영향을 끼치기에 시급하게 정돈해야 한다. 다음 단계에서는 네거티브 리스트(負面淸單)를 제정한 기초위에서 통일적인 시장진입제도를 설립하고 실행해야 한다. 예전에

---

116) 무하이핑(慕海平),「国家治理现代化与完善现代市场体系」,『行政管理改革』, 2014년, 9기.

는 기업의 자격 인증 항목이 지나치게 많고, 공상 등록 효율이 낮은 등의 문제점들이 광범위하게 존재했는데, 현재 이미 과감하게 메스를 들이대고 개혁을 진행하여 행정권력 운행이 투명도를 높이고 있다. 시장경제가 규범화되지 못했고, 경제활동 과정에 각종 불법이 자행되고 있는 현상에 대해서는, 다음 단계에 엄격한 관리감독을 하는 동시에, 사회신용시스템의 건설을 강화하고, 격려와 제약 메커니즘을 보완해야 할 것이다. 이밖에 기업이 청산절차를 보완하고 우열승패의 시장화 퇴출메커니즘을 구축하며, 국내 무역유통체제의 개혁을 추진하고, 법제화된 상업 환경을 조성하는 등의 조치들을 취해야 할 것이다.

넷째, 사회주의 시장경제의 법률제도를 보완해야 한다. 사회주의 시장경제는 본질적으로 법제경제이고 계약경제이며 신용경제이다. 사회주의 시장경제를 진행함에 있어서 법제에 의거하는 것은 필수적이다. 법제의 보장이 없는 시장경제는 제대로 된 시장경제 아니고 여러 가지 문제가 발생할 수밖에 없는 것이다. “현재 우리나라의 법제건설은 뒤처져 있고, 경제는 아주 명확하게 ‘반시장화’ 특징을 보이고 있다. 이는 이미 우리나라 시장경제의 진일보 적인 발전을 제약하는 장애가 되고 있다.”[117] 사회주의 시장경제의 법제제도를 보완하는 것은 사회주의 시장경제 운행법칙의 객관적 요구이며, 경제의 지속적이고 건강한 운행을 보장하는 현실적 수요이다. 시장경제 조건에서 기업의 자주경영과 공평경쟁, 소비자의 자유로운 선택과 자주소비, 상품과 요소의 자유로운 유동과 평등교환은 모두 법제건설을 밑바탕으로

---

117) 저우한화(周汉华), 웨이자닝(魏加宁), 「建设法治的市场经济」, 『新金融评论』, 2013년 4기.

해야 한다. 시장경제 활동 중의 각개 주체와 각종 행위는 모두 법률의 형식으로 규범화되고 보호를 받고 제약을 받아야 한다. 현재 우리나라 시장경제 법률제도는 아직 부족한 점이 많다. 특히 다른 소유제 경제의 재산권의 평등한 보호를 실현하지 못하고 있다는 점이다. 공유제 경제의 재산권을 침범해서도 안 되거니와, 비공유제 재산권을 침범해서도 안 된다. 따라서 소유제의 다른 종류에 따라 제정되었던 시장주체 법률법규와 행정법규를 통일적으로 계획하고 연구하여 폐지해야 하며, 비공유제 재산권에 대한 보호를 강화해야 한다.[118] 또한 지난 일은 추궁하지 않는 원칙에 따라, 개혁개방 이래 각종 기업, 특히 민영기업의 경영 과정에서 존재했던 규범화되지 못한 문제점들에 대해 발전의 시각으로 이를 바라보면서 알맞게 처리해야 한다.

118) 우징롄(吴敬琏), 「完善产权保护制度的行动纲领」, 『人民日报』, 2016년 11월 29일.

# 제6장

# 직능의 전환: 정부의 거버넌스와 서비스 능력을 향상시켜야 한다.

# 제6장
# 직능의 전환: 정부의 거버넌스와 서비스 능력을 향상시켜야 한다.

현재 정부 직능 전환의 핵심은 여전히 정부와 시장의 관계를 잘 처리하는 것이며, 시장이 자원을 배치하는 데서 결정적인 역할을 하도록 하고 정부의 역할을 더 잘 발휘하는 것이다. 이는 국가 거버넌스 시스템과 거버넌스 능력의 현대화를 실현하는데 중요한 현실적 의의가 있다. 시진핑 동지는 다음과 같이 강조했다. "정부의 역할을 더 잘 발휘해야 합니다. 정부의 직능을 확실하게 전환하고 정치체제개혁을 심화하며, 행정관리방식을 혁신하고 거시조정시스템을 완비하며 시장 활동에 대한 관리감독을 강화하고, 공공서비스를 강화하고 최적화하며, 사회의 공평정의와 안정을 촉진시키고 공동부유를 촉진시켜야 합니다." [119]

## 1. 기구를 간소화하고 권력을 이양하여 시장과 사회의 활력을 이끌어내야 한다.

기구를 간소화하고 권력을 이양하는 것은 시장이 결정적인 역할과 정부의 더 좋은 역할을 실현하는데 유리하며, 중국경제가 뉴노멀을

119) 『习近平谈治国理政』, 外文出版社, 2014년, 118쪽.

실현하는 것을 추진하는 중요한 루트이고 보장이다.[120] "기구를 간소화하고 지속적으로 권력을 이양하는 것은 현재 중국에서 가장 중요한 시대적 개혁의 목소리이다."[121] 2016년 11월 21일, 리커창 동지는 상하이에서 기구 간소화와 권력 이양 관련 좌담회를 개최하고 다음과 같이 언급했다. "'관복을 내려놓는(放管服)' 개혁은 전면적 개혁 심화, 특히 공급측 구조개혁의 중요한 내용입니다. 이는 정부의 직능을 전환시키는 중요한 방식이고 경제체제 개혁을 추진하고 정부와 시장의 관계를 잘 처리하는 관건입니다. 우리는 반드시 이념을 진일보 적으로 전환하고 꾸준하게 정부의 자아혁명을 진행해야 하며, 작은 것을 희생하고 전체를 보전하는 정신으로 '관복을 내려놓는' 개혁을 추진하여, 정부의 일시적인 아픔으로 인민들의 장구한 이익과 바꿔야 합니다."

첫째, 더 많이 내려놓음으로써 시장의 활력을 진일보 적으로 이끌어내야 한다. 기구 간소화와 권력 이양을 추진한 이래 국무원에서는 9회에 걸쳐 행정심사비준 사항 618개를 취소하거나 하급기관에 이관했다. 이는 전체의 36%에 달하는데, 행정심사비준 1/3을 삭감한다는 원래의 약속을 초과하는 수치이다. 다수의 성들에서는 행정심사비준을 50%좌우 삭감했으며 더러는 70%까지 삭감하기도 했다. 이른바 '해괴한 증명'이나 법률적인 근거가 없는 직업에 대한 자격도 기본적으로 취소시켰다. 정부는 권력 이양에서 실질적인 효과를 거두었고

---

120) 장잔빈(张占斌),「经济新常态下简政放权改革新突破」,『行政管理改革』, 2015년, 1기.
121) 지하오페이(戢浩飞),「简政放权路线图」,『人民论坛』, 2014년 5기.

시장의 활력도 지속적으로 활성화되고 있다.[122] 하지만 이러한 조치들은 인민대중들의 요구와 경제사회 발전의 수요에 비교해보면 아직도 차이가 존재한다. 따라서 우리는 반드시 더 많이 내려놓고 정부 권리의 '뺄셈'으로 시장 활력의 '곱셈'을 바꿔야 한다.

우선적으로 행정심사비준 관리체제와 운행메커니즘을 규범화해야 한다. 행정심사비준과 시장에 대한 관리감독 직능을 엄격히 구분해야 한다. 이러한 기초위에서 모든 심사비준 사항과 심사비준 인원들을 분야별로 관리하며, 모든 심사비준 사항들을 통일적으로 관리하고, 심사비준 인원들을 통일적으로 관리하며, 심사비준에 통일적인 척도를 적용해야 한다. 또한 심사비준 업무시스템을 진일보 적으로 개편하고 최적화하며 업무처리 효율을 높여야 한다. 성도(省都) 가운데 맨 처음으로 운영을 시작한 인촨(銀川)시 행정심사비준서비스국(行政審批服務局)을 예로 들면, 기업이 '사증일장(四証一章)' 수속을 밟는 법정 심사시한은 20 노동일(工作日)이인데, 실제로 한 시간이 채 안 걸렸다. 지역 사이의 통일적인 계획과 협조를 강화하여, 동일한 사항에 대해 다른 지구에서 상대적으로 일치하는 심사비준 요구와 심사기준 과정을 적용하도록 해야 한다. 심사비준의 자율적 재량권을 규범화하고 차별이 없는 행정심사 서비스를 제공하도록 노력해야 한다.

다음으로 중점 영역과 관건 영역의 권력 이양을 확대해야 한다. 경제건설과 양로, 교육, 의료 등 사회 민생영역의 심사비준 사항을 체

---

122) 두칭하오(杜庆昊), 딩마오잔(丁茂战),「"用政府一时的痛换来人民长远的利"」,『紫光阁』, 2016년, 12기.

계적으로 다듬어야 하며, 총체적인 개혁방안을 제출하고 서로 연관되거나 비슷한 유형의 심사비준 사항은 취소하고, 최대한도로 간소화하고 최적화하며, 시장진입 장벽을 낮추고 사회자본의 진입에 길을 터줘야 한다. 기업의 등록과 설립이라는 이 관건적 단계에 대해서는 공상등록 편리화를 지속적으로 추진하고, 전국시장의 통일성과 공개성·투명성을 지속적으로 추진하여 공평경쟁을 하게 해야 한다. 등록방식을 지속적으로 혁신하고 최적화하며, 법적인 근거가 없거나 불필요한 등록사항은 취소하여 가능한 기업의 부담을 줄여줘야 한다.

그 다음으로 각종 심사비준 요건이나 자격, 중개서비스를 취소시키거나 규범화해야 한다. 항업별로 각종 평가사항을 정리하고 취소할만한 것은 취소하고, 하부로 이양할 수 있는 것은 이양하며, 한 곳으로 병합할 수 있는 것은 병합시키고, 등록으로 전환할 수 있는 것은 등록으로 전환시켜 간소화해야 한다. 확실하게 평가가 필요한 사항에 대해서는 평가과정의 행정 간섭을 최소화하고 심사기준 기한을 단축해야 한다. 각종 자격 하가와 증서 발급 행위를 규범화하고, 시장경쟁이 충분하고 시장주체가 성숙된 업종에 대해서는 가능한 관련 자격 인증을 취소시켜야 한다. 자격 인증의 제한적 역할을 약화시키고 국가안전이나 생태환경, 인신안전에 관련되지 않은 업종이나, 수요규모가 작은 경영행위에 대해서는 자격증서에 따른 진입을 취소해야 한다.

둘째, 정부의 직능을 진일보 적으로 전환시키는 것을 더 잘 관리해야 한다. '관복을 내려놓는' 개혁을 진행한 이래, 관리능력은 지속적으로 강화되었다. 각급 정부는 '3개 리스트(三个清單)' 제정과 실행에 힘을 쏟고 있으며, 정부의 행정 권력은 삭감되고 규범화되었다. 각급정부는 실제에 결부하여 종합적 관리감독과 정보화 관리감독 방식을 적극적으로 탐색하였고, 혁신적인 조치들이 지속적으로 나타났다. 하지만 총체적으로 보면, 정부가 관리하는 것이 아직도 지나치게 많고 지나치게 세세한 영역에까지 미치고 있다. 관리감독 방식이 새로운 기술의 발전을 따라가지 못하고, 관리감독 능력공황(本領恐慌)이 날로 대두되고 있다. 다음 단계에는 반드시 더 좋은 관리로 정부의 직능 전환을 추진하고, 시장 발전에 유리한 관리감독 환경을 마련해야 할 것이다. 우선 정부 직능의 전환과 사회주체의 배양을 강화해야 한다. 정부의 직능을 확실하게 전환시키고, 정부가 사전 심사비준에 치중하던 데서 진행과정과 사후 관리감독에 치중하도록 추진해야 한다. 수직관리기구와 지방정부기구의 관계를 규범화하고, 책임과 권리가 명확하고 당당히 책임지고, 책임 추궁을 제대로 할 수 있는 사업 메커니즘을 구축해야 한다. 정부기구 통합개혁을 적극적으로 탐색해야 하며, 정부 직능의 교차, 분산 관리, 중복 관리 등을 가능한 피하고 행정효율을 높여야 한다. 정부의 행정권 심사비준 권력 이양과 취소가 가능하게 야기할 수 있는 문제점들에 대해서 충분히 고려해야 하며, 관리감독제도가 낙후하고, 관리감독 수단이 단일하며, 관리감독 능력이 떨어지는 등의 문제 해결에 힘을 쏟아야 한다. 직권은 법에 의해 결정되는 원칙을 견지하고, '3개 리스트'의 설립을 촉구하며, 정부와 시장, 기업, 사회의 권력과 책임에 대해 과학적으로 구분해야 한다. 다음으로 효과적인 관리감독 메커니즘을 구축하고 규범화해야 한다. 사회 신용시스템 건설을 강화하고 신용기록·위험주의보(風險預警) 등 정보자원의 분석과 공유를 강화하고, 기업의 신용정보 연동과 공유를 실현하며, 전국적인 심사비준 블랙리스트를 점진적으로 구축해야 한다. 전국적으로 통일된 사회신용시스템 플랫폼을 구축해야 하며, 각종 주체에 대해 유일한 신용평가를 제공해야 한다. 관리감독 부문의 행정 재량권을 진일보 적으로 제한하고 규범화하며 행정검사 활동을 규범화하며, 중복 검사를 피하도록 해야 한다.

셋째, 더 좋은 서비스로 발전의 잠재력을 이끌어내야 한다. 서비스의 질을 지속적으로 제고시켜 발전의 새로운 동력과 군중들의 만족도가 부단히 축적되게 해야 한다. 2016년에 전국적으로 새로 등록한 기업은 553개에 달했는데, 전해에 비해 24.5% 증가했다. 평균적으로 매일 등록한 기업의 수가 1.5만 개인 셈이다. 이는 개혁 전인 2013년에 매일 등록수인 0.69만 개에 비해 두 배 이상 증가한 것이다.[123] 인민대중들의 업무처리가 더욱 편하고 빨라졌고, 정부기구의 "문을 들어가기 어렵고, 얼굴을 보기 어려우며, 일을 처리하기 어려운(門難進, 臉難看, 事難辦)" 부정적인 형상이 근본적으로 호전되었다. 하지만 사회주체가 정부의 정보를 획득하기 어렵고 인터넷 업무창구는 보기에만 그럴듯하나 실용성이 떨어지는 등의 문제점들은 여전히 존재한다.

우선 정무정보 공개와 공유를 강화해야 한다. 정무서비스와 행정심사비준 정보 공개를 추진하고, 심사비준 사항, 심사비준 과정 등의

123) 「简政放权4年间, 那些多重审批和乱收费现象治理得怎么样了」, 新华网, 2016년 11월 21일.

관건적인 정보 전체를 인터넷에 공개하여 당사자들의 열람과 사회적인 감독에 편의를 제공토록 해야 한다. 여러 업종과 여러 지역 정무정보 공유를 적극적으로 추진하고, 시장주체에 대한 정부기구의 서비스 능력과 수준을 제고시켜야 한다. 정부는 앞장서서 직간접적으로 장악하고 있는 공공데이터를 제때에 사회에 공개하여 기업과 개인들이 해당 데이터를 이용하여 새로운 혁신을 이루도록 해야 한다. 공익기구와 공공성 기업체, 사업단위에서 공공성 데이터를 점차적으로 개방하도록 인도해야 한다. 다음으로 온라인 심사비준 플랫폼 건설을 강화해야 한다. 전국성적인 온라인 심사비준 플랫폼 구축을 다그치고, 각 부문 심사비준 사이트와 연결시켜, 부문별 심사비준 데이터를 서로 공유하게 해야 한다. 서로 연동되고 공유할 수 있는 온라인 서비스플랫폼 구축을 다그치고, 기업이 생산경영활동과 주민들의 일상생활과 밀접한 관계가 있는 서비스 사항은 가능한 온라인에서 처리할 수 있게 해야 한다. 지문인식, 홍채인식, 음성인식, 안면인식 등 안전인증기술을 발전시키고, 빅데이터 등 정보기술과 결합하여 온라인 인증을 강화하며, 공안과 은행 등 부문 사이에 안전인증 정보를 일정한 범위 내에서 공유하게 함으로써 주민들이 불필요한 발품을 적게 팔도록 해야 한다. 그 다음으로 창업혁신과 인민대중에 대한 서비스를 강화해야 한다. 정부의 지지를 강화하고, 세금 감면과 부담 감면의 기초위에서 창업혁신 특히 영세기업에 대한 지원 정책을 많이 추진하며, 정책이 실질적인 효과를 발휘할 수 있도록 노력을 기울여야 한다. 또한 여러 가지 조치들을 병행하여 창업자들의 자금난 문제를 해결해줘야 한다. 기업의 실제적 수요에 근거하여, 정책의 소개, 법률자문, 부지와 융자, 고용과 사회보험 등 영역에서 더 좋고 더 빠른 서비스를 제공해야 한다. 서비스 방식을 혁신하여 가능한 편의를 제공해야 한다. 주민들이 업무처리에 장애가 되었던 여러 가지 해괴한 증명을 전면적으로 취소시켜야 한다. 취소 가능한 것은 취소하고, 합병 가능한 것은 합병하며, 확실하게 필요한 것은 여러 부문들 사이의 정보 공유와 업무 연동을 통해 처리하는 효율성을 높여야 한다. 각급 정부와 그 사업인원들은 "내가 더 수고하는 한이 있더라도 인민대중들이 발품을 덜 팔게 해야 한다."는 서비스 이념을 수립해야 한다.

### 2. 경제가 안정적으로 멀리 발전해 나아갈 수 있도록 거시적 조정과 보장을 강화해야 한다.

당의 18차 전국대표대회 이래, 시진핑 동지를 핵심으로 하는 당 중앙은 "안정 속에서 진보를 추구하는 것(穩中求進)"을 각별히 중시했다. 안정(穩)은 주된 기조이고 대국이다. 안정을 보장하는 전제하에서 관건 영역의 성과를 이루어야 하며, 도(度)를 지키는 전제하에 분발하여 성적을 이루어야 한다.[124] 안정(穩)의 중점은 경제운행의 안정에 두어야 한다. 경제하락의 압력이 비교적 큰 현 상황에서 정부의 거시적 조정은 경제가 합리적인 구간에서 운행될 수 있게 하며, 안정적인 성장, 개혁 촉진, 구조조정, 위험 제거, 민생 혜택 등에 특별한 의의가 있다.

---

124) 후안강(胡鞍钢), 장신(张新),「正确认识和把握 "稳中求进"」,『先锋队』, 2017년, 5기.

첫째, 거시적 조정에 대한 인식을 보완해야 한다. 당의 18기 3중전회에서는 「전면적으로 개혁을 심화시키는데 있어서 약간의 중대한 문제에 대한 중공중앙의 결정(中共中央關于全面深化改革若干重大問題的決定)」을 통과시켰다. 해당 결정에서는 다음과 같이 언급하고 있다. "거시적 조정의 주요한 임무는 경제 총생산량을 유지하고, 중대한 경제구조의 조정과 생산력 배치의 최적화를 촉진하며, 경제의 주기성 파동의 영향을 늦추고, 구역성·체계성 위험을 방비하며, 시장의 기대치를 안정시키고, 경제의 지속적이고 건강한 발전을 실현하는 것이다."[125] 전통적인 거시적 조정은 속도와 규모를 강조하는데 치우쳤고, GDP, 물가, 화폐 공급, 재정수지 등 데이터만 주목했다. 이러한 것들은 물론 필요한 것이지만 전면적이지 못하다는 한계가 존재한다. 거시적 조정은 과학이면서도 예술이어야 한다. 따라서 높은 운전능력과 기교가 따라줘야 한다. 시기와 방식·강도 등을 잘 파악하여, 각종 목표, 각종 수단 등이 유기적으로 연동되게 하고 서로 보충하고 서로 균형을 이루도록 해야 한다. 경제의 뉴노멀 상황에서 거시적 조정의 중점은 경제발전의 질과 효익, 민생, 생태 등에 두어야 한다. 경제발전의 여러 부분들을 종합적으로 고려하고 안정적인 성장, 개혁 촉진, 구조조정, 민생 혜택 등 각종 사업들을 통일적으로 계획해야 한다. 국가발전 전략과 기획의 거시적 인도와 통일적 조정기능을 강화하고, 국가발전기획이 정부의 공공예산 편성, 금융자본의 운행, 국토공간의 개발, 자원의 합리적인 배치 등 정부의 정책조치들을 종합

---

125) 『十八大以来重要文献选编』(상), 中央文献出版社, 2014년, 520쪽.

적으로 조정하는 역할을 충분히 발휘하게 해야 한다.[126]

둘째, 거시적 조정의 방식을 혁신해야 한다. 「전면적으로 개혁을 심화시키는데 있어서 약간의 중대한 문제에 대한 중공중앙의 결정(中共中央關于全面深化改革若干重大問題的決定)」에서는 다음과 같이 언급했다. "국가발전 전력과 기획을 방향으로 하고, 재정정책과 화폐정책을 주요수단으로 하는 거시적 조정시스템을 구축하고, 거시적 조정의 목표 제정과 정책수단 운영의 메커니즘화를 촉진시키며, 재정정책, 화폐정책과 산업·가격 등 정책의 조화를 촉진시키고, 상황에 맞게 합리적으로 대처하는 수준을 제고시키며, 거시적 조정의 전망성, 목표성, 협동성을 증강시켜야 한다."[127] 재정정책은 경제성장을 촉진시키고 구조를 최적화하며, 수입과 분배를 조절하는 중요한 기능이 있다. 따라서 재정정책의 실시 방식을 효과적으로 개선해야 한다. 화폐정책은 통화 안정과 총생산량의 균형을 유지하는 방면에서 중요한 역할을 한다. 따라서 화폐정책의 목표체계와 도구의 조합을 최적화해야 한다. 구역 간 조정과 정향조정(定向調控)이 서로 결합된 새로운 거시적 조정방식을 모색해야 한다. 경제의 총생산량을 조정하면서 경제구조도 조정하고, 결과의 유효성을 강조하면서도 조정과정의 정확성을 중시하며, 이론과 실천 두 방면에서 거시관리의 실현형식을 혁신해야 한다.

셋째, 투자체제 개혁을 심화시켜야 한다. 투자 관리는 자원배치의

126) 수사오스(徐绍史), 「健全宏观调控体系」, 『人民日报』, 2013년 12월 18일.
127) 『十八大以来重要文献选编』(상), 中央文献出版社, 2014년, 520쪽.

중요한 수단이다. 거시적 조정시스템을 완비하여, 심사비준, 등록 등을 가능한 줄이고, 기업과 개인의 투자 자주권을 확실하게 보장하며, 기업의 투자활동에 대한 정부의 간섭을 줄여나가야 한다. 국가 안전이나 생태 안전, 전국적인 중대한 생산력 배치, 전략성 자원의 개발, 중대한 공공이익 등을 제외하고는, 일률적으로 기업이 해당 법과 규정에 따라 자주적으로 결책하게 하며, 정부는 추가로 심사비준을 하지 말아야 한다. 기구 간소화와 권력 이양을 강화하고, 시장메커니즘의 역할을 충분히 발휘시킴과 동시에, 관리가 필요한 사항에 대해서는 제대로 관리해야 한다. 투자활동의 토지 사용, 에너지 소비, 오염물 배출 등에 관한 관리를 강화하여 법률과 법규, 발전기획, 산업정책의 제약과 인도 역할을 충분히 발휘시킴으로써, 중복건설과 무리한 경쟁을 피하고 구역성·체계성 문제를 미연에 방지해야 한다. 에너지 절약, 토지 절약, 물 절약과 환경, 기술, 안전 등에 대한 시장 진입 표준을 강화하고, 장기적으로 생산과잉을 방지할 수 있는 효과적인 메커니즘을 구축해야 한다. 이는 엄격한 심사비준으로 증량(增量)을 통제하던 과거의 방법을 버리고, 장기적으로 효과를 볼 수 있는 메커니즘 건설에 주력해야 함을 의미한다. 이로써 우열승패의 시장메커니즘 역할을 충분히 발휘시키고, 지방과 기업의 주동성과 적극성을 더 잘 발휘시킬 수 있는 것이다.

### 3. 법치정부를 건설하고 행정관리 방식을 혁신해야 한다.

행정관리방식은 정부가 행정목표를 실현하기 위하여 취하는 각종 관리조치, 수단, 방법, 기교 등의 통칭이다. 법치정부를 건설하고 행정관리 방식을 혁신하는 것은 정부의 거버넌스와 서비스 능력을 제고시키는 중요한 지름길이며 정부 직능 전환의 중요한 내용이다.

첫째, 법치사유와 법치방식으로 행정집법 개혁을 추진해야 한다. 당의 18기 4중전회에서는 행정집법 체제개혁에 대해서 전면적으로 조치했다. 「의법치국을 전면적으로 추진하는 약간의 중대한 문제에 대한 중공중앙의 결정(中共中央關于全面推進依法治國若干重大問題的決定)」에서 다음과 같이 강조했다. 행정집법 체제 개혁을 심화시키고 종합적 집법을 추진하며, 시(市)급 정부와 현(縣)급 정부의 행정집법 관리를 보완하고, 행정집법 인원들의 자격관리 제도를 엄격하게 실시하며, 행정집법과 형사사법의 연결메커니즘을 구축해야 한다.[128] 동시에 엄격하고 규범적이며 공정하고 문명적인 집법을 견지하고, 행정재량권 기준제도를 구축하며, 행정집법 책임제를 전면적으로 실행해야 한다. 행정집법 영역에서, 행정관리 방식을 혁신하고, 법치사유와 법치의식을 강화해야 한다.

의거할 법이 있게 하고, 반드시 법에 의거하게 하며, 행정집법이 임의적이고 규범적이지 못한 점 등의 상황을 변화시키고 행정집법의 공신력을 높여야 한다. 각급 지도간부들이 법치사유와 법치방식으로 일하는 능력을 제고시켜야 한다. 법에 의해 일을 처리하고, 문제에 직면하면 해당 법규를 찾아보며, 문제 해결은 법에 따르고, 모순 해결은 법에 의거하는 양호한 법치 환경을 형성해야 한다.

---

128)『十八大以來重要文献选编』(상), 中央文献出版社, 2014년, 530쪽.

둘째, 법치의 수단으로 정부의 행위를 효과적으로 규범화하고 제약해야 한다. 법치의 규범성과 권위성은 공권력의 남용을 방지할 수 있고, 전 사회적으로 법과 규율을 지키는 양호한 기풍을 형성할 수 있으며, 시장질서와 사회질서를 수호할 수 있다. 법치는 권리와 자유의 기본가치를 보호하고 시장경제의 자유교환이라는 내재적 요구와 고도로 일치하며 양자는 서로를 촉진케 하는 관계이다. 법치는 시장이 통제를 잃는 단점을 보완할 수 있으며, 시장경제의 발전을 규범화하고, 보장하며, 인도하고, 추진하는 등의 역할을 할 수 있다. 더 중요한 것은, 체계화되고 제도화된 법치는 자아추진, 자아복구, 자아실행(自我推動, 自我修复, 自我實施) 등의 특점을 갖고 있다는 것이다. 이는 단순하게 외력의 추진에만 의거하는 정치적 권위와는 다르다. 따라서 지속적으로 시장경제를 위해 복무할 수 있는 것이다.

셋째, 사회신용시스템 건설에 의거해 시장의 관리감독을 강화해야 한다. 기업과 시장의 활력을 유발하기 위해서는 반드시 시장의 관리감독을 강화하여 공평하게 경쟁하고 질서 있는 시장 환경을 창조해야 한다. 2014년 6월 국무원에서는 「시장의 공평경쟁을 촉진시키고 시장의 정상적인 질서를 유지하는 데에 관한 약간의 의견(關于促進市場公平競爭, 維護市場正常秩序的若干意見)」을 발표했다. 관련 부문에서도 서둘러 사회신용시스템 건설에 관한 제도 마련에 나섰다. 기업정보공개제도의 제정과 사회신용시스템 건설 등의 방식을 통해 행정관리방식을 혁신시키고, 통일적이고 개방되도록 해야 하며, 질서 있는 경쟁을 유도하고, 신용과 법을 지키는 효과적인 시장 관리감독 시스템을 구축해야 한다.

넷째, 정책 조치의 실행에 대한 제3자 평가 사업을 적극적으로 전개해야 한다. 평가는 성과관리(績效管理)의 관건적인 절차이며 제3자의 평가는 정부 성과관리의 중요한 형식으로 통상적으로 독립적인 제3자 평가와 제3자 위탁 평가가 있다. 제3자 평가는 효과적인 외부 제어 메커니즘으로서 전통적인 자아 평가의 결함을 미봉할 수 있으며, 서비스형 정부건설에서 대체할 수 없는 촉진작용을 한다. 2014년부터 2017년까지 국무원 판공청(辦公廳)에서는 연속 4년 동안 국가행정학원(國家行政學院) 등 단위에 위탁하여 제3자 평가를 실시하여 양호한 사회적 효과를 보았다.[129] 이런 평가방식은 전통적인 정부기관의 자아평가와 다르다. 그 실현과정에서 정부부문이 '선수'와 '재판'의 역할을 겸함으로써 생기는 평가의 불공정을 효과적으로 극복할 수 있으므로 정부 부문의 작풍 전환을 촉진시키며, 지방의 경제사회 발전에 대체할 수 없는 중요한 역할을 한다.

### 4. 기본공공서비스의 균등화를 추진해야 한다.

시진핑 동지는 다음과 같이 말했다. "정부는 발전의 전략, 기획, 정책, 표준 등의 제정과 실시를 강화하고, 시장 활동에 대한 관리감독을 강화하며, 각종 공공서비스의 제공에 함을 쏟아야 합니다."[130] 현재 우리나라 경제사회 발전이 마주한 하나의 중요한 문제는, 공공수

---

129) 「国务院督查引入第三方评估的启示:政府管理方式的重大创新」, 新华网, 2014년 8월 31일.
130) 『十八大以来重要文献选编』(상), 中央文献出版社, 2014년, 521쪽.

요가 빠르게 성장하고 있는데 반해 공공서비스는 수요를 따라가지 못하는 모순이 아주 뚜렷하다는 것이다.

공공서비스 건설을 강화하고 기본 공공서비스 균등화를 추진하는 것은 이러한 문제를 해결하는 중요한 조치이며, 정부의 직능을 전환시켜야 하는 중요한 목표이다.

첫째, 공공서비스 직능을 강화하고 공공서비스의 총체적 수준을 제고시켜야 한다. 사회보장, 교육, 위생, 문화 등 방면에서 정부의 직능 배치를 강화하고, 효과적인 공공서비스 시스템을 형성함으로써 정부의 공공서비스 직책에 "빈자리가 발생하는 것"을 피해야 한다. 정부의 공공서비스 직능 법제화를 위해 노력하고, 정부 공공서비스의 권력과 책임체계(權責体系)를 명확히 하며, 정부가 공공서비스 제공에 태만하는 것을 방지해야 한다. 동시에 공공서비스의 사회화를 적극 추진하고 거버넌스 주체의 다원화를 실현해야 한다. 우리나라에서 시장경제의 발전에 따라 사회자원의 점유와 지배는 다원화의 특점을 보이고 있다. 정부는 사회성 공공서비스와 사회업무에 대해 전 방위적으로 직접관리를 할 수 없으며, 또 그럴 필요도 없다. 사회성과 공익성 공공서비스의 상당부분은 정부의 직능에서 분리되어야 하며, 여러 주체가 참여하는 공공서비스 공급구도를 형성하고, 효과적인 공공서비스 책임메커니즘을 구축해야 한다. 둘째, 공공투자를 늘리고 공공제품의 유효 공급을 증가시켜야 한다. 공공투자가 경제성장을 촉진시키는 메커니즘은 주로 아래와 같은 방면에서 표현된다. 우선 공공투자의 수요는 사회 전체 수요의 중요한 구성부분으로서, 그 확장 자체가 사회 전체 수요의 확장을 초래한다. 전체 공급이 전체 수요보다 더 많은 것은 우리나라 경제운행의 특징으로 되었다. 따라서 정책적 측면에서 공공투자 확장 수단을 이용하는 것은 경제의 지속적이고 안정적인 성장에 중요한 의의가 있는 것이다. 다음으로 공공투자의 주요 영역은 흔히 전형적인 긍정적 외부효과(正外部效應)가 있다. 이를테면 기초산업과 기초시설의 발전은 직접적으로 관련 산업의 확장에 지지를 제공한다.[131] 글로벌 경험에서 보이듯이, 고속성장기가 종료되면서 중고속성장기가 자연적으로 도래하는 것은 절대 아니다. 고속성장기에서 중고속성장기로 전환하는 과정에서 정부는 '최저선 사유(底線思維)'를 유지하고, 경제성장을 안정시키며 경제의 갑작스런 하락으로 인한 체계적 위험을 방지해야 한다. 따라서 우리는 공공기초시설과 교육, 의료, 사회보장 등 민생투자를 중점적으로 증가시키고, 공공제품의 총생산량과 질을 제고함으로써 공공서비스와 경제성장의 조화로운 발전을 이루어야 한다.

셋째, 공공서비스 공급방식을 혁신하고 공공서비스 공급시스템을 완비해야 한다. 우리나라에서 공공서비스 공급방식을 혁신하는 핵심은 정부의 직능을 시장과 사회주체를 위해 평등경쟁 환경을 창조하고 관련 서비스를 제공하는 데로 전환시키는 것이다. 시장과 사회가 생산 가능한 공공제품에 대해 정부는 공공서비스 루트를 혁신하고, 공공서비스 시장을 개방하며, 시장주체와 사회조직의 참여를 허락하

131) 양페이후(杨飞虎), 저우촨린(周全林),「我国公共投资经济效率分析及政策建议」,『当代财经』, 2013년, 11기.

고, 시장과 사회 메커니즘을 이용해 자원배치를 최적화하며, 공공서비스의 양과 질을 제고시키고, 정부가 구매하고 시장과 사회가 제공하는 다원화 공공제품 공급메커니즘을 구축해야 한다. 이를테면 현재 추진하고 있는 PPP프로젝트는 혁신 가능성이 아주 크다. 공공서비스 프로젝트의 입안제도, 공시제도, 전문가 평가제도, 공중참여제도 등을 부단히 보완하고, 공공투자 프로젝트의 실시는 주로 독립적인 시장주체가 운행하게 하며 정부는 관건적인 단계에 대해서만 관리감독을 하도록 해야 한다.

# 제7장

## 위험 예방:
## 각종 경제위험을 와해시키는데 노력해야 한다.

## 제7장
## 위험 예방:
## 각종 경제위험을 와해시키는데 노력해야 한다.

뉴노멀 상황에서는 "전술적으로 각종 위험을 고도로 중시하고 방비해야 한다. 사전에 계획을 짜고 미리 방비하며, 제때에 응급조치를 취함으로써 부정적 영향을 최소화해야 한다."[132] 경제성장속도가 늦춰지고 있는 배경에서, 재정수입과 기업의 이윤이 줄어들고, 생산과잉 업종과 지방의 융자플랫폼, 부동산과 금융영역의 잠재적 위험이 점차 "수면 위로 드러나고 있다." 각종 모순과 위험, 도전이 더 뚜렷하게 증가하고 있다. 우리는 경제의 뉴노멀에 적응하고 주동적으로 대처해야 하며, 뉴노멀 단계에서 각종 잠재적인 경제사회 위험에 대해 명확히 인식하고, '최저선 사유'(底線思維)의 과학적 예견 역할을 더 잘 발휘하며, 우환의식과 위험의식을 가지고 경제사회에 가능하게 나타날 수 있는 각종 위험과 도전에 적극적으로 대처해야 한다.

### 1. 안정 속에 진보를 추구하는 기본 기조를 견지해야 한다.

"안정 속에 진보를 추구하는 것"은 아주 좋은 상태이다. 조급해하

132) 「习近平在河南考察: 确保经济持续健康发展和社会和谐稳定」, 『人民日报』, 2014년 5월 10일.

지 않고 냉정하고 이성적으로 대처하며, 멈추거나 주저하지 않고 가는 곳마다 진을 치며, 묵묵히 장점을 확대하고 주도권을 굳게 움켜쥐며, 안정적으로 성공을 이루는 것이다. 현대화 건설화를 추진하고 '두 개 백년'의 분투목표를 추진하는 과정에서 안정 속의 진보를 추구하는 것은 사업의 총체적인 기조이고, 과학적 방법론이며, 일종의 국가적인 면모와 국민의 기질이기도 하다.[133]

서로 다른 시기와 사회경제환경에서 "안정 속에 진보를 추구"라는 개념의 내용과 의미에도 변화가 있었다. 이를테면 1996년 중앙경제사업회의에서는 다음과 같이 언급했다. "다음해의 총체적인 거시경제정책은 응당 연속성과 안정성, 필요한 민첩성을 유지해야 하며, 안정 속에서 진보를 추구해야 한다." 1997년 중앙경제사업회의에서도 이 개념을 사용했다. "다음해의 경제 사업에서 계속해서 안정 속에 진보를 추구하는 방침을 견지해야 한다." 이처럼 과거에도 "안정 속 진보 추구"를 강조하고 심지어는 '방침'이라는 높이에까지 올리기도 했지만, 지금처럼 '총적 기조(總基調)'의 위치에까지는 올려놓지는 않았다. 2011년부터 2017년까지 연속 7년 동안 "안정 속 진보 추구"를 경제사업의 총체적인 기조로 해왔다. 물론 앞으로도 꽤 오랜 시간 동안 이러한 기조를 유지할 것이다. 우리나라의 경제사회가 지속적인 온당한 발전을 실현할 수 있었던 것은 "안정 속 진보 추구"라는 사업의 총체적 기조를 견지했기 때문이다. 현재 경제의 하락 압력이 비교적 크고 구조조정은 진통을 겪고 있으며, 기업 경영의 어려움이 가중되고, 부

133) 미보화(米博华), 「稳中求进看中国」, 『西安日报』, 2016년 12월 20일.

분적 영역에서는 잠재해있던 위험들이 수면위로 떠오르고 있다. 따라서 경제건설을 중심으로 하는 것을 동요하지 말고, 개혁개방 추진을 동요하지 말며, 안정 속에서 진보를 추구하고 주동적으로 뉴노멀에 적응하여 경제의 안정적인 발전을 이어가야 한다. 중국경제의 총생산량은 이미 세계 2위로 도약했지만 아직도 여전히 개발도상국이고 여전히 사회주의 초급단계에 처해있으며, 사회주의 현대화를 건설하기 위해서는 그 임무가 아주 막중하다. 경제건설을 중심으로 하는 것은 나라를 흥하게 하는 중요한 업무(要務)이고, 발전은 당이 집권하고 나라를 흥하게 하는 첫째가는 중요한 업무(要務)이며, 우리나라 일체의 문제를 해결하는 기초이고 관건이다. 따라서 일심으로 발전을 꾀하고 정신을 집중하여 개혁에 박차를 가하며, 발전의 새로운 활력을 이끌어내고, 발전이 새로운 성과를 창조해야 한다.

안정 속에서 진보를 추구하는 중에서의 관건은 안정이다. '안정'의 중점은 경제운행의 안정이다. 속도를 안정시켜야 비로소 시장의 전망치를 안정시킬 수 있고, 발전의 믿음을 북돋을 수 있으며, 뉴노멀 상황에서의 구조조정과 개혁개방을 위한 공간을 확보할 수 있다. 따라서 거시경제 정책의 연속성고 안정성을 유지하고, 적극적인 재정정책과 안정적인 화폐정책을 계속해서 실시하며, 소비의 기초적 역할, 투자의 관건적 역할, 수출의 지탱 역할을 잘 이끌어냄으로써 '삼두마차'가 더 균형적으로 성장을 이끌게 해야 한다. 우리는 더 이상 GDP로 영웅을 논하지 말아야 하지만, 성장속도가 급속도로 떨어져서 곤두박질치는 일도 없어야 한다.

안정 속에서 성장을 추구하는 것 중에서 중요한 것은 진보이다. '진보'의 중점은 경제구조를 조정하고 개혁을 심화시키는 것이다. 뉴노멀 상황에서 수요, 공급, 시장경쟁 특점, 자원과 환경의 제약 등의 요소들에서는 장기적인 변화가 나타났다. 따라서 투자를 늘리거나 과도하게 수출에 의지하는 발전방식은 더 이상 통하지 않으며, 체제와 메커니즘의 폐단을 타파하는 것은 한시도 미룰 수 없는 일이 되었다. 우리나라의 경제는 이미 반드시 개혁을 심화시키고, 구조를 조정해야만 지속적이고 건강한 발전을 실현할 수 있는 관건적인 시기에 다다랐다. 따라서 경제체제 개혁과 구조조정을 시급히 추진하고, 새로운 성장점을 적극 배양하며, 경제발전의 방식전환과 혁신구동 발전이 새로운 효과를 보도록 해야 한다.

안정 속 진보 추구의 관건은 '안정'과 '진보'의 균형을 잘 유지하는 것이다. 안정은 진보의 기초이고 진보는 안정의 에너지이다. '안정'과 '진보'는 상호 촉진이 가능하다.[134] 뉴노멀 상황에서 안정이 없이는 진보를 논하기 어렵고, 진보가 있어야 더욱 안정될 수 있다. 안정적인 성장과 개혁 촉진, 구조조정의 관계를 잘 처리하는 것은 결코 쉬운 일이 아니다. 우리는 시종일관 멈추지 말고 개혁을 추진하고 구조를 조정해야 하며, 속도를 조절하면서도 기세는 여전히 유지하고, 양적으로 증가하면서도 질적으로는 더욱 향상된 결과를 이끌어내야 한다. 즉 한편으로 속도를 안정시켜 중·고속 성장을 유지하고, 다른 한편으로는 대대적인 업그레이드를 추진하여 중·고급 레벨(中高端) 수준

134) 「坚持稳中求进工作总基调」, 『人民日报』, 2014년 12월 14일.

으로 도약해야 한다. 다년간의 탐색과 역대 중앙경제사업회의 정신에 대한 총결산을 통해 안정 속에서 성장을 추구한다는 총체적인 기조는 이미 일련이 정책적 사유를 형성했다. 먼저 거시적인 정책이 안정적이어야 한다. 즉 안정적인 거시경제 환경을 마련하는 것으로, 적극적인 재정정책과 안정적인 화폐정책을 실행해야 한다. 다음으로 산업정책이 정확해야 한다. 즉 경제체제 개혁의 방향을 정확히 확정해야 한다는 것으로, 혁신구동을 견지하고, 친환경 발전을 추진하며, 실물경제발전에 못을 박아야 한다. 그 다음으로 미시정책이 활력을 띠어야 한다. 즉 시장 환경을 보완하고 기업의 활력과 소비자의 잠재력을 유발시키는 것이다. 따라서 재산권의 합법적 이익을 법으로 보호하고, 시장과 기업가의 전망치를 안정시키며, 공급의 질과 효율을 제고시켜야 한다. 또한 개혁의 정책이 실제적이어야 한다. 즉 개혁의 실행에 힘을 쏟음으로써 부단히 효과를 보게 하며 대중들의 성취감을 높여야 한다. 이밖에 사회정책이 밑받침되어야 한다. 즉 민생의 최저선을 지키고 인민들의 어려움을 해결하며 사회보장의 역할을 더 잘 발휘토록 해야 한다.

### 2. '중진국의 함정'을 뛰어넘어야 한다.

신세기의 첫 10년 동안, 중국의 1인당 GDP는 1,000 달러가 안 되었었는데, 이로부터 4,000 달러를 뛰어넘었다. 그 후 경제성장 속도가 어느 정도 하락하기는 했지만 2016년에 이르러서 중국의 GDP는 8,000 달러를 초과했다. 2010년의 두 배가 된 것이다. 이는 전면적인 샤오캉사회의 실현에 역사적인 기초를 제공한 것이다. 국제적 경험으로 보면 중저(中低)수입 경제체로부터 고수입 경제체로의 매진은 중요한 전환기이다. 이는 국민수입이 중등수입 수준에서 고수입 수준으로 향상된 것일 뿐만 아니라, 경제발전 방식이 조방(粗放) 형으로부터 집약형으로 전환한 것이고, 산업구조가 중·저급(中低端) 레벨로부터 중고급(中高端) 레벨로 향상된 것이며, 사회구조가 '아령형'에서 '올리브형'으로 전환했음을 의미한다.[135] 이 단계에서 전환에 성공하면 '중진국의 함정'을 뛰어넘는 것이고, 전환에 실패하면 '중진국의 함정'에 빠지게 되는 것이다.

제2차 세계대전 이래 일본, 한국, 싱가포르 등 몇몇 국가는 '중진국의 함정'을 성공적으로 뛰어넘었다. 하지만 대다수 국가들은 '중진국의 함정'에 빠졌는데 라틴아메리카·구소련·동유럽의 많은 국가들이 그 예이다. 잡지 『인민논단(人民論壇)』은 50여 명의 국내 전문가와 학자들의 의견을 취합하여, '중진국의 함정'에 빠진 나라들은 보편적으로 경제성장이 반 정도 떨어지거나 정체되고, 민주가 사라졌으며, 빈부격차가 가중되고, 부패가 만연하였으며, 도시화가 과도하게 이루어지고, 사회공공서비스가 빈약했으며, 취업이 어렵고, 사회가 혼란에 빠졌으며, 신앙이 사라지고, 금융시스템이 취약해진 점 등 10가지 특징을 보인다고 지적했다.

"중국은 '중진국의 함정'을 건너뛰는 것 자체는 문제가 안 됩니다."

---

135) 왕융창(王永昌), 「我国进入"转型发展"的13个基本特征」, 『中国党政干部论坛』, 2016년, 4기.

이는 2014년 11월 10일 시진핑 동지가 베이징에서 열린 APEC에 참석하여 한 발언이다. 이 함정을 어떻게 뛰어넘을지에 대해 시진핑 동지는 여러 장소에서 일련의 조치들을 언급했다. 2013년 보오아 포럼(Boao Forum For Asia)에서 그는 다음과 같이 말했다. "경제발전방식을 전환하고 경제구조를 조정하여 경제발전의 질과 효익을 높여야 합니다. 그 기초위에서 인민들의 생활수준을 부단히 제고시켜야 합니다." 2014년에 그는 또 경제 형세에 관한 좌담회를 조직하고 다음과 같이 언급했다. "전면적으로 개혁을 심화시키는 일에 대한 발걸음을 재촉하고 시장이 자원을 배치하는 데서 결정적인 역할을 하도록 추진하며, 정부의 역할을 더 잘 발휘해야 합니다." 그는 또 월스트리트저널과의 인터뷰에서 다음과 같이 강조했다. "현재 중국은 혁신구동을 더 중시하고 소비촉진의 역할에 더 많이 의지합니다." 시진핑 동지의 이런 논단들은 중국이 '중진국의 함정'을 뛰어넘는데 대한 방향과 루트를 제시했다.

첫째, 중국이 '중진국의 함정'을 뛰어넘는 데는 특유의 장점과 조건이 있으며, 이에 대해 우리는 믿음이 있다. 우선 두터운 발전 기초와 광활한 발전 공간이 있다는 점이다. 신 중국이 성립된 후, 특히 개혁개방 30여 년 이래 중국의 경제사회 발전은 풍성한 성과를 거두었다. 현재 경제 총생산량은 세계 2위 자리를 굳혔고, 경제 경쟁력과 과학기술 혁신 능력 및 문화 영향력 등에서 모두 역사적인 발전을 가져왔다. 이러한 발전의 성과들은 지속적인 업그레이드를 위해 건실한 물질적 기초를 다졌다. 동시에 중국은 땅이 넓고 각 지역의 발전 격차가 커서 상호 보완성이 크다. 또 지역 발전공간이 충분하고 시장수요의 잠재력이 거대하다. 이러한 것들은 중국이 '중진국의 함정'을 뛰어넘는 데 광활한 발전 공간과 강력한 발전 동력을 제공해 주고 있다. 다음으로 특유의 사회제도가 갖는 장점이다. 중국특색사회주의제도는 새로운 국정과 세계발전의 시대적 특징에 근거하여 광범위하고 깊은 개혁의 탐색을 통해 특유의 제도적 우세를 확보하는데 필요한 사회의 이익을 효과적으로 조정하고, 사회의 모순을 효과적으로 해결할 수 있으며, 경제사회의 고효율 운행과 질서 있는 발전을 이끌 수 있다. 그 다음으로 유구한 문화전통을 들 수 있다. 중화민족은 오랫동안 이어져 내려온 우수한 전통문화를 갖고 있다. 이는 여러 민족 인민들을 응집할 수 있는 공동의 정신적 화원이고, 중화의 아들딸들이 힘을 모아 아름다운 꿈을 추구하는 강력한 원동력이며, 중국이 '중진국의 함정'을 뛰어넘는 중요한 조건인 것이다.

둘째, 중국은 '중진국의 함정'을 뛰어넘기 위한 새로운 발전이념이 있다. 그 것이 바로 혁신, 조화, 친환경, 개방, 공유이다. 당의 18차 전국대표대회 이래 시진핑 동지를 핵심으로 하는 당 중앙은 치국이정의 새로운 이념, 새로운 사상, 새로운 전략들을 내놓았다. 혁신, 조화, 친환경, 개방, 공유라는 새 발전이념은 우리나라 경제발전이 뉴노멀에 진입한 후 직면한 새로운 모순과 문제에 근거하여 내놓은 것이다. 이는 '중진국의 함정'을 뛰어넘기 위한 중국만의 방법이다. 혁신은 발전의 제1동력이며, 경제사회의 발전 대국을 이끄는 '고삐'이다. 조화로운 발전은 경제사회의 지속적인 발전을 위한 내적인 요구이며, 발전의 국부와 전체, 발전단계의 빠름과 늦음 등과 중대한 관계가 있다. 친환경은 발전의 필요한 조건이고, 인민대중의 아름다운 생활에 대한 추구의 중요한 체현이며, 현시대 과학기술혁명과 산업혁명의 기본방향이다. 개방은 국가가 번영과 발전을 이루기 위한 필수적인 길이다. 개방은 발전의 국제·국내 두 시장, 두 자원의 연동문제를 해결할 수 있다. 공유발전은 사회의 공평과 정의라는 문제를 해결하는 것을 중시한다는 것이며, 이는 중국특색사회주의 제도적 장점의 집중적인 체현이다. 새로운 발전이념은 우리나라가 경제사회 발전법칙에 대한 인식이 새로운 높이에 올라섰음을 표명한다. 이는 우리나라 경제발전이 뉴노멀에 진입한 뒤 직면한 새로운 과제에 대한 중국공산당의 해답으로, 「중국의 꿈」을 실현하는 새로운 여정을 열었으며, 전 인류 현대화의 새로운 도로를 개척했다. 우리나라는 새로운 발전이념의 인도 하에 반드시 경제성장을 업그레이드하는 일에 성공할 것이며, '중진국의 함정'을 뛰어넘을 것이다.

셋째, 중국은 '중진국의 함정'을 뛰어넘기 위한 중국공산당의 굳건한 영도가 있으며, 우리는 그럴 능력이 있다. 사회의 전환기에는 흔히 각종 사회자원이 갈라지고, 각종 사회역량이 분산되며, 각종 사회사조가 분기(分岐)를 보이고, 각종 사회조직이 분화하며, 각종 사회모순이 발생하게 된다. 따라서 객관적으로 강력한 집권당을 요구하는 것이다. '중진국의 함정'을 뛰어넘기 위한 관건은 장점을 발휘하고 잠재력을 발굴하는 것이며, 유일한 출로는 개혁을 심화시키는 일이다. 이 또한 객관적으로 중국공산당의 강력한 영도를 요구하는 것이다. 중국공산당은 중국특색사회주의 발전법칙을 자각적으로 파악할 수 있는 과학적 이론을 갖고 있고, 사심 없이 민족과 인민들에게 행복을 안겨주는 숭고한 품격이 있으며, 강대한 조적 동원 능력과 통합적 조정 능력이 있고, 과감하게 개혁하고 혁신하는 견고한 의지와 풍부한 집정경험을 갖고 있다. 따라서 우리나라가 개혁을 전면적으로 심화시키고 '중진국의 함정'을 뛰어넘는데 강력한 이론적·사상적·조직적 담보를 제공할 수 있을 것이라 믿는다.

### 3. 우환의식을 잊지 말고 과학적 예상을 해야 한다.

"일이 발생하기 전에 미리 예방하고, 재난이 발생하기 전에 미리 준비해야 한다.(爲之于未有, 治之于未亂)" 시진핑 동지는 다음과 같이 강조했다. "역사적 사명이 더 영광스러울수록, 분투목표가 더 웅대할수록, 집권 환경이 더 복잡할수록, 우리는 더 큰 우환의식을 가져야 합니다."[136] 현재 우리나라가 경제사회 발전에서 직면한 각종 어려움과 장애에 대해 우리는 과학적으로 예판하고 미리 예방해야 한다.

첫째, 취업을 보장하는 것은 우리나라 경제사업의 중점이다. 현재 우리나라 노동력 시장은 심각한 변화를 겪고 있으며, 인구의 노령화 추세는 중국경제의 중장기 발전에 영향을 주는 중요한 요소로 되었다. 2012년부터 우리나라는 만 16세부터 만 60세 사이의 노동력 인구가 이미 하향세를 기록하고 있다.[137] 국가 통계국의 수치에 따르면

---

136)「习近平在党的群众路线教育实践活动总结大会上的讲话」,『人民日报』, 2014년 10월 8일.
137)「中国劳动年龄人口连续三年减少」, 财新网, 2015년 1월 20일.

2016년 말까지 만 60세 이상의 인구는 이미 전체 인구의 16.7%에 달했다. 노동력 공급이 상대적으로 여유가 있던 국면은 더 이상 존재하지 않으며 "전면적으로 남아돌던 데"로부터 "구조적으로 부족한" 상황으로 바뀌었으며, 노동력 원가는 상승할 수밖에 없게 되었다. 현대 도시화가 빠르게 진행되면서 "3개의 1억 명" 중 2억 명은 농촌에서 도시로 진출하게 될 인구이고, 나머지 1억 명은 성중촌(城中村)과 판자촌 인구인데, 이들 가운데는 대량의 실업인구가 존재하며 심지어는 가족 전체가 실업한 경우도 있다.[138] 이밖에도 우리나라는 매년 700만 명 이상의 대학교 졸업생이 배출되는데 이 역시 방대한 양의 일자리를 필요로 하며, 우리나라 노동자들의 직업 능력을 전체적으로 제고시킬 필요가 있다. 현재 인구보너스의 상대적 삭감과 거대한 취업수요가 병존하고, 마찰적 실업(frictional unemployment)과 구조성 실업이 병존하며, 우리나라의 전체적 취업상황은 여전히 심각하다. 따라서 우리는 취업이라는 '민생의 근본'에 항상 신경을 써야 한다.

둘째, 자원과 생태환경의 제약이 점차 현실화되고 있다. 현재 스모그 문제는 경제발전과 주민들이 생활에 영향을 주는 '큰 사건'으로 되었다. 이는 자원과 생태환경 제약의 뚜렷한 체현이며, 환경개선을 요구하는 인민대중의 목소리를 집중 반영한 것이다. 지속적으로 발생하는 하천이나 지하수의 오염 문제, 토지의 사막화, 알칼리화, 산성화와 각종 중금속 오염 등의 문제는 경제의 지속적인 발전을 저애할 뿐만 아니라 주민들의 생명안전을 엄중하게 위협하고 있다. 이밖에

---

138) 「李克强:更注重数字背后的民生, 增长背后的就业」, 新华网, 2014년 3월 13일.

우리나라는 또 「유엔기후변화협약」과 「교토의정서」와 같은 국제협약에 가입하고 2020년에 이르러 오염물질 배출을 2005년에 비해 40·45% 삭감하겠다고 승낙했다. 중국의 생태와 자원, 환경문제는 이미 국내외의 보편적 주목을 받는 문제가 되었다. 생태와 자원, 환경문제를 적절하게 처리하는 것은 국제관계의 향상에 관계될 뿐만 아니라, 경제의 발전에도 관계되며 더욱이는 민생의 근본에 직결된다.

셋째, 국가의 식량안전을 보장해야 한다. 국가의 식량안전은 전반적인 국면에 관계되는 보편적인 문제이다. 식량의 주 생산단지, 생산·판매의 균형구역, 주요 판매구역의 생산과 가공, 유통과 비축 등 식량 산업발전 상황은 국가 식량안전의 중요한 기본을 구성한다. 우리나라는 13억 인구를 보유한 인구대국으로 역사적으로도 굶주림에 허덕이던 고통스런 경험이 있다. 따라서 식량안전 문제에 대해 반드시 관심을 가져야 하며, 어떠한 시기에도 밥그릇을 자기의 손에 굳게 움켜쥐고 있어야 한다. '쌀주머니'를 성장(省長)이 직접 책임지는 제도를 견지하고, 경작지와 기본 농지를 엄격하게 보호하며, 식량생산을 안정적으로 보장하고, 지방의 식량비축 임무를 확실하게 이행해야 한다. 식량의 주 생산단지는 핵심생산지구와 예비생산 지구 건설을 강화하고 종합생산능력을 부단히 제고시켜야 한다. 생산·판매 균형구역과 주요 판매구역은, 구역 내 농지면적이 감소되지 않도록 보장하며, 식량의 자급수준이 하락되지 않도록 보장해야 한다. 이밖에 중앙과 성급(省級) 정부는 식량생산을 격려하는 정책을 적극 실행하고, 식량의 가공과 유통, 저장과 운수 등 산업의 발전을 지원하며, 농민과 지방정부의 식량생산에 대한 적극성을 불러일으켜야 한다. 이로써 식량이 증산하고 농민들의 수입이 늘어나는 양호한 발전의 국면을 형성시켜야 한다.

### 4. '최저선 사유'를 잘 활용하고 주도권을 굳게 움켜쥐어야 한다.

당의 18차 전국대표대회 이래, 시진핑 동지는 '최저선 사유'(底線思維)를 견지해야 한다고 여러 번 강조했다. 즉 모순을 피하지 말고, 문제를 덮어 감추지 말며, 무슨 일이든 안 좋은 결과에 대비하고, 좋은 결과를 볼 수 있도록 노력해야 하며, 문제에 직면하여 당황하지 말고 주도권을 굳게 움켜쥐어야 한다는 것이다. '최저선 사유'를 견지하는 것은 우리가 복잡하게 엉켜있는 형세에 대처하는 과학적 방법이며, 새로운 단계의 개혁을 추진하는 지혜이다.[139] '최저선 사유'를 잘 활용하기 위해서는 "적당히 지키고(有所守)" "적당히 하는 것(有所爲)"의 유기적 통일을 견지해야 한다. 최저선은 사물이 장기적으로 발전한 결과이며, 또한 사물이 진일보 적으로 발전하는 시작이기도 하다. '최저선 사유'를 견지하는 것은 우리가 복잡하게 얽힌 현재의 상황에 대처하는 과학적 방법이며, 경제의 뉴노멀에 적응하기 위한 거버넌스 이념이기도 하다. 일정한 단계에서 최저선을 지킴으로써, 더 높은 단계로 매진하는 기초를 다지는 것은 객관적인 의거가 있으며, 또한 필연

139) 李彤, 「底线思维应对复杂形势的科学方法」, 『人民日报·海外版』, 2017년 2월 13일.

적인 요구이기도 하다.[140]

첫째, '최저선 사유'는 "적당히 지킬 것(有所守)"을 요구한다. 즉 각종 위험과 도전에 대해 가장 나쁜 결과에 미리 대비하고 최저선을 지키는 것이다. 중화민족의 위대한 부흥이라는 「중국의 꿈」 실현이 점점 더 가까워질수록, 우리들의 사업이 더 전진하고 더 발전할수록, 새로운 상황과 새로운 문제는 더 많아지게 되며, 위험과 도전 또한 더 커지게 된다. 이와 같은 상황에서 우리는 국내외 경제사회의 전체적인 환경을 정확히 인식해야 한다. 그리고 '최저선 사유'라는 과학적인 방법으로 결책과 실행에서 발생할 수 있는 위험을 꼼꼼히 평가하고, 능히 발생할 수 있는 가장 나쁜 상황을 예측함으로써, 갑작스러운 변화에도 당황하지 않고 대처할 수 있는 능력을 길러야 한다. 시진핑 동지가 '최저선 사유'를 제기한 이래, 그 기본내용과 방법론은 광범위한 중시를 받았고 일부 성과 시에서는 '최저선 사유'를 연도사업배치(年度工作部署)에 포함시키고 이를 사업의 기본 지도방침으로 삼았다. 여기서 말하는 최저선은 그 내용이 아주 풍부하다. 경제의 온건한 성장과 취업이라는 '하한선', 통화팽창 방지라는 '상한선'과 같은 경제발전의 최저선을 포함하고 있을 뿐만 아니라, 민생보장의 최저선도 포함하며, 토지 한계선, 생태 한계선, 도시개발의 한계와 같은 자원·환경의 최저선도 포함한다. 물론 최저선은 경제사회 방면에만 국한되는 것이 아니라 정치방면에도 적용된다. 이를테면 청렴하게 정치에 임하

140) 추웨허우(曲跃厚), 푸리칭(付利庆), 「底线思维: 全面深化改革的方法论」, 『南京政治学院学报』, 2015년 1기.

고(廉洁從政) 당을 엄격하게 관리하는(從嚴治党) 것이 바로 이에 해당한다. 이와 같은 최저선은 우리가 문제를 사색하고, 일을 처리하며, 결책을 내리고, 발전을 꾀함에 있어서 반드시 준수해야 할 중요한 준칙이다. 이와 같은 원칙을 위배하거나 파괴하면 반드시 우리의 경제사회에 막대한 재난을 가져올 것이다. 따라서 굳건히 준수하고 조금도 동요하지 말아야 한다.

둘째, '최저선 사유'는 또 "적당히 할 것(有所爲)"을 요구한다. 최저선을 지키는 전제하에 현실에 발을 붙이고 미래를 모색하며, 가장 좋은 결과를 얻을 수 있도록 노력해야 한다. 엄격하게 말하면 '뉴노멀'은 상대적으로 안정된 상태라고 할 수 있다. 현재 중국의 경제는 진정으로 안정되고 지속가능한 발전의 궤도에 진입하지 못했다. 실질적으로는 뉴노멀에 진입하는 과정에 있으며, 현재 우리가 말하는 '뉴노멀'은 상대적으로 취약한 초급단계이기에 우리는 다방면으로 모색하고 과학적으로 응수해야 할 것이다. 또한 우리가 샤오캉사회를 전면적으로 실현하고 중화민족의 위대한 부흥이라는 「중국의 꿈」을 실현하기 위해서는 단지 '지키는 것(守)'만으로는 부족하다. 반드시 전략적 기회를 움켜쥐고 믿음을 가지고 주도적으로 성과를 이뤄야 하며, 최저선에서 출발해서 부단히 최고선(頂線)에 다가서고, 개혁이 "빠르고 온당하게 추진되도록 하며" 발전이 한 단계 더 높이 올라서도록 해야 한다.[141] '최저선 사유'는 개혁의 적극적인 방법론이다. 최근 몇 년 간 중앙에서는 성장률 하한선과 물가 상승폭의 상한선 등 경제영역 개혁

141) 시진핑(习近平), 「改革要做到 "蹄疾而步稳"」, 新华网, 2014년 1월 22일.

의 최저선을 설정했다. 일부 중요한 최저선은 특별히 중시를 받았다. 이를테면 거시적 조정은 현실에 발을 붙이고 미래를 모색하며, 경제가 합리적인 구간에서 운행되도록 하고, 경제성장률과 취업률 등이 하한선을 벗어나지 않도록 하며, 물가 상승폭이 상한선을 벗어나지 않도록 하는 것이다.[142] '최저선 사유'는 과감하게 현실을 직시하며 가장 나쁜 결과를 미리 예측하고 주동적으로 출격하는 것이다. '최저선 사유'는 개혁 보너스(改革紅利)를 최대한대로 이끌어내는 데 그 의의가 있다. 개혁은 문제에 대한 역발상에서 산생된 것이고, 또한 문제를 부단히 해결하는 과정에서 심화된다. '최저선 사유'를 지키기 위해서는 강렬한 문제의식을 가지고, 관건적인 문제에 대해 연구하고 사고하며, 개혁이 더 깊이 나아갈 수 있도록 추진해야 한다.

셋째, '최저선 사유'를 견지하기 위해서는 정확한 판단방법을 길러야 한다. 어떤 일을 제대로 처리하지 못하면 공든 탑이 무너지지 않을지, 돌이킬 수 없는 결과를 초래하지는 않을지, 전 국면의 피동적 상황을 초래하지 않을지 등에 대해서 판단해야 한다. 이를테면, 경제발전속도는 지나치게 빠르면 적당히 늦출 수 있고, 지나치게 느리면 또 재촉할 수 있지만, 경제 질서가 무너지면 전체 국면의 피동적 상황을 초래하게 된다. 즉 여기서 경제 질서를 수호하는 것이 바로 '최저선 사유'인 것이다. 또 이를테면 발전 중의 안전문제는 전폐 국면을 결정한다. 인민들이 수익을 얻을 수 없다면, 그런 발전은 불필요한 것

142) 리커창(李克强),「经济增长率不滑出 "下限", 物价涨幅不超出 "上限"」, 新华网, 2013년 7월 10일.

이다. 따라서 이 경우 "인민을 중심으로 하는" 발전목표가 바로 '최저선 사유'이다. '최저선 사유'로 한계를 정하면, '나쁜 점'은 최소화할 수 있고 '좋은 점'은 가능한 확보할 수 있게 된다.

### 5. 체계성 위험과 국부적인 경제위험 방비에 주의를 돌려야 한다.

시진핑 동지는 다음과 같이 강조했다. "경제위험의 축적과 해소 각도에서 보면, 현재 경제성장 속도가 둔화됨에 따라 각종 잠재위험들이 점차 표면화되고 있는데, 일부 위험들은 비교적 엄중하여 주의를 돌릴 필요가 있습니다. 전체적으로 보면 위험은 통제 가능하지만 하이 레버리지(高杠杆, high leverage)와 버블화를 주요 특징으로 하는 각종 위험은 한동안 계속될 것이므로, 반드시 지엽적인 것과 근본적인 것을 함께 다스리고, 증상에 따라 약을 쓰며 각종 위험을 제거하는 체제와 메커니즘을 형성해야 할 것입니다."[143] 개혁개방 이래 중국의 경제사회는 급속하고 심각한 전환을 겪었다. 제도 보너스(制度紅利)가 점차 방출되면서 경제위험도 부단히 축적되었다. 경제위험은 거시적 측면에서 보면 주로 경제가 일어나는 중의 위험, 경제발전 중의 위험, 경제제도 개혁 중의 위험으로 표현되며, 이 세 가지 위험은 한데 엇물려있다. 경제건설을 중심으로 하는 것은 우리가 경제적 성과를 이룬 기본 경험의 하나이며, 발전은 우리가 모든 문제를 해결하는 관건이다. 경제가 시종 건강하고 안정적인 발전을 유지해야만 사회가 장기적으로 안정되며, 발전 가운데 나타난 각종 문제를 해결할 수 있

143) 「中央经济工作会议在京举行, 习近平李克强作重要讲话」, 新华网, 2014년 12월 11일.

는 능력과 정력이 생기는 것이다. 따라서 각종 위험에 효과적으로 대처하기 위해서는, 경제위험 방비를 중요한 위치에 놓고 체계성 위험(系統性風險)을 방비해야 할 뿐만 아니라 국부적 위험도 방비해야 한다.

첫째, 경제의 기본적인 안정을 유지하고 체계성 위험을 방비해야 한다. 국내외 경제발전 조건에 뚜렷한 변화가 발생하고 우리나라 경제 성장속도가 현저하게 떨어진 상황에서 우선적으로 경제 전반의 안정에 힘을 쏟아야 한다. 우선 체계성 요소와 주기성 요소를 과학적으로 구분하고, 이러한 요소들이 경제성장 속도에 미치는 서로 다른 영향을 분석해야 한다. 주기성 요소에 대해서는 일부 단기적이고 임시적인 조치를 취하면 해결할 수 있다. 하지만 체계성 요소는 우리가 경제구조 전환과 업그레이드를 진일보 적으로 추진해야만 해결할 수 있다. 다음으로 "최저선 관리와 구간 조정(底線管理, 區間調控)"을 견지해야 한다.[144] 맹목적으로 강력한 경제자극정책을 실시하지 말아야 할 뿐만 아니라, 소극적이고 보수적으로 경제의 하락을 지켜보고만 있어서도 안 된다. 경제발전의 잠재력과 현재의 실제상황에 결부시켜 경제운행의 합리적 구간을 과학적으로 확정하고, 안정적인 성장과 취업이라는 '하한선'을 지키면서, 통화팽창의 '상한선'도 지켜야 한다. 경제가 시종 합리적인 구간에서 운행되게 하고, 거시적 경제정책이 기본적인 안정을 유지하게 함으로써 발전방식의 전환과 경제구조의 조정, 중국경제의 업그레이드에 양호한 경제적 기초를 제공해야 한다.

---

144) 류위안춘(刘元春),「人民日报经济时评：保持定力，适应调控新常态」,『人民日报』, 2014년 6월 12일.

둘째, 중점 업종과 관건적 영역을 주목하고 국부적 위험의 발생을 예방해야 한다. 중국경제는 거대한 끈기와 잠재력을 갖고 있고, 우리나라의 체제와 메커니즘 또한 큰일을 해낼 능력이 있으며, 큰 경제파동을 방어할 능력이 있다. 따라서 우리나라 경제는 체계성 위험이나 '경착륙'이 발생할 가능성이 극히 낮다. 하지만 우리나라 각 업종, 각 영역의 발전단계와 발전정황은 서로 다르고, 위험의식이나 방어능력이 다르며, 일부 특정된 상황에서 개별적 업종이나 개별적 영역에서 국부적 위험이 나타날 가능성이 여전히 존재하는데, 이에 대해 우리는 반드시 고도의 경계태세를 갖추어야 한다. 특정 업종이나 영역의 국부적 위험을 방비해야 하며, 더욱이는 특정 업종이나 영역의 국부적 위험이 전도 메커니즘(傳導机制, conduction mechanism)을 통해 체계성 위험으로 진화하여 경제발전의 전반 국면에 악영향을 초래하는 것을 방비해야 한다. 우리나라 경제운행 중의 국부적 위험은 주로 네 개 방면에서 표현된다. 즉 유동성 위험, 부동산 버블, 지방정부 부채, 생산과잉 등이다.[145] 이 네 개 방면은 서로 고립된 것이 아니며, 그림자은행(影子銀行, Shadow Banks)[146], 토지, 지방금융플랫폼, 국유기업 등 매개체를 통해 거로 연결되고 서로 영향을 주고 있다. 이는 우리나라 단기조정정책 도구의 선택이나 중장기 구조조정에 영향을 줄 뿐만 아니라, 전면적 개혁 심화의 대국에 영향을 줄 수 있기에 가

145) 류스진(刘世锦),『以深化改革开启经济增长新常态 近中期中国经济形势展望』, 财新网, 2014년 3월 20일.

146) 그림자 은행 : 은행과 비슷한 역할을 하면서도 중앙은행의 규제와 감독을 받지 않는 금융회사를 말함.

볍게 봐서는 안 되며, 반드시 고도로 중시해야 하고 적절하게 해결해야 한다.

셋째, 경제전환에서의 사회적 위험을 과학적으로 대처하고 잠재적 위험의 발생을 피해야 한다. 어떤 나라든 일정한 발전단계에서 여러 가지 사회적 위험을 마주하게 된다. 세계적 범위에서 보면 이것은 하나의 보편적 법칙이다. 하지만 각 나라들의 역사문화전통이 서로 다르고, 서로 처한 경제사회 발전단계가 서로 다르며, 사회적 위험의 유형이나 특징 또한 다르다. 따라서 사회적 위험을 과학적으로 대처하기 위해서는, 우리나라가 현 단계에 직면한 사회적 위험에 대해 비교적 명확하고 전면적인 인식이 있어야 한다. 우리나라는 현재 사회적 위험이 빈번하게 발생하는 시기에 처해있다. 국제적 경험으로 보면 우리나라는 현재 중고등 수입 단계에 처해있다. 세계 여러 나라들의 발전 여정을 보면 이 단계는 각종 사회모순과 사회적 위험이 집중적으로 폭발하는 단계이다. '중진국 함정'이라는 개념은 사회적 위험이 많이 발생한다는 의미를 내포하고 있다. 우리나라의 실제상황에서 보면, 경제의 고속성장에 가려졌던 수많은 문제들이 경제성장이 둔화됨에 따라 점차적으로 튀어나오고 있다. 구조조정은 이익구도의 심층적인 조정을 의미한다. 각종 이익 관련자 사이의 힘겨루기는 점점 더 격렬해지고 있다. 특히 정보화와 일인미디어 등이 사회에 심각한 영향을 주고 있는 배경에서, 개별적인 모순이나 충돌, 불만정서 등은 쉽게 무한대로 확대되어 사회여론의 초점으로 될 수 있다. 심지어는 사회의 보편적인 모순으로 확대될 수도 있다. 이러한 위험은 예측할 수 없는 파괴력을 지니고 있기에 제때에 적절하게 처리하지 않으면 정상적인 경제절서는 물론 사회의 조화와 안정에도 엄중한 충격을 줄 수 있다. 이에 대해 일부 학자들은 중국이 시나브로 '위험사회'로 진입하고 있다고 인정한다. 따라서 우리는 반드시 각종 사회모순에 주의를 기울여야 한다. 우리나라의 사회적 위험은 주로 각종 이익 요구에서 비롯된 사회모순이다. 발달한 서방국가들의 경우는 환경과 생태, 종족문제 등 장기적이고 해결하기 어려운 사회적 위험이 주를 이루는 반면, 우리나라의 사회적 위험의 뚜렷한 특징은 돌발사건이다. 우리나라는 현재 전대미문의 거대한 변혁을 겪고 있다. 이러한 변혁은 우리나라 경제사회 발전과 진보에 커다란 활력을 가져다주기도 하지만, 각종 모순과 충돌이 부단히 축적되게도 한다. 이러한 모순은 최종적으로 돌발사건의 형식으로 폭발하게 되는 것이다. 돌발사건은 종류가 다양하고 성질이 복잡하며 지속시간이 길고 영향범위가 크기에 경제발전은 물론, 공공질서와 국민의 생명·재산의 안전 등에도 심각한 해를 끼칠 수가 있다. 최근 몇 년 간 돌발사건이 빈번하게 발생하고 있는데, 이는 경제전환과 사회전환의 과정에서 각종 불평등하고 조화롭지 못한 문제들이 장기적으로 적절한 해결을 보지 못한데서 비롯된 것이다. 따라서 우리는 전략적 기회를 잘 움켜쥐고 경제의 뉴노멀에 적응하는 한편, 인민대중들의 발전요구와 보장수요에 대해 적극적으로 화답해야 하며, 발전은 인민을 위한 것이고 발전의 성과는 인민들이 공유한다는 이념을 확실하게 이행해야 한다.

# 제8장

## 주요한 착력점:
## 경제구조의 전략적 조정을 추진해야 한다.

# 제8장
# 주요한 착력점:[147]
# 경제구조의 전략적 조정을 추진해야 한다.

당의 18차 전국대표대회 이래, 시진핑 동지는 경제구조의 전략적 조정에 대해 수많은 새로운 사상과 관점, 조치들을 내놓았다. 경제 사업에 대한 당 중앙과 국무원의 일련의 중대조치들을 보면, 안정적인 성장과 구조조정, 개혁 추진을 강조하면서 경제구조의 전략적 조정에 착력점을 두고 있음을 알 수 있다. 경제구조의 전략적 조정을 추진하는 것은 중국경제의 품질을 제고하고 효율을 높이는 중요한 조치이며, 국제경제에서 유리한 위치를 선점하기 위한 중대한 전략이다.

## 1. 경제구조의 전략적 조정을 추진해야 한다.

경제구조의 전략적 조정을 추진하는 것은 현재와 미래에 모두 유리한 일이다. 2012년 12월 시진핑 동지는 광동(广東)에서 시찰할 때 다음과 같이 말했다. "경제구조의 전략적 조정을 다그치는 것은 대세에 따른 필요로 조금도 늦출 수 없습니다. 국제경쟁은 역대로 시간과 속도의 경쟁입니다. 빠른 나라가 기회를 선점하게 되고 주도권을 가져가게 됩니다. 반대로 느린 나라는 기회를 잃어버리고 남들에게 뒤처

147) 착력점 : 어떤 물체에 대하여 힘이 작용하는 한 점

지게 됩니다."[148] 이와 같은 중요한 논술은 경제구조의 전략적 조정은 중대한 의의가 있으며 한시가 급하다는 것을 잘 표명하고 있다.

첫째, 경제구조의 전략적 조정은 경제발전 과정의 필연적 요구이다. 세계 경제발전사에서 볼 수 있듯이, 발달한 나라든 개발도상국이든 경제발전의 성공 여부는 경제구조 조정을 제때에 순조롭게 실현했는가와 밀접한 관계가 있다. 제2차 세계대전 후, 서방 국가들은 정부의 인도역할을 크게 발휘했고, 최신 과학기술 성과들을 채용하여 노동생산율을 크게 제고시킴으로써 전통공업의 조정과 업그레이드를 실현했다. 1970년대 이후 서방 국가들은 통화팽창과 저성장의 곤경을 타파하기 위해 선후로 발전전략을 조정하고 과학기술과 제도의 혁신을 추진하고, 지속가능한 발전을 추구함으로써 점차적으로 정보경제와 저탄소경제 등 새로운 경제방식을 이끌어내고, 경제의 고속성장을 실현시켰다. 그 후에도 경제의 글로벌화에 힘입어 일부 국가들은 수출주도형 전략을 실시하고 비교우세와 후발우세를 발휘하는 한편 과학기술 혁신과 시장경쟁을 격려하여 경제구조 조정을 이뤄냈다. 하지만 많은 국가들은 각종 원인으로 제때에 경제구조 조정을 이뤄내지 못했기에 경제성장이 침체되고 결과적으로 '중진국의 함정'에 빠지게 되었다. '중진국의 함정'을 뛰어넘고 현대화를 실현하는 것은 우리나라와 같은 인구대국에 있어서는 전례가 없는 탐색이며, 우리 당과 정부에게 주어진 준엄한 시험이다. 시진핑 동지는 발전방식 전환과 경

---

148) 『习近平在广东考察时强调：增强改革的系统性整体性协同性，做到改革不停顿开放不止步』, 新华网, 2012년 12월 11일.

제구조 조정을 '중진국의 함정'을 뛰어넘는 돌파구로 인식했다. 그는 다음과 같이 강조했다. "우리는 현재 발전방식을 전환하고 경제구조 조정을 진행하고 있으며, 신형의 공업화와 정보화, 도시화와 농업현대화의 발걸음을 다그치고 있습니다. 중국 경제발전을 지탱하는 내생적 요소는 아주 충분합니다. 우리는 중국경제의 지속적이고 건강한 발전을 유지할 믿음이 있습니다. 중국은 '중진국의 함정'에 빠지는 일이 없을 것입니다."[149]

둘째, 경제구조의 전략적 조정은 글로벌 경제 환경의 새로운 변화에 대응하기 위한 절박한 요구이다. 현재 글로벌 금융위기의 영향은 여전히 지속되고 있으며, 세계경제는 심각한 조정을 겪고 있다. 여러 나라들의 경제위기 대응 상황을 살펴보면, 태반은 경제구조 조정을 경제 진흥의 중요한 수단으로 삼고 있음을 알 수 있다. 글로벌 수요가 부진한 영향으로 우리나라의 수출 상황은 단기 내에 호전되기 힘들다. 동시에 자원·환경의 제약이 심해지고 노동력 가격이 상승했을 뿐만 아니라 전통적인 개방보너스(開放紅利)가 점차적으로 줄어들면서 낮은 원가에 힘입었던 수출 우세도 점차 약해지고 있다. 이러한 2중 압력 때문에 수출에 더 많이 의지했던 기존의 발전모델을 계속 유지하기 어렵다. 글로벌 경제의 중요한 엔진인 미국과 유럽연합, 일본 등 발달한 경제체(經濟体)들은 구조조정의 발걸음을 다그치고 있다. 이러한 상황에서 우리나라가 제때에 경제구조 조정을 진행하지 않으면 글로벌 경제구조의 개편과 더불어 생산과잉이 더욱 악화될 것이고 수

---

149) 『习近平会见出席21世纪理事会北京会议外方代表的讲话』, 新华网, 2013년 11월 2일.

출에 의존해 경제성장을 이끌 수 있는 공간이 더욱 줄어들게 될 것이다. 따라서 경제구조의 전략적 조정의 발걸음을 다그쳐야만 기회를 선점할 수 있게 되며, 새로운 국제경쟁에서 주도권을 확보할 수 있다.

셋째, 경제구조의 전략적 조정은 우리나라 경제발전의 모순과 난제를 해결하기 위한 내재적 요구이다. 현재 우리나라 경제상황은 복잡하게 얽혀있다. 장기적으로 형성된, 수출에 의지하고 투자에 의지하며 정부의 추진에 의존하던 전통적 발전방식의 문제점에 대해 우리는 이미 인지하고 있었으며 지속적으로 조정하고 있지만 아직까지 근본적인 변화를 이뤄내지 못했다. 발전이 불균형하고 조화롭지 못하며 지속적이지 못한 문제는 여전히 뚜렷하다. 우선 경제성장 하락 압력이 커지고 있다. 30여 년의 고속성장을 거친 우리나라 경제는 이미 중고속 성장단계에 진입했다. 과거의 고속성장을 유지한다는 것은 현실적이지 못하지만 우리나라는 반드시 일정한 경제성장 속도를 유지해야 한다. 안정적인 성장은 취업과 민생에 직결되기 때문이다. 다음으로 구조조정 임무가 급박하다. 시진핑 동지는 다음과 같이 언급했다. "성장방식 전환과 경제구조 조정은 우리가 발전과정에서 반드시 뛰어넘어야 할 고비입니다. 전환과 조정을 함에 있어서 우선 합리적인 속도를 유지해야 합니다. 그러지 않으면 자원과 자금, 시장 등 각종 관계가 지나치게 팽팽해지게 되고 결국 전환과 조정에도 실패하게 됩니다."[150] 우리나라 경제는 수요구조 측면에서 내수와 외수가 불균형하고 투자와 소비가 조화롭지 못하며 경제성장률에 대한 소비의

150) 『习近平在湖南考察』, 新华网, 2013년 11월 5일.

공헌도가 상대적으로 낮다. 내수와 외수, 투자와 소비관계의 조정은 당 중앙과 국무원에서 여러해 전부터 이미 추진하고 있지만 아직까지도 그 효과가 뚜렷하지 못하다. 내수 확대, 특히 소비수요 확대는 아직도 갈 길이 멀다. 경제의 공급구조 측면에서 보면, 전통제조업은 생산과잉에 직면했고 전략적 신흥산업의 경쟁력이 높지 못하며 서비스업 발전이 뒤떨어진다. 이런 구조적 모순을 해결하지 못하면 발전공간을 확충하기 어렵게 되고 새로운 경쟁우세를 배양하기 어렵게 되며, 지속적인 경제발전의 내적 동력을 형성하기도 어렵게 된다.

시진핑 동지는 다음과 같이 말했다. "중국경제는 이미 새로운 발전단계에 진입했으며 심각한 성장방식 전환과 구조조정이 이루어지고 있습니다. 이는 지속적으로 난관을 극복해나갈 것을 요구합니다. 따라서 필연적으로 성장통을 겪게 될 것입니다."[151] 경제구조의 전략적 조정을 추진하는 과정은 아주 복잡하고 임무를 실천하는 것도 매우 어렵다. 이는 거시적 조정과 체제, 메커니즘을 아우르는 체계적인 공정이다.

첫째, 안정 속에 진보를 추구하는 거시적 조정의 총 기조를 견지해야 한다. 경제구조의 전략적 조정을 추진함에 있어서 단편적으로 경제의 양적 성장만 강조해서는 안 된다. 시진핑 동지는 다음과 같이 말했다. "거시경제정책 선택에서 우리는 경제구조 조정을 굳건히 추진하고 경제의 전환과 업그레이드를 추진해야 합니다. 경제성장 속도를 주동적으로 늦추는 한이 있더라도 경제발전의 미래에 대한 문제

---

151) 『习近平在亚太经合组织工商领导人峰会上的演讲』, 新华网, 2013년 10월 8일.

를 근본적으로 해결해야 합니다."[152] 경제발전은 우리나라가 다른 모든 문제를 해결하는 기초이고 관건이다. 안정적인 성장은 주로 취업을 보장하기 위한 것이다. 안정적인 성장은 또 경제구조를 조정하고 발전방식을 전환하는 기초이고 전제이기도 하다. "안정 속 성장 추구(穩中求進)"에서 '안정(穩)'은 곧 안정적인 성장과 취업보장이라는 '하한선'을 지키고 통화팽창의 '상한선'을 지키는 것을 의미한다. "안정 속 성장추구(穩中求進)"에서 '진보(進)'는 곧 경제발전방식 전환과 경제구조 조정의 발걸음을 재촉하는 것을 의미한다. 따라서 우리는 안정 속 성장 추구라는 사업의 총체적 기조를 견지하고, 경제성장이 합리적인 속도를 유지하는 전제하에서 경제구조 조정의 발걸음을 다그치고 경제의 전환과 업그레이드를 이뤄내야 한다.

둘째, 전면적으로 개혁을 심화시키는 일을 강대한 동력으로 삼아야 한다. 개혁은 지난 30여 년 간 중국이 이뤄낸 경제성과의 가장 큰 동력이었으며, 현재 추진하고 있는 경제구조의 전략적 조정의 강력한 무기이다. 시진핑 동지는 다음과 같이 말했다. "개혁개방을 통해 경제발전방식 전환을 촉진하고 경제구조 개혁을 실시해야 합니다. 점점 더 많은 지역과 기업들이 이와 같은 사상을 받아들이고 있습니다. 시장 메커니즘을 통해 경제구조 조정을 자극해야 합니다."[153] 경제구조의 전략적 조정을 추진하기 위해서는 행정심사비준제도와 요소시장

---

152) 『习近平接受土库曼斯坦, 俄罗斯, 哈萨克斯坦, 乌兹别克斯坦, 吉尔吉斯斯坦五国媒体联合采访』, 新华网, 2013년 9월 3일.

153) 『习近平在中南海召开党外人士座谈会上的讲话』, 新华网, 2013년 7월 30일.

화 영역의 개혁을 중점적으로 심화해야 한다. 행정심사비준제도 개혁을 심화시키기 위해서는 또 정부의 직능을 확실하게 전환하고 시장이 결정적인 역할을 하도록 해야 한다. 정부기구 간소화와 권력 이양을 진일보하게 추진하여 기업의 규제를 풀어주며, 정부 권리의 '뺄셈'으로 시장 활력의 '덧셈'을 바꿔야 한다. 미시경제 기초를 새로 다지고 경제구조의 전략적 조정 중에서 시장 주체의 동력과 활력을 증강시켜야 한다. 요소시장화 개혁은 가격메커니즘의 역할을 더 잘 발휘해야 한다. 양호한 시장경쟁 환경을 조성하고 요소의 자원화 배치와 집약이용을 인도해야 한다.

셋째, 기업과 인재의 능동성을 이끌어내는 것을 주요 공략 방향으로 삼아야 한다. 인력자원이 현대경제의 드라이브가운데 하나라는 것은 이미 증명되었다. 시진핑 동지는 다음과 같이 말했다. "경제발전 방식을 전환함에 있어서 중점은 산업구조를 최적화하고 잉여생산을 소화하는 것으로서, 개개의 기업에 적용하는 것이 중요합니다. 새로운 과학기술혁명과 산업혁명이 바야흐로 잉태되고 있습니다. 기업은 기회를 움켜쥐고 과학기술 혁신과 관리혁신, 제품혁신, 시장혁신, 브랜드혁신을 부단히 이뤄내야 합니다." 그는 또 다음과 같이 강조했다. "인재 배양에 힘을 쏟고 이들이 산업구조 업그레이드에서 중요한 역할을 발휘하게 해야 합니다. '중국 제조'와 '중국 창조'를 지탱할 수 있는 고기능 인재대오를 적극 배양해야 합니다."[154] 이처럼 경제구조의 전략적 조정에서 지속적인 성과를 내기 위해서는 경제활동 중에

154) 『习近平在湖南考察』, 新华网, 2013년 11월 5일.

서 기업과 인재들의 대담한 탐색을 밑바탕으로 해야 한다.

넷째, 대외개방 메커니즘 혁신을 중요한 조치로 삼아야 한다. 우리의 사업은 세계 여러 나라 인민들의 지지를 받는 사업이고, 세계를 향해 개방하고 학습하는 사업이며, 세계 여러 나라들과 공동 번영을 이루는 사업이다. 우리는 개방을 견지하여 경제구조의 전략적 조정을 이뤄내야 하며, 두 가지 자원과 두 가지 시장을 이용하는 것을 견지해야 한다. 경제의 글로벌화와 구역일체화(區域一体化)의 추세를 잘 움켜쥐고, 글로벌 경재무역 합작의 참여도를 높이고, 관련 규칙 제정에서 발언권을 적극적으로 확보해야 한다. 개발도상국들과의 합작을 강화하고 해외시장을 적극 개척하며 글로벌 합작을 강화하여 국내의 잉여생산을 소화하며 국제적 영향력을 높여야 한다. 일련의 시범구역을 설치하고 탐색하여 개방의 수준을 진일보하게 높여나가야 한다.

다섯째, 사회보장시스템의 보완을 중요한 보장으로 삼아야 한다. 경제구조의 전략적 조정을 추진하기 위해서는 사회보장이 '안정제' 역할을 해야 한다. 우선 "부족한 것은 보태고 단점은 보완해야 한다." 의무교육, 기본의료보장, 기본양로보장 등 민생제도 건설을 강화하고 도시와 농촌 주민의 기본양로보험과 기본의료보험 제도의 일체화를 점차적으로 실시해나가야 한다. 다음으로 "중점을 움켜쥐어야 한다." 호적제도의 개혁과 결부시켜 장기적으로 도시에 거주하는 농민공들을 순차적으로 도시기본 공공서비스시스템에 편입시켜야 한다. 가장 관건적인 것은 "최저선을 지키는 것이다." 최저생활보장과 취업취약계층의 취업지원, 중대질병보장 등 제도를 완비하고, 보장성 주택건설과 관리 제도를 보완하여 취약계층의 주택문제를 확실하게 해결해야 한다.

## 2. 경제발전을 제약하는 중대한 구조적 문제를 해결해야 한다.

2016년 12월에 열린 중앙경제사업회의에서는 우리나라 경제발전의 현황에 대해서 진맥하고, 처음으로 "중대한 구조적 불균형(重大結构性失衡)"이라는 판단을 내렸다. 회의에서는 다음과 같이 결정했다. "우리나라 경제 운행이 직면한 모순과 문제는 주기성과 총생산량성(總量性) 요소에서 비롯된 것도 있지만, 근원적으로는 중대한 구조적 불균형에 그 원인이 있다. 따라서 경제순환이 유창하지 못한 점을 해결하기 위해서는 반드시 공급측 구조개혁에서 해답을 찾아내야 하며 공수관계의 새로운 동적 균형을 이루기 위해 노력해야 한다."

첫째, 중대한 구조적 불균형은 중국경제의 두드러진 모순의 근원이다. 근 몇 년 간 GDP의 계도별 성장률을 보면 이러한 추세가 분명하게 나타난다. 2011년·2016년 GDP 성장률은 각각 9.5%, 7.7%, 7.7%, 7.4%, 6.9%, 6.7%였다. 경제 뉴노멀의 중요한 특징의 하나가 경제의 중고속 성장이기는 하지만, 성장속도의 추세성(趨勢性) 하락과 L자형의 바닥운행(探底運行)은 일련의 '합병증'을 유발했다. 왜 두드러진 모순의 근원을 중대한 구조적 불균형이라고 할까? 표면적으로 보면 경제성장 속도가 완만해진 원인은 수요구조의 불균형에 있다. 수요구조의 불균형을 보면 소비가 지나치게 낮고 투자가 지나치게 높다. 지난 몇 년간, 투자에 의한 경기부양으로 소비가 GDP에서 차지하는 비중이 점점 더 하락했고, 투자가 GDP에서 차지하는 비중이 점점 더 상승했다. 하지만 투자는 생산능력을 필요로 한다. 지속적인 투자와 고속성장으로 말미암아 여러 업종들에서 생산과잉이 속출하고 있다. 즉 투자로 인한 생산능력 확대가 소비수요를 초과한 것이다. 따라서 중국경제의 문제는 단순한 수요 부족의 문제가 아니라 사회의 공급능력이 사회의 구매력을 초과하여 생긴 생산과잉에 있다. 생산과잉의 상황에서 기업은 더 이상 투자를 꺼리게 되고, 결국 투자를 통한 전통적 경제성장 방식은 더 이상 통하지 않는다. 더 심층적인 문제는 이와 같은 상황에서 계속해서 투자를 늘리는 방식으로 경제성장을 지탱한다면 결과적으로 더 많은 생산과잉을 초래하게 될 것이고 구조적 불균형의 더 심해질 것이다. 이와 같은 구조적 문제에 직면하여, 전통적인 거시적 부양정책은 더 이상 제 역할을 하기가 힘들다. 구조적 불균형의 근원은 사회 구매력이 공급능력을 따라가지 못하는 데 있기 때문이다. 사회 구매력은 수입의 증가를 반영하는데, 현재 주민의 수입증가는 투자로 인해 형성된 생산과잉을 따라가지 못한다. 실질적으로 이는 주민수입 성장의 침체를 반영한다. GDP에 비해 침체되었고 특히 투자에 비해 침체된 것이다. 따라서 구조적 쇠퇴에 직면하여 전통적인 재정정책과 화폐정책은 효력을 잃게 된다. 이러한 상황이 지속되면 새로운 구조적 왜곡을 초래하게 될 것이고 진일보하게 구조적 불균형을 야기하게 될 것이다.

둘째, 경제발전의 중대한 구조적 불균형의 두드러진 표현이다. 중국사회과학원 경제전략연구원에서 「중국거시경제 운행보고 2012(中國宏

觀經濟運行報告 2012)」를 발표하면서 "경제구조 불균형지수(Economic Structural Imbalance Index)"라는 개념을 제기했다. 이 보고서에 따르면 중국은 장기적으로 정부 주도의 수요관리 정책을 실시하여 경제의 고속성장을 실현했지만, 경제구조의 불균형 정도를 가중시키는 결과를 초래했다. 2016년 중앙경제사업회의에서는 경제운행 문제에는 주로 네 가지가 있다고 언급했다. 즉 생산과잉과 수요구조 업그레이드 모순이 두드러지고, 경제성장의 내생적 동력이 부족하며, 금융위기 가능성이 높아지고 부분적 지구의 곤란이 가중된 것 등이다.

생산과잉은 주로 제조업에 집중되었다. 제조업의 일부 업종과 일부 산업에 생산과잉이 발생하고 있는데, 특히 강철과 시멘트, 전해 알루미늄(電解鋁)과 판유리, 코크스 등 전통적인 산업에 치중되어있다. 최근 몇 년 동안 태양광발전설비와 풍력발전설비와 같은 신흥산업에도 생산과잉이 나타나고 있다.

소비시장의 두드러진 모순은 유효한 공급이 부족하고 공급과 수요가 전도됐다는 것이다. 현재 우리나라 소비시장에서 서로 다른 수입계층의 소비자들은 수요에 알맞은 상품을 찾는데 어려움을 겪고 있으며, 심지어는 소비의 균형점을 찾지 못하고 있다. 따라서 구매력을 제대로 이끌어내기 어려운 것이다. 우리나라 소비신용대출시장의 발전수준과 주민들의 수요가 균형을 이루지 못하는 문제 역시 두드러진다. 샤오캉(小康)형 소비에서 부유형의 소비로 나아가는 과정에서 먼저 저축하고 나중에 소비하는 개인적 축적 과정은 이미 수요를 만족시키지 못하고 있으며, 금융시장의 발전 특히 소비신용대출시장의 발전은 소비 잠재력을 이끌어내는 중요한 요소로 되었다.

글로벌 경제의 지속적인 정체로 말미암아 무역성장의 불확정성이 증가되고 있다. 따라서 중국은 과도하게 외수에 의존하던 구도를 타파하고 내생적 성장으로 전환해야 한다. 내생적 성장은 중국경제의 전환과 업그레이드의 중요한 방향이며, 제3산업과 신형 도시화를 발전시키는 것은 중국 내생적 성장의 주요 동력이다.

셋째, 경제발전의 중대한 구조적 불균형을 적극적으로 타파해야 한다. "서로 다른 발전단계에 처해있는 국가들은 자원구조가 서로 다르기에 서로 다른 경제구조를 가질 수밖에 없다." "구조의 전환이 없이는 지속적인 경제성장을 지속할 수가 없다."[155] 경제의 미래의 발전문제를 해결하기 위해서는 구조개혁을 굳건히 추진하고, 경제의 지속적이고 건강한 발전을 제약하는 중대한 구조적 문제를 힘써 해결해야 한다고 시진핑 동지는 여러 번 언급했다. 우선 소비를 확대하고 투자를 안정시켜 내수구조의 최적화를 추진해야 한다. 내수를 확대하는 것은 중국 경제사회 발전의 전략적 기점이다. 현재처럼 글로벌 경제의 회복이 주춤한 상황에서 내수를 확대하는 것은 중국에 있어서 특수한 현실적 의의가 있다. 당의 18차 전국대표대회 보고에서는 경제구조의 전략적 조정의 발걸음을 촉구하고 내수 확대라는 전략적 기점을 잘 움켜쥐어야 한다고 강조했다. 시진핑 동지는 다음과 같이 말했다. "우리는 경제구조를 최적화하고 힘써 내수를 확대하고 소비를 촉진시키며, 소비와 수출, 투자가 나란히 발전하면서 경제를 이

155) 린이푸(林毅夫), 『新结构经济学』, 北京大学出版社, 2012년, 20쪽(머리말).

끌게 해야 합니다."[156] 따라서 우리는 반드시 소비수요를 확대할 수 있는 효과적인 메커니즘 구축을 다그치고 이에 상응하는 조치를 취하여 주민들의 소비 잠재력을 이끌어내야 한다. 우선 도시와 농촌주민들의 수입, 특히 저소득층의 수입을 늘림으로써 소비능력을 제고시켜야 한다. 다음으로 소비를 제약하는 체제와 메커니즘 장애를 타파하고 주민소비정책을 보완하며 안전한 소비환경을 구축해야 한다. 그 다음으로 소비를 위한 투자를 확대하고 투자의 합리적인 성장을 유지하며 국내시장 규모를 확대해야 한다. 또한 투자체제개혁을 심화시키고, 민간투자를 격려하고 인도하며, 투자구조를 최적화하고 투자의 효익을 높이며, 서비스업 투자의 성장을 촉진케 하고 도시화 건설의 투자구도를 최적화해야 한다.

다음으로 산업구조 조정을 착실하게 추진하고 성장방식 전환과 업그레이드를 촉진시켜야 한다. 경제학 이론연구에서 볼 수 있듯이 현대경제의 고속발전은 주로 산업구조의 최적화 업그레이드로 실현된다. 산업구조 최적화 업그레이드는 또 산업구조 조정에 의거해야 한다. 시진핑 동지는 다음과 같이 말했다. "글로벌금융위기로 인한 부도장치(倒逼机制)를 충분히 이용하여 생산과잉 업종의 조정을 적극 추진하고 생산과잉과 중복건설을 굳건히 억제해야 합니다. 시장이 자원배치에서 결정적 역할을 하는 것과 정부의 역할을 더 잘 발휘하는 것을 결합시키고, 시장경쟁을 통해 우열승패를 실현하는 것을 견지해야 합니다. 동시에 전략적 신흥산업의 발전을 추진하고 전통산업의 최

156) 시진핑, 『永远做可靠朋友和真诚伙伴』, 『人民日报』, 2013년 3월 26일.

적화 업그레이드를 다그치며, 산업구조의 전환을 착실하게 추진해야 합니다", "산업구조 조정에 대해 정부는 뭘 하지 말아야 하는지를 이미 명확히 알고 있습니다. 하지만 뭘 해야 하는지는 잘 모르는 경우가 많습니다. 생산과잉 문제를 해결하기 위해서는 사고방식을 바꿔야 합니다. '네거티브 리스트(負面清單)'를 적용하여 기업들에게 무엇을 하지 말아야 하는지를 알려줘야 합니다. 무엇을 할 수 있고 무엇을 해야 할지는 기업들이 시장의 공수관계의 변화에 따라 자주적으로 판단하게 해야 합니다."[157] 이와 같은 중요한 논술들은 산업구조 조정을 다그치고 산업 업그레이드를 추진하는데 방향을 제공하고 방법을 제시했다. 즉 제1산업의 기초적 지위를 공고히 하고, 제2산업의 핵심경쟁력을 증강시키며, 제3산업이 국민경제에서 더 큰 역할을 발휘하도록 해야 한다. 그 다음으로 구역경제구조를 최적화하고 조화로운 협동발전을 촉진시켜야 한다. 각 구역은 각자의 특점에 좇아 우세산업을 발전시켜야, 하며 구역들 사이에 합리적인 산업분공체계를 형성시켜야 한다. 우선 구역경제구조를 최적화해야 한다. 구역발전의 총체적 전략을 실시하고 각 지구의 비교우세를 충분히 발휘시키며 서부대개발을 우선적으로 추진하고 동북지구와 같은 옛 공업기지를 전면적으로 진흥시키고, 중서부지구가 일어나기를 크게 추진하고, 동부지구의 우선적 발전을 적극 지지해야 한다. 맞춤형지원과 같은 여러 가지 방식을 통해 혁명근거지와 소수민족지구, 변강지구, 빈곤지역에 대한 지원을 늘려야 한다. 다음으로 지구역경제의 협동발전을 촉진시

---

157) 『十八大以来习近平同志关于经济工作的重要论述』, 新华网, 2014년 2월22일.

켜야 한다. 시진핑 동지는 구역경제 협동발전 문제에 큰 관심을 기울였다. 그는 2013년 5월 텐진에서 조사연구하면서 다음과 같이 언급했다. "새로 운 시기 사회주의현대화의 징진'쌍성기'(京津 '双城記')를 써 내려가야 합니다." 2013년 8월에 그는 또 베이따이허(北戴河)에서 허베이(河北) 발전문제를 토론하면서 징진지(京津冀, 베이징-텐진, 허뻬이) 협동발전을 추진해야 한다고 말했다. 2014년 2월 그는 징진지 협동발전 사업보고를 듣고는 다음과 같이 강조했다. "징진지 일체화 발전을 힘써 추진하며, 일묘삼푼지(一畝三分地, 극히 좁은 토지) 사유방식을 버리며, 함께 뭉쳐서 정층설계(頂層設計)의 목표를 향해 나아가야 합니다."

### 3. 공급측 구조개혁의 추진을 촉구해야 한다.

공급측 구조개혁을 추진하는 것은 시진핑 동지를 핵심으로 하는 당 중앙이 세계경제의 형세와 우리나라 경제발전의 뉴노멀에 대한 종합적 연구와 판단에 근거하여 결정한 중대한 전략적 조치로서, 전면적으로 개혁을 심화시키는 일이 중요한 임무의 하나이며, 개혁을 위한 전반적인 국면에 관계된다.

첫째, 공급측 구조개혁의 중대한 의의를 심각하게 인식해야 한다. 공급측 구조개혁을 다그치는 것은 경제발전의 뉴노멀을 파악하고 인도하는 중대한 조치이고 필연적 요구이며 주동적인 선택이다. 이는 또한 중국특색사회주의 시장경제이론의 중대한 혁신이고 심각한 인식이다. 우선 공급측 구조개혁은 우리나라 사회주의시장경제이론의 중대한 혁신이다. 당의 18차 전국대표대회 이래 우리 당은 경제발전의 새로운 추세성(趨勢性) 특징에 대한 화학적 인식에 근거해 공급측 구조개혁을 실시할 것을 제기했는데, 이는 우리나라 거시경제 공수관계의 변화에 대처하기 위해 내놓은 전략적 결책이다. 과거에 우리나라 거시경제 공수모순(供求矛盾)은 주로 공급 부족이었기에 생산규모를 확대하는 것이 급선무였다. 현재 경제발전이 뉴노멀에 진입하면서 우리나라 거시경제 공수모순은 주로 부분적인 생산과잉으로 체현되며, 공급과 수요가 조화될 것을 요구한다. 공급측 구조개혁을 추진하는 목적은 공급의 질과 효율을 높이는 것이다.

다음으로 공급측 구조개혁은 경제성장의 안정을 유지하는 양약(良藥)이다. 현재 우리나라 공급측의 구조 모순은 주로 생산과잉, 재고의 압박, 하이 레버리지(杠杆偏高), 원가 상승, 두드러진 약점 등 다섯 가지로 표현된다. 이런 문제들을 해결하지 않고 수요만 자극해서는 경제를 끌어올릴 수 없다. 반짝 부양효과가 있더라도 지속적으로 유지될 수 없다. 이러한 형세에서 공급측 구조개혁을 다그침으로써, 우리나라 경제의 지속가능한 발전을 제약하는 핵심문제를 해결할 수 있고, 우리나라 경제구조의 전환과 업그레이드를 진정으로 추진할 수 있으며, 우리나라가 경제의 공급측과 수요측(需求側)이 서로 대응되지 못하는 약점을 보완할 수 있다.

그 다음으로 공급측 구조개혁은 복잡하고 변화무쌍한 세계경제 국면에 대응하기 위한 관건적인 방책이다. 글로벌 환경을 보면 세계경제는 복잡하고 변화무쌍하며 회복세가 더디다. 2008년 국제금융위기 이래, 글로벌 경제회복이 지연되고 시장수요는 지속적으로 저조하며, 주요 경제체의 총요소생산성(Total·Factor·Productivity) 증가속도고 완만하고 구미국가들은 재공업화 전략을 추진하며, 일부 첨단제조업들이 회류(回流)하고 인력자원이 풍부한 나라들이 노동밀집형 산업의 국제시장을 잠식하고 있다. 이와 같은 상황에서 우리는 반드시 공급측 구조개혁을 추진하여 글로벌 분공구도에서 더 유리한 위치를 선점하고 우리나라의 글로벌 경쟁력을 높여가야 한다.

둘째, 공급측 구조개혁의 기본요구를 잘 움켜쥐어야 한다. 새로운 발전이념을 관철시키고 실시하며 경제발전의 뉴노멀에 적응하고 이끌어나가야 한다. 공급측 구조개혁을 추진하는 것을 위주로 하고 "삼거일강일보(三去一降一補)"[158]의 중점임무를 효과적으로 실시하며, 아래와 같은 몇 개의 기본 요구를 잘 움켜쥐어야 한다.

우선 공급측 구조개혁을 추진하는 근본적인 목적을 잘 파악해야 한다. 공급측 구조개혁의 근본목적은 공급의 질을 제고하여 수요를 만족시키는 것이다. 즉 공급능력이 인민들의 날로 늘어나는 물질·문화적 수요를 더 잘 만족시키도록 하는 것이다. 현재 우리는 여전히 사회주의 초급단계에 처해있기에 가장 근본적인 임무는 사회생산력을 해방시키고 발전시키는 것이다. 사회생산력 발전을 저애하고 속박하는 언행들은 모두 사회주의의 본질적 요구에 위배되는 것이기에 굳건히 반대해야 한다. 중국특색사회주의 정치경제학의 각도에서 보면

158) 삼거일강일보(三去一降一补) : 생산과잉 조절, 재고 조절, 레버리지 축소, 기업비용 절감, 단점 보완 등을 이름.

공급측 구조개혁의 근본목적은 인민을 중심으로 하는 발전사상을 견지하고 맞춤형 공급과 영활한 공급을 실현하며, 공급의 질과 효익 개선에 치중함으로써, 날로 늘어나고 부단히 업그레이드되는 인민대중들의 물질·문화적 수요와 생태환경 수요를 충족시키는 것이며, 이로써 사회생산력을 제고하는 목적에 도달하는 것이다.

다음으로 공급측 구조개혁을 추진하는 주요 공격방향을 잘 파악해야 한다. 공급측 구조개혁의 주요 공격방향은 무효한 공급을 줄이고 유효공급을 늘리며 공급구조가 수요구조에 순응하게 하는 것이다.[159] 공급측 구조개혁의 중점은 삼거일강일보(三去一降一補)를 추진하는 것이다. 이 '5임무'는 서로 관련되고 서로 보충하며 서로 맞물리는 체계적인 공정이기에 통일적으로 계획하고 동적으로 가장 적당하며 조화롭게 추진해야 한다. 생산과잉을 해결하고 재고를 조절하는 것은 공수관계를 조정하여 공산품의 가격 하락 압력을 완화하기 위한 것이다. 이는 기업의 레버리지를 축소하고 실물경제의 채무와 이자 부담을 줄이며 거시적으로 금융위기를 방지하는 효과도 있다. 기업비용 절감과 단점 보완은 기업의 경쟁력을 높이고 기업발전의 외부조건을 개선하며 경제의 잠재적 성장능력을 증가하기 위한 것이다.

그 다음으로 공급측 구조개혁을 추진하는 본질적 속성을 잘 파악해야 한다. 공급측 구조개혁의 본질적 속성은 개혁을 심화시키는 것이다. 정부의 직능을 서둘러 전환하고 기업경영에 대한 정부의 간섭을 최소화하며, 정부의 심사비준 범위를 가능한 최소화해야 한다. 국

159) 논설위원의 글,『牢牢把握供给侧结构性改革的主攻方向』,『南方日报』, 2016년 8월 3일.

유기업의 개혁을 추진해야 한다. 국유기업의 품질을 제고시키고 효율을 늘려야 하며, 국유기업을 크고 강하게 만들어야 한다. 가격개혁을 심화시켜야 한다. 농산품 가격형성 메커니즘을 중점적으로 보완하고, 에너지자원 시장화를 다그쳐 추진하며, 환경서비스 가격정책을 보완하고, 의료서비스 가격을 정돈하며, 교통운수 가격메커니즘을 정비하고, 공용사업과 공익성 서비스 가격 관리를 혁신시켜야 한다.

셋째, 공급측 구조개혁에서의 여러 가지 관계를 정확히 처리해야 한다. 우선 정부와 시장의 관계를 잘 처리해야 한다. 공급측 구조개혁을 추진하기 위해서는 새로운 형세에 직면한 정부와 시장의 관계를 잘 처리해야 한다. 당의 18기 3중전회에서는 다음과 같이 언급했다. "시장이 자원배치에서 결정적 역할을 하도록 하고 정부의 역할을 더 잘 발휘토록 해야 한다." 현재 정부와 시장관계의 모순은 주로 시장이 자원배치에 대한 결정적인 역할이 제대로 발휘되지 못하고, 정부 역시 효과적인 역할을 하지 못하고 있는 것이다. 자원배치에서 시장의 결정적인 역할을 강조하는 것은 정부가 전혀 관여하지 말라는 의미가 아니다. 정부는 경제관리 방식을 전환하여, 관리감독을 강화하고 양질의 서비스를 제공하며 시장이 제 역할을 발휘할 수 있는 환경을 적극 창조해야 한다.

다음으로 공급과 수요의 관계를 정확하게 처리해야 한다. 공급과 수요는 시장경제에서 하나의 모순통일체이다. 이는 동전의 양면처럼 서로 의존하고 공존하는 관계이다.[160] 양자는 모두 경제성장을 추진하는 수단이다. 어떠한 시기에도 수요측과 공급측을 다 같이 중시해야 한다. 그 다음으로 성장과 개혁의 관계를 정확히 처리해야 한다. 공급측 구조개혁을 추진하기 위해서는 성장과 개혁의 관계를 잘 처리해야 한다. 최근 한 동안 국제적으로 일부 사람들이 중국 쇠퇴론을 들고 나오는데, 그 이유의 하나가 바 중국이 추진하고 있는 구조개혁이 경제성장에 영향을 주고 있다는 것이다. 이를테면 국제신용평가기구 무디스(Moody's Investors Services)는 중국이 개혁과 성장·안정이라는 세 개 목표를 동시에 달성하는 것은 불가능하다고 인정하고 있다. 이에 대해 중국정부는 이미 유력한 회답했다. 이에 대해 리커챵 동지는 중국에서 개혁과 성장은 서로를 촉진시키고 상호 전환하는 관계라고 여러 번 언급했다. 30여 년 동안 중국경제가 거대한 성과를 이룰 수 있었던 이유가 바로 개혁의 결정적인 역할에 있다. 개혁은 경제성장의 진정한 동력이다. 개혁은 발전에 유리하고 성장에 유리하며, 발전과 성장은 또 개혁을 심화시키는 데 조건을 창조해준다. 따라서 양자는 내적으로 통일되는 관계인 것이다. 또한 정층설계(頂層設計)와 지방혁신의 관계를 잘 처리해야 한다. 공급측 구조 개혁을 추진하기 위해서는 정층설계(頂層設計)와 지방혁신의 관계를 잘 처리해야 한다. 정층설계는 방향을 제시하고 체제와 메커니즘을 구축하며 여러 시스템 사이의 조화와 연계하여 움직이는 것을 실현하는

160) 펑차오빈(冯俏彬),『供给侧结构性改革：发展呼唤与现实要务』,『中共贵州省委党校学报』, 2016년, 2기.

데 그 의의가 있다. 중앙의 정층설계의 기초위에서 지방의 혁신과 자주성·적극성을 충분히 발휘시켜야 한다. 인민대중들이 개척정신을 존중하고 지방의 대담한 탐색을 격려하며, 지방의 생생하고, 현실적인 실천을 중시하는 것은 탑 레벨 디자인과 실제를 결부시키는 중요한 조건이며, 개혁의 지속적인 심화를 추진하는 지혜의 근원이고 활력의 원천이다.

## 4. 실물경제의 부양에 진력해야 한다.

2016년 중앙경제사업회의에서는 "실물경제 부양에 진력하는 것"을 공급측 구조개혁을 심화시키는 중요한 사업의 하나로 확정하고 품질, 혁신, 브랜드, 장인정신 등 네 개의 키워드로 실물경제 부양의 주된 방향을 명확히 하고 실물경제 부양의 착력점을 제시했다.

첫째, 실물경제의 발전은 국내외의 이중 압박을 받고 있다. 국제적으로 보면 한편으로는 구미의 발달한 나라들이 '재공업화(再工業化)' 전략을 추진하고, 기술과 산업방면에서의 우세를 계속 이어가려 하고 있다. 미국과 독일, 영국, 프랑스, 일본 등은 새로운 계획을 선포하고 제조업 부흥을 적극 추진하면서 제조업의 감제고지(瞰制高地)[161]를 선점하려고 시도하고 있다. 다른 한편으로는 인도와 베트남, 인도네시아 등 개발도상국들은 더 낮은 노동력의 원가로 노동집약형 산업의 이전을 추진하고 있다. 우리나라 제조업은 구미의 발달한 나라들과 동남아, 아프리카 등 개발도상국들로부터 '양면 협공'이라는 이

161) 감제고지(瞰制高地) : 주위가 두루 내려다보여 적의 활동을 감시하기에 적합한 고지.

중도전에 직면해 있어 진퇴유곡의 상황에 빠졌다.

국내적으로 보면 한편으로는 수십 년 동안의 고속성장을 거치면서 우리나라 제조업은 노동력, 토지, 에너지자원 등 각 방면의 원가 면에서의 우세가 점점 떨어지고 있고 원가 면에서의 우세에 의지하던 '메이드 인 차이나'는 점차 그 경쟁력을 잃어가고 있다. 비교우세가 점점 더 사라지고 있는 것이다. 다른 한편으로는 경제가 하락하는 상황에서 제품의 질과 브랜드 등에 대한 시장의 요구가 점점 더 높아지고 있지만, 상품의 부가가치는 상승하는 원가를 감당하기에 아직 역부족이다. 적지 않은 기업들은 거대한 생존압력에 직면해 있다. 일부는 이미 파산되거나 부도를 맞았고, 일부는 아예 동남아나 아프리카로 이전했다. 우리나라 실물경제의 전환과 업그레이드는 이미 보릿고개에 이르렀다.

둘째, 실물경제를 부양하는 것은 중대한 구조적 불균형을 해소하는 데 유리하다. 2016년 중앙경제사업회의에서는 실물경제를 부양하는 것을 공급측 구조개혁의 중점임무의 하나라고 인정했다. 이는 당중앙이 우리나라 경제운행이 직면한 두드러진 모순과 문제를 심층적으로 분석한 기초위에서 중국경제의 "중대한 구조적 불균형"을 해결하기 위해 내놓은 중대한 전략적 조치이다. "중대한 구조적 불균형"은 주로 두 가지 방면에서 표현된다. 하나는 자본이 "실물경제를 이탈하고 가상경제로 쏠리는" 문제이다. 실물경제 투자가 저조하고 민간투자 증가속도가 가파르게 하락하고 있다. 2016년에 민간투자는 3.2%밖에 성장하지 못했고 지속적으로 저조한 상태에 처해있다. 동시기 국유기업의 투자는 18.7%에 달해 양자는 현저한 격차를 보이고 있다.[162] 또한 대량의 자본이 "실물경제를 이탈하고 가상경제로 쏠리고" 있다. 금융과 부동산 등 영역으로 쏠리고 있는 것이다. 통계수치에 따르면 2016년 상반기에 새로 증가한 인민폐 대출은 7.5조 위안에 달하는데 그 중 2.3조 위안은 주택구매 대출이었다. 이는 새로 증가한 인민폐 대출의 31%를 차지한다. 게다가 1.1조 위안은 부동산개발기업의 대출로 새로 증가한 인민폐 대출의 15%를 차지한다. 즉 상반기에 새로 증가한 인민폐 대출의 약 46%가 부동산 시장으로 흘러간 것이다.[163] 자본이 "실물경제를 이탈하고 가상경제로 쏠리는" 것은 '자산 버블(資産泡沫)'을 초해할 수 있으며, 실물경제의 원가를 상승시켜 경제운행에 위험을 초래할 수 있다. 다른 하나는 공급과 수요가 엇갈리는 것이다. 최근 몇 년 동안 변기뚜껑에서부터 화장품, 전기밥솥에 이르기까지 해외구매 붐이 일고 있다.

상무부의 통계수치에 따르면 우리나라 관광객들이 매년 해외에서 소비하는 금액은 1조 위안이 넘으며 소비가 외부로 흘러가는 것은 이제 간과할 수 없는 상황에 이르렀다. 이는 백성들이 아름다운 생활을 추구하고 우수한 제품과 서비스에 대한 열망이 크다는 것을 보여준다. 하지만 국내의 공급에는 문제가 발생했다. 쉽게 말하면 백성들이 요구하는 물건의 일부는 우리한테 없고 국내에서도 구매할 수 없으며, 일부는 우리도 갖고 있고 구매할 수도 있지만 품질이 떨어져서

---

162) 『2016 年国民经济实现 "十三五" 良好开局』, 国家统计局网站, 2017년 1월 20일.
163) 아이린(艾琳), 『资金 "脱实向虚" 必须引起高度重视』, 新华网, 2016년 9월 20일.

백성들이 구매를 꺼린다는 것이다. 따라서 무효하거나 저급한 공급을 감소시켜나가고, 효과적이고 고급적인 공급을 확대해나가야 하며, 수요의 변화에 따라 공수구조의 적응성과 유연성을 향상시키는 것을 공급측 구조개혁의 착력점으로 삼아야 한다. 이번에 중앙에서 "실물경제 부양에 못을 박아야 한다."고 제기한 것은 공급측 구조개혁의 '고삐'를 움켜쥐자는 것이며, 자본이 실물경제 쪽으로 쏠리게 유도하고 공수구조의 동적인 균형을 촉진시키는 적절한 조치이다.

셋째, 실물경제 부양의 주요 공격방향을 명확히 해야 한다. 품질, 혁신, 브랜드, 장인정신 등 네 개의 키워드는 실물경제를 부양시키는 주요 공격방향을 명확하게 보여주며, 실물결제 부양의 착력점을 제시했다. 최근 몇 년 동안 중앙은 경제성장의 품질과 효익에 주목해야 한다고 여러 번 언급했다. 품질은 실물경제를 부양하는 생명선이며, 우리나라가 경제를 전환하고 업그레이드하는 주춧돌이다. 혁신은 실물경제 부양의 영혼이며, 우리나라가 경제를 전환하고 업그레이드하는 동력이다. 브랜드는 우리나라 실물경제의 양호한 형상을 구축하는 표징(標徵)이며, 자주적 지적재산권을 가진 유명브랜드를 형성하는 핵심요소이다. 장인정신은 실물경제를 부양하는 정신적 동력이며 제품이 경쟁력을 높이는 기본이다. 품질관리를 전면적으로 강화하고 혁신에 의한 구동을 견지하며, 장인정신을 발양하고 브랜드 건설을 강화하려면 일련의 체계적인 설계가 필요하다. 즉 품질과 혁신, 브랜드, 장인정신이 골고루 역할을 발휘하게 하는 제도시스템 마련이 필요한 것이다.

이를테면 고품질 제품과 서비스 공급을 확대하기 위해서는 기업의 품질관리시스템을 부단히 보완해야 할 뿐만 아니라 전 사회적으로 품질보장 시스템을 구축하기 위해 노력해야 하며 국가 표준시스템을 보완하고 관련 법규 건설을 촉구해야 한다. 혁신과 브랜드 건설을 격려하기 위해서는 지적재산권 보호를 강화하고 짝퉁을 엄격하게 금지시키며 "악화가 양화를 구축하는(劣幣驅逐良幣)" 역도태(逆淘汰)를 방지하고, 품질이 우수한 제품에게는 상응하는 보상을 받도록 해야 한다. 장인정신을 발휘케 하기 위해서는 효과적인 격려메커니즘을 구축하여, 장인들이 "재능은 가치가 있고 소득을 얻을 수 있다."는 것을 진정으로 느끼도록 해야 한다. 또한 우리나라의 직업교육제도를 개혁하여 더 많은 기능인재를 배출해야 한다.

넷째, 실물경제를 부양하기 위해 제대로 처리해야 할 네 가지 관계.

우선 정부와 시장이 관계를 잘 처리해야 한다. 당의 18기 3중전회에서는 시장이 자원배치에서 결정적인 역할을 하도록 하고 정부의 역할을 더 잘 발휘해야 한다고 확정했다. 이는 실물경제 부양에도 아주 중요하다. 시장이 자원배치에서 결정적인 역할을 하고, 정부가 그 과정에서 제 역할을 해내야만 생산과잉의 난제를 효과적으로 다스릴 수 있기 때문이다. 세금 감면과 비용 절감, 요소비용 절감에 주력하고 각종 교역원가, 특히 제도성 교역원가를 절감하며, 여러 가지 심사비준과 평가비용을 줄이고 물류비용을 줄이며, 노동력시장의 유연성을 제고시켜야 한다. 다음으로 신흥산업과 전통산업의 관계를 잘 처리해야 한다. 혁신구동의 발전전략을 실시하고 전략적 신흥산업이 활기차게 발전하도록 추진해야 할 뿐만 아니라 새로운 기술과 관리방식으로 전통산업의 업그레이드를 실현하는 데도 힘을 쏟아야 한다. 실물경제를 부양시키기 위해서는 반드시 신흥산업과 전통산업을 나란히 발전시켜야 한다. 신흥산업과 전통산업은 단순하게 대체하는 관계가 아니다. 새로운 산업혁명의 추동 하에 양자는 서로 보충하고 상부상조하는 관계이다. 전통산업은 신흥기술을 주입함으로써 새로운 활력을 이끌어내고 생산성을 제고시킬 수 있으며, 전략적 신흥산업의 고속성장 역시 전통산업의 환경, 자본, 인재 등 생산요소의 지지가 필요하다. 따라서 경제발전의 새로운 에너지를 창출하기 위해서는 전통산업의 개조와 업그레이드에 중시를 돌려야 한다. 그 다음으로 '해외 인입(引進來)'과 '해외 진출(走出去)'의 관계를 잘 처리해야 한다. 실물경제를 부양하기 위해서는 반드시 개혁을 확대해야 한다. 한편으로는 법치화의 시장경영 환경을 건설화고 외자 '인입 사업'을 강화하며 외자기업이 실물경제 발전에서 중요한 역할을 발휘하게 해야 한다. 다른 한편으로는 국내기업의 해외진출을 적극 격려해야 한다. 국제적인 생산능력 합작(産能合作)을 추진하고 과잉 생산능력을 해외로 이전하여 신흥경제의 발전을 위한 공간을 확보해야 한다. 이는 실물경제의 전환과 업그레이드에 유리하다.

또한 대기업과 중소기업의 관계를 잘 처리해야 한다. 실물경제를 부양하고 산업조직을 최적화하기 위해서는 대기업의 자질을 제고하고 대기업이 더 큰 역할을 발휘하게 해야 한다. 동시에 중소기업의 발전에도 중시를 돌려야 한다. 중소기업의 영활성과 신속성 등 우세를 제대로 발휘하게 하며, 시장 진출, 요소 배치 등 방면에서 중소기업이 공평하게 경쟁할 수 있도록 적극 부축해 주어야 한다.

# 제9장

# 전략적지지: 혁신구동의 발전전략을 실시해야 한다.

# 제9장
# 전략적지지: 혁신구동의 발전전략을 실시해야 한다.

"과학과 관련된 기술의 발전과 광범위한 운용은 현대경제 성장 중에서 효율 개선의 기본 원천이다."[164] 당의 18차 전국대표대회 이래 시진핑 동지를 핵심으로 하는 당 중앙은 "중국 특색의 자주혁신의 길을 걷고, 대담하게 남들이 걷지 않은 길을 걸으며, 부단히 어려움을 극복하는 과정에서 탁월함을 추구하고, 혁신구동의 발전전략을 실시해야 한다."[165]고 언급했다. 시진핑 동지는 중국과학원, 우한 동호 국가자주혁신시범구(武漢東湖國家自主創新示范區), 다롄 첨단기술산업원구(大連高新技術産業園區) 등 지역을 조사·연구하고, 혁신구동 발전전략의 실시정황을 고찰하고 일련의 중요한 발언을 했다. 2013년 9월 30일 중공중앙 정치국은 베이징 중관촌(中關村)에서 혁신구동의 발전전략을 주제로 제9차 집체학습을 했다. 회의에서는 혁신구동의 발전전략을 미래를 향한 중대한 전략적 조치로 해야 한다고 말했다.

---

164) 우징롄(吴敬琏),『中国增长模式抉择』(제4판), 上海远东出版社, 2013년, 170쪽.
165)『坚持走中国特色自主创新道路不断在攻坚克难中追求卓越』,『人民日报』, 2014년 1월 7일.

### 1. 전통경제 구동방식은 이미 병목에 이르렀다.

개혁개방 30여 년 동안 우리나라 경제성장은 주로 노동력과 자본, 자원 등 3대 전통 요소의 투입에 의지했다. 이는 많은 개발도상국들이 걸어왔던 길로서 전형적인 요소구동형(要素驅動型) 성장이다. 하지만 이미 많은 새로운 정황과 새로운 변화가 발생했다. 따라서 이와 같은 3대 요소는 모두 여러 가지 제약을 받고 있고 더 이상 우리나라 경제의 장기적이고 지속적인 성장을 지탱하기 어렵다.

노동력 각도에서 보면, 개혁개방 이래 우리나라의 농촌인구는 대규모적으로 도시로 이전했다. 또한 노동인구(16세부터 60세까지)가 전체 인구에서 차지하는 비율도 상대적으로 높았기에 노동력은 전체적으로 보면 공급이 지속적으로 증가하는 추세였다. 최근 몇 년 간, 우리나라 노동력 비중은 하락세를 보이고 있고 노동력 공급이 딸리는 현상도 간헐적으로 발생하고 있다. 창장삼각주와 주장삼각주 등 지역들에서는 정도는 다르지만 '민공공황(民工荒)'이 발생하고 있다. 경제학 의미에서의 루이스의 전환점(The Lewis turning point)이 이미 도래한 것이다. 이와 동시에 우리나라 노동력 원가는 지속적으로 상승하고 있다. 국가통계국의 수치에 따르면 2005년 이전에 농민공들의 평균 월급은 1,000 위안에 채 못 미쳤다. 그 후 농민공들의 급여는 점차 상승했는데 2016년에 이르러 이들의 평균 월수입은 3,275위안(숙식 해결은 포함하지 않음)에 달했다. 이 뿐만 아니라 전 사회적인 급여 수준이 지속적으로 상승했다. BSH효과[166]가 나타나고 있는 것이다. 자본의 각도에서 보면, 자본은 일찍 국가 경제성장에 결정적인 역할을 했었다. 다년간의 대외개방과 국내경제발전으로 말미암아 우리나라 자본의 총생산량은 이미 아주 충족해졌다. 중국인민은행의 최신 통계수치에 따르면 2016년 8월 말까지 우리나라 개인예금은 이미 58조 위안에 달했다. 하지만 우리나라에서 예금이 투자로 이어지기에는 아직 많은 장애가 존재한다. 투자의 구조성적인 문제가 뚜렷한 것이다. 이는 주로 정부의 투자 비중이 높고 그 영역이 너무 넓어서 기업의 투자공간을 좁혀버리는 것으로 표현된다. 기업의 투자와 사회적 투자는 아직까지 여러 가지 장애와 규제에서 자유롭지 못하다. 최근 몇 년 간, 적극적인 재정정책의 자극으로 정부의 투자는 수익률이 떨어지고 투자 가능한 영역이 줄어들고 있으며, 지방부채 위험이 커지면서 정부의 투자로 경제성장을 지탱하는 것은 점점 더 어려워지고 있다. 자원의 각도에서 보면 우리나라는 인구가 많아서 각종 자원의 1인당 보유량은 세계 평균수준에 미치지 못하는 경우가 많다. 개혁개방 이래 우리나라의 경제는 고속성장을 이어오면서 담수, 토지, 삼림, 광산, 동식물 등 각종 자원의 소모량이 기하급수적으로 상승했으며, 자원 산출율(產出率)은 세계 선진수준과는 차이가 아주 크다. 2010년을 예로 들면 우리나라 자원 산출율(약 3,770/톤)은 일본의 1/8, 영국의 1/5, 독일의 1/3, 한국의 1/2밖에 안 되었다. 자원

166) BSH효과(Balassa-Samuelson Hypothesis), 국제경제학의 개념의 하나로, 경제성장률이 더 높은 국가일수록 급여의 실제 성장률이 더 높으며 실제 환율의 상승도 더 빨라지는 현상.

의 과도한 소모는 경제성장과 사회발전의 장기적인 기초를 약화시켰고 엄중한 환경오염과 생태 퇴화 문제를 야기했다. 인민대중들의 생활과 밀접한 연관이 있는 물, 토지, 공기 등은 모두 정도가 다른 문제가 발생했다. 도시의 공기 질을 예로 들면, 생산과 생활방식의 원인으로 인해 최근 몇 년 간 전국의 적지 않은 도시들이 심각한 스모그에 시달리고 있다. 이는 인민대중들의 생명과 건강에 심각한 위협을 주는 것이다. 사실상 지난 시기의 고속발전을 이끌던 전통적인 인구 보너스(人口紅利)와 자원 보너스(資源紅利)의 점차적인 감소로 우리나라는 더 이상 요소구동(要素驅動)의 발전전략을 이어가기가 어렵게 되었기에 조정이 시급하다. 뉴노멀 상황에서 효과적으로 내수를 확대하고 경제성장 속도의 하락을 억제할 수 있는지, 구조조정과 기술의 진보를 통해 품질과 효익을 높일 수 있는지, 개혁의 심화를 통해 제도적 보너스(制度紅利)를 진일보 하게 이끌어낼 수 있는지, 포용적 성장을 통해 보편적인 취업과 수입 제고를 촉진시키고, 발전이 직면한 불균형하고 조화롭지 못한 문제들을 해결할 수 있는지 등은 모두 우리나라 경제발전의 운명을 결정하는 것이다.

### 2. 과학기술의 혁신은 지구를 들어 올리는 지렛대이다.

당의 18기 3중전회에서는 혁신구동의 발전전략을 반드시 국가발전 대국의 중요한 위치에 올려놓아야 한다고 강조했으며 "과학기술 메커니즘 개혁을 심화시키는 것"에 대해 구체적인 전략적 조치를 취했다. 이는 우리나라가 혁신형 국가의 건설을 재촉하고 과학기술 강국을 향해 나아가는 여정에 아주 중대한 의의가 있는 일이다. 시진핑 동지는 다음과 같이 말했다. “과학기술 혁신은 곧 지구를 들어 올리는 지렛대입니다. 늘 예상 밖의 기적을 창조해내지요.”[167]

첫째, 현대화의 여정은 본질적으로 보면 과학기술의 진보와 혁신의 역사이다. 혁신구동의 발전전략을 실시하는 것은 중화민족의 전도와 운명에 관계되는 것이다. 시진핑 동지는 과학기술이 흥기해야 민족이 흥기하고, 과학기술이 강해야 민족이 강해진다고 말했다. 세계적 범위에서 보면, 근현대사회의 경제와 정치의 발전은 시종 과학기술혁명과 과학기술의 혁신과 이어져있다. 혁명성적인 기술돌파는 매번 새로운 세계강국을 탄생시켰다. 과학기술 혁신의 기회를 움켜쥐는 자가 강국으로 매진하는 주도권을 갖는 것이다. 영국은 증기기관을 표지로 하는 공업혁명의 기회를 움켜쥐고 우선적으로 공업화를 이루었다. 미국과 독일 등 나라들은 전동기관과 내연기관을 표지로 하는 전기혁명의 기회를 움켜쥐고 신속하게 궐기했다. 역사적으로 우리나라의 경제발전 수준은 장기적으로 세계의 앞자리를 차지했다. 하지만 18세기 이후 과학기술의 발전수준이 점차 서방에 추월당하고 뒤떨어지면서, 당시 선진생산력 발전을 대표하던 공업혁명에서 뒤처지고 말았다. 신중국이 설립된 후, 특히 개혁개방 이래 당과 정부는 과학기술 사업의 발전을 특별히 중시했다. 우세한 역량을 집중시켜 개척함으로써 기초적이고 전략적이며 창조적인 과학기술 성과를 이뤄내어, 국가의 안전을 보장하고 경제사회 발전을 유력하게 추진하였으며, 우리나라의 국

167) 『习近平谈治国理政』, 外文出版社, 2014년, 120쪽.

제적 지위를 제고시켰다. 역사는 우리들에게 과학은 가장 높은 의의의 혁명역량이라는 것을 생생하게 보여주었다. 여러 나라들 사이의 종합국력의 경쟁은 결국은 과학기술 실력의 경쟁이다. 강대한 과학기술 혁신역량은 경제강국이 되는 전제조건이며 객관적인 기초이다.

둘째, 혁신은 경제발전의 심층적 모순과 문제를 해결하고, 경제발전의 내생동력과 활력을 증진시키는 근본적인 조치이다. 국내적으로 보면 혁신구동은 형세의 핍박에 의한 것이라고 할 수 있다. 현재 우리나라 경제 총생산량은 세계 2위의 자리를 안정적으로 유지하고 있다. 하지만 GDP 단위당 에너지 소비량은 세계 평균수준의 두 배를 넘으며, 생산과잉 문제가 비교적 엄중하고, 환경오염이 지속적으로 가중되고, 경제발전에서 불균형하고 조화롭지 못하며 지속적이지 못한 문제는 여전히 뚜렷하다. 동시에 경제발전에서 과학기술 혁신의 역할이 상대적으로 낮고, 적지 않은 핵심기술은 남들에게 의지하고 있으며, 일부 중점영역에서는 남들을 따라가고 모방하는 단계에 처해있다. '중국 창조'는 '중국 제조'에 크게 뒤떨어져있고, '중국 지조(中國智造)'는 아직 중국공업의 대명사로 되지 못하고 있다. 경제발전은 이미 "혁신이 없으면 출로가 없는 상황"에 이르렀다. 새로운 경제발전 상황은 우리들에게 산업을 가치사슬의 중·고급(中高端) 레벨로 상승시켜 경제의 전반적인 질을 제고할 것을 요구하며, 새로운 경제성장점을 구축하고 시장공간을 확장하여 사회적 수요를 만족시킬 것을 요구하며, 미래 발전의 지주성(支柱性), 선도성 산업을 육성하여 새로운 글로벌 경쟁력을 확보할 것을 요구한다. 이런 것들을 실현하기 위해서는 경제발전의 내적 동력과 활력을 끌어내야 하는데 그 근본적인 출로는 혁신에 있다. 관건은 과학기술 역량에 의거하는 것이고, 과학기술 혁신에 의거해 경제발전과 사회 진보를 이끌어나가야 한다.

셋째, 바야흐로 다가오는 새로운 과학기술 혁명과 산업 변혁은 우리가 혁신구동의 발전전략을 실시하는데 다시없는 중대한 기회를 제공해주고 있다. 현제 세계적으로 새로운 기술혁명의 바람이 불고 있다. 일부 중요한 과학문제와 핵심기술은 이미 혁명성적인 돌파를 가져올 조짐을 보이고 있다. 우리가 만약 과학기술 혁신의 붐을 제대로 따라가지 못한다면 미래의 글로벌 경제 구도에서 발언권을 잃게 될 것이다. 역사적 경험들이 보여주듯이, 매 한 차례의 글로벌 금융위기는 모두 지난번 과학기술혁명이 점차 쇠미해지고 새로운 중대 과학기술이 곧 등장하게 됨을 의미한다. 1895년과 1929년의 두 차례 세계경제위기가 있은 뒤, 선후로 전기혁명과 전자혁명이라는 두 차례 기술혁명의 붐이 일었다. 새로운 중대 과학기술은 생산력 발전의 수요에 더 잘 적응할 수 있고 과학기술 혁신에 의거해 새로운 경제 성장점과 새로운 발전모델을 창조해내는 것은 위기에서 탈출할 수 있는 근본적 출로이다. 2008년 글로벌 금융위기 이후 과학기술 혁신과 진보의 발걸음이 빨라지고 있으며 새로운 과학기술혁명의 붐이 그 조짐을 보이고 있다. 빅데이터와 클라우드 컴퓨팅, 3D 프린팅, 신에너지, 신소재 등 새로운 첨단기술은 모두 중대한 돌파에 직면했고 사회의 생산방식과 생활방식에 혁명성적인 변화를 가져오게 될 것이다. 동시에 글로벌 기술 발전의 태세를 보면 현대 과학기술 기초를 이루는 중대한 과학적 발견은 태반이 20세기 상반기에 이루어진 것이며, "과학기술의 침묵"은 이미 60여 년 째 지속되고 있다. 새로운 변혁과 돌파의 에너지가 부단히 축적되고 있으며 새로운 과학기술혁명과 산업혁명이 바야흐로 대두되고 있다. 따라서 우리는 반드시 우환의식을 가져야 하며 새로운 과학기술혁명과 산업혁명의 기회를 잘 움켜쥐고 기회를 선점해야 한다.

### 3. 근본은 자주혁신 능력을 증강하는 것이다.

"혁신구동의 발전전략을 실시하기 위한 근본은 자주혁신 능력을 증강하는 것이고, 가장 긴박한 것은 체제와 메커니즘 장애를 타파하는 것이며, 제1생산력으로서의 과학기술의 거대한 잠재력을 최대한도로 이끌어내는 것이다."[168] 시진핑 동지의 이와 같은 발언은 혁신구동에 의한 발전전략을 실시하기 위한 관건적 난제와 기대치를 잘 보여주고 있다.

첫째, 과학기술 혁신과 경제사회 발전을 긴밀히 결합시켜야 한다. 현재 우리나라 과학기술 메커니즘에는 시급히 해결해야 할 문제들이 존재한다. 이를테면 과학기술과 경제사회 발전이 서로 어긋나고 응용개발 프로젝트가 수요와 어긋나는 등 문제들이다. 따라서 과학기술 혁신의 잠재력이 충분히 발굴되지 못하고 있다. 이런 문제를 해결하기 위해서는 정부와 시장의 관계를 잘 처리해야 한다. 개혁을 심화하여 과학기술과 경제사회 발전 사이에 통로를 열어주고 시장이 혁신

168) 『习近平谈治国理政』, 外文出版社, 2014년, 121쪽.

자원을 배치할 수 있는 능력을 구비하도록 하며, 기업이 진정으로 기술혁신의 주체가 되게 해야 한다. 우선 기술혁신에서 기업의 주체적 지위를 진일보로 확고히 하고 기업이 기술혁신의 결책과 연구개발 투입, 성과 전환(成果轉化) 등에서 주체적 역할을 하도록 인도해야 한다. 다음으로 기술혁신을 시장이 주도하는 메커니즘을 구축해야 한다. 응용연구를 시장이 견인해나가도록 박차를 가하고 과학기술인원과 교사들이 과학기술 성과와 우수한 사회혁신요소를 결합시켜 창업하는 것을 격려하며, 과학기술 성과의 전환과 산업화를 다그치고 기술과 인재 등 혁신요소들이 수요 주체로 흘러가서 시장 수요와 유기적으로 결합되게 해야 한다. 그 다음으로 정부가 행정수단으로 과학기술혁신 활동을 독점하거나 간섭하는 행위를 시정하며, 정부의 주요 정력을 혁신 격려정책을 보완하고 공정한 시장환경을 구축하는 방향으로 전환해야 한다. 정부는 '밀어주는' 역할을 잘 발휘하고 과학의 나무에 "거름을 주고 자양분을 주어야 한다."[169]

둘째, 자주혁신능력을 증강시키고 관건적인 핵심기술을 장악해야 한다. 혁신구동의 발전전략을 실시함에 있어서 과학기술 실력을 촉진하는 것은 기본 전제이며, 자주혁신 능력을 대폭 향상하는 것은 관건적인 일환이다. 핵심기술을 장악하고 있어야만 경쟁과 발전의 주도권을 확보할 수 있고, 진정으로 국가경제 안전과 국방안전과 기타 안전을 보장할 수 있다. 자주혁신능력을 대폭 향상시키기 위해서는 관건

169) 국가행정학원 편찬팀(国家行政学院编写组), 『打造中国经济升级版』, 国家行政学院出版社, 2014년, 51—55쪽.

적인 핵심기술 장악이 필수이다. 유인우주선, 달 탐사 프로젝트, 심해 잠수, 슈퍼컴퓨터, 고속철도, 원자력발전 등 영역에서 이미 중대한 성공을 이루었는데, 이는 우리나라 자주혁신능력이 현저하게 제고된 표현이다. 우선 국가의 전반적 국면과 미래의 발전에 관계되는 관건 영역과 중대한 기술문제를 움켜쥐어야 한다. 산업계와 학계, 연구 분야의 긴밀한 합작을 강화하고, 협동하여 혁신을 이루고 연합하여 난관을 극복하며, 과학기술 성과의 이전과 확산을 저애하는 장애를 타파하고, 국가 혁신시스템의 전체적인 효능을 증가시켜야 한다. 다음으로 장려메커니즘을 구축해야 한다. 기업과 개인이 중대한 원초적 기술과 관건적인 혁신기술 연구에 종사하도록 인도하고 격려하고 여러 가지 혁신능력을 대폭적으로 향상시키며, 과학기술과 미래 발전의 감제고지를 선점해야 한다. 그 다음으로 기초과학과 기초이론연구를 지지하고 강화하며 자주혁신의 바탕을 다져야 한다. 또한 과학기술의 자원배치를 최적화하고 중앙재정의 과학기술 계획관리 방식을 개혁하며, 공개적이고 통일된 국가 과학기술 관리플랫폼을 구축해야 한다. 정부는 기초연구, 첨단기술, 중대한 관건적 기술연구를 중점적으로 지원하고 원초기술 혁신을 격려하며, 국가적인 과학기술 중대 프로젝트를 다그쳐 실시하고 과학연구 기초시설과 대형 과학연구 기구들을 사회에 전면적으로 개방해야 한다.

셋째, 인재 발전 메커니즘과 인재 배양 보장제도를 보완해야 한다. 노벨경제학상을 받은 시어도어 슐츠(Theodore William Schultz)는 '인력자본이론'을 제기했는데, 그 핵심사상은 여러 나라들에 인력자원의 축적을 호소한 것이다. 혁신구동의 발전전략을 실시함에 있어서 인재는 관건이다. 강대한 인재자원이 밑바탕이 되지 않은 자주혁신은 원천이 없는 물이나 뿌리 없는 나무와도 같다. 혁신구동의 발전전략을 실시하는 과정에 인재 발전 메커니즘과 인재 양성 보장제도를 적극 보완해야 한다. 그 근본 목적은 혁신인력자원을 축적하려는 데 있다. 우선 인재를 적절하게 잘 활용해야 한다. 더욱 영활한 인재관리 메커니즘을 구축하고 인재의 역할 발휘를 방해하는 체제와 메커니즘 장애를 타파하며, 격식에 구애받지 말고 인재를 선발하고 인재의 유동과 사용, 역할의 발휘를 저애하는 체제와 메커니즘 장애를 제거하고, 과학기술인원들의 혁신적 창업을 최대한도로 지지해야 한다. 다음으로 교육개혁을 심화시키고 자질교육을 추진해야 한다. 교육방법을 혁신하고 인재배양의 질을 제고시키며, 혁신 인재의 성장에 유리한 교육환경 구축에 못을 박아야 한다. 그 다음으로 인재배양과 영입 정책과 조치를 부단히 최적화하고 보완해야 한다. 해외의 우수 인재를 적극적으로 영입해야 하며 더 적극적인 글로벌 인재 영입계획을 추진하고 해외의 더 많은 혁신 인재들이 중국에 와서 일하게 해야 한다. 또한 원사(院士) 선발과 관리체계를 개혁해야 한다. 학과 분포를 최적화하고 청장년의 인재 비율을 늘리고 젊은 과학기술인재들이 나래를 펼칠 수 있도록 조건과 기회를 만들어줘야 한다.

넷째, 과학기술의 개방과 합작을 확대하고 글로벌 혁신자원을 적극적으로 이용해야 한다. 최근 몇 년 간 중국 경제발전과 글로벌화의 진행에 힘입어, 우리나라의 일부 기업들은 해외 연구개발 기구를 통해 글로벌 혁신자원을 확보하고 있으며 적극적으로 글로벌 경쟁에 참여하고 있다. 이를테면 화웨이(華爲), 레노보(聯想), 하이얼(海爾) 등 기업들은 연구개발의 글로벌화로 기업의 글로벌화를 추진함으로써 점차적으로 국제경쟁력을 갖춘 다국적기업으로 성장했고 중국 기업이 글로벌 경쟁에 참여하는 중요한 역량으로 되었다. 글로벌 교류와 합작을 심화시켜야 한다. 글로벌 혁신자원을 충분히 이용하고 더 높은 차원에서 자주혁신을 추진하며, 글로벌 과학기술계와 손잡고 함께 노력하여 글로벌 차원의 문제와 도전을 해결하는데 더 많은 공헌을 해야 한. 인력자원이 풍부한 것은 우리나라의 가장 큰 자원 면에서의 장점이다. 따라서 인력 자질 제고를 우선적 위치에 놓고 혁신형 인재 양성에 힘을 쏟아야 한다. 글로벌 기술합작을 추진하면 혁신자원을 공유할 수 있고 위험을 분담할 수 있으며 시행착오를 줄일 수 있다. 우리나라의 과학기술 혁신은 '해외 진출(走出去)'과 '해외 영입(引進來)'의 발걸음을 다그치고 있으며, 글로벌적으로 주목하는 중대한 과학기술 문제들을 둘러싸고 글로벌 과학기술 합작을 추진하고 있다. 앞으로 해야 할 일도 아주 많다. 우선 글로벌 규칙 제정에 적극적으로 참여하고 합리적으로 글로벌 규칙을 이용해야 하며 글로벌 혁신자원의 인입을 강화하고, 우리나라 과학기술 혁신의 글로벌 영향력을 제고시켜야 한다. 다음으로 과학기술 교류와 과학기술 합작 사업을 효과적으로 추진해야 한다. 현재와 미래의 일정한 시기의 세계 과학기술 발전의 태세와 글로벌 차원의 과학기술 합작의 큰 추세를 심층적으로 연구하며, 첨단영역의 합작연구에 적극적으로 참여하고, 주변국들을 향한 과학기술 개방과 합작전략을 추진해야 한다. 그 다음으로 기업과 과학연구기구들이 해외에 연구개발 기구를 설립하는 것을 지지하고 해외의 우수한 지력 자원을 영입하는 것을 강화하며, 더 많은 해외 우수 과학자들이 중국의 혁신에 참여하도록 흡인해야 한다.

### 4. 글로벌 과학기술 혁신의 주도권과 감제고지를 점령해야 한다.

시진핑 동지는 다음과 같이 강조했다. "만약 과학기술 혁신을 우리나라 발전의 새로운 엔진이라고 친다면, 개혁은 이 엔진을 점화하는 데 없어서는 안 되는 점화기입니다. 우리는 더 효과적은 조치로써 점화기를 보완하고 혁신구동의 새로운 엔진이 최대 마력을 내도록 해야 합니다."[170] 글로벌 과학기술혁명과 산업변혁이라는 역사적 교차점에서 미래의 감제고지를 선점하려는 경쟁이 날로 치열해지고 있는 상황에서, 과학기술 진보와 혁신은 더 전면적으로, 더 빠르게 실시해야 할 필요가 있다. 우리는 적극적으로 모색하고 노력하여 과학기술 혁신의 주도권과 감제고지를 점령해야 할 것이다.

첫째, 개혁을 심화시키고 과학기술 체제 혁신 보너스(創新紅利)를 이끌어내야 한다. 혁신구동의 발전전략은 그 범위가 넓고 관련된 분야가 많기에 모순과 문제 또한 많다. 개혁만이 혁신을 가로막는 사상의 울타리를 허물 수 있으며, 개혁만이 혁신을 제약하는 체제와 메커니즘을 타파할 수 있다. 당의 18기 3중전회에서는 다음과 같이 명확하게 언급했다. "원천기술 혁신, 집성혁신(集成創新), 해외기술 영입과 소

170) 『习近平谈治国理政』, 外文出版社, 2014년, 125쪽.

화 흡수에 따른 재혁신(再創新) 등을 격려하는 체제와 메커니즘을 구축하고 기술혁신을 주도하는 시장메커니즘을 구축하며, 시장이 기술 연구 개발의 방향을 결정하고 노선을 선택하며, 요소의 가격을 결정하고, 각종 혁신 요소의 배치를 주도하도록 해야 한다." 체제의 혁신으로 과학기술 혁신을 추진하고 과학기술 체제개혁을 심화시켜 혁신 보너스(創新紅利)를 점차 이끌어내야 한다. 이 과정에서 우리는 반드시 문제를 직면하고 격차를 인정하며, 우리나라 과학기술 발전과 경제사회 발전이 엇갈리는 두드러진 모순에 대해 심층적으로 해부해야 한다. 또한 혁신을 속박하는 체제와 메커니즘의 폐단을 찾아내고 개혁의 로드맵을 명확히 하며, 과학기술 성과의 이전과 확산을 가로막는 장애를 타파하고 과학기술 혁신에서 외따로 고립되는 현상을 피해야 한다. 개혁으로 혁신을 촉진시키고 사회의 각종 혁신 요소들이 질서 있게 유동하고 유기적으로 결합되게 하며, 혁신구동의 발전전략이 진정으로 효력을 발휘하게 해야 한다.

둘째, 체계적으로 계획하고 국가 혁신시스템 건설을 보완해야 한다. 혁신구동의 발전전략을 추진하기 위해서는 제도적 장점을 충분히 발휘하여 혁신을 추진하는 강대한 합력(合力)을 형성해야 한다. 우선 혁신구동 발전전략의 정층설계(頂層設計)를 잘 해야 한다. 새로운 시기 과학기술 발전의 총체적 목표와 전략적 임무를 명확히 하고, 구체적인 정책과 조치를 제정하며, 혁신구동의 발전전략이 온건하고 질서 있게 추진되도록 해야 한다. 다음으로 기업을 주체로 하고 시장이 선도하며 산학연(産學硏)이 서로 결합된 기술혁신 시스템을 구축하고,

산업기술 연구개발 혁신을 기업이 주도하는 체제와 메커니즘을 서둘러 구축하며, 시장이 선도하는 혁신구도를 구축해야 한다. 그 다음으로 제도적 우세를 충분히 발휘해야 한다. 과학기술계와 산업계 등 사회 여러 방면의 역량을 규합하여 공동으로 혁신에 참여하고 합작하게 해야 하며, 혁신자원을 공유하는 합작연구개발과 산업응용의 플랫폼을 구축하고, 산학연이 긴밀히 결합하고 대중소(大中小) 기업들이 협동적으로 발전하는 혁신 구도를 이끌어내야 한다. 또한 세계 과학기술 혁신발전의 추세를 면밀히 주시하고, 그 기초위에서 우리나라의 발전수요와 결부시켜 과학기술 혁신과 신흥산업 발전의 장기적인 포석을 다져야 하며, 혁신활동을 새로운 과학기술혁명과 글로벌 산업혁명 속에 용해시켜야 한다.

셋째, 투자를 확대하여 양호한 거시정책 환경을 마련해야 한다. 혁신구동이 발전전략을 실시하기 위해서는 정부의 지지와 양호한 정책적 환경이 필수적이다. 정부의 과학기술 투자를 확대하고 기업화 사회가 연구개발 투입을 늘리도록 인도하며, 지적재산권 보호 사업을 강화하고 기업 기술혁신의 세수정책을 보완하며, 과학기술형 기업에 대한 자본시장의 지지를 확대시켜야 한다. 정부에서는 우선 투입을 확대시켜야 한다. 재정적 지원을 확대하고 재정자금으로 혁신연구를 지지하고 격려해야 한다. 재정적 지원을 함에 있어서 "좋은 강철은 칼날을 만드는 데 써야 하며", 당연히 써야 할 돈은 한 푼도 아끼지 말고, 쓰지 말아야 할 돈은 한 푼도 써서는 안 된다. 다음으로 잘 인도해야 한다. 정부는 민생과 산업의 명맥에 관계되는 영역에 대해서는 적극적인 역할을 발휘해야 하며, 적극적으로 조정하고 지원해야 한다. 기술혁신의 방향과 노선을 총체적으로 확정하고 국가 과학기술 특별자금과 중대공정자금 등을 효과적으로 사용하며, 사회적인 투자를 인도하고 여러 방면의 역량을 집중하여 감제고지를 선점해야 한다. 그 다음으로 부담을 경감시켜야 한다. 중점은 혁신형 기업의 세수부담을 줄이는 것이다. 기업이 기술혁신을 지지하고 기업들이 더 큰 능력과 더 많은 재력을 투입하여 혁신연구와 기술개조 업그레이드를 진행하게 해야 한다. 또한 잘 보호해야 한다. 보완된 입법, 엄격한 집법, 공정한 사법으로 지적재산권을 보호하고 혁신을 위한 건강한 법치환경을 만들며, 경쟁메커니즘이 혁신 속에서 그 역할을 발휘하게 해야 한다. 이밖에 연결해주는 역할을 잘 해야 한다. 사회자본과 사회 혁신 사이에 교량을 놓아주고 사회자금이 혁신영역에 더 많은 투자를 하도록 인도하며, 전 사회의 혁신 활력과 잠재력을 이끌어냄으로써 우리나라가 혁신형 국가와 과학강국을 건설하는 데 전략적 지지를 제공해야 한다.

제10장

# 과학적 배치:
# 지역의 조화와 육지와 해양의 통합발전

# 제10장
# 과학적 배치:
# 지역의 조화와 육지와 해양의 통합발전

당의 18차 전국대표대회 이래 시진핑 동지를 핵심으로 하는 당 중앙은 지역발전의 총체적 전략을 견지해왔으며, 지역의 조화로운 발전을 촉진시키고 육지와 해양의 통합발전을 부단히 추진했다. 우리나라는 땅이 넓고 각 지역의 발전 조건에도 현저한 차이가 있다. 이러한 특점은 지역발전에서 차별화 지도를 할 것을 요구한다. 차별화 지도를 해야만 효과적으로 맞춤화 지역정책을 실시할 수 있게 된다. 차별화 지도는 공간지향(空間指向)에서 반드시 중점을 움켜쥐고 각 지역의 실제에서 출발하여 상대적으로 독립적으로 지역정책과 지역기획을 제정해야 한다. 하지만 이러한 지역기획과 정책의 제정은 서로 고립되고 단절된 것이 아니고, 국가의 총체적인 의지가 국부에서 체현되고 실시되어야 한다.[171]

## 1. 지역발전의 총체적 전략을 지속적으로 실시하다.

중국공산당은 역대로 지역의 조화로운 발전을 중시해왔다. 1950년대, 마오쩌동(毛澤東) 동지는「10대 관계를 논함(論十大關系)」에서 연해지

171) 판헝산(范恒山),『我国促进区域协调发展的基本经验』,『人民日报』, 2014년4월 1일.

역의 공업과 내륙지역 공업의 관계를 잘 처리해야 한다고 말했다. 80년대에 덩샤오핑(鄧小平) 동지는 '두 개 대국(兩个大局)'이라는 전략적 구상을 발표했다. 첫째는 연해지구에서 대외개방을 촉진시켜 먼저 발전을 이루고, 내륙지구에서는 이 대국을 위해 만전을 기한다는 것이고, 둘째는 연해지구의 발전이 일정한 시기에 도달하면 더 많은 역량을 투입하여 내륙지역의 발전을 도우며, 연해지역에서는 이 대국을 위해 만전을 기한다는 것이다.[172] 우리나라가 현대화건설의 세 번째 단계의 전략적 배치를 실시하는 시기에 맞추어 당 중앙은 시대의 변화에 발맞추어 서부대개발 전략이라는 중대한 결책을 내렸다. 이로써 서부지역에 새로운 활력을 불어넣고 전국적인 발전을 위해 더 광활한 공간을 마련했다. 당의 16차 전국대표대회 이래, 당 중앙은 지역의 조화로운 발전을 위해 장기적으로 견지해야 할 지도원칙과 분투목표를 명확하게 제기하고, 동북지구 등 옛 공업기지를 진흥시키고 중부지구의 궐기를 촉진시킬 것을 제기했으며, 지역발전의 총체적 전략과 주체기능구역(主体功能區)의 전략을 강력하게 추진할 것을 요구했다. 이로써 우리나라의 조화로운 지역발전은 전대미문의 참신한 국면에 접어들었다. 당의 18차 전국대표대회 이래, 시진핑 동지를 핵심으로 하는 당 중앙은 지역의 조화로운 발전을 지속적으로 추진하는 것을 우리나라 경제사회 발전의 중대한 임무로 간주하고 더욱 명확한 전략적 위치에 올려놓았다.

우리가 현재 강조하고 있는 '지역발전의 총체적 전략'은 기존의 서부

172)『邓小平文选』(제3권), 人民出版社, 1993년, 277-278쪽.

대개발, 동북의 진흥, 중부의 궐기와 동부가 우선적으로 발전하는 전략 등을 그대로 중복하는 것이 아니고, 지난 사상의 연속과 이를 심화시키는 것이며, 지역발전의 총체적 전략을 강력하게 밀고 나감으로써 중국 지역경제의 업그레이드를 실현하려는 것이며, 지역정책과 지역기획을 부단히 개선하고 혁신하여 정책단원(政策單元)을 축소하고 지역을 뛰어넘는 기획을 중시하며 맞춤형 지역정책을 실시하고 시장경제의 보편적 법칙에 따라 정책을 제정하는 것이다.

지역발전의 총체적 전략을 지속적으로 실시하는 것은 우리나라의 기본 국정에 따른 중대한 결책이다. 우리나라는 지역이 넓고 인구가 많으며 각 지역의 자연조건과 사회인문, 자원조건, 경제기초의 격차가 아주 크다. 지역 경제사회 발전이 불균형한 것은 기본 국책이다. 그 동안 장기적이고 끊임없는 노력을 통해 우리나라의 지역발전은 적지 않은 조화를 이루었다. 하지만 자연, 사회, 역사 등 원인으로 지역발전이 불균형한 현상은 여전히 존재하며, 지역의 조화로운 발전을 이루기에는 아직 갈 길이 먼 상황이다. 새로운 발전단계에서 우리나라의 기본 국정으로부터 출발하여 전국의 발전을 '하나의 바둑판' 위에 올려놓고 지역발전의 총체적 전략을 강력하게 실시하며, 각 지역의 비교우세를 충분히 발휘하고, 각 지역발전의 적극성을 충분히 불러일으켜야 할 것이다.

서부대개발을 우선적으로 추진해야 한다. 서부대개발 전략을 지역발전을 위한 총체적 전략의 우선 위치에 놓고, 진일보 적으로 투자를 확대시켜야 한다. 자아 발전능력 증강을 주된 축으로 하고, 민생 개선을 핵심으로 하며, 과학기술 진보와 인재개발을 버팀목으로 해야 한다. 기초시설 건설과 생태환경보호에 더 중점을 두고, 경제구조 조정과 자주혁신에도 더 중점을 두며, 사회사업의 발전과 지역 배치에 대한 최적화에 더 중시하고, 체제와 메커니즘 혁신에 더 중시함으로써, 경제가 번영하고 사회가 진보하며, 생활이 안정되고, 민족이 단결하는 아름다운 서부지구를 건설하기 위해 노력을 쏟아야 한다.

동북지구 등 옛 공업기지를 전면적으로 진흥시켜야 한다. 확실하고 효과적인 정책과 조치를 취하여 옛 공업기지의 조정과 개조를 대폭적으로 추진해야 한다. 특히 경제구조 조정과 발전방식 전환에 힘을 들이고, 서둘러 현대 산업시스템을 건립하고 보완해야 한다. 자원 절약과 생태환경 보호를 강화하고, 자원형 도시의 지속가능한 발전을 추진하며 옛 공업기지의 개혁개방과 자주혁신을 진일보하게 추진하고 사회발전과 민생문제 해결을 확실하게 밀고 나가야 한다. 경제사회와 생태환경의 지속가능하고 조화로운 발전을 실현하기 위해 힘을 쏟음으로써 옛 공업기지에 새로운 생기와 활력을 주입시켜야 한다.

중부지구의 궐기를 적극적으로 추진해야 한다. 중부지구의 지역적 우세와 종합적 자원우세, 공업기초와 과학기술 실력의 우세를 발휘하게 하며, 전환발전(轉型發展), 혁신발전, 조화로운 발전, 지속가능한 발전을 더 중시해야 한다. 전국의 양식생산 기지, 에너지 원재료 기지, 현대장비 제조와 첨단산업 기지, 종합 교통운수 허브 등의 지위를 점진적으로 끌어올려야 한다. 전반적인 발전 실력과 경쟁력을 부단히 증강시키고 중부지구의 전면적 궐기에 힘을 쏟음으로써 전국적인 발전 대국에서 더 큰 역할을 하도록 이끌어야 한다. 동부지구의 우선적 발전을 적극적으로 지지해야 한다. 동부지구가 전국 경제발전에서 중요한 견인역할과 지지역할을 효과적으로 발휘하게 해야 한다. 더 높은 차원에서 글로벌 합작과 경쟁에 참여하고, 개혁개방의 선두에서 우선적으로 실행하고 우선적으로 시범을 보이게 하며, 경제발전의 방식전환과 경제구조 조정, 자주혁신 등 방면에서 전국적인 발전을 적극 리드해야 한다. 첨단기술 혁신능력을 제고시키고 산업경쟁이 우세할 수 있도록 이끌어내며, 체제와 메커니즘의 혁신을 추진하고, 개방형 경제수준을 제고시키며, 성향발전일체화(城鄕發展一体化)의 발걸음을 촉구하고, 생태문명건설을 강화하며, 우선적인 발전으로 경험을 축적하여 기타 지역에 시범을 보이고 귀감이 되도록 해야 한다.

예전의 혁명지구(革命老區)에 거주하는 소수민족지구, 변강지구, 빈곤지역에 대한 지원을 확대해야 한다. 재정 이전 지불(財政轉移支付)과 정책 지원을 확대하고, 예전의 혁명지구 발전을 지원하기 위한 정책과 조치를 착실하게 실행해야 하며, 변강을 진흥시키고 지역에 거주하고 있는 민족을 부유하게(興邊富民) 하는 정책을 지속적으로 실행하며, 인구가 비교적 적은 소수민족에 대한 지원을 확대하고, 특수 빈곤지역에 대한 빈곤 퇴치공정을 철저하게 실시하며, 빈곤퇴치와 치부의 발걸음을 촉구하고, 절대빈곤 현상을 기본적으로 소멸시켜야 한다. 교육, 위생, 문화, 사회보장 등 공공서비스 수준을 제고시키고, 상술한 지역들의 생산과 생활 조건을 빠르게 개선해 나가야 한다. 최근 몇 년간 지역별 경제발전 정황을 보면, 지역발전의 총체적 전략을 지속적으로 실시되고 있고, '4대블록(四大板塊)'[173]과 '3개 지지대(三个支撑帶)'[174] 전략이 서로 결합되고 있으며, 특히 '일대일로(一帶一路)'와 창장경제벨트(長江經濟帶), 징진지 협동발전(京津冀協同發展) 건설에 가속도가 붙고 있다. 이는 우리나라 지역 경제발전에 나타난 반가운 현상이다. 중서부 지구 경제발전에도 전면적으로 가속도가 붙었고 지역발전의 격차가 벌어지는 추세가 효과적으로 억제되었다. 일부 중서부 성들의 경제성장 속도가 빨라지면서 동부지구를 초과하는 경우도 나타났으며, 심지어는 투자와 수출이 대폭적으로 성장했다. 경제가 전반적으로 내리막길을 걷고 있는 현 상황에서 중서부지역의 빠른 발전은 우리나라 경제의 온건한 발전에 기여하고 있다.

## 2. 숑안신구(雄安新區)를 건설하여 징진지지역의 협동발전을 이끌어내야 한다.

2017년 4월 1일 신화통신사는 중공중앙(中共中央)과 국무원이 허뻬이(河北)에서 숑안신구를 설립할 것을 결정했다고 발표했다. 소식이 발표되자 삽시간에 방방곳곳으로 퍼져나갔다. 허뻬이의 숑현(雄縣), 룽청(容城), 안신(安新) 등 3개 현과 주변의 부분적 지역을 아우르는 숑안신구의 설립 소식은 곧바로 국내외의 높은 주목을 받았다. 숑안신구의 설립은 시진핑 동지를 핵심으로 하는 당 중앙에서 결정

173) 동부의 우선적 발전 : 서부대개발, 중부의 궐기, 동북 진흥 등을 이름.

174) 3개 지지대 : '일대일로(一带一路)' 와 창장경제벨트(长江经济带), 징진지 협동발전(京津冀协同发展)을 이름.

한 중대한 역사적 전략적 선택이다. 이는 선전경제특구(深圳經濟特區)와 상하이 푸동신구(浦東新區)에 이은 또 하나의 전국적인 의의를 가지는 특구로서 천년대계이고 국가의 대사이다. 숑안신구 건설은 베이징의 비수도 기능(非首都功能)을 효과적으로 분산하고, 징진지지역의 협동발전을 이끄는 역사적인 공정인 것이다. 시진핑 동지를 핵심으로 하는 당 중앙은 징진지지역의 협동발전에 줄곧 관심을 기울여왔다. 2013년 5월 시진핑 동지는 톈진(天津)을 방문한 자리에서 새로운 시기 사회주의 현대화의 징진(京津) '쌍성기(双城記)'를 써내려가야 한다고 주문했다. 2013년 8월 베이따이허(北戴河)에서 허뻬이 발전문제에 대해 연구 토론을 하던 중, 또다시 징진지지역의 협동발전을 추진해야 할 것이라고 언급했다.[175] 2014년 2월 그는 징진지 협동발전사업 관련 보고를 들으면서 다음과 같이 강조했다. 징진지 협동발전은 중대한 국가적 전략이다. 장점을 서로 보충하고 호리공영(互利共赢)하며 착실하게 추진하고, 서둘러 과학적이고 지속적인 협동발전의 길을 모색해내야 한다. 2015년 3월 리커창(李克强) 동지는 정부사업보고에서 징진지지역 협동발전을 추진하고, 교통일체화, 생태환경 보호, 산업의 업그레이드와 이전 등 방면에서 우선적으로 실질적인 성과를 가져와야 한다고 명확하게 언급했다. 2015년 4월 「징진지지역 협동발전 기획요강」이 중앙정치국의 심의를 거쳐 통과되었다.[176]

첫째, 징진지지역 협동발전은 왜 국가 전략의 차원으로 상승했는

175)『打破 "一亩三分地", 习近平就京津冀协同发展提七点要求』, 新华网, 2014년 2월 27일.
176)『中央政治局审议通过京津冀协同发展规划纲要』, 新华网, 2015년 4월 30일.

가? 당 중앙은 이에 대해 명확한 해답을 내놓았다. 우선 미래에 수도벨트(首都圈)를 구축하기 위한 수요 때문이다. 베이징의 '대도시병'이 날로 표면화되고 있는 상황에서 베이징이 수도로서의 핵심 기능을 강화하고, 비수도 기능은 분산시키며 이전시킴으로써 미래에 수도벨트를 구축할 필요가 있는 것이다. 베이징의 비수도 기능을 분산·이전시키고 징진지지역의 협동발전을 추진하는 것은 하나의 거대한 공정이다. 목표는 명확하다. 베이징이 비시도 기능을 분산시키고 이전시킴으로써 경제구조와 공간구조를 조정하고 내재적 집약발전(內涵集約發展)의 새로운 길을 개척하며, 지역별 협동발전을 촉진시키고 새로운 성장점을 찾기 위한 것이다.[177] 현재 베이징시는 베이징의 비수도 기능을 분산시키고 이전시키기 위한 여러 가지 사업을 서두르고 있다. 다음으로는 도시의 배치와 형태를 최적화하기 위한 수요이다. 우리나라의 도시화(城鎮化)는 이미 새로운 단계에 진입했다. 도시벨트(城市圈)를 주체적인 형태로 하고 있는데, 징진지 도시군(城市群)은 국가적으로 기획하고 건설하는 세계적인 3대 도시군의 하나이다. 효율적이고 포용적이며 지속가능한 도시 배치와 형태는 도시군의 글로벌 경쟁력을 높이고 세계적인 도시군을 건설하는 관건적인 문제이다. 징진지 도시군의 발전으로 보면 기능의 분산발전(錯位發展)이 관건이다. 기능이 분산되어야 소모경쟁을 피할 수 있고 협동의 효과를 기대할 수 있는 것이다. 비교우세의 원칙에 따라 도시 군 내의 각 도시별 기능을 분산하여 확정해야만 상호 보완하는 발전을 이룰 수 있다.

---

177) 시진핑, 『疏解北京非首都功能, 推进京津冀协同发展』, 人民网, 2015년 2월 10일.

그 다음으로는 생태문명의 길을 탐색하기 위한 수요이다. 개혁개방 30여 년 동안 우리나라 경제와 사회는 거대한 진보를 이루었다. 하지만 GDP만 일방적으로 추구한 까닭에 우리의 생태환경은 엄중하게 파괴되었고, 환경오염이 엄중해졌으며 스모그와 같은 환경문제들이 불거지고 있다. 이러한 상황에 대응하기 위해 당의 18차 전국대표대회에서는 생태문명건설을 사회주의사업의 '5위일체(五位一体)' 배치의 하나로 올려놓았다. 징진지지역은 전국적으로도 스모그와 수자원 부족 등 생태환경 문제가 특별히 엄중한 지역인데, 이런 문제를 해결하기 위해서는 징진지의 여러 지역들이 협동적으로 추진해야만 한다.

징진지지역의 발전이 국가적인 전략으로 자리매김하고 전통적인 지역 일체화에서 지역 협동발전으로 상향되었는데, 그 중시의 정도와 결단력, 지지의 정도는 모두 전대미문의 것이다. 그 경제적 의의는 징진지지역을 활성화하고 환발해(环渤海)지역의 발전을 이끌어내며 더 큰 범위에서 지역 간 협동을 통해 자원배치의 최적화를 실현하고, 참신하고 세계적인 대형 도시 군을 형성케 함으로써, 이 지역을 명실상부한 제3 성장점으로 만드는 것이다.[178]

둘째, 징진지지역은 어떻게 협동발전을 이룰 것인가? 당 중앙은 이에 대해 명확한 답을 내놓았다. 징진지 협동발전을 추진하려면 각자의 비교우세에 의거하고, 현대 산업분공의 수요에 의거하며, 지역 우세의 상호 보완원칙에 의거하고, 합작공영(合作共赢)의 이념에 의거해야 한다. 또한 징진지 도시군(城市群) 건설을 매개체로 하고, 지역분업

178) 왕준(王军), 『全方位寻找区域发展新动力』, 『人民论坛』, 2014년 15기.

과 산업배치를 중심으로 하며, 자원요소 공간의 통일적 기획과 이용을 주선으로 하고, 장기적으로 효과를 볼 수 있는 체제와 메커니즘을 구축하는 것을 착력점으로 하여 폭넓고 심층적인 발전을 이루어야 한다. 베이징과 톈진(天津) 두 도시의 연동발전을 추진하고, 두 도시의 연동발전에 장애가 되는 체제와 메커니즘을 뜯어고쳐야 한다. 또한 서로의 장점으로써 단점을 보완하고, 상호 이익과 공영, 지역 일체화 등 원칙에 따라 지역의 기초시설 일체화와 대기오염 연합 방지와 연합 통제 등을 우선 영역으로 하며, 산업구조의 최적화를 업그레이드시키고, 혁신에 의한 발전의 실현 등을 합작의 중점으로 하며, 서로의 장점으로 단점을 보완하는 공영(共贏)발전을 이루어야 한다.[179]

시진핑은 징진지지역 협동발전에 대해 일곱 가지 요구를 내놓았다. 첫째는 정층설계(頂層設計)를 강화하는 것이다. 수도 경제권 일체화 발전의 관련 기획을 서둘러 마련하고, 3개 지역의 기능 포지션(功能定位), 산업 분공, 도시 분포, 시설 조합, 종합 교통시스템 등 중대한 문제들을 명확하게 하며, 재정정책, 투자정책, 프로젝트 배치 등 방면에서 구체적인 조치를 취해야 한다. 둘째는 협동발전을 대대적으로 추진하는 것이다. 자각적으로 '일묘삼분지(一畝三分地)'[180] 사유방식을 타파하고, 함께 뭉쳐서 정층설계(頂層設計)의 목표를 향해 나아가며, 환발해(环渤海)지구의 경제 합작발전 메커니즘의 역할을 충분히 발휘토록 해야 한다. 셋째는 산업의 연결과 합작을 다그쳐 추진하는 것이

179) 『优势互补 互利共赢 扎实推进京津冀协同发展』, 『人民日报』, 2014년 2월 28일.

180) 일묘삼분지 : 1무(畝) 3푼의 밭이라는 뜻으로, 자기만의 좁은 세력권을 비유하여 이름. -역자 주.

다. 세 지역의 산업발전을 잘 분류하고, 지역 간 산업의 합리적 분포와 연동 메커니즘을 형성하며, 산업발전기획을 서로 연결시켜 동일화와 동질화 발전을 피해야 한다. 넷째는 도시 분포와 공간구조를 조정하고 최적화하는 것이다. 도시 분공과 합작을 추진하고, 도시군 일체화 수준을 제고하며, 종합 운영능력과 내함발전(內涵發展)[181]의 수준을 제고시켜야 한다. 다섯째는 환경 용량(环境容量)과 생태공간을 확대하는 것이다. 생태환경에 대한 보호합작을 강화하고, 이미 형성된 대기오염 방지 합작메커니즘의 기초 위에서 방호림(防護林) 건설, 수자원 보호, 청정에너지 사용 등 영역에서의 합작메커니즘을 마련해야 한다. 여섯째는 현대화 교통망시스템을 구축하는 것이다. 교통 일체화를 선행 영역으로 하여, 빠르고 편리하며, 효과가 높고 안전하며, 용량이 크고 원가가 낮은 종합교통망을 하루 빨리 건설해야 한다. 일곱째는 시장 일체화 행정을 다그쳐 추진하는 것이다. 결단을 내리고 자본과 기술, 재산권, 인재, 노동력 등 생산요소의 자유로운 유통과 절실한 배치를 가로막는 각종 규제를 타파하고, 각종 요소가 시장규율에 따라 지역 내에서 자유로이 유동하고 합리적으로 배치되도록 해야 한다.[182] 이와 같은 의미심장하고 중요한 논술은 징진지지역의 협동발전을 위해 명확한 전진방향과 실현할 수 있는 지름길을제시했다.

셋째, 숑안신구를 왜 설립하는 것이며, 어떻게 건설할 것인가? 숑안(雄安)은 하나의 참신한 지리적 개념이다. 숑안은 베이징과 톈진, 바

181) 내함발전 : 사물의 내적인 요소를 동력과 자원으로 하는 발전모델.
182)『打破 "一亩三分地", 习近平就京津冀协同发展提七点要求』, 新华网, 2014년 2월 27일.

오딩(保定) 등 세 곳의 중심 위치에 자리하고 있는데, 이러한 위치 선정은 아주 미묘한 것이다. 우선 숑안과 베이징 간의 거리이다. 100킬로미터라는 거리는 아주 가까운 거리라고 할 수 있다. 베이징의 영향권 안에 든다고 할 수 있기 때문이다. 다른 면에서 보면 이는 또 결코 가까운 거리가 아니다. 베이징이라는 슈퍼도시가 빠르게 잠식할 수 있는 위치에 있는 것이 아니기 때문이다. 따라서 새로운 성장극(增長极)이 될 가능성이 농후하다. 다음으로 징진지지역에서 숑안의 위치이다. 숑안은 베이징과 톈진, 바오딩(保定) 세 곳의 중심 위치에 절묘하게 자리하고 있으며, 어느 한 쪽에도 치우치지 않고 있다. 이러한 위치 선정으로 인해 견고한 행정장벽을 타파할 수 있으며, 이왕의 다른 신구(新區)들처럼 토지와 재정에 얽매이는 것도 피할 수 있다. 또한 더 큰 범위에서 보면 숑안은 중국 북방지구의 새로운 성장극(增長极)이 될 가능성이 충분하다. 중국의 몇몇 지역경제중심 중에서 남방의 창장삼각주(長三角)와 주장삼각주(珠三角)가 줄곧 경제발전의 선두를 지켜왔다. 이에 비하면 징진지지구는 오랫동안 서로 발목을 붙잡는 악순환을 이어왔으며, 효과적인 협동발전을 이루지 못했다. 또한 동북지구의 쇠퇴 등 원인으로 북방지구는 현재 강심제 처방이 시급한 상황이다. 중앙의 조치에 따라 미래의 숑안신구는 친환경 주거의 새로운 규범이 될 것이고, 혁신구동의 개척자가 될 것이며, 조화발전의 시범구가 될 것이고, 개발발전의 선구자가 될 것이다. 징진지지역의 조화로운 발전을 추진하는 실천 중에서 숑안신구는 자기의 위치를 정확하게 파악하고 여러 방면의 중점 임무를 잘 움켜쥐어야 한다. 도시건설 방면에서 친환경스마트 도시를 건설해야 한다. 즉 국제적으로 일류의 친환경적이고, 현대적이며, 스마트한 도시를 건설하는 것이다. 도시의 생태방면에서 아름다운 생태환경을 건설해야 한다. 즉 푸르름이 어우러지고, 청신하고 밝으며, 물과 도시가 일체화된 생태도시를 건설하는 것이다. 산업발전 면에서는 혁신적인 요소자원을 적극적으로 흡수하고 모아서 첨단산업을 발전시키고, 새로운 성장에너지를 배양해내야 한다. 도시관리 방면에서는 훌륭한 공공서비스를 제공하고, 좋은 공공시설을 만들며, 도시 관리의 새로운 표본을 만들어야 한다. 체제와 메커니즘 개혁 방면에서는 시장이 자원배치에서의 결정적인 역할과 정부의 효과적인 역할을 충분히 발휘하여 시장을 활성화시켜야 한다. 동시에 전 방위적으로 대외개방을 확대하고 대외개방의 새로운 고지와 새로운 플랫폼을 구축해야 한다. 미래의 송안신구는 사람들의 기대를 저버리지 않고, 선전(深圳)과 상하이 푸동(浦東)에 이어 전국적인 의의가 있는 새 경제 성장극(增長极)이 될 것을 믿어 의심치 않는다.

### 3. 창장경제벨트의 발전을 힘써 추진해야 한다.

황금수로(黃金水道)의 독특한 장점을 발휘하여 창장경제벨트를 건설한다는 것은 당 중앙과 국무원이 시대의 변혁과 추세를 정확하게 파악하고, 경제의 뉴노멀에 적극적으로 순응하여 내린 중대한 전략적 결책이다. 이는 또한 새로운 시기 우리나라 지역 간 조화발전과 대내·대외 개방을 서로 결합시키고 더 큰 발전을 위해 내린 중대한 전략적 조치이다. 2013년 이래 국가 중점 전략구역인 창장경제벨트 건설 구상이 점차 선명해졌다. 2013년 7월 시진핑 동지는 후뻬이(湖北)를 시찰할 때 다음과 같이 말했다. "창장유역의 합작을 강화해야 합니다. 내하의 항운 역할을 발휘케 하고, 전체 유역을 황금수로로 건설해야 합니다."[183] 2014년 4월 시진핑은 중앙정치국회의를 주재하면서 다음과 같이 강조했다. "징진지지역의 협동발전과 창장경제벨트 발전을 추진해야 합니다."[184] 같은 해 4월 28일 리커챵(李克强) 동지는 총칭(重慶)에서 좌담회를 열고 황금수로를 이용하여 창장경제벨트를 건설하는 문제에 관하여 연구했다. 이는 중국경제의 지속적인 발전을 위해 중요한 버팀목을 제공했다. 2016년 9월 「창장경제벨트 발전 규획요강(長江經濟帶發展規划綱要)」이 정식으로 발부되었다. 이로써 "하나의 중심축, 두 개의 날개, 세 개의 극(极), 여러 개의 점"이라는 창장경제벨트 발전의 새로운 구도가 형성되었다. 창장경제벨트는 연해경제벨트 이후 가장 활력이 넘치는 경제벨트로서 동부와 중부, 서부를 가로지르는 방대한 구역이며, '중국경제의 중추'가 될 가능성이 아주 높은 지역이다. 창장경제벨트가 전국적으로 차지하는 지위는 아주 중요하다. '7,5계획'에서 이미 창장경제벨트를 연해지역과 더불어 국가 1급 개발중심축으로 확인한 바가 있다. 하지만 근 30년 동안 창장유역의 경제사회 발전 속도가 비교적 빠르기는 했지만, 연해지구, 특히 주장삼각주, 창장삼각주와 환발해지구의 고속발전에 비하면 그 격차

183) 『习近平冒雨考察武汉新港』, 新华网, 2013년 7월 21일.
184) 『习近平主持政治局会议:研究经济形势和经济工作』, 新华网, 2014년 4월 25일.

가 너무 컸고, 전국적인 경제지위도 하락했다. 창장경제벨트를 건설하는 것은 우리나라가 동부 연해 발전의 질을 제고시키는 동시에 내륙의 개발과 개방에도 중시하고 있음을 표명하는 것으로, 그 전략적 의의는 중대하고 심원(深遠)하다. 창장경제벨트 건설은 국가의 구역전략 선택이 새로운 단계에 들어섰음을 표명하며, 부동한 지역 간의 연동효과와 정체성에 중시를 돌리고 있음을 보여준다. 창장경제벨트를 건설하는 것은 연해지구와 중서부 지구가 서로 지탱하는 발전을 이루기 위한 새로운 대국이다.[185] 창장경제벨트의 건설은 '일대일로'와 전략적으로 연동 관계를 이룬다. 창장경제벨트는 동해 출해구(出海口)와 서부의 윈난(雲南)항구를 연결하고, 동부의 개방과 서부·서남부(인도차이나반도와 인도, 미얀마)의 개방을 연결했으며, 위신오우(渝新歐) 대통로[186]와 중아시아, 서아시아, 유럽에 이르는 지구의 개방을 연결했다. 이로써 중국은 실크로드 경제벨트와 해상 실크로드를 개척하는데 더욱 견실한 기초를 다지게 되었다. 창장경제벨트 건설은 "경제발전을 동쪽에서 서쪽으로 점진적으로 추진하게 하고, 직접적으로 국토의 1/5과 6억 인구를 포함하는 지역의 발전에 동력을 제공하며, 빈곤지역의 빈곤 탈퇴와 치부를 추진하고 동부와 중서부지역의 격차를 축소하게 한다. 또한 경제구조를 최적화하고 실크로드 경제벨트의 전략적 교류를 형성하고 새로운 경제지탱벨트(經濟支撑帶)를 형성하고,

185) 리커창(李克强),『建设长江经济带 确保一江清水绵延后世』, 新华网, 2014년 4월 28일.
186) 리커창(李克强),『实施定向调控 建设综合立体交通走廊打造长江经济带』, 新华网, 2014년 6월 11일.

글로벌 영향력을 가지는 새로운 플랫폼을 구축하게 할 것이다."

창장경제벨트는 창장삼각주와 우한(武漢, 창장 중류), 청두(成都)·총칭(重慶) 등 대도시군을 연동시키며, 우리나라 신형 도시화의 주 격전지이다. 이와 같은 3대 골격을 중심으로 세계적인 의의가 있는 창장연안 도시벨트를 구축하게 되는 것이다. 창장경제벨트의 공간적 범위 확정은 최초의(창장이 경과하는 지역만 포함) 7개 성, 2개 직할시에서 저장(浙江)과 궤이쩌우(貴州)를 포함하는 9개 성 2개 직할시로 확장되었다. 이는 지리학적 의의에서의 창장 유역을 완전히 포함하는 것이기도 하며, 또한 3대 도시 군을 주요 틀로 하는 창장경제벨트라는 내용의 무게중심을 돌출적으로 나타냈다.[187] 창장경제벨트 전략의 실시는 상하이가 전체 유역의 발전을 이끌고, 우한(武漢)이 중류지역의 발전을 이끌며, 총칭이 상류지역의 발전을 이끌게 될 것이다. 또한 창장 주변 도시군의 발전은 이미 경제지탱벨트로서의 기초적 조건을 갖추었다. 중심도시의 부축과 항구, 기차역 등 기초시설의 건설에 의해 형성된 하나 또 하나의 위성도시와 중심집진(中心集鎭)[188] 이 우후죽순처럼 일어나고 도시 군, 지역성 중심도시와 함께·다차원의 신형 도시화발전 구도를 형성하고 있으며, 중국의 신형 도시화 전략 실행의 주 격전지로 되고 있다. 창장경제벨트 건설은 과학적인 계획과 혁신적인 메커니즘, 통일적 계획과 관리 강화 등 방식으로 질서 있게 추진해야 할 것이다. 기획과 인도를 강화하고 창장경제벨트 발전

---

187) 천젠쥔(陈建军),『长江经济带的国家战略意图』, 『人民论坛』, 2014년, 14 기.

188) 중심집진 : 비농업 인구를 위주로 하는, 도시보다는 작은 규모의 거주구역.

의 정층설계(頂層設計)를 잘 해야 한다. 창장 황금수로의 우세를 지속적으로 발굴하고 잘 이용해야 하며 종합적이고 입체적인 교통회랑(交通走廊) 건설을 촉구하고 지류의 항운능력을 제고시키며, 창장경제벨트 발전의 전략적 지탱을 증강시켜야 한다. 혁신이 발전을 구동하는 전략을 실시하고, 창장 연안의 산업분포를 최적화하며, 산업의 이전을 합리적으로 인도하고, 창장경제벨트 발전의 전반적인 업그레이드를 촉진시켜야 한다. 신형 도시화의 길을 견지해야 하며, 도시 군 배치의 형태를 최적화하고 산수(山水)의 특색과 역사유물을 보호하며, 신형 도시화의 종합적 시점(試点)을 제대로 추진해야 한다. 연해와 연강(沿江), 내륙지역의 개방을 통일적으로 계획하고 '일대일로' 전략과의 연결을 강화하며, 창장경제벨트의 개방형 경제수준을 제고시켜야 한다. 생태환경 보호를 강화하고 친환경 생태회랑을 건설하며 창장경제벨트의 맑은 물과 푸른 대지, 푸른 하늘을 유지토록 해야 한다. 지방정부들 사이의 협조합작 메커니즘을 건립하고 구역합작에서 발생하는 중대한 문제들에 대해 공동으로 연구하고 해결하도록 해야 한다. 중점 프로젝트와 공정을 과학적으로 논증하고, 중점 영역에서 서둘러서 실질적인 극복을 가져와야 한다.

### 4. 동북 옛 공업기지를 전면적으로 진흥시켜야 한다.

동북지구는 일찍부터 신중국(新中國) 공업의 요람이고 중요한 농업기지로서 전국 경제의 중요한 성장극(增長极)이었다. 2003년 당 중앙과 국무원에서 동부지구 등 옛 공업기지 진흥 전략이라는 중대한 결책을 내린 후, 동북의 진흥은 단계성 성과를 거두었다. 경제가 발전하고 민생이 개선되었으며, 생태환경을 포함한 각 방면의 개혁들이 적극적인 진전을 이루었다. 2015년 말까지 동북3성(東北三省)의 경제 총생산량은 5.8조 위안에 달했고, 1인당 지역생산총액은 2,000달러가 채 안 되던 2003년에 반해, 8,000달러를 넘어섰다. '13.5계획'의 도래와 더불어 옛 공업기지의 업그레이드는 새로운 기회와 도전에 직면했고 동북의 진흥은 새로운 역사의 기점에 서게 되었다.

첫째, 옛 동북 공업기지의 전면적 진흥의 중요성과 긴박성에 대해 충분히 인식하고 추진해야 한다. 최근 몇 년간 중국경제가 뉴노멀에 접어들면서 국제와 국내의 여러 가지 복잡한 요소의 영향으로 동북지구 경제하락의 압력이 지속적으로 커지고 있다. 2014년부터 2015년까지 동북지구 경제 성장속도는 전국 평균치에 비해 각각 1.33%, 1.84% 낮았고 전국적으로 꼴찌를 기록했다. 개별적 지구는 심지어 마이너스 성장을 기록하기도 했다. 장기적으로 축적된 일부 체제성·메커니즘성·구조성 심층모순은 여전히 경제의 발전을 제약하고 있으며, 동북 특유의 자원, 산업과 지역적 우세는 제 역할을 못하고 있고, 옛 공업기지 진흥은 가장 어렵고 관건적인 단계에 진입했다. 동북경제가 어려움을 극복하고 새로운 진흥을 실현하는 것은 우리나라의 총체적 전략 배치에 관계되는 문제이고, 우리나라 경제의 업그레이드와 현대화 건설의 대국에 관계되는 문제이며, 광대한 인민대중의 복지에 관계되는 문제이고, 우리나라 주변과 동북아 지구의 안정에 관계되는 문제이다. 이와 같은 배경에서, 중앙에서는 동북지역의 진흥에 관한 문건들을 연이어 내놓았다. 특히 2016년 이래 「동북지구 등 옛 공업지구를 전면적으로 진흥시키는 문제에 대한 중공중앙 국무원의 약간의 의견(中共中央國務院關于全面振興東北地區等老工業基地的若干意見)」을 시작으로 「새로운 단계의 동북지역 진흥전략과 동북지구경제와 기업의 양호한 발전을 추진하기 위한 약간의 중요한 조치에 대한 국무원의 의견(務院關于深入推進實施新一輪東北振興戰略, 加快推動東北地區經濟企穩向好若干重要擧措的意見)」, 「동북 진흥 '13.5'계획(東北振興"十三五"規划)」에 이르기까지, 중앙에서 옛 동북지역의 공업기지를 진흥시키는 문제에 대한 중요성과 긴박성을 엿볼 수 있다.

둘째, 중앙에서 새로운 단계의 옛 공업기지의 전면적 진흥에 대한 중앙의 인식을 깊이 있게 이해해야 한다. 새로운 단계의 동북지구 진흥은 지난날과 다르다. 경제의 뉴노멀 상황에서 옛 동북지역 공업기지가 직면한 새로운 문제를 해결하기 위해 취한 새로운 이념과 새로운 사유와 새로운 조치인 것이다. 따라서 깊이 있게 이해해야만 효과적으로 실현할 수 있다. 우선 새로운 목표의 선정은 새로운 사명을 명확하게 보여주고 있다. 「동북지구 등 옛 공업지구를 전면적으로 진흥시키는 것에 대한 중공중앙 국무원의 역간한 의견」에서는 새로운 시기 동북지역 진흥의 목표를 다음과 같이 명확하게 제기했다. 2020년에 이르러 동북지역은 전국과 보조를 맞추어 전면적 샤오캉사회를 실현하며, 2030년에 이르러서는 동북지역에서 전면적 진흥을 실현하고, 전국 현대화 건설의 앞자리에 서게 하며, 전국의 중요한 경제벨트로 만든다. 구체적으로 국제적인 경쟁력이 있는 선진적 장비제조업기지와, 중대한 기술장비의 전략적 기지, 국가 신형 원재료기지, 현대농업생산기지, 중요기술 혁신과 연구개발 기지를 만드는 것이다. '5개 기지와 하나의 벨트'라는 목표 선정은 지난 10년 간 동북의 진흥 성과에 대한 중앙의 충분한 긍정일 뿐만 아니라, 새로운 추세에 적응하기 위해 동북이 필연적으로 담당해야 할 새로운 사명을 표명하며, 이는 또 동북의 전면적 진흥을 평가하는 중요한 표준이기도 하다.

다음으로 새로운 이념이 새로운 진흥을 이끈다는 것이다. 당의 18차 전국대표대회 이래, 시진핑 동지를 핵심으로 하는 당 중앙은 국내와 국제 2대 대국에 근거하여, 우리나라 경제발전이 직면한 새로운 단계, 새로운 형세, 새로운 임무에 대해 과학적으로 분석하고 정확히 판단함으로써, '3기 중첩(三期疊加)', '경제발전의 뉴노멀', '공급측 구조개혁' 등 체계적인 경제 거버넌스 사상을 형성하고, 혁신, 조화, 친환경, 개방, 공영이라는 발전 이념을 제기했다. 이러한 것들은 새로운 시기 동북진흥의 새로운 이념이고 새로운 사유이며 새로운 조치이다. 따라서 우리는 '네 개 전면'이라는 전략적 배치와 '공급측 구조개혁'의 총체적 안배에 따라 새로운 발전 이념을 굳게 수립하고 관철하며, 옛 공업기지의 발전 활력과 내생동력, 경쟁력을 확실하게 증강시켜야 한다. 또한 구조가 더욱 합리적이고, 질이 더욱 높으며 효익이 더 좋은 새로운 진흥의 길을 모색해야 할 것이다.

셋째, 새로운 단계에 동북 옛 공업기지를 진흥시키는 데에 대한 중앙의 핵심 요구를 정확하게 파악해야 한다. 새로운 단계의 진흥 정책의 중점은 '네 개 착력(四个着力)'을 둘러싸고 그 포석을 짰다. 이는 미래 50년 동북 진흥의 중점 임무와 핵심적인 요구이다.

우선 체제와 메커니즘의 장애를 돌파해야 한다. 동북의 여러 가지 곤란과 문제점의 근본은 체제와 메커니즘의 문제이다. 이는 시장화 정도가 부족하고, 시장 주체의 활력이 부족하며, 시장 메커니즘의 결정적인 역할이 충분히 발휘되지 못하는 것으로 표현된다. 이러한 곤란과 문제를 해결하기 위해서는 근본적으로 개혁을 심화시켜야 한다. 기구를 간소화하고, 재정세수·금융·기업과 사업단위(事業單位) 등 중점 영역과 관건 단계에 대한 개혁의 발걸음을 다그치며, 투자와 경영 환경을 진일보 적으로 최적화하고, 효과적인 시장과 제 기능을 하는 정부의 결합을 형성하도록 하며, 내적 활력이 넘치는 체제와 메커니즘을 건설하고, 공업기지가 내포하고 있는 활력을 불러일으키고 끄집어내야 한다. 또한 개혁과 혁신을 통해 구조의 최적화와 업그레이드를 실현시켜야 한다. 다음으로는 구조의 최적화 조정을 추진해야 한다. 동북지구는 장기적으로 '원(原)'자재와 '초(初)'급적 수준의 제품이 위주였으며, 부가가치가 아주 낮았다. 산업시스템은 "하나의 기둥이 하늘을 받치는(一柱擎天)" 식으로 구조가 단일했다. 또한 성장 동력은 투자가 견인하는 방식이었는데, 이마저도 정부의 투자가 주를 이루었다.[189] 경제의 뉴노멀 상황에서 발전방식을 전환하고 구조를 조정하고 최적화하기 위해서는 여러 가지 조치를 병행해야 하며, '가감승제(加减乘除)'의 사칙연산을 잘해야 한다. 현재는 공급측 구조개혁을 주

189) 양인카이(杨荫凯), 류위(刘羽), 『东北地区全面振兴的新特点与推进策略』, 『区域经济评论』, 2016년, 5기.

공격 방향으로 하여 내수를 적당히 확대하고, 온건한 성장과 구조조정을 유기적으로 결합시키며, 제품의 가치사슬을 늘리고, 경제구조의 최적화와 업그레이드를 전면적으로 추진해야 한다. 국유기업과 사기업, 산업자본과 금융자본, 정부투자와 민간투자의 효과적인 결합, 도시와 농촌의 다원적 협조를 추진하는 것을 발전동력의 새로운 구도로 만들어야 하며, 전략성 신흥산업과 전통제조업이 함께 병진하도록 하고, 현대 서비스업과 전통 서비스업이 서로를 촉진토록 하며, 정보화와 공업화가 화학적 융합을 이루는 산업발전의 새로운 구도를 형성시켜야 한다. 그 다음으로 혁신적 창업을 적극 격려해야 한다. 혁신은 발전을 이끄는 제1동력이며, 혁신을 도모하는 것이 곧 발전을 도모하는 것이다. 혁신에 의한 구동에서 시작해서 대중의 창업과 혁신을 추진하고 발전의 새로운 에너지를 배양해야 한다. 첨단기술로 전통산업의 기술 개조와 업그레이드를 실현하고, 새로운 기술 새로운 산업, 새로운 제품, 새로운 경영방식과 새로운 관리모델에 못을 박아야 한다. 구역 혁신시스템을 부단히 보완하고 혁신창업과 인재에 대한 격려에 유리한 정책적 환경과 제도적 환경을 적극적으로 마련하고 전 사회적인 혁신의 붐을 일으켜야 한다. 또한 민생을 보장하고 개선하는 데 힘을 쏟아야 한다. 시진핑 동지는 다음과 같이 말했다. "인민들의 아름다운 생활에 대한 지향은 곧 우리들의 분투목표입니다."[190] 민생을 보장하고 개선하며 인민들의 생활수준을 부단히 제고

190)『习近平在十八届中共中央政治局常委同中外记者见面时强调:人民对美好生活的向往就是我们的奋斗目标』,『人民日报』, 2012년 11월 16일.

시키는 것을 동북지구 진흥의 출발점과 귀착점으로 해야 하며, 동북지구 진흥의 성과를 평가하는 중요한 기준으로 삼아야 한다. 인민들이 가장 관심을 가지고, 가장 직접적이고, 가장 현실적인 교육, 취업, 수입 분배, 주거, 양로, 환경 등의 핵심문제를 움켜쥐고 기본 공공서비스 균등화 능력과 수준을 부단히 제고시키며, 5년 내에 맞춤형 빈곤퇴치 목표를 실현하고, 인민들의 이익을 확실하게 실현하고 보호하고 발전시켜야 한다. 공평한 사회환경을 창조하고 보호해야 하며, 시장경제 발전에 어울리는 민생보장 메커니즘을 건설하고, 민생경제가 지속가능한 발전궤도에 올라서게 하도록 하며, 진흥과 발전의 성과가 진정으로 인민들의 혜택으로 체현되게 하고, 인민대중들이 더 많은 성취감(獲得感)을 갖도록 해야 한다.

### 5. 해양강국의 건설을 통일적으로 기획해야 한다.

경제 글로벌화 시대에 해양은 글로벌 교류와 합작에서 없어서는 안 되는 중요한 플랫폼이다. 해양은 '푸른 대동맥'의 역할을 충분히 발휘하고 있으며, 해운은 글로벌 무역발전을 촉진시키는 중요한 지탱 역량이다. 항행통로는 이미 글로벌적으로 전략적 의의가 있는 자원으로 되었다. 세계의 유수 연해 국가들은 이미 해양영토의 개발을 중요한 발전전략으로 삼고 적극적으로 추진하고 있다. 시진핑 동지는 다음과 같이 강조했다. "우리는 중국특색 사회주의 사업발전의 전반적인 국면에 착안하고, 국내와 국제라는 두 대국을 통일적으로 계획해야 합니다. 육지와 해양의 통일적 계획을 견지하고, 해양에 의지해 부국(富國)과 강국을 실현하며, 사람과 해양이 조화를 이루고, 합작하여 공동 번영하는 발전의 길을 걸어야 합니다. 또한 평화와 발전, 합작과 공영(共贏)의 방식으로 해양강국 건설을 착실하게 추진해야 합니다."[191] 2012년 11월 당의 18차 전국대표대회에서는 "해양강국을 건설하는 데에 관한 전략"을 발표했다. 이는 우리나라가 거시적 전략에서 "육지를 중시하고 해양을 경시하는" 전통적 사유방식을 탈피하고, "육지를 중시하고 해양을 진흥시키며, 해양을 진흥시켜 강국을 이루고, 육재와 해양을 통일적으로 계획하는" 발전 사유로 전환했음을 의미한다. 이는 국가발전 사유에서의 중대한 전략적 전환이다. 우리나라는 해양대국으로서 해양에서의 득실은 국가의 정치, 경제, 안전, 문명진보의 방향에 직접적인 영향을 미치며, 국가의 전도와 운명을 결정하고 영향을 미친다. 해양영토의 주권과 안전을 수호하고, 조국통일 문제, 남해 문제, 댜오위따오(釣魚島) 문제를 해결하며, 해외의 합법적 이익과 해외항로의 안전을 보장하는 문제 등은 모두 해양이 갖는 군사적 의의에 중시를 돌릴 것을 요구하며, 해양에서의 작전역량 건설을 강화할 것을 요구하고 있다. 해양강국의 발걸음을 촉구하고 해양과 관련된 종합적 역량건설을 강화해야만, 해양영토가 외세의 침입을 받지 않도록 효과적으로 수호할 수 있고, 국가의 해양영토 주권을 수호할 수 있으며, 우리나라의 해양이익이 침해를 받지 않

191) 『习近平在中共中央政治局第八次集体学习时强调：进一步关心海洋认识海洋经略海洋, 推动海洋强国建设不断取得新成就』, 『人民日报』, 2013년 8월 1일.

도록 보증할 수 있다. 육지와 해양의 통일적 계획은 해양강국을 건설하고, 대륙문명과 해양문명이 서로 융합되어 지속가능한 발전을 이루는 데 있어서 중요한 전략적 조치이다. 글로벌 발전 추세에서 보면, 21세기에 진입한 후, 장기적인 개발로 인한 육지 자원의 지속적인 감소에 따라, 인류는 생존과 발전을 유지하기 위해, 지구의 보물인 해양자원을 충분히 개발 이용하고 보호해야 할 필요가 생겼다. 중국은 일찍이 가장 먼저 해양자원을 개발하고 이용한 나라의 하나였다. 하지만 역사발전과정에서 황토문명이 해양문명을 압도해버렸다. 문화적으로 해양의식이 희박하고, 경제적으로 농업을 중시하고 상업을 억압했으며, 안전의 각도에서는 해양주권 의식이 모호했고, '해양 방어'가 '요새 방어(塞防)'에게 자리를 내어주었으며 해양은 거의 방치하는 수준이었다. '항해 금지'와 '쪽배도 바다에 띄우지 못한다.'는 정책은 오랜 시간동안 성행해왔다. 육지와 해양을 통일적으로 계획하고 발전시키는 전략에 따라 해양개발 전략을 실시하고, 해양경제의 발전을 촉진시키는 것은 해양강국 건설의 전략을 관철시키고 실시하는 중점이다. 이는 국토개발의 공간을 확장하는데 유리하며, 중국 경제 뉴노멀의 새로운 성장점을 배양하는데 유리하다.

육지와 해양의 통일적 계획은 다음과 같은 방면에 주력해야 한다. 우선 해양자원의 개발능력을 제고시키고, 해양경제가 질적이고 효율적으로 전환하도록 해야 한다. 발달한 해양경제는 해양강국을 건설하는 중요한 뒷심이다. 해양개발 능력을 제고시키고, 해양개발 영역을 확대하며, 해양경제가 새로운 성장점이 되게 해야 한다. 해양산업

기획과 지도를 강화하고, 해양산업 구조를 최적화하며, 해양경제 성장의 질을 제고하고, 해양의 전략적 신흥산업을 배양하고 확대하며, 해양산업이 경제성장에 대한 공헌도를 높이고 해양산업이 국민경제의 지주 산업이 될 수 있게 노력을 기울여야 한다.

다음으로 해양의 생태환경을 보호하고 해양 개발 방식을 순환이용이 가능하도록 전환시켜야 한다. 결단을 내려 해양 생태환경이 부단히 악화되는 추세를 있는 힘껏 억제해야 하며, 우리나라 해양 생태환경이 뚜렷하게 개선되도록 하고, 인민대중들이 친환경적이고 안전한 해산물을 섭취할 수 있게 하며, 푸른 바다와 하늘, 청결한 백사장을 향유할 수 있도록 해야 한다.

그 다음으로 해양과학기술을 발전시키고 해양과학기술이 혁신 주도형으로 전환하도록 해야 한다. 해양강국을 건설하기 위해서는 반드시 해양첨단기술을 크게 발전시켜야 한다. 과학기술 진보와 혁신에 의거하여 해양 경제발전과 해양 생태환경 보호를 제약하는 병목을 돌파해야 한다. 해양과학기술 혁신의 총체적 계획을 효과적으로 하고, 해야 할 일과 하지 말아야 할 일을 똑바로 구분하는 것을 견지하며, 중점적으로 심해, 친환경, 안전 등 방면의 첨단기술 영역에서 돌파를 가져와야 한다. 특히 해양 경제 업그레이드 과정에서 절박하게 요구되는 핵심기술과 관건적 기술의 연구개발에 박차를 가해야 한다.

또한 국가의 해양권익을 보호하고 해양주권 유지를 통일적으로 계획하고 고루 돌보는 방향으로 전환해야 한다. 우리는 평화를 사랑하고 평화적 발전의 길을 견지하고 있다. 하지만 정당한 권익을 포기할 수는 없으며, 특히 국가의 핵심이익을 희생시켜서는 안 될 것이다. 안정수호와 주권수호라는 2개의 대국을 통일적으로 계획해야 하며, 국가의 주권과 안전, 발전이익의 상호 통일을 견지하고, 해양 권익의· 수호와 종합적 국력이 서로 어울리게 해야 한다. 평화적 방식으로, 담판의 방식으로 분쟁을 해결하는 것을 견지하고, 평화와 안정을 수호하기 위해 노력해야 한다. 여러 가지 복잡한 국면에 대응할 수 있도록 준비를 잘 하고 해양에서 주권 수호 능력을 제고시키며, 국가의 해양권익을 굳건히 수호해야 한다.

# 제11장

## 도시와 농촌의 통일적 계획:
## 신형의 도시화를 적극적이고 온당하게 발전시켜야 한다.

## 제11장
## 도시와 농촌의 통일적 계획:
## 신형의 도시화를 적극적이고 온당하게 발전시켜야 한다.

우리나라는 경제의 업그레이드와 전면적 샤오캉사회 실현이라는 결정적인 단계에 직면했다. 또한 도시화가 깊이 추진되고 경제대국으로부터 경제강국으로 매진하는 관건적 시기에 직면했다. 시진핑 동지는 도시화 발전을 특별히 중시하고 있으며 이와 관련하여 일련의 중요한 발언을 했다. 그는 도시화가 경제사회 발전에 미치는 중대한 의의를 깊게 인식해야 한다고 주문했으며, 도시화에 내재되어 있는 거대한 기회를 굳게 움켜쥐고, 도시화 발전의 새로운 추세와 특점을 정확하게 연구·판단하며, 도시화가 마주한 위험과 도전에 적절하게 대응하고, 사람을 근본으로 하고 5화동보(五化同步),[192] 최적화한 배치, 생태문명, 문화전승의 중국특색의 신형 도시화의 길을 걸어야 한다고 강조했다.[193]

### 1. 도시화는 현대화가 반드시 거쳐야 할 길이다.

도시화는 공업화의 발전과 더불어 비농업 산업이 도시와 진(鎭)에

192) 5화동보 : 공업화, 정보화, 도시화, 농업현대화, 친환경화 등 다섯 가지를 동시에 발전시키는 것.
193) 『国家新型城镇化规划 (2014-2020 年)』, 人民出版社, 2014년, 16쪽.

집결하고, 농촌인구가 도시와 진(鎭)에 집중되는 자연적인 역사 과정이고, 인류사회발전의 객관적 추세이며, 국가 현대화의 중요한 표지이다. 2013년 말 중앙도시화사업회의(도시화)가 열렸고, 2015년 말에는 37년 만에 중앙도시사업회의(中央城市工作會議)가 다시 소집되었다. 이는 신형의 도시화가 우리나라 경제발전에서 가지는 특수하고 중요한 지위를 가늠할 수 있게 한다. 시진핑 동지는 다음과 같이 강조했다. "도시화는 현대화가 반드시 거쳐야 할 길입니다."[194] "중국 특색의 도시발전의 길을 걸어 나가야 합니다." 이러한 발언들은 새로운 경제사회 발전의 배경 하에서 도시화에 새로운 전략적 지위를 부여하였다.

첫째, 공업혁명 이래의 경제사회 발전사에서 볼 수 있듯이, 한 나라가 성공적으로 현대화를 실현하기 위해서는 공업화를 발전시키면서 동시에 도시화의 발전에 중시를 돌려야 한다. 현재의 중국은 도시화가 공업화, 정보화, 농업현대화, 친환경화와 같은 보조를 유지하고 있는데, 이는 현대화 건설의 핵심 내용이며 서로 상부상조하는 관계이다. 공업화는 주도적인 위치에 있으며 발전의 동력이다. 농업현대화는 중요한 기초이며 발전의 근원이다. 정보화는 후발했다는 장점을 갖고 있으며, 발전에 새로운 활력을 불어넣고 있다. 친환경화는 새로운 생산과 생활방식으로서 경제사회 발전의 새로운 성장점이다. 도시화는 매개체이고 플랫폼으로서 공업화와 정보화에 발전공간을 제공해주고, 농업현대화의 빠른 발전을 추진동하는 등 대체할 수 없는 특수한 역할을 한다. 도시화는 경제의 지속적이고 건강한 발전을 위

---

194) 『十八大以来重要文献选编』(상), 中央文献出版社, 2014년, 589쪽.

한 강력한 엔진이고, 산업구조 업그레이드의 중요한 착력점이며, 농업과 농촌, 농민문제를 해결하는 중요한 첩경이고, 지역의 조화로운 발전을 추진하는 뒷심이며, 사회의 전면적인 진보를 촉진시키는 필연적 요구이다. 적극적이고 온당하며 착실하고 질서 있게 도시화를 추진하는 것은 우리나라가 경제대국에서 경제 강국으로 매진하는 중요한 동력이며, 전면적 샤오캉사회의 건설과 사회주의 현대화 건설, 중화민족의 위대한 부흥이라는「중국의 꿈」을 실현하는 데 있어서 중대한 현실적 의의와 심원한 역사적 의의가 있다.

둘째, 도시화 발전은 세계 각국이 현대화를 실현한 보편적 법칙과 조류에 순응하는 것이며, 우리나라의 국제 경쟁력을 높이기 위한 이성적 선택이다.

도시화는 현대화의 발전에 수반하는 하나의 중요한 과정이다. 세계적으로 보면 발달한 나라들이 강국으로 나아가는 과정은 점진적으로 도시화 비율을 높이는 과정이었다. 통계에 따르면 19세기 초에 전 지구적으로 도시 인구 비율은 3%에 불과했다. 20세기 초에 이르러서 전 세계 도시화 비율은 13%·14%로 증가했다. 20세기는 전 지구적으로 도시화가 고속으로 발전하는 시기였다. 20세기 말에 이르러 도시화 비율은 48%에 달했으며, 21세기에 진입한 현재, 전 지구적으로 도시 주민은 이미 36억 명에 달했고, 발달한 나라의 경우는 70·80%의 인구가 도시에서 생활하고 있다. 도시화는 국가의 종합적 국력을 높이는 중요한 체현이다. 대국의 경제발전은 시종 자체의 도시화에 따른 대량의 내수에 의존해왔다. 서방의 발달한 나라들이 우선적으로 경제발전을 이루고, 줄곧 강한 실력을 유지하고 있는 중요한 이유의 하나가 바로 도시화가 일찍 이루어지고 도시화에 따른 거대한 에너지가 방출되고 전파되었기 때문이다. 통계에 따르면 발달한 나라의 도시화 비율은 일반적으로 80%에 달하며, 1인당 수입이 우리나라에 근접한 일부 개발도상국들의 도시화 비율도 60% 이상이다. 발달한 나라들의 도시화 과정은 또한 해당 국가의 종합적 실력이 향상되는 과정이기도 했다. 현재 우리나라의 도시인구가 전체 인구에서 차지하는 비중은 57.35%이다.[195] 이미 도시화 발전의 가속기에 들어선 것이다. 우리는 반드시 세계 도시화의 역사적인 기회를 움켜쥐고 비교우세와 후발우세를 충분히 발휘하고, 국가의 종합적 실력을 제고시키고, 대국 궐기의 각도에서 도시화 수준을 온건하게 제고시켜야 한다.

도시화는 인류의 발전수준을 제고시키는 효과적인 길이다. 도시화는 인구가 부단히 도시로 집결되는 과정으로 공공서비스를 보급하고 개선하는데 유리하며, 인민들의 교육수준과 건강수준을 제고시키는데 유리하다. 많은 국가들에서 도시화 초기에 수입과 복지의 격차가 커지는 현상이 발생했는데, 도시화가 점차 발전하면서 도시와 농촌의 수입과 소비, 복지의 격차가 점차적으로 줄어들었다. 글로벌화의 배경에서 글로벌 도시체계는 세계를 더욱 긴밀히 연계시키고 있으며 인류가 더욱 효과적으로 합작하고 상부상조할 수 있는 효과적인 무대를 창조했다. 따라서 우리는 도시 간 합작의 새로운 형식을 적극적으로 추진하고 국민들의 생활수준과 행복 지수를 실제적으로 제

---

195) 『2016年国民经济实现“十三五”良好开局』, 国家统计局网站, 2017년 1월 20일.

고시켜야 할 것이다. 신형의 도시화는 우리나라에 대해 중대한 의의가 있을 뿐만 아니라 세계의 발전에도 적극적인 추진 역할을 하게 될 것이다. 우리나라처럼 13억이 넘은 인구를 가진 개발도상국이 도시화를 실현하는 것은 인류 역사상 있어본 적 없는 일이다. 시진핑 동지는 다음과 같이 말했다. "우리나라는 세계에서 가장 큰 개발도상국입니다. 산업, 도시와 농촌, 지역발전에는 불균형이 존재하며, 신형의 공업화, 도시화, 지역발전이 우리들에게 남겨준 전략적 선회의 여지는 아주 큽니다. 이는 우리가 발전의 주도권을 스스로의 손아귀에 움켜쥐는 데 유리합니다."[196] "도시화는 정확한 목표와 올바른 방향으로 새로운 길을 개척하면, 거대한 내수 잠재력을 이끌어낼 수 있으며, 노동생산성을 제고시키는데 유리하고, 도시와 농촌의 2원구조(二元結构)를 타파하는데 유리하며, 사회의 공평과 공동부유를 실현하는데 유리합니다. 이로 인해 세계경제와 생태환경 역시 수혜를 보게 될 것입니다."[197] 따라서 우리는 도시화 문제를 고려함에 있어서 자체적인 문제만 생각하지 말고 국부적인 것에만 매달리지 말며, 글로벌 발전의 각도에서 관찰하고 탐구해야 하며, 글로벌 시야와 글로벌적인 포부를 가지고 인류사회에 기여해야 할 것이다.

## 2. 신형 도시화의 건강한 발전을 적극 인도해야 한다.

개혁개방 이래, 공업화의 가속화와 우리나라 도시화의 빠른 추진에

196) 『习近平主持召开政治局会议:向深化改革要动力』, 新华网, 2014년 2월 24일.
197) 『十八大以来重要文献选编』(상), 中央文献出版社, 2014년, 59쪽.

따라 대량의 농촌 노동력이 이전하였고, 도시와 농촌 간 생산요소 배치 효율을 제고시켰으며, 국민경제의 지속적이고 빠른 발전을 추진하고, 사회구조의 엄중한 개혁을 가져왔으며, 도시와 농촌 주민들의 생활수준을 전면적으로 제고시킴으로써 세계의 주목을 받았다. 그러나 도시화가 빠르게 발전하는 과정에서 일부 모순과 문제점도 노출되었다. 대량의 농업인구가 이전하였지만 도시사회에 효과적으로 녹아들지 못했고, '토지의 도시화'가 '인구의 도시화'를 앞질렀으며, '반도시화(半城鎮化)' 문제가 여전히 심각하다. 토지의 징발과 철거에 따른 '피동적 아파트 입주'는 각종 분쟁을 야기했으며, 집단항의 사건도 빈번하게 발생했다. 건설용지의 사용이 효율적이지 못하고 조방하며 도시 공간 분포와 구조가 불합리하고 '공성(空城)', '유령도시(鬼城)' 현상이 빈번하게 나타났다. 또한 도시화와 자원·환경의 감당 능력이 매칭이 되지 않았으며, 도시 관리와 서비스 수준이 낮고, 도시 스모그, 교통체증과 같은 '도시병(城市病)' 문제가 지속적으로 대두되고 있다. 자연 역사문화유산의 보호가 제대로 되지 못하고, 도시와 농촌 건설이 당지의 인문지리 환경에 맞지 않으며, 맹목적으로 서방국가를 모방한 도로와 기괴한 건축물이 끊임없이 출연하고 있다. 개별적 지역에서는 대규모로 철거하고 대규모로 건설하는 문제가 나타나고 있는데 이는 서방 건축디자이너들에게 실험장을 제공하는 것이며, 우리나라의 전통건축 문명을 말살시키는 것이다. 구형의 도시화에서 비롯된 이화(異化)[198]는 산업 업그레이드를 더디게 하고, 자원과 환경을 낭비하고

198) 우징롄(吴敬琏), 『推进新型城镇化需解决体制缺陷』, 『中国经济周刊』, 2013년, 47기.

악화시키며, 사회모순을 유발하는 등 수많은 위험을 안고 있으며, 우리나라를 '중진국의 함정'에 빠뜨릴 수 도 있다. 따라서 건강하고 지속가능한 신형의 도시화는 한시도 늦출 수 없는 일이다.

역사적인 인내심을 가져야 하며, 급급히 성과를 이루려 해서는 안 된다.[199] 현 단계에서 세계경제는 심층적인 조정에 직면했고, 경기 회복 동력이 약해졌으며, 지정학적 영향이 가중되고, 우리나라 경제를 하락시키려는 압력이 커지고, 발전하는 가운데 심층적인 모순이 대두되고 있으며, 전 사회적으로 도시화에 대한 열망이 아주 크다. 따라서 도시화의 질을 제고시키고, 정세에 따라 유리하게 이끌며, 이익이 되는 것은 취하고 해가 되는 것은 버리며, 도시화의 건강한 발전을 적극적으로 인도해야 한다.[200] 정확한 지도사상을 가져야 하며, 도시화 발전은 자연적이고 역사적인 과정이라는 것을 인식해야 하며, 사회주의 초급단계라는 우리나라의 국정에서부터 출발하여 자연법칙을 따르고 정세에 따라 유리하게 이끌며, 성급하게 이루려고 하지 말고, 도시화가 대세에 순응하고 자연스레 이루어지는 발전과정이 되도록 해야 한다. 도시화를 추진함에 있어서 "적극적이면서도 온당하고 착실하게 추진하고, 방향을 명확히 하고 발걸음을 온건하게 해야 하며 실제적인 조치를 취해야 한다."[201] "만약 도시화가 잘못된 방향으로 나아가고 이로 인해 발생한 문제들을 제때에 해결하지 못하면 거

199) 『中央经济工作会议在京举行』, 新华网, 2014년 12월 11일.
200) 『中央经济工作会议举行, 习近平温家宝李克强作重要讲话』, 新华网, 2012년 12월 16일.
201) 『十八大以来重要文献选编』(상), 中央文献出版社, 2014년, 591쪽.

대한 위험을 야기할 수도 있다."[202] 이를 위해서는 첫째, 사람을 핵심으로 하는 도시화를 추진해야 한다. 2016년 말까지 우리나라 호적인구의 도시화 비율은 41.2%였다. 억 단위의 농민공들이 경제 형세에 따라 기복적으로 도시와 농촌을 오가고 있으며, 농업 이전 인구의 시민화(市民化) 문제는 도시화 발전의 두드러진 문제로 대두하였다. "신형의 도시화는 반드시 사람을 근본으로 하고 사람을 핵심으로 하는 도시화를 추진해야 하며, 도시 인구의 자질과 주민들의 생활의 질을 제고시키고, 도시에서 안정적으로 취업하고 생활할 능력이 있는 상주인력의 순차적 시민화를 추진하는 것을 우선적인 임무로 해야 한다."[203] 리커챵 동지는 다음과 같이 강조했다. "신형의 도시화는 '신(新)' 자를 두드러지게 하는데 있으며, 그 핵심은 '인(人)'자를 잘 쓰는데 있다."[204] 이미 도시에서 취업한 농업 이전 인구의 호적문제를 해결하려면, 소도시와 진(鎭)의 호적 제한을 전면적으로 취소하고, 중등 도시의 호적 제한을 순차적으로 개방하며, 대도시 호적조건을 합리적으로 확정하고, 특대도시의 인구 규모를 엄격하게 통제해야 한다. 각 지역 특색에 맞는 도시 산업시스템을 형성하고, 도시 간 전문화 분공과 협업을 강화하며, 중소도시의 상업 감당 능력을 증강시켜야 한다. 자원배치를 최적화하고 자원과 환경의 감당능력에 따라 과학적이고 합리적인 도시화 거시 구도를 구축하며, 도시군(城市群)을 주체적 형태

202) 『十八大以来重要文献选编』(상), 中央文献出版社, 2014년, 590쪽.
203) 『十八大以来重要文献选编』(상), 中央文献出版社, 2014년, 592쪽.
204) 『李克强强调:扎实推进以人为核心的新型城镇化』, 中国政府网, 2014년 9월 16일.

로 하고 대중소(大中小) 도시와 진(鎭)의 합리적인 분업과 기능의 상호보완, 협동발전을 촉진시켜야 한다. 도시화 발전과정에서 전이한 인구가 도시에 남을 수 있도록 해야 할 뿐만 아니라 도시의 주민들이 존엄적인 생활을 할 수 있게 해야 한다. 또한 부동산시장의 평온하고 건강한 발전을 촉진할 수 있는 메커니즘을 설립하고, 부동산시장의 특점을 충분히 고려하여 "주택은 주거하는 곳이지 투기하는 것이 아니다."는 지침을 잘 움켜쥐고 단기적인 상황과 장기적인 상황을 충분히 고려한 메커니즘과 기초적인 제도를 마련해야 한다."[205] 도시의 판자촌 개조를 깊이 추진해야 한다. 특히 발전이 여전히 뒤떨어지고 판자촌이 비교적 집중된 중서부 지역의 도시화를 다그치고, 차별화한 호적정책을 실시해야 하며, 중서부 지역의 중대한 기초시설 건설과 산업 이전을 강화시켜야 한다.

둘째, 도시건설 용지에 대한 이용의 효율을 제고시키기 위해 노력해야 한다. 도시화 과정에서 도시 건설용지를 어떻게 효과적으로 이용하여 토지이용의 집약화(集約化)를 실현할 것인가 하는 것은 건강한 도시화 발전의 관건적인 일이다. 도시건설 용지의 집약화 정도를 확실하게 제고시키기 이해서는 주거, 공업, 농업, 생태 등 용지 사이의 이해득실을 잘 계산하고, 눈앞의 수요와 장기적인 발전을 통일적으로 계획해야 한다. 구체적으로 말하면 공업용지를 적당히 억제하고, 주거 용지를 최적화하고 증가시키며, 생태용지를 합리적으로 배치하고, 도시 교외의 농업용지를 보호하며, 기초시설과 공공서비스

205) 마타오(马涛), 『建立促进房地产市场平稳健康发展长效机制』, 『学习时报』, 2017년 3월 20일.

용지를 통일적으로 배치하는 것이다. 각종 건설용지 표준체계를 보완하고, 토지사용의 표준을 엄격히 집행하며 공업프로젝트의 용적률과 토지 산출율의 문턱을 적당히 높여야 한다. 현재 있는 도시의 재고 건설용지를 활성화하고, 재고 건설용지의 퇴출 격려메커니즘을 설립하며, 낡은 구역과 낡은 공장건물, 성중촌(城中村)의 개조와 보호성 개발을 추진하고, 엄격한 경작지 보호제도를 견지하고 보완하며, 토지 용도 변경을 엄격하게 통제하고, 경작지 수량 통제와 품질·생태 관리를 통일적으로 계획하며, 경작지 보호와 관련된 격려와 제약 메커니즘을 설립해야 한다.

셋째, 다원적이고 지속가능한 자금에 대한 보장메커니즘을 설립해야 한다. 재간둥이 며느리도 쌀 없이는 밥을 짓지 못하는 법이다. 사람을 근본으로 하는 신형 도시화를 추진하기 위해서는 안정적이고 지속가능한 자금이 보장되지 않고서는 불가능한 일이다. 당의 18기 3중전회에서는 다음과 같이 강조했다. “우리는 마땅히 투명하고 규범화된 도시건설 투자와 융자 메커니즘을 설립하여, 지방정부가 지방채 발행 등 다양한 방식으로 도시건설 융자루트를 넓히는 것을 허용하고, 사회자본이 특허경영과 같은 방식으로 도시 기초시설 투자와 운영에 참여하는 것을 허용하며, 도시 기초시설과 주택정책성 금융기구 설립을 연구·추진해야 한다. 또한 지방세수시스템을 보완하고, 점진적으로 지방의 주체 세종(主体税种)을 확립하며, 재정 전이 지불(财政转移支付)과 농업 이전 인구의 시민화를 연결시키는 메커니즘을 정립해야 한다."[206] 사회적인 관심도가 높은 지방정부의 부채 위험 문제에 대해 시진핑 동지는 다음과 같이 말했다. "경제발전 과정에서 지방부채의 위험을 적절하게 방비해야 합니다. 앞문을 열고 뒷물을 잠그며 담장을 두른 등의 방식을 결합하고, 단기적인 조치와 장기적인 제도건설을 결합하며, 지방정부의 부채 위험을 해소시키는 각항목의 사업을 잘해야 합니다. 원천적인 것에서부터 규범화하는 것을 강화하고, 지방정부의 부채를 통일적인 예산 관리로 편입시키며, 정부의 채무 절차를 엄격하게 관리해야 합니다. 책임을 명확히 하고, 성구시(省區市) 정부가 본 지역 지방정부 부채에 대해 책임을 지게 해야 합니다. 또한 교육과 검증을 강화하여 사상적인 측면에서 잘못된 치적(治績) 관념을 바로잡아야 합니다."

넷째, 도시화 분포와 형태를 최적화해야 한다. 도시화 공간분포와 도시규모 구조를 최적화하고, 구역의 토지·수자원·대기이동 등의 특징과 생태환경의 감당능력 등을 참고하는 중요한 의거로 해야 한다. 「전국주체기능구기획(全國主体功能區規划)」은 도시화의 총체적인 분포에 대해 안배했다. 즉 육교통로(陸橋通道)와 창장연안 통로(沿長江通道)를 두 개의 횡축으로 하고, 연해(沿海), 경하·경광(京哈京广), 빠오쿤(包昆) 등의 통로를 종축으로 하며, 통로 연도의 도시 군과 중추 도시를 중심으로 하고, 기타 도시화 지구를 중요한 구성부분으로 하며, 대중소(大中小) 도시와 진(鎭)이 조화롭게 발전하는 '양횡삼종(兩横三縱)'의 도시화 전략구도를 제기했던 것이다. 시진핑 동지는 다음과 같이 말했

206) 『十八大以来重要文献选编』(상), 中央文献出版社, 2014년, 525쪽.

다. "하나의 청사진으로 끝까지 가야지, 빵 굽듯이 뒤집지 말아야 합니다."[207] 도시화를 추진하기 위해서는 거시적 배치를 최적화해야 할 뿐만 아니라, 도시의 미시적 공간 거버넌스를 잘해야 한다. 이미 형성된 징진지(京津冀), 창장삼각주(長三角), 주장삼각주(珠三角) 등 동부지구 도시 군들에 대해서는 최적화하고 업그레이드하고, 동시에 중서부지역 도시 군을 배양하고 발전시킴으로써 중서부지역과 동북지역 발전의 중요한 성장극(增長极)이 되게 하고, 국토의 균형적 개발을 추진해야 한다. 도시 군 내부에서는 조화발전 메커니즘을 설립하고, 도시 군의 기획을 통일적으로 제정하며, 도시 군의 발전목표와 공간구조·개발방향 등을 명확히 하고 각 도시의 기능 포지션과 분공을 명확히 하며, 교통기초시설과 정보네트워크 분포를 통일적으로 계획하고, 도시 군의 일체화를 다그쳐야 한다. 또한 각 도시의 조화로운 발전을 추진해야 한다. 도시의 규모구조를 최적화하고, 중심도시의 선도 기능을 증강하며, 중소도시의 발전을 서둘러 추진하고, 대중소(大中小) 도시와 진(鎭)의 조화로운 발전을 추진해야 한다. 종합교통운수 네트워크의 역할을 강화하고 도시·군 사이의 교통 연계를 강화하며 도시 군의 교통일체화 기획과 건설을 다그치고 종합교통운수 네트워크가 도시화 구도에서의 제 역할을 발휘토록 해야 한다.

다섯째, 도시건설과 관리 수준을 제고시켜야 한다. 도시기획은 도시 발전 중에서 중요한 인도 역할을 한다. 한 도시를 고찰함에 있어서 도시기획을 우선적으로 본다. 과학적인 기획은 큰 효익을 가져다

---

207) 『十八大以来重要文献选编』(상), 中央文献出版社, 2014년, 600쪽.

주지만 잘못된 기획은 엄청난 낭비를 초래하며, 기획을 반복적으로 뜯어고치는 것은 가장 큰 금기이다.[208] 도시과 건설에 대한 정부의 통일적 관리를 강화하기 위해서는 국가 신형 도시화 기획을 제정하고 이를 잘 실행하며, 중대한 정책에 대해 통일적으로 계획하고 조정해야 하며, 각 지역에서는 실제에 부합하는 도시화 추진 방안을 연구하고 제출토록 해야 한다. 전문가 형 도시 관리 간부들을 배양하여 과학적인 태도와 선진적인 이념과 전문지식으로 도시를 건설하고 관리토록 해야 한다. 공간기획 시스템을 설립하고 기획체제 개혁을 추진하며, 기획입법 작업을 서둘러야 한다. 도시기획은 확장성 기획에서부터 점차 도시 변계 한정과 공간구조 최적화 기획으로 전환해야 한다. 도시건설과 관리 수준을 제고함에 있어서 도시의 지도자의 역할이 관건이다. 각급 지도간부는 발전 이념을 갱신하고 도시기획건설관리의 과학성과 전망성, 전략성을 강화해야 한다. 도시관리 사업의 능력과 자질을 향상시키고 새로운 형세하의 도시 기획건설의 '프로'가 되어야 한다. 원칙을 견지하고 과감하게 움켜쥐고 관리해야 하며, 고차원적인 기획, 높은 표준의 건설, 엄격한 관리를 해내야 한다. 특히 도시과 기획을 엄격하게 집행하고 도시 기획의 엄숙성과 권위성을 굳건히 수호해야 한다.

여섯째, 생태문명을 도시화 건설의 전반 과정에 융합시켜야 한다. 시진핑 동지는 생태문명건설과 도시화를 서로 융합시키는 문제를 크게 중시했다. 그는 톈진(天津)에서 시찰할 때 중신톈진생태마을(重新天

---

208) 『习近平在北京考察, 就建设首善之区提五点要求』, 新华网, 2014년 2월 26일.

津生態城) 건설에 대해 다음과 같은 요구를 제기했다. "생태마을은 선진성과 첨단화, 복제 가능성과 보급 가능성을 함께 고려해야 합니다. 또한 사람과 사람, 사람과 경제생활, 사람과 환경의 조화로운 공존 등 방면에서 설득력이 있는 답안을 내놓아야 하며, 자원 절약형, 친환경형 사회건설에 시범을 보여야 합니다."[209] 그는 또 꿰이양 생태문명 국제심포지엄(生態文明貴陽國際論壇)의 축사에서 다음과 같이 강조했다. "생태문명의 새로운 시대로 나아가고 아름다운 중국을 건설하는 것은 중화민족의 위대한 부흥이라는 「중국의 꿈」을 실현하는 중요한 내용입니다.", "자원을 절약하고 환경을 보호할 수 있는 공간구도, 산업구조, 생산방식, 생활방식을 형성함으로써 자손만대에 하늘이 푸르고 대지도 푸르며 물이 맑은 생산과 생활환경을 남겨주어야 합니다."[210] 이는 중국의 지도자가 전 세계를 향한 장엄한 약속이며, 생태문명 건설에 대한 우리나라의 확고한 결심을 보여준 것이었다. 생태문명을 신형 도시화 건설의 전반과정에 융합시키기 위해서는 친환경 발전과 순환발전, 저탄소발전을 추진하고, 자연에 대한 간섭과 파괴를 최소화하며, 토지와 물, 에너지 등 자원을 절약해서 사용해야 한다. 도시건설은 실사구시 적으로 그 발전방향을 확정하고 과학적인 기획과 실제적인 행동으로 시행착오를 피해야 한다. 또 현재의 산수맥락을 잘 이용하여 독특한 풍경을 만들어내고, 도시가 대자연에 융합되게 함으로써 주민들이 산과 물을 볼 수 있고, 향촌의 정을 느낄

209) 『习近平在天津考察』, 新华网, 2013년 5월 15일.
210) 『习近平致生态文明贵阳国际论坛2013年年会的贺信』, 新华网, 2013년 7월 20일.

수 있도록 해야 한다.[211]

### 3. 신형 도시화의 건강한 발전을 위한 보장조치.

지속적으로 진행되고 있는 도시화는 억 단위의 중국인들을 농촌에서 도시로 나아가고, 더 높은 수준의 생활로 나아가는데 새로운 공간을 창조할 것이다. 하지만 이 과정은 신형 도시화 발전의 '원맨쇼'가 아니다. 우리나라의 사회제도, 경제기초 등이 신형 도시화에 대한 버팀목을 어떻게 충분히 발휘하게 하는 것이냐에 따라 도시화 발전의 질과 속도에 직접적인 영향을 끼치게 된다.

첫째, 도시화와 지역발전을 서로 조화시켜야 한다. 지역의 조화로운 발전을 촉진시키기 위해서는 반드시 각 지구 자원의 비교우세를 충분히 발휘해야 한다. 각 지구의 구체적인 실정에 맞게 대책을 세우며, 각 지구만의 독특한 도시화 발전모델을 탐색해야 한다. 지역발전의 총체적 전략을 지속적으로 추진하고, 지역정책을 보완하고 혁신하며, 지역을 뛰어넘고 아우르는 기획을 중시하고, 맞춤형 지역정책을 늘리며, 시장경제의 보편적 법칙에 따라 정책을 제정해야 한다. 빈곤지원 사업을 착실하게 진행하고, 빈곤지역 군중들의 생활을 부단히 개선시켜야 한다. 또한 빈곤지역은 빈곤지원 대상들의 생활수준 향상을 지역 간부의 치적을 심사 평가하는 주요한 지표로 삼아야 하며, 빈곤지원 사업은 과학적으로 기획하고 구체적인 실정에 맞춰서 대책을 세우며, 중점에 맞춰 맞춤형 정책을 실시하며 지속적으로 효과를

211) 『十八大以来重要文献选编』(상), 中央文献出版社, 2014년, 603쪽.

볼 수 있게 해야 한다. '일대일로'와 징진지(京津冀)지역 협동발전, 창장경제벨트 등 3대 전략을 중점적으로 추진해야 한다. 특히 징진지지역의 협동발전 문제에서 당 중앙과 국무원에서는 숑안신구(雄安新區)를 설립하기로 결정하였는데, 이는 시진핑 동지를 핵심으로 하는 당 중앙이 징진지지역의 협동발전을 심도 있게 추진하기 위한 중대한 선택이다. 지역의 조화로운 발전을 추진하는 것은 단지 경제상의 분공과 협조만이 아니라 행정관리체제에서도 이에 상응하는 변혁과 혁신을 요구한다. 따라서 도시 설립표준을 보완하고 심사절차를 엄격하게 관리하며 행정조건에 부합되는 현(縣)을 질서 있게 시(市)로 승격시켜나가야 한다. 인구흡수율이 높고 경제실력이 강한 진(鎭)에 대해서는 동일한 인구와 경제규모에 맞먹는 관리권을 주어야 하며, 구역을 초월하는 도시발전 협조메커니즘을 설립하고 보완해야 한다.

둘째, 도시화 행정에서 도시와 농촌의 발전을 통일적으로 계획해야 한다. 시진핑 동지를 핵심으로 하는 당 중앙은 삼농문제(三農問題)[212]에 대해 각별히 중시하면서 다음과 같이 명확하게 언급했다. "샤오캉을 실현했느냐 못했느냐의 관건은 백성들이 만족하는가를 봐야 한다.(小康不小康, 關鍵看老鄉)" 중국이 강해지려면 농업이 반드시 강해야 하고, 중국이 아름다워지려면 농촌이 반드시 아름다워야 하며, 중국이 부유해지려면 농민들이 반드시 부유해져야 한다.[213] 현 단계에서 농업은 여전히 취약한 고리이며, 농촌 역시 전면적 샤오캉사회 건설

212) 3농문제 : 농업문제, 농촌문제, 농민문제 등을 가리킴.

213) 『十八大以来重要文献选编』(상), 中央文献出版社, 2014년, 658쪽.

의 취약한 고리이기에, 우리는 반드시 삼농문제를 해결하는 것을 전당 사업의 중점으로 삼아야 하며, 삼농문제를 시종일관 움켜쥐어야 한다. 관련 체제와 메커니즘을 확실하게 마련하여 공업이 농업을 이끌고, 도시가 농촌을 이끌며, 공업과 농업이 서로 혜택을 보고, 도시와 농촌이 일체화되는 신형의 관계를 형성함으로써, 광범위한 농민들이 현대화 건설에 평등하게 참여하고 현대화의 성과를 공동으로 향유하게 해야 한다. 신형 농업경영체계를 서둘러 구축하고, 농민들에게 더 많은 재산권을 주며, 도시와 농촌 요소의 평등 교환과 공공자원의 균등한 배치를 부단히 추진해야 한다.

셋째, 도시화 과정에서 역사문화에 대한 보호를 중시해야 한다. 우리나라 도시화 발전과정에서 덮어놓고 서방을 모방하는 현상이 보편적으로 존재했다. 맹목적으로 대광장이나 대로, 고층건물을 건설하는 바람에 도시발전이 천편일률적이 되었다. 시진핑은 이처럼 '신형의 도시화'를 단순하게 '철근콘크리트 화'로 착각하고 맹목적으로 허물고 건설하는 경향에 대해 반드시 척결해야 한다고 경고했다. 시진핑 동지는 특별히 수도박물관(首都博物館)을 찾아서 베이징 역사문화전시를 참관하는 실제 행동으로 역사문화는 도시의 영혼이라는 점을 전 사회에 상기시켰다. '도시화' 명의로 원래의 도시풍격을 파괴하고 멋대로 역사문화 건축물들을 철거하는 것은 도시발전의 역사를 말살할 뿐만 아니라 미래발전의 영혼을 말살하는 것이다. 따라서 우리는 도시의 역사문화유산을 자기의 생명처럼 아끼고 보호해야 한다. 시진핑 동지는 수도박물관을 참관하면서 다음과 같이 말했다. "역사문화를 전시하는 것은 역사를 견증하고 역사를 거울로 삼아 후세는 오늘을 경계하고, 후세를 계발시키기 위한 것입니다. 전시와 동시에 역사서의 편찬을 하는 것도 중시해야 합니다. 문물이 말을 하게하고, 역사의 지혜를 사람들에게 알려줌으로써 우리의 민족적 자긍심과 믿음을 높이고, 전체 인민들이 중화를 진흥시키고 「중국의 꿈」을 실현하는데 정신적인 힘을 실어줘야 합니다." 도시 건설에서 문화를 계승하기 위해서는 역사·문화적 기억이 있고, 지역 특색이 있으며, 민족적 특색이 있는 아름다운 도시 발전에 중시를 돌려야 하며, 현대적인 원소의 주입과 우수한 전통문화의 보호와 선양(宣揚)을 결합시키고, 도시의 역사문맥을 이어가야 한다. 대중들의 생활을 쾌적하게 하는 이념들을 도시건설의 전 과정에 녹아들게 하고, 세세한 부분에까지 체현시켜야 한다. 건축품질 관리제도 건설을 강화해야 하며, 농촌의 원시적인 풍모를 보류하는데 주의를 기울이고, 나무를 함부로 베지 말아야 하며, 호수를 메우지 말고, 가옥은 적게 철거하고, 원래의 형태를 가능한 유지하면서 주민들의 생활조건을 개선하는 방법을 모색해야 한다.

**4. 양대 관계를 잘 처리해야 한다.**

신흥 도시화전략의 본질은 인민대중들의 근본적 이익에서 출발하여 사람을 핵심으로 하고, 품질을 관건으로 하며, 개혁을 동력으로 삼고, 생태를 필요조건으로 하는 신형 도시화 발전의 길을 걷는 것이다. 신형의 도시화를 추진함에 있어서 또한 시장과 정부, 중앙과 지방의 관계를 잘 처리해야 한다. 2015년 말의 중앙의 도시사업회의에서는 "정부와 사회, 시민이라는 3대 주제를 통일적으로 계획하고 도시 발전을 추진하는 각 방면의 적극성을 제고시켜야 한다." 고 강조했다. 신형의 도시화 발전을 추진하기 위해서는 여러 방면이 적극성과 창조성을 잘 이끌어내고, 정부와 시장, 중앙과 지방의 관계를 합리적으로 조절해야 하며, 도시화 발전을 촉진시킬 수 있는 긍정에너지를 한데 모아야 한다. 우선 정부와 시장의 관계이다. 도시화를 추진하기 위해서는 시장이 자원배치에서 결정적 역할을 하도록 추진해야 할 뿐만 아니라, 제도적 환경 창조, 발전기획 제정, 기초시설 건설, 공공서비스 제공, 사회 거버넌스 강화 등 방면에서 정부의 직능을 효과적으로 발휘해야 한다. 또한 한 쪽으로 치우치지 말고 시장과 정부 모두 각자의 장점을 발휘하도록 해야 한다. 도시화의 건강한 발전은 또 '유형의 손'과 '무형의 손'을 서로 결합해야 한다. 정부는 도시화가 어느 흔들림이 없이 정확한 방향으로 나아가도록 기획하고 인도하는 역할을 적극적으로 발휘해야 한다. 2014년 상반년에 「국가신형도시화기획(國家新型城鎮化規划), (2014—2020)」이 정식으로 반포되었다. 정부가 전략적 기획의 제정을 강화하는 동시에 시장메커니즘의 결정적인 역할을 충분히 발휘시켜야 하며 도시화 과정의 자원배치의 효율을 제고하고 효과적인 조치를 취하여 민간자본이 도시화 건설프로젝트의 투자와 운영에 참여할 수 있도록 격려해야 한다. 사회 사무성(事務性) 관리서비스에 경쟁메커니즘을 도입하고, 정부는 서비스를 구매하는 방식으로 민간조직과 합리적인 분공을 하며 기업과 중개기구, 비영리조직이 도시화 과정에서 중요한 역할을 발휘하도록 이끌어야 한다. 다음으로 중앙과 지방의 관계이다. 중앙과 지방의 관계는 동적으로 발전하는 과정으로 경제사회의 역사적 조건이 변화하는 바에 따라서 적당히 조정을 해야 한다. 한꺼번에 모든 것이 다 완성되는 궁극적인 방안이란 있을 수 없다. 우리나라는 지역적 격차가 크기에, 신형 도시화 발전은 반드시 지역적 특성에 따라서 차별화하고 분류하여 지도하는 방침을 견지해야 한다. 우선 재정·세수의 분배제도를 합리적으로 안배해야 하며, 중앙과 지방의 세수 분배의 비례를 합리적으로 확정하고, 국가 재정의 이전지급을 강화하고, 지방의 세원(稅源)시스템을 과학적으로 구축해야 한다. 다음으로 행정체제 개혁을 심화시키고 정부의 권리구조를 최적화하며, 입법권·경제 관리권·인사임면권 등을 중앙과 지방이 과학적으로 배분하고 쉽게 바꾸지 말아야 한다. 지방발전의 자주권을 증강시키고, 권력 회수와 권력의 이전, 상사와 부하 등의 관계로 인해 중앙과 지방이 '힘겨루기'를 하는 일이 없도록 해야 하며, 중앙과 지방의 조화로운 관계를 구축해야 한다. 중앙에서 큰 방침을 제정하고 도시화의 총체적 기획과 전략적 배치를 하도록 하며, 지방에서는 실제 상황으로부터 출발하여 총체적 기획을 관철하고 실시하며, 이에 상응하는 기획을 세워 창조적으로 건설하고 관리해야 한다.

제12장

# 삼농문제의 해결:
# 나라를 다스리고 안정시키는 중차대한 문제이다.

# 제12장
# 삼농문제의 해결:
# 나라를 다스리고 안정시키는 중차대한 문제이다.

근 몇 년 동안, 우리나라의 농업생산은 안정적인 성장을 이어왔고, 농민들의 수입도 지속적으로 제고되었으며, 농촌의 면모 또한 거대한 변화를 가져왔다. 하지만 도시와 농촌의 경제발전이 균형을 잃었고, 공공자원과 공공서비스가 균등하지 못하며, 도시와 농촌 주민들의 수입 격차가 크다는 모순은 여전히 심각하다. 시진핑 동지는 다음과 같이 말했다 "도시와 농촌의 발전이 불균형하고 조화롭지 못한 것은 우리나라 경제사회 발전에 존재하는 심각한 모순입니다. 이는 전면적 샤오캉사회 건설과 사회주의현대화를 추진함에 있어서 반드시 해결해야 할 중대한 문제입니다. 개혁개방 이래 우리나라 농촌의 면모는 천지개벽의 변화를 가져왔습니다. 하지만 도시와 농촌의 이원구조(二元結构)는 근본적으로 개선되지 못했고, 도시와 농촌의 발전 격차가 벌어지는 추세는 근본적인 전환을 가져오지 못했습니다. 이런 문제들을 근본적으로 해결하기 위해서는 성향발전일체화(城鄕發展一体化)를 반드시 추진해야 합니다."[214] 삼농문제를 해결하는 것은 나라를 다

---

214) 시진핑,『关于〈中共中央关于全面深化改革若干重大问题的决定〉的说明』, 『人民日报』, 2013년 11월 16일.

스리고 안정시키는 중차대한 문제이다. “샤오캉사회의 전면적 건설에서 가장 어렵고 막중한 임무가 바로 농촌문제, 특히 농촌의 빈곤지역 문제입니다.”[215]

**1. 밥그릇은 어떠한 시기에도 스스로의 손에 움켜쥐어야 한다.**

우리나라는 세계 경작지의 9%를 가지고 세계 인구의 20%를 먹여 살리고 있다. 이는 우리나라의 가장 특수한 국가 정황이며, 금후 양식문제를 해결해야 한다는 점에서 직면한 가장 큰 도전이다. 2013년 12월 중앙농촌사업회의에서는 다음과 같이 언급했다. “먹는 문제를 해결하는 것은 시종 치국이정(治國理政)의 첫째가는 대사이다.” “중국인의 밥그릇은 어떠한 시기에도 스스로의 손에 움켜쥐어야 한다. 우리의 밥그릇에는 중국식량 위주로 담겨져야 한다. 한 국가가 식량의 자급을 기본적으로 실현해야만 식량안전의 주도권을 장악할 수 있고 진일보 적으로 경제사회 발전의 대국을 장악할 수 있게 된다.” “우리나라는 경작지 면적이 제한되고 그 잠재력도 제한적이다. 따라서 식량문제에서 낙관할 수 있는 상황이 아니다.” 이와 같은 문제에 대해 우리는 반드시 명석하게 인식해야 한다.

첫째, 식량은 “스스로에게 의지하는 것을 위주로 하고 국내에서 해결한다는 데에 입각해야 한다.”[216] 중국이 어떤 방식의 식량안전전략

215) 『习近平在中共中央政治局第二十二次集体学习时强调：健全城乡发展一体化体制机制，让广大农民共享改革发展成果』，『人民日报』, 2015년 5월 2일.

216) 『十八大以来重要文献选编』(상), 中央文献出版社, 2014년, 660쪽.

을 취할지에 대해 국내 학계에는 여러 의견이 존재한다. 어떤 이들은 농업에 대한 보호를 강화하고 수입을 엄격에 통제해야 한다고 하고, 어떤 이들은 농업이 하루빨리 '해외로 진출하여', 외국에서 식량을 재배해야 한다고 인정하며, 또 어떤 이들은 글로벌 조건에서 국제무역을 통해 국내의 식량 수요를 충족시켜야 한다고 한다. 우리나라는 인구대국으로 완전히 국제시장에만 의존해서 식량문제를 해결할 수는 없다. 쌀을 예로 들면, 2016~2017년 국제 쌀 연간 무역량은 약 4,000만 톤이었지만, 우리나라의 연간 쌀 소비량은 근 1.5억 톤에 달한다. 국제무역의 총생산량이 우리나라 실제 수요의 1/4에 불과한 것이다. 현 단계에서 국제적으로 식량의 공수관계는 줄곧 긴장된 편이다. 이런 상황에서 만약 우리나라가 식량 수입을 크게 늘리면 반드시 글로벌 식량가격의 폭등을 초래하게 되고, 글로벌 식량무역 구도에 큰 충격을 주게 될 것이다. 또한 다른 나라들에게 '밥을 동냥하는 것'은 남들에게 코가 꿰이는 일이며, 결국은 경제 자주권을 상실하게 될 것이다. 따라서 국정과 국제적 추세, 내적인 발전 수요 등의 사항들을 충분히 고려한 기초위에서, 시진핑은 2013년 11월 산동농업과학원(山東農科院) 좌담회에서 다음과 같이 언급했다. "역사적 경험을 통해 알 수 있듯이 일단 기황이 들면 돈이 있어도 소용이 없습니다. 13억 인구의 먹는 문제를 해결하려면 국내에서 스스로 해결하는 것을 견지해야 합니다."[217] 중국인의 밥그릇은 어떤 시기에도 스스로의 손에 움켜쥐어야 하며, 밥그릇에는 중국의 식량을 담아야 한다. 이렇게 해야

217) 『习近平: 手中有粮, 心中不慌』, 新华网, 2013년 11월 28일.

만 식량안전의 주도권을 장악할 수 있으며, 국가 발전의 대국에도 도움이 된다.

둘째, 밥그릇에는 중국식량을 담아야 한다. 2016년에 우리나라의 식량 생산량은 6.16억 톤에 달했다. 2014년 2월 10일에 반포한 「중국 음식물 영양발전요강(中國食物与營養發展綱要)(2014~2020)」에 따르면 2020년에 이르러 중국의 식량 생산량은 안정적으로 5.5억 톤 이상을 유지할 수 있다. 국외의 일부 연구기구들은 이에 대해, 중국이 식량 생산목표를 국내 소비량보다 낮은 수준으로 설정한 것은, 중국의 식량 자급자족 정책에 변화가 발생했음을 의미하며, 중국의 식량 수입은 증가할 것이고, 5.5억 톤은 최저치 목표일 것이라고 분석했다. 스스로에게 의지하는 것을 위주로 하고, 국내에서 해결하는데 입각하는 것은, 국가의 식량안전을 보장하는 전략적 입각점이다. 그 기본의미는 중국인의 밥그릇은 언제나 스스로의 손에 움켜쥐어야 하며, 우리들의 밥그릇에는 중국식량을 담아야 한다는 것이다. 곡물의 기본적인 자급과 식량의 절대적 안전을 확보한다는 것은, 국가 식량안전의 우선순위를 명확히 한 것이며, 역량을 집중하여 가장 기본적이고 가장 중요한 것을 우선적으로 담보한다는 것이다. 우리나라 식량 통계에 따르면, 현재 곡물생산량은 국내 식량 생산량의 90% 이상이다. 이는 곡물의 기본적인 자급을 실현했고, 중국의 식량 안전을 담보할 수 있게 되었다는 것을 의미한다.

셋째, 식량의 적당한 수입 역시 중요한 원칙이다. 식량은 벼나 옥수수, 밀과 같은 기본적인 것뿐만 아니라, 대두나 땅콩 등 유료작물과 고기, 수산물 등 동물성 식품도 포함한다. 따라서 모든 식량을 전부 자급한다는 것은 불가능하기도 하거니와 그럴 필요도 없는 것이다. "국내에서 해결하는데 입각하는 것"과 "적당하게 수입하는 것"은 "모 아니면 도"라는 식의 대립관계가 아니고, 서로 배합하고 보충하는 관계이다. 시진핑은 식량문제를 국내에서 해결하는 것을 위주로 할 것을 강조하면서도 "국제 농산품시장과 농업자원을 더 적극적으로 활용하여 국내양식 공급을 효과적으로 보충하고 다양화해야 한다."고 부언했다. 이와 같은 중요한 원칙 역시 충분히 이해해야 할 것이다.

"만약 식량을 단순히 벼나 밀, 옥수수와 같은 곡물로만 정의한다면, 우리나라의 식량 공급과 수요는 기본적으로 평형을 이룬다. 하지만 이 범위를 보리, 대두, 유채씨, 설탕, 육고기 등 제품으로 확대하면 우리는 아직 식량의 자급자족을 완전히 이루지 못하고 있는 것이다."[218] 따라서 국가의 식량안전을 담보하기 위해서는 반드시 국가의 식량안전시스템을 설립하고 보완해야 한다.

경작지 보호의 마지노선을 굳건히 수호해야 한다. 날로 감소하는 경작지 면적에 대해, 2013년 12월의 중앙정치국회의에서는 다음과 같이 명확히 요구했다. "가장 엄격한 경작지 보호제도와 용지 절약제도를 조금도 흔들림이 없이 견지해야 한다.", "경작지 보호의 마지노선과 식량 안전의 최저선을 굳건히 수호하며 실제 경작지 수량의 기본적인 안정을 확보해야 한다. 용지의 절약과 집약(集約)사용을 틀림없이 추진하고, 토지이용의 구조를 최적화하며, 토지이용의 효율을 높

218) 닝가오닝(宁高宁), 『以全球视野审视中国的粮食安全』, 『求是』, 2013년 8 기.

여야 한다."[219] 곧바로 개최된 중앙농촌사업회의에서는 또다시 다음과 같이 강조했다. "경작지 마지노선은 엄격하게 준수하고 사수해야 한다. 18억 묘(畝)라는 경작지 마지노선은 여전히 엄격하게 준수하야 하며, 동시에 현재의 경작지 면적은 반드시 기본적인 안정을 실현해야 한다." 또한 "영구적인 기본 농경지를 확정해야 한다."고 명확하게 요구했다. 이와 같은 전략방침은 경작지 수량을 식량안전을 담보하는 첫 번째의 전제로 삼은 것이다. 경작지를 보호함으로써 식량안전 담보에 기초를 마련하고, 수량을 담보함으로써 품질 담보에 조건을 제공하며, 최종적으로 식량과 땅이 공존하고 수량과 품질을 골고루 돌보는 것(粮地共存, 質量兼顧)을 실현하는 것이다. 이러한 방침은 식량문제의 관건을 움켜쥔 것이며, 우리나라 식량안전을 담보하는 근본적인 조치이다. 식량생산의 적극성을 고취하고 보호해야 한다. 현재 우리나라 식량정책 체계는 지지방식, 보상표준, 집행비용 등 방면에서 일부 문제점이 존재한다. 이로 인해 "최저구매가격의 강성화 발전(最低收購价格剛性化發展)"과 "식량 생산구역 분공제도 위기(粮食生産區域分工制度危机)" 등 2대 난제가 나타나고 있다.

농민들이 안심하며 재배하게 하고, 주요 생산기지에서 식량생산을 확고히 하기 위해 2013년 말의 중앙농촌사업회의에서는 다음과 같이 말했다. "농민들의 식량 재배에 이득이 따르게 하고, 주요 생산기지에서 식량생산의 적극성을 불러일으키기 위해 농업 보조금을 식량 생산과 결부시키는 메커니즘을 형성시켜 식량을 많이 생산할수록 더

219) 『中央政治局：出台实施国家新型城镇化规划』, 新华网, 2013년 12월 3일.

많은 보조금을 받게 함으로써 제한적인 자금을 꼭 필요한 곳에 쓰도록 해야 한다."[220] 2016년 말의 중앙농촌사업회의에서는 또 다음과 같이 언급했다. "식량생산 기능구역, 중요농산품 생산보호구역, 특색농산품 우세구역 등을 중점적으로 건설해야 한다.", "식량생산능력이 하락하지 않게 하고, 농민들의 증수(增收) 추세가 바뀌지 않게 하며, 농촌안정에 문제가 생기지 않게 해야 한다."[221] 이와 같은 정책노선은 후기의 문건에 계속 체현되었다. 농업에 과학기술의 날개를 달아줘야 한다. 과학기술은 제1생산력이다. 당 중앙은 농업과학기술의 중요한 역할에 대해 특별히 강조했다. 2013년 11월 시진핑 동지는 산동농업과학기술원(山東農科院)을 고찰할 때 다음과 같이 명확하게 언급했다. "농업의 출로는 현대화에 있고, 농업현대화의 관건은 과학기술의 진보에 있습니다. 우리는 반드시 이왕의 어떤 시기보다도 농업과학기술을 중시하고, 농업과학기술에 의존해야 합니다." 그는 또 이에 대해 "농업에 과학기술의 날개를 달아줘야 한다."고 형상적으로 비유했다. 농업과학기술은 전기를 가져와야 한다. 한편으로는 수준급의 연구개발에 매진해야 한다. 시진핑 동지는 다음과 같이 언급했다. "증산과 효율 제고를 같이 중시하고, 좋은 종자와 좋은 방법을 배합하며, 농업기계와 농업기예를 결합하고, 생산과 생태를 조화시키는 원칙에 따라, 농업기술의 통합화, 노동과정의 기계화, 생산경영의 정보화, 안전

---

220) 『十八大以来重要文献选编』(상), 中央文献出版社, 2014년, 664쪽.

221) 谭浩俊,『推进农业供给侧改革须守农民增收势头不逆转底线』,『经济参考报』, 2016년 12월 27일.

과 환경보호의 법치화를 추진하고, 생산량과 품질, 효율과 생태, 안전 등 농업발전의 요구에 부합되는 기술시스템을 하루빨리 마련해야 합니다.” 다른 한편으로는 농업과학기술의 연구개발, 보급과 응용이 농업기술원과 농민들에게 더욱 높은 능력을 보유할 것을 요구하는 상황에 비추어, 농업기술의 진보노선을 적절하게 조정하여, 농업기술 인재대오의 건설을 강화하고 신흥의 직업농민들을 배양해야 한다.

두 개의 시장과 두 가지 자원을 잘 이용해야 한다. “두 개의 시장과 두 가지 자원을 잘 이용하고, 수입을 적당히 늘리고 농업의 해외진출 발걸음을 촉구하며, 수입규모와 템포를 잘 조정해야 한다.”[222] ‘두 개의 시장’을 어떻게 효과적으로 이용할 것인지에 대해 2014년 12월 중앙농촌사업회의에서는 다음과 같이 언급했다. “중요한 농산품의 국제무역 전략 제정을 촉구하고, 수입농산품의 기획과 지도를 강화하며, 수입원산지 분포를 최적화하고, 안정적이고 믿음직한 무역관계를 건립해야 한다.”, “농업의 해외진출 전략을 서둘러 실시하고, 국제적 경쟁력이 있는 대형기업을 설립해야 한다. 해외 특히 주변국가에서 농업생산을 진행하고, 수출입 합작을 하는 것을 지지해야 한다.”[223] 이는 우리나라의 식량안전을 더 잘 담보하기 위한 전면적이고 체계적인 조치이다. 시진핑 동지는 2013년 상하이협력기구 성원국정상회의(上海合作組織成員國元首理事會) 제13차 회의에서 “식량안전 합작메커니즘을 설립하고, 농업생산, 농산품 무역, 식품안전 등 영역에서 합작을 강

222) 『十八大以来重要文献选编』(상), 中央文献出版社, 2014년, 666쪽.
223) 『2014 年中央一号文件公布(全文)』, 新华网, 2014년 1월 19일.

화함으로써 양식안전을 담보해야 한다."고 발의했다. 2017년 5월에 열린 '일대일로 국제협력포럼'에서 중국정부는 「'일대일로' 건설에서의 농업합작의 청사진과 행동(共同推進 "一帶一路" 建設農業合作的愿景与行動)」을 반포하였다. 이처럼 시진핑 동지를 핵심으로 하는 당 중앙이 농업 영역의 글로벌 합작과 호리공영(互利共贏)을 적극 추진하고 있음을 볼 수 있다.

## 2. 신흥 농업경영체계를 서둘러 구축해야 한다.

성향발전일체화(城鄕發展一体化) 체제와 메커니즘을 구축하기 위해서는 우선 농업경영체제를 혁신하고 성향발전일체화에 대한 농업의 지지능력을 높이며, 도시와 농촌의 여러 산업의 협동발전을 촉진시키고, 농업현대화와 신형의 공업화·정보화·도시화가 동시에 발전하게 해야 한다. 신형 농업경영시스템을 서둘러 구축해야 한다. "주요하게 가족경영이 농업에서의 기초적인 지위를 견지하고, 토지도급경영권이 공개시장에서 전문농가, 가족농장, 농민합작사, 농업기업 등에 유통되는 것을 격려하며, 농촌에서 합작경제를 발전시키는 것을 격려하고, 공상자본이 농촌에서 기업화 경영에 적합한 현대농업과 양식업에 종사하는 것을 격려하고 인도하며, 농민들이 토지도급경영권으로 주주가 되어 농업산업화를 추진하는 것을 격려해야 한다."[224]

"신형의 농업경영체계를 구축하는 것은 당의 18기 3중전회(十八届三

224) 시진핑, 『关于〈中共中央关于全面深化改革若干重大问题的决定〉的说明』, 『人民日报』, 2013년 11월 16일.

中全會)에서 우리나라 농업과 농촌발전의 새로운 형세에 근거하고, 공업화, 정보화, 도시화, 농업현대화, 친환경화를 동시에 추진해야 한다는 요구에 따라 제기한 것으로, 농촌개혁을 진일보 적으로 심화시키는 데에 관한 중대한 임무이다. 이는 우리나라 농업현대화 진행의 필연적 요구이기도 하다."[225] 현재 국내 주요농산품 가격은 수입농산품 가격에 비해 보편적으로 높다. 점점 더 많은 농민들이 소규모 농업경영에 종사하기를 꺼리고 있는데, 이는 농업경영의 규모화를 위해 조건을 창조한 것이다. 조사에 따르면 농업규모가 최소 30묘(畝)에 달해야 농업경영 주체의 실제 생활수준이 비농업부문에 종사하는 농호의 생활수준에 맞먹게 된다. 이는 농민들의 이탈취업(轉移就業)과 경작지의 유통을 초래하게 되고, 따라서 서둘러 신형의 농업경영체계를 구축할 필요가 생긴 것이다.

2013년 중앙의 1호 문건은 농업생산경영체제 혁신을 특별히 강조했는데 이는 여러 해 동안 있었던 적이 없는 일이다. "가정도급경영을 기초로 하고 통일과 분산이 결합된 쌍층경영체제(双層經營体制)"는 중앙의 장기적인 방침으로 헌법의 제8조에 수록되었다. 지속적으로 보완하고 혁신하기 위해서는 적당한 방식으로 '통일'을 강화해야 하는데, '통일'의 매개체와 루트는 합작제(合作制)를 강화하는데 있다. 2015년과 2016년, 2017년의 중앙 1호 문건에서는 연속적으로 농업경영 체계를 혁신할 것을 주문했다. 농촌의 기본경영제도를 견지하고 보완하며, 가족경영의 주체적 지위를 견지하고, 토지경영권이 규범적이고 질

225) 천시원(陈锡文),『构建新型农业经营体系刻不容缓』,『求是』, 2013년, 22기.

서 있게 유통되도록 인도하며, 토지경영권 유통과 규모경영방식을 혁신하고, 다양한 형식의 규모경영을 적극적으로 발전시키며 농업의 조직화 정도를 높여야 한다.

농촌의 토지경영 관리에서 농촌 토지의 집체소유권을 견지해야 하는데 이는 신형 농업경영 체계를 구축하는 관건이다. 토지도급 관계의 안정을 견지하고 장기적으로 변하지 않도록 하며, 농민들의 토지도급경영권을 법적으로 보호하고, 농민들에게 도급지에 대해 점유하고, 사용하고, 수익을 보고, 유통하고, 도급경영권의 담보대출 등 권리를 줘야 한다. 합법적이고 자발적이며 대가성적인 원칙에 따라 토지경영권이 질서 있게 유통되도록 해야 하며, 농민들이 토지도급경영권으로 주주가 되어 농업산업화를 추진하는 것을 허락해야 한다. 도급경영권의 유통과 시장화를 강조하고 토지도급경영권이 공개시장에서 전문농가, 가족농장, 농민합작사, 농업기업 등에 유통되는 것을 격려하며, 다양한 형식의 규모화 경영을 발전시켜야 한다. 이러한 결책은 토지재산권과 도급권, 사용권 분리의 한계를 명확히 했으며 토지권에 대한 사람들의 모호한 인식을 바로잡았다. 이러한 조치는 또 농민들의 토지도급경영의 권리를 효과적으로 보장했고, 토지의 규모화경영 효율을 높이는 역할을 했다. 하지만 우리나라에는 아직도 6억이 넘는 농촌 상주인구가 있다. 따라서 단기간 내에 이들 가운데 대다수를 도시 주민으로 이전시키는 것은 비현실적이다. 농업인구의 감소는 도시화 수준의 점차적인 제고에 따라 자연스레 이루어지는 과정이다. 농촌의 사람이 많고 땅이 적은 구도를 철저하게 개선시키려면 상당한 시간을 필요로 한다. 이것이 바로 우리나라 농업현대화의 현실적인 시작점이다. 따라서 사회적 전환의 단계에 농민들의 생계와 사회적 안정을 확실하게 보장해야 하며, 농민의 땅은 농민이 경작하는 것과 구체적인 상황에 맞추어 다양한 형식의 규모경영을 적당하게 발전시키는 것을 기본 방향으로 해야 한다.[226] 신형의 농업경영체계를 발전시킴에 있어서 농촌의 실제 상황에 결부시켜야 하며 농민들의 뜻을 존중해야 한다. 농업경영 방식에서 우선 합작경제를 격려하고, 규모화와 전문화, 현대화 경영을 지지했다. 정책적 지지를 늘리는 동시에 재정프로젝트 자금이 조건에 부합되는 합작사에 직접적으로 투입되는 것을 허락했다. 이는 신형 합작경제조직의 발전에 더 유리한 정책적 환경을 제공했다. 농민합작사는 농촌 집체경제의 새로운 실체로서, 이러한 기회를 잘 움켜쥐고 경영 활력을 배양하고, 발전능력을 향상시켜 경제적 실력을 키울 수 있게 되었다. 다음으로 공상자본이 기업화 경영에 적합한 현대농업과 현대양식업에 투입되는 것을 허락함으로써 농업에 현대화 생산요소와 경영모델을 주입하게 했다. 이는 공상자본이 현대농업에 진입하는 것을 지지했음을 표명한다. 하지만 동시에 공상자본이 농호와 긴밀한 이익연결 메커니즘을 설립하게 하고, 현대화 농업시범기지를 적극 구축하게 하며, 농산품 브랜드를 힘써 배양하고, 현대농업의 규모화, 전문화, 표준화, 집약화 경영수준을 제고하게 했다.

226) 천시원(陈锡文),『适应经济发展新常态, 加快转变农业发展方式』,『求是』, 2015년 5기.

### 3. 농민들에게 더 많은 재산권을 주어야 한다.

성향발전일체화(城鄕發展一体化)의 핵심은 도시와 농촌의 주체권리이다. 전체 주민들이 발전의 성과를 공유하는 체제와 메커니즘을 구축하고 백성들에게 행복을 주고 농민들을 부유하게 하는 이익 구도를 만들어야 한다. 중점은 농민들이 수입을 증가할 수 있는 루트를 확장하고 재산성 수입을 늘려주는 것이다. 농민들에게 더 많은 재산권을 주는 것은 "주로 농민들의 토지도급경영권을 법적으로 보호하고, 농민집체경제조직 구성원의 권리를 보장하며, 농호의 택지 용익물권(用益物權)을 보장하고, 농민들의 주택재산권 저당, 담보, 이전 등을 신중하고 안정적으로 테스트해야 한다."[227]

토지는 농촌 집체와 농민의 가장 큰 자산이다. 하지만 장기적으로 농민들의 재산 수량은 적지 않지만 수입기능이 아주 낮았으며, 농민들이 수입 중 직접적인 재산성 수입은 아주 미미했다. 농촌집체경제조직의 구성원으로서 대다수 농민들은 집체자산의 증식으로 인한 수익을 배당받지 못했다. 도시 주민들의 사유부동산 재산권에 비해, 우리나라 농민들은 택지의 용익물권이 없을 뿐만 아니라, 자기 자택의 안전한 재산권도 없었다. 농민들의 부동산은 재산권으로서 저당할 수 없었고, 부동산 시장에서 공개적으로 이전하거나 거래할 수 없었으며 자산의 기능이 없었다. 따라서 농민들의 수입은 주로 농사와 양식업 경영수입과 품팔이를 통한 임금성 수입으로 구성되었고, 재

227) 시진핑, 『关于〈中共中央关于全面深化改革若干重大问题的决定〉的说明』, 『人民日报』, 2013년 11월 16일.

산성 수입은 기본적으로 없었다. 총체적으로 보면 농민들의 1인당 순수입 성장폭은 최근 몇 년간 도시 주민들보다 높았다. 하지만 절대적 수치로 보면 농민들과 도시 주민들의 수입 격차는 더 벌어졌다.

뉴노멀 상황에서 농업과 농촌경제의 변화가 농민들의 수입에 미치는 영향은 주로 아래의 몇 가지를 들 수 있다. 우선 가족수입의 안정을 유지해야 한다. 토지 유통과 신형 경제주체의 발육은 가족경영수입의 증가를 가져다줄 것이다. 하지만 경제성장 속도의 하락과 더불어 농산품시장 수요의 약세, 농민수입에 대한 가격의 촉진작용 약화 등의 문제가 존재한다. 원가 상승과 가격 하락 등의 이중압박으로 농호들의 농사수익이 제한적이고 비교효익(比較效益)이 상대적으로 낮은 문제 등은 여전히 돌출적이다. 다음으로, 임금 수입의 증가폭이 완만하다. 경제의 뉴노멀 상황에서 농민공들의 수입은 일정한 영향을 받고 있으며 임금의 향상 폭이 하향 조정되고 있다. 그 다음으로 이전성수입(轉移性收入)의 성장도 도전에 직면했다. 경제의 뉴노멀 상황에서 재정수입 성장이 둔화되었기에, 직접적인 보조금 발급과 같은 형식으로 농님들의 이전성수입(轉移性收入)을 증가시키기에는 압력이 너무 크다. 또한 재산성 수입의 성장 잠재력이 크다. 최근 몇 년 간, 농촌 토지징수 보상 수준이 제고되고 농민들의 토지 유통과 주택 임대가 많아지는 등의 영향으로 농민들의 재산성 수입이 부단히 성장하여 농민들, 특히 측정 지구 농민 수입의 중요한 성장 원천으로 되었다. 장기적으로 보면, 농촌 재산권시장의 보완과 더불어 농민들의 재

산성 수입은 커다란 성장잠재력을 갖고 있다.[228]

당의 18기 3중전회에서는 농민들에게 더 많은 재산 권리를 줘야 한다고 명확히 언급했다. 농민집체 경제조직 구성원의 권리를 보장하고 농민들의 주주합작제를 적극 발전시키며, 농민들에게 집체재산에 대한 주식점유, 수익, 유상퇴출, 저당, 담보, 상속 등 권리를 부여해야 한다. 농민들의 택지 용익물권을 보장하고 농촌 택지제도를 개혁하고 보완하며, 적당한 테스트를 통해 농민주택 재산권의 저당, 담보, 양도를 신중하고 안정적으로 추진하여 농민들의 재산성 수입의 루트를 넓혀가야 한다. 농촌 재산권제도의 개혁을 심화시키고, 농촌 재산권 유통교역시장을 건립하며, 농촌집체 건설용지의 사용권, 토지도급경영권, 집체자산 재산권, 임권(林權), 주주권 등 각종 재산권의 공개적이고 공정한 유통교역을 추진하며, 농업과 농촌 자원의 자본화를 촉진시키고 농민들의 재산성 수입을 늘려야 한다.[229] 이러한 규정은 체제와 메커니즘의 측면에서 농민들의 재산성 수입을 늘리는 방안을 제기했을 뿐만 아니라, 구체적인 사업에서 운용성이 있는 조치들을 제시한 것이며, 농민들의 수입 증가 루트를 확대함으로써 농민들이 도시 주민들과 마찬가지로 개혁의 성과를 공유할 수 있게 했다.

2014년 9월 29일 시진핑 동지는 전면적 개혁심화 지도소조의 제5차회의를 소집하고, 「농촌토지도급경영권의 질서 있는 유통을 인도하고 농업의 적당한 규모경영을 발전시키는 데에 대한 의견(關于引導農村

228) 장홍위(张红宇), 『新常态下农民收入问题』, 『农民日报』, 2015년 4월 3일.

229) 『十八大以来重要文献选编』(상), 中央文献出版社, 2014년, 524쪽.

土地承包經營權有序流轉發展農業适度規模經營的意見)」과 「농민들의 주주합작제를 적극적으로 발전시키고 집체자산의 지분권한 부여에 대한 개혁테스트 방안(積极發展農民股份合作賦予集体資産股份權能改革試点方案)」을 심의했다. 회의에서는 다음과 같이 언급했다. "우리는 농촌토지의 집체소유를 견지하는 전제하에, 도급권과 경영권 분리를 추진하고, 소유권, 도급권, 경영권의 분할과 경영권 유통의 국면을 형성해야 한다. 인도를 강화하여 농민들의 권익이 손해를 입지 않게 하고, 토지의 용도를 바꾸지 않으며, 농업종합생산능력을 파괴하지 말아야 한다. 농민들의 염원을 중시하고, 토지경영권을 법에 따라 자발적으로 유통하도록 하며, 강제명령이나 잘못된 행정지휘를 척결토록 해야 한다. 적당한 규모를 유지하고 식량의 규모화생산을 중점적으로 지지해야 한다. 농민들로 하여금 토지의 규모화경영의 적극적인 참여자와 진정한 수혜자가 되게 해야 한다." 회의에서는 또 다음과 같이 강조했다. "농민들의 주주합작제를 적극적으로 발전시키고, 집체자산의 지분권한 부여에 대한 개혁테스트를 진행하는 것은, 농민들에게 더 많은 재산 권리를 주고, 재산권 귀속을 명확히 하며, 농촌의 각종 생산요소의 잠재력을 끌어내고, 시장경제 요구에 부합하는 농촌집체 경제운영의 새로운 메커니즘을 설립하기 위한 것이다. 이 개혁을 효과적으로 하기 위한 중요한 기초사업의 하나는 농민집체경제조직 구성원들의 권리를 보장하는 것이다. 테스트 과정에서 농민들의 이익을 가로채는 것을 방지해야 하며, 테스트 관련 각종 사업들은 집체경제조직내부에서 이루어지도록 엄격히 통제해야 한다. 우리나라의 농촌 상황은 천차만별이고, 집체경제 발전도 아주 불균형하다. 따라서 제도설계를 잘하기 위해서는 상황별로 맞춤형 테스트를 진행해야 한다."[230] 금후 농민들은 토지도급경영권의 유통을 통해 농업의 규모화 경영을 발전시키고, 농민주주합작제를 통해 집체재산에 지분권한을 부여함으로써, 토지자원이 자산으로 바뀌고, 자산이 자본으로 바뀌며, 자본이 또 자금으로 바뀌고, 자금이 효익으로 바뀌는 양성순환을 실현할 수 있게 되었다. 이로써 농촌의 생산력을 진일보 적으로 해방시키게 되었고, 따라서 농민들의 수입을 증가시키고, 농업의 효익을 향상시키며, 농촌의 업그레이드를 실현할 수 있는 것이다.

### 4. 성향(城鄉) 요소의 평등 교환과 공공자원의 균등한 분배.

우리나라 농촌의 기초시설 건설은 총체적으로 정체되었고, 도시와 농촌의 공공서비스는 불균형하며, 농촌의 발전자원이 부족하고 발전동력이 부족하다. 이러한 상황은 도시와 농촌의 통일발전과 농촌의 지속가능한 발전을 저애하는 병목이 되었다. 당의 18기 3중전회에서는 다음과 같이 강조했다. "도시와 농촌의 기초시설과 공공서비스를 통일적으로 계획하고 건설하는 체제와 메커니즘을 설립하고, 더 많은 현대화 생산요소들이 농촌으로 들어가도록 하며, 공공자원 배치가 농촌으로 치우치게 하고, 도시와 농촌의 기초시설 건설을 통일적으로 계획하며, 도시와 농촌의 기본 공공서비스의 균등화를 추진해야 한다." 도시와 농촌 요소의 평등 교환과 공공자원의 균등한 분배

230) 『习近平主持召开中央全面深化改革领导小组第八次会议』, 新华网, 2014년 12월 30일.

에 대해 시진핑 동지는 다음과 같이 말했다. "주로 농민공의 동일노동 동일임금(同工同酬)을 보장하고, 농민들이 토지 증식에 대한 수익을 공평하게 향수하게 해야 합니다. 농업 보험제도를 완비해야 합니다. 또한 사회자본이 농촌건설에 투입되는 것을 격려하고, 기업과 사회조직이 농촌에서 각종 사업을 벌이는 것을 허락해야 합니다. 도시와 농촌의 의무교육 자원의 균등한 조치를 통일적으로 계획하고, 도시와 농촌 주민 양로보험과 기본 의료보험제도를 병합하며, 도시와 농촌 최저생활보장제도의 통합적 발전을 추진하고, 도시의 상주인구 전체가 기본적인 공공서비스를 받을 수 있도록 온건하게 추진하며, 도시에 호적을 올린 농민들을 도시 주택과 사회보장시스템에 편입시켜야 합니다."[231] "도시와 농촌관계의 통합적 계획에서 중대한 돌파를 가져오도록 노력해야 합니다. 특히 도시와 농촌의 이원구조 타파, 도시와 농촌요소의 평등교환과 공공자원의 균등한 배치에서 중대한 전기를 가져와야 합니다. 이로써 농촌의 발전에 새로운 동력을 불어넣고 광범한 농민들이 개혁의 진행에 공동으로 참여하고 개혁과 발전의 성과를 공동으로 향유할 수 있도록 해야 합니다."[232]

성향(城鄉) 발전 일체화의 중점은 도시와 농촌의 기초시설과 공공서비스의 일체화이다. 도시와 농촌 요소의 평등교환과 공공자원의 균등한 배치를 추진하는 것은 주요하게 농촌의 생산요소에서 체현된

---

231) 『习近平主持召开中央全面深入改革领导小组第五次会议强调, 严把改革方案质量关督察关, 确保改有所进改有所成, 李克强 张高丽出席』, 『人民日报』, 2014년 9월 30일.

232) 『习近平在中共中央政治局第二十二次集体学习时强调: 健全城乡发展一体化体制机制, 让广大农民共享改革发展成果』, 『人民日报』, 2015년 5월 2일.

다. 이를테면 토지와 노동력, 자금이 가격메커니즘에 의해 합리적으로 조치하는 것이다. 도시와 농촌의 요소 교환의 불평등은 해묵은 것이다. 노동요소 방면에서 보면, 도시에 진출한 농민공들은 도시 직원들과 동일한 대우를 받지 못했는데, 같은 노동에 종사하는 농민공들은 도시 직원들의 절반 정도의 급여를 받고 있다. 토지요소 방면에서 보면, 농민들이 도시와 농촌 토지 교환에서 받은 보상은 상대적으로 아주 적다. 자금요소 방면에서 보면, 농촌의 예금 자금은 대량으로 비농산업(非農産業)과 도시로 흘러들어가고 있고 농민들은 장기적으로 "대출받기 어려운" 상황에 처해있으며, 금융자본의 지원이 절실하다. 중국의 농업은 줄곧 외연을 늘리는 식의 발전을 해왔다. 도시와 공업의 발전이 농업을 반포(反哺)하게 하는 것은 일정한 역사적 단계에는 가능한 일이었다. 하지만 지금과 같은 상황에서는 공업과 농업이라는 두 개의 바퀴가 같이 굴러가게 해야만 우리나라의 농업이 곤경에서 벗어날 수 있다. 한편으로는 공업화가 도시화를 이끌게 하며 양자가 양성적인 상호작용을 추진해야 한다. 다른 한편으로는 농업은 반드시 내부적으로 물질적 기초를 다지고 스스로가 강해져야지 공업의 반포(反哺)역할에만 의지해서는 안 된다. 시장메커니즘과 정부의 역할을 유기적으로 결합시켜야 한다. 시장이 자원배치에서 결정적인 역할을 하도록 해야 할 뿐만 아니라, 정세에 맞춰서 유리하게 인도하는 정부의 적극적인 역할도 강조하여 도시와 농촌 요소의 불평등을 극복해야 한다.

성향(城鄕)발전의 일체화를 실현하기 위해서는, 토지와 자금, 인재

자원의 평등교환메커니즘과 보상메커니즘을 다그쳐 구축해야 한다. 토지방면에서는 토지징발 제도를 개혁하고, 더 이상 농민들의 토지재산권을 희생하는 방식으로 공업화와 도시화 원가를 낮추는 일이 없도록 해야 한다. 도시와 농촌의 통일된 건설용지 시장을 확실하게 구축하고, 토지 양도수익의 분배관계를 조정하며, 농민들의 토지징발 보상표준을 제고하고, 농업의 기초시설 건설의 투입 비중을 늘리며, 농민들의 토지 권익을 보장해야 한다. 자금 방면에서는 재정투입과 정책성 금융투입을 늘려야 할 뿐만 아니라, 신형 농촌금융조직을 발전시키고 금융제품을 혁신시키며, 기업과 사회가 농촌의 기초시설과 공공사업 건설에 투입되도록 인도해야 한다. 노동력 유동 방면에서는 도시와 농촌이 통일된 노동력시장 형성을 촉구하고, 도시와 농촌 노동력들이 같은 노동에 같은 임금과 같은 보장(同工同酬同保障)을 받을 수 있도록 추진하며, 동일한 도시 내에서 동일한 대우(同城同待遇)를 받을 수 있도록 점진적으로 추진해야 한다. 이밖에 도시가 농촌을 이끄는 연동메커니즘을 구축하여 도시의 우수한 자원이 농촌으로 뻗어나가게 하며, 도시와 농촌의 통일적인 기초시설체계를 구축해야 한다. 또한 농촌의 사회사업 발전을 다그치고, 농촌의 기본 공공서비스 제도의 틀을 완비하며, 농촌의 기본 공공서비스의 표준과 보장 수준을 점차적으로 제고시키고, 도시와 농촌의 기본 공공서비스 일체화를 형성토록 해야 한다.

## 5. 농업의 공급측 구조개혁을 깊이 추진해야 한다.

농업 공급측 구조개혁은 우리나라 공급측 구조개혁의 중요한 구성 부분이다. 2015년 말에 열린 중앙농촌사업회의에서는 처음으로 다음과 같이 명확하게 언급했다. “농업 공급측 구조개혁을 강화하고 농업 공급측 체계의 질과 효율을 높이며, 농산품의 공급 수량이 충족하고 품종과 질이 소비자의 수요에 부합되게 하며, 구조가 합리적이고 보장이 유력한 농산품의 효과적인 공급을 진정으로 실현해야 한다.” 2016년 3월 8일 시진핑 동지는 12기 전국인민대표대회 4차 회의의 후난(湖南) 대표단 심의에서 다음과 말했다. “농업 공급측 구조개혁을 추진하고 농업의 종합적 효익과 경쟁력을 향상시키는 것은 현재와 금후 한 시기 동안 우리나라 농업정책 개혁과 보완의 주요한 방향입니다.” 2016년 중앙경제사업회의에서는 농업 공급측 주도작 개혁을 깊이 추진하는 데에 관한 구체적인 조치를 취했다. 총체적으로 보면 ‘첫 발자국’을 내디딘 옥수수 수매와 저장제도에 대한 개혁부터 시작해서 지탱성(支撑性) 농촌토지제도 개혁에 이르기까지 각종 개혁은 온건하게 추진되고 있다.

첫째, 구조적 모순을 와해시키고 농업의 구조개혁을 심화시켜야 한다. 농업이 우리나라 국내 생산총액에서 차지하는 비중이 8.6%로 떨어졌지만, 이는 여전히 국민경제의 기초적인 산업이며, 국가의 식량 안전과 농민들의 수입 증가에 직결되며, 전면적 샤오캉사회의 실현에도 직결된다. 현재 우리나라 농업 역시 구조적인 불균형 문제가 존재하는데 이는 반드시 개혁을 심화시켜 이 문제를 해결해야 한다.

먼저 공급과 수요 모순이 돌출적인데 이는 구조개혁을 서두를 것을 요구한다. 2004년부터 2015년까지 우리나라의 식량 생산량은 12년 동안 연속해서 증가했다. 그러나 비록 공급과 수요 관계가 개선되었지만 농업의 구조적 모순이 나타나기 시작했고, 단계적으로 또는 구조적으로 공급이 수요를 초과하거나 공급이 부족한 현상이 병존했다. 다라서 농업의 글로벌 경쟁력이 하락하고 지속가능한 발전능력이 하락했다. 효과적인 공급이 수요의 변화에 적응하지 못했고 식량생산 구조에 선명한 변화가 발생했다. 대두(콩)의 생산량이 부단히 하락하고 있지만 수요는 반대로 급성장하고 있어 수입 의존도가 수직으로 상승하고 있다. 옥수수 생산량은 급속도로 성장하여 재고 압력이 크다. 생산 원가가 지나치게 높고 농산품 가격은 전면적으로 글로벌 가격을 초과하여 경쟁력이 떨어졌다. 절대다수의 농산품이 과잉생산에 직면했고, 이에 따란 수매와 저장을 위한 정책으로 재정부담이 가중되었다. 이와 같은 문제에 대해 지속가능한 발전을 위해 농업의 질과 효익과 경쟁력을 제고시키는 것을 근본 목표로 하여 농업의 공급측 구조개혁의 발전을 서둘러야 한다.

다음으로 발전법칙에 순응하여 농업 공급측 구조개혁을 추진해야 한다. 농업은 특수성이 있다. 농업의 산업성질은 기타 산업과 아주 큰 차이가 있다. 농업은 대자연의 영향을 받으며 생산주기가 비교적 길다. 대자연으로부터 오는 위험은 예측할 수 없고 통제하기도 어렵다. 농업은 또 글로벌 자원과 시장을 이용하는 방면에 아주 민감하여, 가격이 수시로 큰 폭으로 변동되는 시장의 위험도 감수해야 한다. 동시에 농업은 국민경제의 기초이며, 다른 산업들과의 관련도도 아주 높다. "식량이 없으면 안정이 없으며" "곡식 값이 떨어지면 농민들이 손해를 보고" "식량 가격이 너무 높으면 백성들이 손해를 보며" "식량 가격은 다른 물가의 기초이다." 이처럼 농업의 발전은 경제발전의 전반에 관계되기에, 농업에 약간한 풍파가 있어도 국민경제 전반에 영향을 주게 된다. 농업발전의 역사적 시기마다 이에 상응하는 내부구조와 외부구조의 특징이 있었는데, 이 두 가지는 서로에게 영향을 주는 관계이다. 하지만 이 두 가지가 서로 조화를 이루지 못하거나 모순되어 충돌할 경우 농업경제의 발전은 정체되거나 심지어는 위기를 맞이하게 된다. 국가에서는 원래의 정책을 조정하고 새로운 정책을 제정하여, 농업의 내부구조가 농업발전의 새로운 환경과 새로운 요구에 순응하도록 함으로써 농업이 경제사회의 발전에 더 큰 역할을 하도록 해야 한다. 이 과정은 농업이 자체적으로 적응하고 자체적으로 재생하는 과정이기도 하다. 따라서 농업의 구조개혁은 농업의 발전법칙에 맞는 필연적인 선택이다.

둘째, 옥수수의 임시 비축정책(玉米臨儲政策)을 취소하고 재배업의 구조조정을 추진해야 한다. 개혁의 방법으로 농업의 공급측 구조 문제를 해결함에 있어서 가장 중요한 것은 가격이 시장의 공급과 수요를 반영하게 하고, 시장이 농업자원의 배치를 결정하게 하며, 농산품 가격 형성 메커니즘과 수매·비축제도(收儲制度)의 개혁을 진일보·적으로 심화시키는 것이다.

"세 가지 수치의 동반 상승(三量齊增)"은 옥수수의 임시 비축정책(玉

米臨儲政策)을 조정할 것을 요구하고 있다. 통계수치에 따르면, 우리나라 옥수수 생산량은 2004년의 1.3억 톤에서 2015년의 2.25억 톤으로 증가하여 세계 1위를 차지했다. 동시에 우리나라 옥수수 비축량 역시 세계 1위를 차지하여 '큰 난제'가 되었다. 전국의 정책성 옥수수 비축량은 이미 해당 연도의 옥수수 생산량을 초과하고 있다. 옥수수가 공급과잉 현상을 보이고 재고가 급증하고 있으며, 기타 식량품종과의 구조적인 모순 역시 두드러진다. 거기에다 수입 옥수수 가격이 국내보다 훨씬 저렴하여 생산량이 많고, 수입량이 많고, 재고가 많은 "세 가지 수치의 동반 상승(三量齊增)"의 국면을 초래하게 되었다. 따라서 이번에 옥수수 임시 비축정책(玉米臨儲政策) 개혁은 넘쳐나는 재고를 해결하기 위한 것으로서, 현재 농업 공급측 구조개혁의 선행조치라고 할 수 있다. 2008년에 옥수수의 임시 비축정책을 실시하면서부터 8년 동안 옥수수 수매가격은 50% 상승했는데, 같은 시기 글로벌 식량가격은 오히려 많이 하락했다. 지나치게 높은 옥수수 수매가격은 국내시장에서 옥수수의 가격상승을 초래했고, 이는 또한 국내외 옥수수의 가격 격차를 더욱 늘리는 결과를 초래했다. 또한 국내 옥수수 소비자 가격이 생산자 가격보다 싼 기현상까지 나타났다. 다른 한편으로는 지나치게 높은 옥수수 수매가격은 옥수수의 생산을 자극하고 소비를 억제했다. 따라서 동북의 식량가공기업들은 높은 옥수수 가격 때문에 정상적인 가공을 하기 힘들게 되었고, 결과적으로 옥수수 공급과잉이 발생하고 재고량이 부단히 높아지게 된 것이다.

옥수수의 임시비축 정책을 취소한 것은 개혁이 실질적인 걸음을 내디딘 것이다. 2015년에 국가에서는 옥수수의 임시비축 수매가격을 10% 내렸다. 2016년 3월 말 8년 동안 실행되어오던 옥수수 임시비축 정책은 역사의 무대에서 퇴출되었고, 옥수수 수매·비축 제도는 "시장화 수매+보조"라는 새로운 방식으로 바뀌게 되었다. 이는 중국 농업 공급측 개혁의 돌파구로 인식되고 있다. 정책조정의 주요내용은 다음과 같다. 우선 옥수수 가격은 시장에 의해 결정되게 하고, 시장의 공급과 수요의 관계를 반영하게 하며, 생산자는 마음대로 시장에 내다 팔고 각종 시장주체는 자주적으로 시장에서 구매할 수 있도록 하는 것이다. 다음으로 농민들의 이익을 보호하고 옥수수 생산자 보조금 제도를 실시하는 것이다. 그 다음으로 조건이 부합되는 기업들이 시장에 진입하여 대량구매를 할 수 있도록 적절하게 배치하는 것이다. 정책조정의 핵심과 원칙은 시장이 가격을 결정하게 하고, 가격과 보조를 분리시키며, 농민들의 이익을 보호하는 것이다.

셋째, 농촌의 토지제도 개혁을 심화시키고 농민들의 종합적 생산율을 제고시켜야 한다. "중국 농촌개혁의 아버지" 두룬성(杜潤生)은 다음과 같이 말했다. "중국의 가장 큰 문제는 농민문제이고 농민들의 가장 큰 문제는 토지문제입니다." 공급측 구조개혁의 중요한 착력점의 하나인 토지제도의 개혁은 농업 공급측 개혁에서 아주 중요한 역할을 한다. 우리나라 농업의 구조적 모순이 부각되고 "세 가지 수치가 동반 상승(三量齊增)"하는 이유는 공수구조(供求結构)가 균형을 잃고 생산원가가 높으며, 농업생산 효율과 경영 효익이 낮기 때문이다. 그 근원은 토지 집중도가 낮고 집약화·규모화 경영수준이 낮은 데 있다. 우선 삼권분할(三權分置)을 통해 신형 토지재산권 제도의 기초를 다져야 한다. 시진핑 동지는 다음과 같이 강조했다. "현 단계에서 농촌토지제도 개혁을 심화시킴에 있어서 중국의 농업현대화 추진에 주의를 기울여야 합니다. 농업문제를 잘 해결해야 할 뿐만 아니라 농민들의 문제도 잘 해결해야 하지요. 농촌 토지의 집체소유제를 견지하는 기초위에서 도급권과 경영권의 분리를 추진하고 소유권, 도급권, 경영권의 삼권분할을 형성하여 경영권이 유통되는 구도를 만들어야 합니다." '삼권분할(三權分置)'은 토지 경영권의 유통과 규모화·집약화 경영에 제도적인 기초를 제공하며, 생산력의 발전과 현실 상황에 맞는 제도적 배치이다. 2016년 10월 말 중공중앙 판공청(辦公廳)과 국무원 판공청에서는「농촌 토지 소유권·도급권·경영권 분할 방법을 보완하는 데에 관한 의견(關于完善農村土地所有權承包權經營權分置辦法的意見)」을 발표하였는데, 이는 우리나라 농촌과 농업발전의 구조적 변화에 따른 대책이다. 다음으로 토지경영권의 유통을 추진하고 농업의 규모화 경영에 대한새 구도를 형성해야 한다. 토지경영권의 유통은 농촌토지의 집체소유권 성질을 변화시키지 않는 전제하에서 농촌가정이 도급한 토지의 경영권을 합법적인 형식으로 기타 농호나 기타 경제주체에 양도하는 것이다. 토지경영권의 유통은 농촌경제의 발전이 일정한 단계에 다다른 산물이며, 농촌토지제도 개혁의 필연적 요구이다. 한편으로는 우리나라의 공업화, 정보화, 도시화, 농업현대화의 진행에 따라 농촌 노동력이 대량으로 이전했으며, 농업의 기술설비 수준이 부단히 제고하고 있기에 규모화 경영을 발전시키는 것은 필연적 추세가 되었다. 다른 한편으로는 우리나라의 토지 집체소유제와 가족을 주체로 하는 도급제 등 제도에서, 토지의 소유권과 도급권은 유통이 불가하며, 가능한 것은 소유권과 도급권에서 파생된 경영권뿐이다. 현재 전국적으로 가족 도급경영 경작지의 33.3%가 유통되었으며, 2.3억의 도급세대 중 6,600만 세대가 정도는 다르지만 토지 경영권을 유통했다.[233] 그 다음으로 신형의 농업경영시스템을 구축하고 농촌의 기본 경영제도를 보완해야 한다. 농촌토지제도 개혁을 심화시키기 위해서는 반드시 신형 경영주체의 재정, 신용대출보험, 용지, 프로젝트 등 지원정책을 보완해야 한다. 또한 신형 경영주체와 도급농가 사이에 긴밀한 이익연결 메커니즘이 형성되도록 인도해야 하며, 보통 농호들이 농업 규모화 경영에 따른 수익을 공유할 수 있도록 인도해야 한다. 신형 경영주체들이 서로 융합되는 것을 지지하고, 가족농장, 농민전업합작사, 농업산업화 선두기업 등의 연합과 합작을 격려하며, 법에 따라 업종별 조직과 연맹을 조직해야 한다. 현대 농업인재 지지계획(現代農業人才支撑計划)에 의거하여 신형의 직업농민 배양제도를 구축해야 한다.

---

233) 예싱칭(叶興慶), 『農地 "三權分置" 要有利于現代化』, 『人民日報』, 2016년 11월 3일.

# 제13장

# 생태건설:
# 녹수청산은 곧 금산이고 은산이다.

# 제13장
# 생태건설:
# 녹수청산은 곧 금산이고 은산이다.

역사적으로 보면 생태문명은 공업문명의 산물이다. 즉 공업문명의 후기에 이르러 사람들이 자원과 환경에 대한 공업화의 부작용을 인식하고 나서 취한 반응과 조정이다. 이 문제에서는 선행 공업화 국가들이 우선적으로 문제에 직면해 있다. 많은 사람들이 자연을 존중하고, 자연을 경외하며, 자원을 절약하여 상장모델의 전환을 실현해야 한다고 호소했다.[234] 당의 18차 전국대표대회 이래 시진핑 동지를 핵심으로 하는 당 중앙은 중국특색사회주의사업의 총체적인 배치와 전략적 높이에서, 중화민족의 위대한 부흥이라는「중국의 꿈」을 실현해 나가는 역사적 차원에서, 생태문명건설을 강력하게 추진하고, 중화민족의 영속적인 발전을 이끌고 있다.[235] 생태문명을 더 두드러진 위치에 올려놓고 눈동자를 보호하듯이 생태환경을 보호하고, 자신의 생명을 대하듯이 생태환경을 대해야 한다. 생태환경을 보호함에 있어서 크게 생각하고 멀리 생각하며, 전체적으로 생각하고 종합적으로 생각하며, 사소한 것을 탐하다가 큰 것을 잃는 우를 범해서는 안 된

---

234) 로버트 로울스(Robert Rowles),『轉折点, 增長范式的終結』, 上海譯文出版社, 2001년.
235) 『綠色發展：走向生態文明新時代（治國理政新實踐）』,『人民日報』, 2016년 2월 16일.

다. 생태문명 건설은 장기적인 임무이기에 인내심을 가지고 착실하게 진행해나가야 한다.[236]

### 1. 생태문명 이념은 전통적인 발전방식에 대한 반성이다.

생태문명은 사람과 자연의 관계가 진보한 상태를 말하며, 인류의 진보와 자연의 조화 정도를 반영한다. 생태문명의 핵심은 사람과 자연의 관계 문제이다. 그 요점은 사람과 자연이 조화롭게 공존하는 것이고 인류사회의 지속가능한 발전을 실현하는 것이다. 생태문명의 기본내용은 사람과 자연의 평등하고 조화로운 공존이다. 또 친환경적이고 건강한 생활방식과 소비방식을 주장하며, 사람과 자연의 조화로운 발전, 생산력의 고도의 발달, 인문(人文)의 전면적 발전, 사회의 지속적 번영이라는 이상적인 경지를 추구한다. 우리나라에서 생태문명의 제기와 인민들이 이에 대한 인식의 심화는 총체적으로 이러한 역사적 경험을 답습했다. 이는 또한 우리나라 전통경제 성장방식에 대한 반성에서 비롯된 것이다. 우선 자원의 제약이 점점 더 심해지고 있다. 개혁개방 이래 우리나라의 경제는 쾌속성장을 이루었다. 이와 동시에 각종 자원의 소모량은 기하급수적으로 늘었는데, 현재 우리나라는 세계에서 가장 큰 자원 소비국이 되었으며, 자원과 환경, 생태에 대한 압력이 매우 크다. 우리나라의 공업화와 도시화가 진일보적으로 발전함에 따라 앞으로 각종 자원의 1인당 소모량은 더욱 증가할 것이다. 따라서 자원과 환경이 주는 경제사회 발전에 대한 제약

236) 『爲了中華民族永續發展 習近平關心生態文明建設紀實』, 『人民日報』, 2015년 3월 10일.

이 더 두드러지게 될 것이며, 식량안전 문제와 에너지안전 문제는 이미 코앞에 대두해 있다.

다음으로는 환경오염이 엄중하다는 점이다. 현재 우리나라의 환경 상황은 아주 심각하다. 인민들의 생산과 생활에 아주 중요한 물과 토지, 대기 등에서 이미 많은 문제가 발생했다. 전국의 10대 유역(流域) 가운데 9개가 이미 오염되었으며, 지하수 오염도 점점 더 심각해지고 있다. 토지의 오염은 그 양이 많고 면적이 넓으며, 지속적이고 독성이 강하다. 대기 오염은 날로 가중되고 지역성 스모그 발생이 빈번하다. 「중국환경의 거시적 전략 연구 종합보고(中國环境宏觀戰略研究綜合報告)」에 따르면 우리나라에서는 아직도 1.9억 명의 사람들이 유해물질 함량이 기준치를 초과한 식수를 사용하고 있고, 약 1/3의 도시 주민들이 기준치를 초과한 공기에 노출되고 있으며 환경으로 인한 각종 단체성 사건이 빈번하게 발생하고 있다. 그 다음으로는 생태시스템이 현저하게 퇴화되었다는 점이다. 최근 몇 년 동안 우리나라 자연생태시스템의 퇴화는 아주 뚜렷하다. 수토의 유실면적이 국토면적의 37%에 달하고, 사막화된 토지가 국토면적의 18%에 이르며, 90%의 초원이 정도는 다르지만 많이 퇴화되었다. 아건강(亞健康)과 불건강(不健康) 상태에 처한 해양생태시스템은 각각 전체의 52%와 24%에 달한다.[237] 생물의 다양성이 급감하고 있으며 멸종위기에 이르렀거나 멸종위기에 근접한 고등식물이 4,000~5,000 종에 달한다. 지진과 산사태,

237) 『國家海洋局: 我國典型海洋生態系統86%處于亞健康和不健康狀態』, 新華网, 2016년 4월 8일.

홍수 등 각종 자연재해가 빈번하게 발생하여 인민대중의 생산과 생활에 커다란 영향을 주고 있다.

시진핑 동지가 생태문명에 대한 중시는 뚜렷한 전망성과 예견성, 연속성을 띠고 있다. 30여 년 전 그는 「정딩현 경제, 기술, 사회 발전의 총체적 기획(正定縣經濟, 技術, 社會發展總体規划)」을 제정하면서 "돈을 벌지 못하는 한이 있더라도 오염은 용납하지 못한다."고 명확하게 강조했었다. 2003년 당시 저장성(浙江省) 당서기를 맡고 있던 시진핑은 이론잡지 『구시(求是)』에 발표한 글 「생태가 흥하면 문명이 흥한다–생태건설을 추진하여 '친환경 저장'을 건설하자(生態興則文明興–推進生態建設打造 "綠色浙江")」에서 생태문명건설은 "생산력을 보호하고 발전하기 위한 객관적 수요이고", "사회문명이 진보한 중요한 표지이며", "그 공로는 당대에 있는 민심공정이고, 그 이익은 천추만대 이어질 덕정(德政)의 공정이다." 라고 언급했다. 2013년 5월 24일 시진핑 동지는 중앙정치국 제6차 집체학습을 주재하면서 엥겔스의 『자연변증법』 중의 한 단락을 인용하여 다음과 같이 말했다. "메소포타미아와 그리스, 소아시아와 기타 여러 지역의 주민들은 경작지를 얻기 위해 삼림을 훼손해버렸습니다. 하지만 이들 지방이 오늘날 불모의 땅이 될 줄은 아무도 몰랐지요."[238] 2016년 전국 생태문명건설사업 추진회의에서 시진핑 동지는 또 다음과 같이 강조했다. "생태문명건설을 중요한 임무로 간주하고, 착실하게 일하고 힘을 합쳐 공략하며, 꾸준하게 견지

238) 『習近平在中共中央政治局第六次集体學習時强調:堅持節約資源和保護环境基本國策, 努力走向社會主義生態文明新時代』, 新華网, 2013년 5월 24일.

하여 실제적 효과를 거두어야 합니다. 이로써 생태문명건설에 대한 당 중앙의 결책과 안배가 실효를 거두게 하고 아름다운 중국의 건설과 글로벌 생태안전을 위해 공헌을 해야 합니다." 생태문명에 대한 시진핑 동지의 중시는 우리 당과 정부의 일관적인 태도의 계승이고 발양이기도 하다. 1956년에 마오쩌둥은 「10대 관계를 논함(論十大關系)」에서 다음과 같이 언급했다. "하늘의 공기와 땅 위의 삼림, 지하의 자원은 모두 사회주의 건설에 필요한 중요 요소들이다." 1958년에 그는 또 다음과 같이 강조했다. "우리 조국의 강산을 모두 푸르게 만들어야 합니다. 원림화(園林化)를 이루어 이르는 곳마다 아름답게 만들어야 합니다. 자연면모를 개선하여 원래대로 돌려놓아야 합니다."[239] 1981년 여름에 창장(長江)과 황허(黃河)유역에서 발생한 대홍수는 덩샤오핑 동지를 사색에 빠뜨렸다. 이로써 현재까지 이어오고 있는 전민 식수운동이 서막을 열었다. 그는 경제발전과 생태환경의 관계에 대해 변증법적 사고를 하였다. "황허가 '황(黃)'허라고 불리게 된 것은 수토 유실 때문입니다. 우리는 그 곳에 먼저 풀을 심고 나중에 나무를 심어서 황토고원을 초지로 만들고 목장으로 만들어야 합니다. 이는 인민들에게 복을 가져다주는 일입니다. 인민들이 이로써 부유해지게 될 것이고 생태환경도 좋은 방향으로 바뀌게 될 것입니다."[240]

생태문명을 건설하는 것은 인민들의 복지와 민족의 미래에 관계되는 대계이다. 자원의 제약이 더 심해지고 환경오염이 더 엄중해지며,

---

239) 『毛澤東同志在中共中央政治局會議(北戴河會議)上的講話』, 1958년 8월 21일.
240) 『鄧小平年譜(1975—1997)』, 中央文獻出版社, 2004년.

생태시스템이 퇴화되는 심각한 형세에 직면하여, 반드시 자연을 존중하고 자연에 순응하며 자연을 보호하는 생태문명 이념을 수립해야 하며, 생태문명을 더 뚜렷한 위치에 올려놓고 경제건설과 정치건설, 문화건설과 사회건설의 각 방면에 융합시켜야 하며, 아름다운 중국 건설을 위해 노력하고 중화민족의 영속적인 발전을 실현해야 한다.[241]

**2. 경제발전과 생태문명의 관계를 정확하게 인식해야 한다.**

생태문명건설을 서둘러 추진하는 것은 경제발전 방식을 전환하고 발전의 질과 효익을 제고하는 내적인 요구이고, 사람을 근본으로 하고 사회의 조화를 촉진시키는 필연적 선택이며, 샤오캉사회를 전면적으로 실현하고 중화민족의 위대한 부흥을 실현하는 시대적 선택이고, 기후변화에 적극적으로 대처하고 글로벌 생태안전을 수호하기 위한 중대한 조치이다. 환경은 곧 민생이고, 청산은 곧 아름다움이며, 푸른 하늘은 곧 행복이다.[242] 시진핑 동지는 『저장일보(浙江日報)』에 발표한 평론 「녹수청산이 곧 금산이고 은산이다(綠水靑山也是金山銀山)」에서 다음과 같이 언급했다. "생태환경 우세를 생태농업과 생태공업, 생태관광과 같은 생태경제 우세로 전환한다면, 녹수청산은 곧 금산과 은산으로 변하게 될 것이다."

생태문명에 대해 경제실천 면에서 3단계의 인식이 있다. 첫 번째 단계는 녹수청산으로 금산과 은산을 바꾸는 것으로, 일방적으로 자원

241) 『十八大以來重要文獻選編』(상), 中央文獻出版社, 2014년, 30—31쪽.

242) 『环境就是民生, 靑山就是美麗, 藍天也是幸福』, 『人民日報』, 2015년 3월 7일.

을 소비하는 단계이다. 두 번째 단계는 금산과 은산을 취하면서 녹수청산을 내버리지 않는 단계이다. 세 번째 단계는 녹수청산이 지속적으로 금산과 은산을 가져다주는 것, 즉 녹수청산이 곧 금산이고 은산이라는 것이다. 우리가 심은 상록수가 바로 돈나무(搖錢樹)이고, 생태 우세가 경제 우세로 바뀌어 혼연일체가 되는 조화롭고 통일된 관계라는 것이다. 이는 한층 더 높은 경지로서 과학적 발전관의 요구를 체현했으며, 순환경제를 발전시키고 자원절약형, 환경보호형 사회를 건설하는 이념을 체현했다. 위에서 언급한 세 단계는 경제성장 방식 전환의 과정이고, 발전이념이 부단히 진보하는 과정이며, 사람과 자연의 관계가 부단히 조정되고 조화로 나아가는 과정이다.

첫째, 사람과 대자연의 관계를 새롭게 인식해야 한다. 인류는 대자연의 일부분이다. 인류의 활동과 대자연 사이에는 2중 관계가 존재한다. 한편으로 인류는 자기의 활동을 통해 대자연에서 생명을 유지하고 발전시키는 각종 자원을 취득한다. 자연을 개변시키고 이용하여 인류의 진보와 발전을 이루며, 이 과정에서 자연의 원래 면모를 심각하게 변화시키게 된다. 다른 한편으로는 기정의 기술조건에서 대자연은 채굴과 이용이 가능한 자원의 총생산량과 환경의 총생산량을 제한하고 있는데, 일단 이 한계를 벗어나면 인류는 대자연을 보복을 받게 된다. 따라서 뉴노멀 상황에서 경제는 반드시 자연법칙에 순응하고 자연법칙이 허용하는 범위 내에서 행동해야 한다. 또한 대자연은 아주 부유하고 후하면서도 동시에 또 아주 취약하고 세밀(精細)하다. 자연계는 넘어서는 안 되는 한계가 있다. 이 한계를 넘어서면 자연시스템의 기본적인 완전성이 위협을 받게 되고, 우리나라 경제사회의 생존과 발전은 가장 근본적인 버팀목을 잃게 된다.

둘째, 목적과 수단의 관계를 정확히 인식해야 한다. 개혁개방 30여 년 동안 우리나라의 경제는 거대한 진보를 이루었다. 하지만 여러 가지 원인으로 일부 지방, 일부 시기, 일부 동지들은 경제발전이 우리가 추구하는 목표인지, 아니면 목표를 이루기 위한 수단인지를 헷갈려하는 경우가 많다. 최근 몇 년 동안 우리나라 생태환경의 지속적인 악화는 인민들의 생활에 커다란 영향을 끼쳤고, 이로 인해 국민들의 '행복감'도 하락했다. 경제의 뉴노멀 상황에서 경제성장을 촉진시키는 것이 목적이 아니고, 인민대중들의 날로 늘어나는 물질문화수요를 만족시키고 전체 인민들의 행복감을 제고시키는 것이야말로 당과 정부의 궁극적인 목표임을 명확히 인식해야 한다. 반드시 '목표'와 '수단'의 관계를 정확하게 인식하고 경제발전을 국민의 행복지수를 높이는 중요한 수단의 하나로 삼아야 한다. 또한 생태문명의 이념을 경제발전 속에 융합시키고, 푸른 하늘과 대지, 깨끗한 물과 공기 등 생태제품에 대한 광범위한 인민대중의 수요를 충족시키며, 국민들의 행복감을 높여가야 한다.

셋째, 당대와 미래의 관계를 정확히 인식해야 한다. 대자연은 전체 인류의 생명을 유지하는 시스템으로서 오랜 옛날부터 우리의 선조들을 양육해왔고, 먼 미래에도 우리의 후대들을 양육하게 될 것이다. 멀리 바라보면 우리는 모두 드넓은 우주에 잠깐 스치는 나그네일 뿐이며, 자원과 환경의 임시 관리자일 뿐이다. 인류의 생명에 극히 중요한 의의가 있는 물과 공기, 삼림과 토양과 생물들에 대해서 우리는 완전하게 다음 세대에 넘겨줄 막중한 의무가 있다. 생태문명의 이념을 경제발전 속에 융합시키는 것은 당대 사람들의 행복에 유리할 뿐만 아니라 미래에 대한 책임이기도 하다. 따라서 우리 세대만의 수요를 만족시키기 위해 아랫세대, 자손만대가 그들의 수요를 만족할 수 있는 권리를 박탈해서는 안 되며, 우리가 자원을 과도하게 개발하고 사용한 후과를 우리의 자손들이 떠안게 해서는 더욱 안 된다. 생태의 세대 간 공평에 중시를 돌리고, 당대 사람들의 복지도 고려하면서 후대의 이익도 고려해야 한다. "조상님들이 차려준 밥을 먹으면서, 자손들의 길을 끊어서는 안 될 것이다.(吃祖宗的飯, 斷子孫的路)"

### 3. 생태문명건설의 전략적 목표와 주요수단.

"생태문명을 건설하는 것은 인민들의 복지에 관계되고 민족의 미래에 관계되는 대계이며, 중화민족의 위대한 부흥이라는 「중국의 꿈」의 중요한 내용이다."[243] 당의 18차 전국대표대회에서는 다음과 같이 언급했다. 2020년까지 샤오캉사회를 전면적으로 실현하고 자원 절약형, 환경 우호형(友好型) 사회건설에서 중대한 진전을 이루며, 신중국 건립 100주년이 되는 2050년에 이르러서는 자원 절약형, 환경 우호형 사회를 기본적으로 실현해야 한다. 시진핑 동지는 생태문명건설은 '5위일체(五位一体)'의 총체적 배치와 '네 개 전면(四个全面)'의 전략적 배

243) 중공중앙선전부(中共中央宣傳部) 편찬,『習近平總書記系列重要講話讀本』, 學習出版社, 人民出版社, 2014년, 120쪽.

치의 중요한 내용이라고 강조했다. 리커챵(李克强) 동지는 다음과 같이 말했다. "생태문명건설은 경제사회발전의 전반적인 국면과 인민대중의 직접적인 이익에 관계되며, 지속가능한 발전을 실현하기 위한 주춧돌입니다."[244] 따라서 시장이 자원배치에서 결정적인 역할을 하고 정부의 역할이 더 잘 발휘될 수 있도록 추진하며, 경제의 전환과 업그레이드를 적극 추진하면서 보호하고 보호하는 과정에서의 발전을 이루어야 한다.

첫째, 신형 공업화의 길을 개척하고 친환경경제, 저탄소경제, 순환경제로의 전환을 재촉해야 한다. 세계적 상황이나 우리나라의 상황을 보면 공업은 엄중한 생태·환경문제를 초래하는 주요한 원인이며, 공업이 친환경과 저탄소, 순환의 방향으로 발전하도록 추진하는 것은 생태·환경 문제를 완화하거나 해소하는 주요한 방식이다. 따라서 에너지 절약과 오염물 배출감소(節能減排)를 신형 공업화의 핵심적 요구로 하여, 구조를 조정하고 에너지 소비를 줄임으로써 우리나라 공업의 친환경화와 저탄소화를 실현해나가도록 해야 한다. 산업구조의 최적화와 기술진보의 추진, 관리와 인도의 강화 등 방식으로 격려와 제약이 결합되고 정부·기업·사회가 공동으로 참여하는 에너지절약과 오염물 배출감소 메커니즘을 구축해야 한다. 순환경제발전을 촉구하고 자원이용 효율을 높여야 한다. "감량화, 재이용, 자원화(減量化, 再利用, 資源化)"의 원칙에 따라 순환형(循环型) 공업과 농업, 서비스업 시스템을 구축하고, 자원의 재생이용 산업화를 추진하며, 전 사회를

244) 『習近平對生態文明建設作出重要指示』, 新華网, 2016년 12월 2일.

아우르는 자원 순환이용시스템을 형성토록 해야 한다. 친환경산업과 청정에너지를 크게 발전시키고 에너지 구조를 개선해야 한다. 대체에너지 산업규모를 적극 확장하고 풍력발전과 태양열발전 산업 발전을 추진하며, 원자력 발전을 적극 탐색하고, 지역 특성에 맞는 바이오매스[245]를 개발하고 이용함으로써 우리나라의 에너지 구조를 개선시켜야 한다. 환경보호산업을 대거 발전시키고 에너지 절약과 환경보호 관련 기술 장비와 기술해결방안을 제공하며, 친환경과 저탄소, 생태보호 관련 제품들을 내놓아야 한다.

둘째, 우리나라 자원형 제품의 가격개혁을 적극 추진하고 전 사회적으로 에너지 절감을 격려하는 내재적 메커니즘을 형성해야 한다. 장기적으로 우리나라는 각종 자원형 제품 가격형성 메커니즘이 불합리하고 가격이 상대적으로 낮았기에 기업과 주민들이 절약하는 내재적 메커니즘을 구축하기가 어려웠다. 따라서 시작점 단계에서 적당한 경쟁을 도입하여 관련제품의 가격형성 메커니즘을 개선하고, 종착점 단계에서 전기와 물, 천연가스 등 자원형 제품의 가격을 합리적으로 조정함으로써 가격 메커니즘을 통해 전 사회가 자원을 절약하도록 인도해야 한다. 자원세(資源稅) 개혁을 적극 추진하고 환경세(环境稅) 징수를 다그쳐야 한다. 경제적 수단으로 기업주체가 에너지를 절감하도록 촉구해야 한다. 오염배출권 교역제도 건설을 크게 추진하고

245) 바이오매수 : 동물체를 포함하는 생물 유기체를 말하는데, 신재생에너지의 한 분야인 바이오에너지의 자원이라 할 수 있다. 에너지원으로서 바이오매스는 재생이 가능하고, 물과 온도 등 일정 조건만 맞으면 지구상 어느 곳에서나 얻을 수 있다는 장점이 있다.

자원보상과 교역제도를 보완하며 생태보상 메커니즘을 구축하고 생태환경 보호에 지속적인 동력을 주입해야 한다.

셋째, 에너지생산과 소비혁명을 적극 추진하고, 에너지 절감을 경제사회 발전의 전 과정과 모든 영역에서 관철시켜야 한다. 시진핑 동지는 다음과 같이 말했다. "에너지 안전은 국가 경제사회 발전의 전반적인 국면에 관계되는 전략적인 문제입니다. 이는 국가의 번영발전과 인민들의 생활개선, 사회의 장구한 안정에 있어서 아주 중요한 문제입니다."[246] 에너지 공수(供需)구도의 새로운 변화와 국제 에너지 발전의 새로운 추세에 직면하여 국가의 에너지안전을 보장하기 위해서는 반드시 에너지 생산과 소비의 혁명을 추진해야 한다. 우선 에너지 소비혁명을 적극 추진해야 한다. 에너지소비 이념을 전환하고 에너지 소비 총생산량을 통제해야 한다. 산업구조를 굳건히 조정하고, 도시화에서의 에너지 절감에 주의를 기울이며, 조방한 에너지사용 방식을 확실하게 바꾸고, 에너지 효율을 부단히 제고시킴으로써 가능한 적은 에너지 사용으로 경제사회 발전을 지탱토록 해야 한다. 다음으로 에너지 공급혁명을 적극 추진해야 한다. 석탄의 청결이용과 고효율 이용을 크게 추진하고, 기타 에너지를 적극 발전시키며, 석탄, 석유, 천연가스, 원자력, 대체에너지, 재생에너지 등 다차원적인 에너지 공급시스템을 구축해야 한다. 비화석에너지와 화석에너지의 청결이용과 고효율 이용을 병행하고, 전통에너지의 고 효율화, 비 화석에너지의 규모화를 실현해야 한다. 그 다음으로 에너지체제 개혁을 적

246) 『習近平談治國理政』, 外文出版社, 2014년, 130쪽.

극 추진해야 한다. 시장이 주로 에너지 가격을 결정하는 메커니즘을 형성하고, 정부의 에너지 관리감독 방식을 전환하며, 에너지 관련 법치시스템을 구축해야 한다. 규제를 풀고 각종 투자주체들이 질서 있게 에너지 개발영역에 진입하는 것을 격려하며, 공평한 경쟁 환경을 마련해야 한다. 전력체제 개혁의 발걸음을 촉구하고, 공급과 수요 쌍방의 직접 교역을 추진해야 한다. 석유와 천연가스 영역의 개혁을 다그치고 송유관 네트워크(油气管网)의 공평한 개입과 개방을 추진해야 한다. 석탄자원세(煤炭資源税)의 개혁을 심화시켜야 한다. 또한 에너지 기술혁명을 적극 추진해야 한다. 과학기술은 에너지의 미래를 결정하고 과학기술은 미래의 에너지를 창조한다. 우리는 에너지 혁신 시스템건설을 강화하고 에너지 기술강국을 건설해야 한다. 중대한 과학기술 프로젝트를 잘 움켜쥐고 셰일가스, 심해오일, 차세대 원자력발전 등 핵심기술에서 중대한 돌파를 가져와야 한다. 과학기술 성과의 상업화를 서두르고, 에너지장비의 국산화를 추진하며, 에너지장비의 자주화 수준을 높이고, 선진적 에너지기술과 장비의 해외수출을 격려해야 한다. 총체적으로 우리는 생태문명 이념을 경제사회 발전 속에 용해시키고 "금산과 은산을 취하면서 녹수청산을 버리지 말아야 한다." 녹수청산이야말로 가장 크고 가장 오래 가는 금산이고 은산이다. 경제를 발전시킴에 있어서 자원과 환경의 감당능력을 절대로 초과해서는 안 되며, 생태를 희생시키고 환경을 파괴하는 것을 대가로 해서는 안 된다. 이렇게 해야만 우리나라의 경제사회시스템이 자연생태시스템과 역동적으로 조화를 이룰 수 있게 되고, 우리나라의 경제건설이 정치건설, 사회건설, 문화건설과 역동적으로 조화를 이룰 수 있게 되며, 중화민족은 비로소 영속적인 발전과 장구한 안정을 이룰 수 있게 되는 것이다.

### 4. 친환경 발전방식과 생활방식을 추진해야 한다.

친환경 발전은 새로운 발전이념의 중요한 구성부분이고, 생태문명건설을 추진하는 중요한 방법이며, '13.5'계획과 우리나라 경제사회의 장기적 발전에 있어서 중요한 방향이며, 전략적 목표이다. 이는 발전과 보호의 관계에 대한 우리들의 재인식이며, 광범위한 인민대중의 수요이고 염원이다. 시진핑 동지는 중앙정치국 제41차 집체학습을 주최하면서 다음과 같이 강조했다. "친환경 발전방식과 생활방식을 추진하는 것은 새로운 발전이념을 관철하기 위한 필연적 요구입니다. 반드시 생태문명건설을 전반적인 국면의 뚜렷한 위치에 올려놓고 자원을 절약하고 환경을 보호하는 기본국책을 견지해야 합니다." 그는 또 다음과 같이 말했다. "인류의 발전활동은 반드시 자연을 존중하고 자연에 순응하며 자연을 보호해야 합니다. 그렇게 하지 않으면 대자연의 보복을 받게 됩니다. 누구도 이 법칙에 항거해서는 안 됩니다. 사람과 자연은 일종의 공생관계이기에 자연에 해를 입히는 것은 곧 인류 자신에게 해를 입히는 것입니다. 자연법칙을 존중해야만 자연의 개발과 이용에서 굽은 길을 걷지 않을 수 있습니다." 개혁개방 이래 우리나라 경제사회의 발전은 역사적인 성과를 거두었는데 이는 충분히 자긍심을 가질만한 일이다. 하지만 우리는 고속발전 중에 대량의 생태환경 문제를 야기했고, 이는 이미 우리의 약점으로 되었으며, 인민대중의 주된 관심사가 되었다. 이러한 상황은 반드시 모든 방법을 강구해서라도 되돌려놓아야 한다.

친환경 발전방식과 생활방식을 추진하는 것은 발전 관념의 심각한 혁명이다.[247] 따라서 새로운 발전이념을 견지하고 관철해야 하며, 경제발전과 생태환경 보호의 관계를 정확하게 처리하고, 생태환경을 자신의 눈동자처럼 아끼고 생명처럼 보호해야 한다. 생태환경을 파괴하는 발전모델을 굳건히 포기하고, 생태환경을 희생하는 것을 대가로 하는 일시적인 경제성장을 포기해야 하며, 양호한 생태환경이 인민 생활의 성장점이 되게 하고, 경제사회의 지속적인 발전의 지탱점이 되도록 해야 한다. 친환경 발전방식과 생활방식의 중요성과 긴박성, 어려움을 충분히 인식하고 친환경 발전방식과 생활방식 추진을 더 뚜렷한 위치에 올려놓아야 한다.

첫째, 경제발전방식을 다그쳐 전환시켜야 한다. 생태환경 상황을 근본적으로 개선하기 위해서는 물질자원의 소모에 의지하고, 조방한 규모화 확장에 의지하며, 에너지의 과도한 소비와 오염물질의 과도한 배출산업에 의지하던 발전모델을 과감히 버리고, 발전의 중심을 혁신에 놓아야 하며 혁신 구동에 의지하여 발전을 모색해야 한다. 이는 공급측 구조개혁의 중요한 임무이다. 친환경산업을 발전시키고 자원이용방식을 전환해야 한다. 저탄소 순환발전의 추진은 생태환경 보

247) 『習近平在中共中央政治局第四十一次集体學習時强調：推動形成綠色發展方式和生活方式 爲人民群衆創造良好的生産生活环境』, 『人民日報』, 2017년 5월 28일.

호와 경제의 안정적인 발전에 모두 유리한 정책이다. 신흥산업, 순환경제, 친환경경제와 친환경생산시스템은 반드시 경제사회 발전의 새로운 성장점이 될 것이다. 전국공상연합 환경상회(全國工商聯环境商會)의 연구에 따르면, '11.5'계획 이래 우리나라 환경보호산업의 연 평균 성장률은 15%를 초과하고 있다. 이미 고속 발전의 단계에 진입한 것이다. 국가 발전개혁위원회(發改委)의 통계에 따르면 2015년 말까지 우리나라 환경보호산업의 생산액은 이미 4.5조 위안에 달한다. '12,5'계획부터 '13,5'계획에 이르면서 환경보호산업은 이미 전략적 신흥산업에서 '지주산업'으로 탈바꿈했다. 현재 우리나라 경제발전이 뉴노멀에 진입하면서 수많은 전통산업들이 저 성장기에 접어들었지만 환경산업은 성장속도가 오히려 빨라지고 있다.

둘째, 주체기능구역(主体功能區) 건설을 촉구해야 한다. 경제의 고속성장과 더불어, 우리나라의 공간구조가 불합리하고 경작지면적의 감소가 너무 빠르며, 생태시스템의 전체적 기능이 퇴화되고, 경제 분포와 자원·환경이 서로 균형을 잃는 등의 문제들이 날로 심각해지고 있다. 주체기능구역은 서로 다른 구역의 자원·환경의 감당능력과 현재의 개발 밀도, 발전 잠재력 등에 따라 특정한 구역에 특정한 테마기능을 부여하는 일종의 공간단원(空間單元)이다. 테마기능구역의 제기와 실시는 이론적으로나 실천적으로나 모두 일종이 혁신이며, 중국의 지역발전과 경제사회 발전에 심원한 영향을 미치게 될 것이다. 주체기능구역의 계획은 우리나라가 국토개발 구도를 최적화하고, 지역이 조화로운 발전을 추진하는 중대한 조치이며, 친환경발전 이념이 공간개발과 지역개발 측면에서의 구체적 체현이다. 주체기능구역 건설을 추진하는 것은 여러 방면의 이익에 관계되는 사안이다. 따라서 제약과 발전의 관계, 정부와 시장의 관계, 주체기능구역과 행정구역의 관계, 여러 주체기능구역 사이의 관계, 주체기능구역과 기타 각종 공간계획 사이의 관계 등을 적절하게 처리해야 한다.

셋째, 자원의 절약이용과 집약이용을 추진해야 한다. 생태환경문제는 결국 자원의 과도한 개발과 조방한 이용, 사치스런 소비에서 비롯된 것이다. 자원의 개발과 이용은 당대 사람들의 행복한 생활을 보장해야 할 뿐만 아니라 자손만대에 충분한 생존기초를 남겨주는 것도 보장해야 한다. 따라서 절약과 순환 이용의 자원관념을 수립하고, 가장 적은 자원·환경을 대가로 가장 큰 경제사회적 효익을 실현해야 한다. 자원이용 방식의 근본적 전환을 추진하고, 전 과정을 아우르는 절약관리를 강화하며, 자원이용의 종합적 효익을 대폭 제고시켜야 한다. 에너지절약을 전면적으로 추진하고, 절수형(節水型) 사회건설을 전면적으로 추진하며, 토지의 절약·집약이용을 강화하고, 광산자원의 절약과 관리를 강화하며, 순환경제를 크게 발전시키고 근검절약의 생활방식을 창도하며, 자원 이용 효율화 메커니즘을 구축해야 한다.

넷째, 생태문명제도 체계를 보완해야 한다. 친환경발전을 추진하고 생태문명을 건설하기 위해서는 관련제도 구축이 관건이며, 가장 엄격한 제도와 가장 엄밀한 법치로 생태환경을 보호해야 한다. 자연자원자산 관리체제를 구축하고 자연자원과 생태환경 감독·관리를 강화하며, 환경보호 감찰을 추진하고 생태환경 손해배상제도를 실시하며 환경보호의 대중 참여제도를 보완해야 한다. 생태환경 보호가 효과적으로 실행되기 위한 관건은 지도간부들에게 있다. 따라서 지도간부의 생태문명건설 책임제와 자연자원자산의 이임회계감사(离任審計)를 실시해야 한다. 법과 규율에 의거하고 객관적으로 공정하게 판단하며, 과학적으로 인증하고 권리와 책임을 일치하게 하며, 종신토록 추궁하는 원칙에 따라 각급 지도간부의 책임을 구체화하고, 생태환경 손해에 책임이 있는 지도간부에 대해서는 반드시 엄격하게 그 책임을 물어야 한다. 각급 당위원회와 정부는 생태환경에 각별한 중시를 돌리고 영도를 강화해야 하며, 기율감사기관, 조직부문과 정부의 관련 관리감독 부문에서는 각자의 위치에서 최선을 다함으로써 실제적인 효과를 이끌어내야 한다.

제14장

# '일대일로':
# 국제합작의 세계적 프로젝트

# 제14장
# '일대일로': 국제합작의 세계적 프로젝트

2013년 9월 10일 시진핑 동지는 카자흐스탄과 인도네시아를 방문하면서 '실크로드경제벨트'와 '21세기 해상실크로드'('일대일로'로 약칭함)를 공동으로 건설할 것을 제안했다.[248] 2015년 3월 28일 그는 아시아보아포럼(BFA, Boao Forum for Asia) 개막식 연설에서 '일대일로' 건설은 "공동 상업(共商), 공동 건설共建), 공동 향유((共享)"를 원칙으로 하며, 연선 국가들과 아시아 국가들의 참여를 비롯해 5대주 여러 나라들의 참여를 희망한다고 밝혔다.[249] 같은 날 국가 발전개혁위원회와 외교부 상무부에서는 연합으로 「실크로드경제벨트와 21세기 해상실크로드 건설 청사진과 행동(推動共建絲綢之路經濟帶和21世紀海上絲綢之路的愿景与行動)」을 발표했다.[250] 이로써 '일대일로' 건설의 발전방향과 행동지침이 확립되었고, '일대일로'는 전면적 추진이라는 새로운 단계에 접어들었다. 2017년 5월 14일과 15일 '일대일로' 국제합작포럼이 베이징에서 개최되었다. 이는 여러 나라들이 '일대일로'에 공동으로 참

---

248) 시진핑, 『弘揚 "上海精神", 促進共同發展 在上海合作組織成員國元首理事會第十三次會議上的講話』, 新華网, 2013년 9월 14일.

249) 시진핑, 『邁向命運共同体 開創亞洲新未來在博鳌亞洲論壇2015 年年會上的主旨演講』, 新華网, 2015년 3월 28일.

250) 『推動共建絲綢之路經濟帶和21世紀海上絲綢之路的愿景与行動』, 人民出版社, 2015년.

여하고, 공동으로 건설하며, 성과를 공유하는 국제회의이며, 또한 국제합작을 강화하고, 서로의 발전전략을 서로 연결시키는 합작의 플랫폼이기도 하다. 포럼기간에 각국 정부와 지방, 기업은 일련의 합의를 도출하고 실제적인 성과를 거두었는데, 270개가 넘는 관련 성과리스트가 작성되었다. '일대일로' 건설은 국제적으로 합작하고 서로에게 이익이 되며, 세계 각국 인민들에게 복을 가져다주는 세계적인 프로젝트이다. 따라서 우리는 충분한 인내심과 성의, 열정을 가지고 이 사업을 잘 추진해야 한다.

**1. 세계의 평화발전을 추진하는 새로운 초석.**

'일대일로' 구상은 중국 고대 '실크로드'와 '해상실크로드'의 간단한 회복이나 복제가 아니라 당 중앙과 국무원에서 시기와 형세를 잘 판단하고 세계 발전추세에 대한 과학적인 판단의 기초위에서 내린 중대한 전략적 배치로서 세계경제의 공동발전을 추진하는 초석이 될 것이다. 세계 발전의 총체적 추세에 대해 시진핑 동지는 다음과 같이 말했다. "오늘날 세계에서, 어떠한 국가나 국가그룹도 단독적으로 세계 사무를 주재할 수 없습니다. 특히 많은 신흥시장국가와 개발도상국들이 발전궤도에 오르고, 여러 세계 각지에서 여러 개의 발전중심이 점차 형성되고 있는 상황에서, 글로벌 역량 대비는 세계평화와 발전에 더욱 유리한 방향으로 전진하고 있습니다. 동시에 여러 나라들이 서로 연결되고 서로 의존하는 정도가 전에 없이 깊어지고, "네 안에 내가 있고 내 안에 네가 있는" 운명공동체가 되고 있습니다. 따라서 평화와 발전, 합작과 공영(共贏)은 이미 시대의 조류가 되고 있습니다."[251] 동시에 우리는 오늘날 세계가 여전히 많은 문제와 도전에 직면해있고, 형형색색의 보호주위가 대두되고 있으며, 지역 충돌이 여기저기서 일어나고, 패권주위의 강권정치·신간섭주의(新干涉主義)가 머리를 쳐들고 있다. 또한 군비경쟁과 테러리즘, 인터넷 안전과 같은 전통안전위협과 비 전통안전위협이 서로 얽히고 세계평화 수호와 공동발전으로의 촉진은 여전히 갈 길이 멀다.[252]

우리나라는 세계에서 가장 큰 개발도상국이며, 세계 평화와 발전의 가장 견고한 수호자이고 추진자이다. 세계발전의 각도에서 보면, 국제금융위기 후 세계경제는 심층적인 조정기(調整期)에 진입했고, 발달한 나라들의 소비수요와 투자능력이 세계경제에 대한 촉진역할이 뚜렷하게 저하되었다. 따라서 중국이나 인도와 같은 신흥시장국가들이 세계의 경제발전을 자극하고 추진하는 역할이 각별히 필요하다. '일대일로' 연선의 대부분 국가들은 개발도상국이거나 신흥시장국가이다. 그 중 적지 않은 개발도상국들은 자원 면에서 장점이 있지만 경제발전이 많이 뒤처졌기에 도로와 철도, 항공과 같은 기초시설 건설을 절박하게 필요로 하고 있다. 또 일부 국가들은 원래의 경제발전 모델이 이미 그 동력을 잃어버렸기에, 발달한 국가에 대한 무역 의존도를 낮추고, 무역시장의 다원화를 실현하는 경제구조의 전환과 업

251) 시진핑,『順應時代前進潮流 促進世界和平發展在莫斯科國際關系學院的演講』,『人民日報』, 2013년 3월 24일.

252) 시진핑,『順應時代前進潮流 促進世界和平發展在莫斯科國際關系學院的演講』,『人民日報』, 2013년 3월 24일.

그레이드를 절박하게 필요로 하고 있다. 우리나라가 '일대일로' 건설이라는 전략적 구상을 내놓은 것은 연선 국가들의 공동의 수요에 꼭 들어맞는다. 따라서 연선국가들과 서로의 장점으로 단점을 보완할 수 있으며, 그들에게 개방과 발전의 새로운 기회를 제공할 수가 있는 것이다.[253] '일대일로'는 개방적인 경제 합작플랫폼으로서 연선 국가들과의 교류와 합작을 촉진할 수 있을 뿐만 아니라, 합작의향이 있는 기타 발달한 국가와 개발도상국들에게도 개방되어 있다. '일대일로'는 서로 혜택을 주고 이익을 보는 길로서, 여러 나라들의 경제가 더 긴밀하게 결합되게 할 것이고, 새로운 경제 성장점과 취업 성장점을 창조해낼 것이다. '일대일로'는 모든 참여국들의 공동의 노력으로 반드시 글로벌 경제발전의 새로운 엔진이 될 것이다. 세계평화의 각도에서 보면, '일대일로'의 연선은 전형적으로 다양한 발전유형과 다양한 종교, 다양한 민족들의 집거하는 지역이며, 세계적으로 안전문제와 모순충돌이 비교적 집중된 지구이다. 이 연선에는 싱가포르와 한국과 같은 고수입국가가 있을 뿐만 아니라 중국이나 인도·인도네시아와 같은 중등수입국가도 있으며, 방글라데시와 캄보디아와 같은 저소득국가도 있다. 또한 기독교와 불교, 이슬람교, 힌두교 등 주요 종교의 발원지가 있으며, 불교와 이슬람교, 힌두교 등 종교교도들의 주요 집거 지역이기도 하다. 전 세계적으로 3,000여 개 민족 중 2,000여 개 민족이 '일대일로' 연선에 분포되어 있다. '일대일로' 연선 지구에는 국가의 주권문제가 흔히 민족문제와 종교문제기 얽혀있으며 이는 이 지역 모

253) 가오후청(高虎城),『深化經貿合作 共創新的輝煌』,『人民日報』, 2014년 7월 2일.

순충돌의 중요한 근원이다. '일대일로' 전략은 국가와 국가 사이의 단순한 경제합작 플랫폼이 아니라 여러 종교와 여러 민족이 서로 교류하고 소통하는 플랫폼이다. 우선 발전의 불균형은 간단한 경제문제가 아니라 오늘날 세계의 여러 모순과 분쟁의 근원이다.[254] 우리가 '일대일로'를 적극 추진하는 것은 유라시아 대륙의 많은 국가들의 현실적인 합작발전의 수요에 부합된다. 따라서 지역 간 발전의 격차를 좁히고, 지역분쟁을 완화하며, 지역의 일체화를 다그치게 될 것이다. 다음으로 '일대일로' 건설은 여러 국가와 여러 종교, 여러 민족들 사이의 상호 교류와 이해를 촉진시키고, 이익공동체 의식을 심어주게 될 것이며, 공동으로 발전하는 가운데 상호 이익이 되는 최대공약수를 찾게 될 것이다. 따라서 '일대일로'의 전략적 구상은 사실상 중국이 세계에 제공하는 공공제품[255]이며, 반드시 세계안전의 새로운 보장이 될 것이다.

### 2. 중국 개방·발전의 새로운 엔진을 구축해야 한다.

전체적으로 보면 '일대일로'는 우리나라가 경제의 뉴노멀 상황에 주도적으로 적응하기 위한 중대한 전략적 조정이다. 우리나라 경제사회 발전의 각도에서 보면, '일대일로' 전략은 중국과 세계를 다시 한 번 심층적으로 연결시키게 될 것이며, 중국과 연선국가들의 경제, 안전, 인문 등 방면의 합작교류를 추진하게 될 것이다.

254) 『王毅 : "一帶一路" 是中國向世界提供的公共産品』, 新華网, 2015년 3월 23일.
255) 『王毅 : "一帶一路" 是中國向世界提供的公共産品』, 新華网, 2015년 3월 23일.

첫째, 경제방면의 의의. '일대일로' 연선에는 65개의 나라와 40억이 넘는 인구, 20조 달러가 넘는 경제 총생산량이 있으며, 에너지자원도 아주 풍부하다. 따라서 우리나라와 다양한 영역의 경제기술 합작 공간이 있다.[256] 물론 '일대일로'는 개방된 것이며, 65개 나라에만 국한된 것이 아니다. 대외개방의 각도에서 보면 '일대일로'는 광범한 중서부지역을 '내륙의 오지(內陸腹地)'에서 '개방의 최전방'으로 바꿔주는 역할을 한다. 또한 우리나라와 중앙아시아, 동남아, 남아시아 및 광범위한 개발도상국들과의 합작을 심화하며, 전반적 개방의 새로운 구도를 형성하는데 유리하다. 경제의 전환과 업그레이드 각도에서 보면, '일대일로' 건설은 저부가가치 제조업(低端制造業)을 우리나라 중서부와 동남아 등 비교우세가 있는 지역으로 이전할 수 있는데, 이는 우리나라 산업의 글로벌 경쟁력을 증강시키기 위한 필연적인 선택이다. 이는 우리나라 경제의 전환과 업그레이드에 유리할 뿐만 아니라, 연선 국가들에 훌륭한 발전의 기회를 제공해줄 수 있다. 구역경제발전의 각도에서 보면, '일대일로' 건설은 기초시설 건설, 인재 영입, 개방정책 등 각종 정책들을 통해 중서부 지구의 발전 잠재력을 이끌어낼 수 있으며, 따라서 우리나라 구역경제 협동발전을 촉진하고 신형 도시화를 촉진하게 될 것이다.

둘째, 국가 안전방면의 의의. '일대일로'는 국가의 경제안전을 수호하고 삼고세력(三股勢力)[257]에 타격을 줄 수 있다. 이는 평화적으로 교류

256) 왕이웨이(王義桅),『"一帶一路" : 机遇与挑戰』, 人民出版社, 2015년, 39쪽.
257) 삼고세력 : 극단적 종교집단세력, 민족분열세력, 국제테러세력을 이르는 말.

할 수 있는 글로벌환경을 형성하는 중요한 보장이다. 경제안전의 각도에서 보면 '일대일로' 건설은 연선지구의 풍부한 축산업 제품과 식량 등 양질의 농산품을 우리나라로 수입하는 데 유리하며, 우리나라 경작지 자원을 절약하고, 우리나라의 식량안전을 보장하는 데 중요한 역할을 할 수 있다. 동시에 연선 국가들과의 자원과 에너지개발 합작을 추진할 수 있으며, 자원과 에너지 수입을 다원화하여 우리나라의 에너지안전을 보장할 수 있을 것이다. 사회의 안정을 수호하는 각도에서 보면, '일대일로'는 변강과 소수민족지구의 경제발전과 인민들의 안정된 거주와 즐겁게 잃ㄹ 수 있는 환경을 이끌어냄으로써 삼고세력(三股勢力)이 발을 붙일 수 있는 사회적 토양을 궤멸시킬 수 있는 것이다. 동시에 여러 나라와 국가·종교 사이의 교류를 통해, 삼고세력(三股勢力)에 대해 연합하여 타격을 주는 구도를 구축함으로써 이들의 국제적 생존 공간을 압박할 수 있는 것이다. 세계의 평화와 발전을 촉진하는 각도에서 보면, '일대일로' 건설과정에서 중국은 실제 행동으로 장대해진 중국이 여전히 세계평화를 수호하고 세계의 진보를 추진하는 변함없는 한 축이라는 것을 보여줄 것이다. 따라서 우리나라가 장대해지는 데 대한 국제사회의 우려를 해소시키고, 우리나라의 평화적 발전을 위해 양호한 글로벌환경을 마련하게 될 것이다.

셋째, 인문방면의 의의. '일대일로'는 '실크로드'와 '해상 실크로드'에 새로운 시대적 의의를 부여했으며, 여러 나라들 사이의 인문교류에 광활한 무대를 마련해주었다. '일대일로'는 연선국가들의 자원과 에너지와 같은 유형제품의 유통을 촉진시킬 뿐만 아니라, 중국의 강대한 제조업 능력과 구소련 지구의 우주항공, 정밀기기 등 과학기술 유산, 중동의 절수(節水)기술, 인도의 정보기술, 유럽의 생태기술과 도시화 건설 경험 등을 효과적으로 연결시킬 수 있으며, 과학기술 합작과 인적 왕래 등을 통해 연선국가들의 경제발전에 유력한 기술적 지원을 해주게 될 것이다. 서방과 기타 지역의 정복과 노역(奴役)으로 충만한 이른바 '문명교류'와는 달리 우리나라 고대의 육상과 해상 실크로드에서의 대외교류활동은 평등하고 우호적이며, 서로 혜택을 주고 이익을 공유하는 것이 주된 선율이었다. '일대일로' 건설이 추진됨에 따라, "만방과 화합하고(協和万邦)" "화목을 으뜸으로 여기는(以和爲貴)" 우리나라의 우수한 전통문화와 평화공존 5항 원칙(和平共處五項原則) 등 국제관계 준칙은 더 많은 국가와 지역의 민족들에게 받아들여질 것이며, 여러 나라들의 상호 신임과 존중을 증강시키고, 세계의 장구한 평화를 수호하는 중요한 원칙과 표준이 될 것이다.

### 3. 공상·공건·공유의 공동체를 구축해야 한다.

'일대일로'는 하나의 체계적인 공정이다. "공상·공건·공유(共商,共建,共享)"[258]는 '일대일로' 건설의 기본원칙이다. "정치적 상호 신임, 경제 융합, 문화 포용의 이익공동체와 운명공동체, 책임공동체를 구축하는 것"은 우리가 최종적으로 실현하려는 발전목표이다.[259] 이 목표를

---

258) 공상·공건·공유 : 공동으로 비즈니스하고, 공동으로 건설하며, 성과를 공유함을 이름.

259) 『授權發布:推動共建絲綢之路經濟帶和 21 世紀海上絲綢之路的愿景与行動』, 新華网, 2015년 3월 28일.

실현하기 위한 관건은 "정책의 소통, 시설의 연동, 무역의 창달, 자금의 융통, 민심의 상통(政策溝通, 設施聯通, 貿易暢通, 資金融通, 民心相通)"이 진정으로 이루어졌는가에 달렸다.

첫째, '정책의 소통'은 '일대일로'가 공동의 인식을 이루는 기본 전제이다. 시진핑 동지는 이에 대해 다음과 같이 강조했다. "'일대일로'의 건설은 기존의 것을 무너뜨리고 새롭게 시작하는 것이 아니고 전략적 연동을 실현하고 서로 상부상조하는 것입니다."[260] 지난 4년 동안 중국은 관련 국과들과의 정책 연동을 진행해왔다. 여기에는 러시아가 제기한 유라시아 경제연맹(歐亞經濟聯盟), 동남아국가연합이 제기한 상호 연동의 총체적 계획(互聯互通總体規划), 카자흐스탄이 제기한 '광명의 길(光明之路)', 터어키가 제기한 '중간주랑(中間走廊)', 몽골이 제기한 '발전의 길(發展之路)', 베트남이 제기한 '2랑1권(兩廊一圈)', 영국이 제기한 '잉글랜드 북방경제중심(英格蘭北方經濟中心)' 폴란드가 제기한 '호박의 길(琥珀之路)' 등이 포함된다. 이밖에도 라오스, 캄보디아, 미얀마, 헝가리 등 국가들과의 정책 연동도 추진 중이다. 여러 나라들은 정책 연동을 통해 "1 더하기 1이 2보다 큰" 효과를 이루었다. '정책소통'을 잘하기 위해서는 우선 연선국가들과의 상호 연결을 잘해야 한다. 연선국가들과 경제발전 전략과 정책에 대해 충분히 교류하고 구역합작 추진계획과 관련 조치를 공동으로 제정하고 추진하며, 여러 나라들

---

260) 『習近平: "一帶一路" 建設不是另起爐灶推倒重來』, 新華网, 2017년 5월 14일.

의 합작이 새로운 높이에 올라서게 해야 한다.[261] 또한 상하이합작조직, 중국-동아시아 연맹(10+1), APEC 등 현재의 각종 합작메커니즘을 통해 구역합작을 추진해야 한다.

둘째, '시설의 연동'은 '일대일로'가 발전을 이루기 위한 기초조건이다. "도로가 통하면 온갖 업종이 흥성해진다." '일대일로' 합작이 실시된 이래 중국은 관련 국가들과 공동으로 여러 갈래의 철도를 건설하고 항구를 건설했다. 앞으로도 아래와 같은 세 가지 방면의 사업을 잘 해나가야 한다. 우선 교통기초시설 건설을 강화하고, 도로운송 능력을 향상하며, 항구·공항 등 기초시설 건설을 강화하여 국제통관과 복합운송 등을 유기적으로 연결시키고, 통일적인 패키지운송(全程運輸) 관리 메커니즘을 구축함으로써 국제운송을 더 원활하게 해야 한다. 다음으로 에너지 기초시설의 연동합작을 강화해야 한다. 에너지 운수 대통로 건설을 강화하고, 연선국가들과 공동으로 송유관의 안전을 수호해야 한다. 그 다음으로 쌍방 광케이블, 대륙 간 해저 광케이블, 공중(위성) 정보 등 프로젝트의 계획과 건설을 재촉하고, 국제통신의 연동을 강화함으로써 유창한 통신 실크로드를 구축해야 한다.

셋째, '무역의 창달'은 '일대일로'가 공동번영을 이루는 중점내용이다. 시진핑 동지는 다음과 같이 강조했다. "우리는 기업의 대외투자 잠재력을 이끌어내야 합니다. 과감하게 글로벌 범위에서 자원을 배치

---

261) 『授權發布 : 推動共建絲綢之路經濟帶和 21 世紀海上絲綢之路的愿景与行動』, 新華网, 2015년 3월 28일.

하고 시장을 개척해야 합니다."[262] 2014년부터 2016년까지 중국의 '일대일로' 연선 국가들과의 무역 총액은 3조 달러에 달하며, '일대일로' 연선국가들에 대한 중국의 투자는 500억 달러를 넘는다. 무역의 창달을 이루기 위해서는 무역의 자유화와 편리화 수준을 제고시켜야 한다. 통관시설을 보완하고 세관의 정보 호환, 관리감독 상호 인정, 집법의 상호 방조 등 방면의 합작을 통해 통관 원가를 절감하고 통관 능력을 높여야 한다. 투자의 편리화 행정을 촉구하고, 농산품의 심층 가공, 해양자원의 개발합작, 전통 에너지자원의 탐사와 해발, 청정에너지와 재생에너지 가공 전환 등 방면의 투자와 합작을 다그쳐야 한다. 무역과 투자 합작 메커니즘을 구축하고, 창업투자 합작 메커니즘을 구축하며, 정보통신기술, 신에너지, 신소재 등 신흥산업의 교류와 합작을 강화함으로써, 서로의 장점으로 단점을 보완하고, 상호 이익을 추구하는 구도를 만들어나가야 한다.

넷째, '자금의 융통'은 '일대일로'가 순조롭게 추진될 수 있는 중요한 보장이다. 융자의 병목현상은 상호 연동을 실현함에 있어서 하나의 장애이다. 중국은 '일대일로' 참여국들과 여러 가지 형식의 금융 합작을 추진하고 있다. 아시아 인프라 투자은행(AIIB)은 이미 '일대일로' 참여국의 9개 프로젝트에 17억 달러의 대출을 내주었고, '실크로드 펀드(絲路基金)'의 투자는 40억 달러에 달하며, 중국과 동유럽의 합작회사인 '16+1'금융지주회사가 정식으로 설립되었다. 금후에도 아시

262) 『習近平 : 加快實施自由貿易區戰略加快构建開放型經濟新体制』, 新華网, 2014년 12월 6일.

아 화폐안정시스템, 투자·융자시스템, 신용시스템 건설 등을 적극적으로 추진하게 될 것이다. 또한 효과적인 금융 감독관리 협조 메커니즘을 구축해야 한다. 쌍무관리감독 합작 양해각서를 체결하고, 신용정보 관리부문과 신용정보기구, 신용평가기구 사이의 교류와 합작을 강화하는 등의 방식으로 국제 금융거래 위험과 위기 대처 방면의 교류와 합작을 추진하며, 구역성적인 금융위험 예보시스템을 점차 구축해나가야 한다.

다섯째, '민심의 상통'은 '일대일로' 합작의 사회적 기초이다. "나라 사이의 교류는 백성들이 서로 친해지는 데 있고, 백성들이 친해지는 것은 마음이 서로 통하는 데 있다."[263] '일대일로' 건설이 확실하게 뿌리를 내리고 실제적인 효과를 거두기 위해서는 반드시 견실한 민심의 기초와 사회적 기초가 바탕이 되어야 한다. 국가적인 측면에서 보면, 정당과 의회교류의 교량역할을 충분히 발휘하고, 입법기구, 주요 정당, 정치조직, 우호도시, 국가 싱크탱크 등 사이의 소통과 교류를 강화하며, 의료원조와 응급의료지원, 과학기술 합작과 과학기술인원 교류, 사회보장 관리서비스와 공공행정관리 등 방면에서 실제적인 합작을 강화해야 한다. 민간교류 방면에서 보면, 공익조직과 자선기구 등이 교육과 의료, 빈곤지원, 생태환경 보호 등 영역에서 적극적인 역할을 발휘하도록 하며, 기층의 민중들이 '일대일로' 건설이 자신들이 생산과 생활을 확실하게 개선해주고 있음을 느끼도록 해야 한다. 온라인플랫폼, 뉴미디어 등의 도구를 통해 문화미디어의 국제교류와 합

263) 시진핑,『弘揚人民友誼 共創美好未來在納扎爾巴耶夫大學的演講』, 新華网, 2013년 9월 8일.

작을 강화하고, '일대일로'의 건설과 발전에 조화롭고 우호적인 문화와 생태, 여론 환경을 마련해야 한다.

**4. 구역을 뛰어넘는 개방의 협주곡.**

'일대일로'는 우리나라가 연선국가들과의 경제문화교류와 합작을 강화하기 위한 발의이며, 전방위적 대외개방을 추진하는 표징이기도 하다. 시진핑 동지는 다음과 같이 강조했다. "'일대일로'를 개방의 길로 건설해야 합니다. 개방을 방향으로 하여 경제성장과 평형문제를 해결해야 합니다."[264] 우리나라의 대외개방에 대해 시진핑 동지는 다음과 같은 구역발전구상을 내놓았다. "하나의 점을 면으로 확대하고, 하나의 선에서 지역 전체로 확대하여, 점차적으로 구역 전체의 합작을 실현해야 합니다."[265] 이와 같은 구역발전구상은 국내 개방과 대외 개방의 유기적 결합이고, 경제와 정치, 국제관계를 전략적으로 고려한 내적인 통일체이며, 우리나라 현 단계 구역개방과 구역발전을 지도하는 총체적인 방침이다.

「실크로드 경제벨트와 21세기 해상실크로드의 공동건설의 청사진과 행동(推動共建絲綢之路經濟帶和21世紀海上絲綢之路的愿景与行動)」(이하 「청사진과 행동」으로 약칭함)에서는 "중국 여러 지방의 개혁 추세"를 단독적인 의제로 하여 논의했으며, 다음과 같이 명확하게 언급했다.

264) 『推動 "一帶一路" 建設行穩致遠』, 『人民日報』, 2017년 5월 17일.
265) 시진핑, 『弘揚 "上海精神" 促進共同發展在上海合作組織成員國元首理事會第十三次會議上的講話』, 新華网, 2013년 9월 14일.

"국내 각 지구의 비교우세를 충분히 발휘하고 더욱 주동적이고 적극적으로 개방전략을 실시하며, 동부와 중부·서부의 상호 합작을 강화하고 개방형 경제수준을 전면적으로 제고시켜야 한다."[266] 가장 중요한 특점은 '일대일로'에서 국내의 구역을 서북지구, 동북지구, 서남지구, 연해와 홍콩·마카오·타이완 지구, 내륙지구 등 다섯 개 부분으로 나누고 각각의 지역에 대해 산업계획을 제정한 것이다.

서부지구는 주로 중앙아시아, 남아시아, 서아시아 등 지구의 국가들과의 교통연계와 무역왕래, 인문교류를 강화해야 한다. 그 중 신장위구르를 실크로드 경제벨트의 핵심구역으로 하고, 산시(陝西), 간쑤(甘肅), 닝샤(宁夏), 칭하이(青海) 등 네 개 성은 경제문화와 인문에서의 장점을 발휘하여 내륙형(內陸型) 개혁개방의 새로운 고지가 되게 하며, 닝샤를 내륙 개방형 시범구역으로 건설해야 한다. 동북지구는 주로 북쪽으로 개방해야 한다. 네이멍구(內蒙古), 헤이룽장(黑龍江), 지린(吉林), 랴오닝(遼宁) 등 성은 러시아 원동지구와 육지와 해상으로 이어져있는 독특한 장점을 발휘하여 러시아와의 경제무역과 인문교류를 강화하고 동북지구를 북쪽으로 개방하는 주요 창구로 만들어야 한다. 서남지구는 주로 남아시아와 동남아시아 지구를 향해 개방을 확대해야 한다. 광시(广西)는 지리적 우세를 이용하여 동남아국가연맹 지역으로의 국제통로를 구축해야 하며, 윈난(云南)은 주로 메콩강 서브지역 경제합작의 새로운 고지를 개척하고, 남아시아와 동남아시

266) 『授權發布 : 推動共建絲綢之路經濟帶和 21 世紀海上絲綢之路的愿景与行動』, 新華网, 2015년 3월 28일.

아 진출의 교두보가 되도록 해야 한다. 시장(西藏)은 네팔 등 주변 국가들과의 변경무역과 관광문화 합작을 강화해야 한다. 연해와 홍콩·마카오·타이완 지구는 지속적으로 자체가 가지고 있는 장점을 발휘하여 중국(상하이) 자유무역시범구역과 21세기 해상실크로드 핵심구역 및 기타 개방합작구역의 시범적이고 선도적인 역할을 해야 한다. 또한 개방을 확대하여 개혁을 심층적으로 추진하고 국제합작과 경쟁의 새로운 우위를 이끌어내야 한다. 내륙지구는 내륙의 인력자원과 산업기초 등 방면의 비교우세를 잘 이용하여 여러 개의 내륙 개방형 경제고지를 건설하고, 해관 특수 관리감독구역(海關特殊監管區等) 등을 이용해 연해지구 등과의 통관합작을 추진하여 '일대일로' 연선 국가들과의 산업합작을 심화시켜야 한다. 주목할 것은 '일대일로' 중의 '지방 개방'은 전국적 범위 내에서의 '전 지역 개방'이라는 점이다. 우선 전반적인 지리적 구분으로 보면 '일대일로'는 동북과 서북, 서남과 연해, 내륙 등 전 국토를 아우르는 대외개방이다. 다음으로 구체적인 성(省)과 구(區)로 보면, 「청사진과 행동」에서 명확하게 언급한 성(省)은 18개에 불과하지만, '일대일로' 건설은 여기에만 국한된 것이 아니다. 여러 성(省)과 시(市)는 '일대일로'의 총체적 청사진에 따라 자기의 특점과 장점을 발휘하며, 주도적으로 '일대일로'와 연결하여 구체적이고 실행 가능한 방안을 세울 수 있다.[267] 이런 의미에서 보면 '일대일로' 건설은 새로운 시기 우리나라의 전 방위적인 대외개방 구도의 구체적인 표현인 것이다.

---

267) 『"一帶一路" 戰略全國覆蓋: 不存在哪个省缺席』, 『21世紀經濟報道』, 2015년 4월 14일.

# 제15장

## 합작과 공유:
## 개방형 경제수준을 전면적으로 제고시켜야 한다.

# 제15장

# 합작과 공유:

# 개방형 경제수준을 전면적으로 제고시켜야 한다.

개방으로 개혁을 촉진케 하는 것은 당의 18기 3중전회의 명확한 요구이며, 우리나라가 경제건설 과정에서 모색해 낸 중요한 경험이다. 현재 우리나라는 이미 글로벌 2위 경제체로 부상했고, 가장 큰 무역국이고, 가장 큰 외화보유국이며, 두 번째로 큰 소비대국이다. 어떻게 진일보 적으로 개방을 확대하고 글로벌 거버넌스에 적극적으로 참여할 것인가와 어떻게 중국과 세계경제 발전을 위해 더 큰 기회를 창조하고 세계경제 회복에 강력한 동력을 제공할 것인가는 우리가 주목하는 중대한 문제이다. 시진핑 동지는 다음과 같이 말했다. “중국은 더 큰 범위에서, 더 넓은 영역에서, 더 높은 차원에서 개방형 경제수준을 제고할 것입니다.”[268] G20 항쩌우(杭州) 정상회담에서 그는 재차 다음과 같이 강조했다. “현재의 도전에 직면하여, 우리는 개방형 세계경제를 건설해야 합니다. 무역과 투자자유화와 편리화를 지속적으로 추진해야 합니다.”

---

268) 시진핑, 『在同出席博鳌亞洲論壇二一三年年會的中外企業家代表座談時的講話』, 『人民日報』, 2013년 4월 9일.

### 1. 글로벌 경제무역 형세를 정확히 판단해야 한다.

현재와 금후의 일정한 시기 동안, 글로벌 경제환경은 여전히 복잡할 것이며, 기회와 도전이 병존할 것이다. 우리나라의 개방형 경제는 이미 새로운 기점에 서있다. 정세가 긴박하며 앞으로 나아가지 않으면 퇴보하게 된다. 우리는 정력을 모아 자기의 일부터 잘 처리해야 하며, 기회를 움켜쥐고 글로벌 배치를 해야 한다. 또한 각종 위험에 대한 대비를 잘 하고, 글로벌 경제에 주동적으로 융화되어야 한다. "우리는 장원한 안목을 가지고, 여러 나라들이 함께 발전하고 성장이 연동되고 이익이 어우러진 세계경제 구도를 형성하기 위해 노력을 기울여야 하며, 개방형 세계경제의 발전을 굳건히 수호해야 한다."[269]

첫째, 글로벌 경제무역 구도는 한창 중대한 변화를 겪고 있다. 2008년 글로벌 금융위기 후 글로벌 경제구도에서는 심각한 변화가 발생했다. 현재 미국경제는 점차 회생하고 있으며 유로존의 경제성장은 완만하고 신흥 경제체(經濟体)는 부단히 분화하고 있다. 글로벌 경제는 총체적으로 보면 회복세를 보이고 있지만, 여전히 성장 동력이 부족하고 수요가 부진하며, 국제무역과 투자가 지속적으로 저조한 등 중대한 위험과 도전에 직면해있다. 글로벌산업 분공과 합작은 여전히 심화되고 있고, 노동밀집형 산업은 저소득 국가로 빠르게 이전하고 있으며, 중·고급 레벨(中高端)의 제조업은 발달한 나라로 회귀하고 있다. 글로벌 수요구조가 심각한 조정을 겪고 있는 상황은 우리들에게

269) 시진핑, 『共同維護和發展開放型世界經濟在二十國集團領導人峰會第一階段會議上關于世界經濟形勢的發言』, 新華网, 2013년 9월 6일.

전통시장을 공고히 함과 동시에 신흥시장 개척을 다그칠 것을 요구하고 있다. 현재 글로벌 구역경제는 빠르게 발전하고 있으며, 각종 자유무역협정이 대량으로 쏟아져 나오면서 경제 글로벌화의 동력으로 되고 있다. 하지만 도하개발어젠다 협상은 또다시 결렬되었고, 대국들은 분분히 자유무역 담판을 서두르고 있으며, 동아시아지구는 자유무역구역 쟁탈의 새로운 장으로 부상하고 있다. 미국은 '태평양-인도양 전략(兩洋戰略)'을 애써 추진하고 아시아태평양 사무에 부단히 끼어들고 있고, WTO 시스템의 밖에서 자유무역 담판을 시도하고 있다. 일본과 러시아, 인도, 한국 등 주변국들도 분분히 대외적으로 자유무역 관계를 타진하고 있다. 따라서 우리나라도 더 적극적인 태세로 다각적 경제무역 관계를 구축하고 새로운 개방형 경제체제를 구축할 필요가 있다.

둘째, 대외무역의 안정적인 성장을 실현하기 위해서는 압력이 크다. 글로벌무역 성장의 둔화는 대외무역에 압력을 조성하고 있다. 세계무역조직은 당면한 세계무역 전경에 대해 조심스레 낙관적인 태도를 보이고 있다. 성장은 여전히 취약하고 경제하락 위험이 꽤 크다는 것이다. 게다가 유로존의 경제가 부진하고 국가부채위기가 지속적으로 악화되고 있으며, 상품가격 파동과 지연정치풍파가 발생하고 있다. 이는 글로벌 무역의 지속적인 둔화에 원인을 제공해주고 있다. 세계무역조직의 통계에 따르면 글로벌무역의 성장속도는 1990~2008년의 7%에서 2009~2015년이 3%로 하락했다. 이와 같은 배경에서 우리나라의 대외무역 역시 성장이 둔화되는 조짐을 보이고 있다. 2016년 중국 화물무역 수출입 총액은 24.33조 위안이었는데, 이는 2015년에 비해 0.9% 하락한 것이다. 그 가운데 수출은 13.84조 위안으로 2% 하락했고, 수입은 10.49조 위안으로 0.6% 성장했다.[270] 현재 우리나라 해외무역은 더 심각한 보호무역주의의 압력에 직면했다. 세계무역조직에 가입할 당시와 비교하면, 우리나라는 이미 명실상부한 제조업 대국으로 변했고 국제시장 점유율의 10%를 차지한다. 수출경쟁력의 지속적인 증강에 따라 우리나라는 여러 가지 상품분야에서 보호무역주의의 압력을 받고 있다. 중·저급 레벨(中低端) 제품의 영역에서 우리나라는 여러 개발도상국들과 일정한 이익 충돌이 존재한다. 첨단제품 영역에서는 발달한 나라들의 핵심이익을 건드릴 수밖에 없는 상황이다. 이러한 배경 하에서 우리나라는 경제와 무역, 투자, 금융 등 여러 영역에서 더 복잡한 보호주의의 압력을 받고 있다.[271]

셋째, '해외 인입'과 '해외 진출'의 형세가 복잡하다. 개혁개방 이래 우리는 적극적으로 외상의 직접투자를 유치하고 이용해왔다. 2014년 말까지 외상의 직접투자는 1.4조 달러에 달하며, 연속 21년 동안 실제적 외자 이용은 개발도상국 가운데서 첫 자리를 차지해왔다. 이는 우리나라 개방형 경제발전의 중대한 성과이다.[272] 세계경제가 복잡하고 준엄한 상황에서 이만한 성적을 이룬 것은 쉽지 않은 일이다. 하

---

270) 국가통계국, 『2016年國民經濟和社會發展統計公報』.

271) 국가행정학원 경제합부(國家行政學院經濟學教研部) 편저, 『中國經濟新常態』, 人民出版社, 2014년, 178쪽.

272) 국무원조사연구실(國務院研究室), 『如何使中國繼續成爲外商投資首選地』, 中央政府网, 2014년 3월 20일.

지만 우리는 유럽재정위기가 금융시장의 파동을 초래하고 글로벌 투자자들의 위기의식이 상승했으며, 다국적기업들의 대외 투자능력이 하락하고 있는 것을 주목할 필요가 있다. 여기에다 발달한 나라들은 제조업 진흥계획을 세우고 제조업들의 회귀를 격려하고 있으며, 신흥경제체들은 외자유치에 공을 들이고 있다. 따라서 글로벌 직접투자에도 일정한 변화가 발생하고 있다. 이와 동시에 우리나라는 '해외 진출(走出去)' 전략을 실시하고 있다. 2016년에만 우리나라의 해외투자자들은 전 세계 164개 나라와 지구의 7,961개 해외기업들에 대해 비금융(非金融) 유형의 직접투자를 했으며, 그 투자액은 1.13억 위안에 달해 전년도 대비 44.1% 증가했다.[273] 하지만 일부 국가들은 우리나라의 에너지자원 투자와 중대한 건설프로젝트 참여, 국유기업의 투자 등에 대해서 우려를 갖고 있으며, 이러한 해외 투자에 대해 수시로 장애를 조성하고 있다. 일부 지역은 안전상황이 심각하고 돌발사태가 수시로 발생하고 있다. 따라서 우리나라 기업들이 해외진출에 있어서 위험방지 능력을 향상시킬 것을 요구한다. 하지만 총체적으로 보면 우리나라 기업들의 해외진출은 여전히 초급단계에 처해있다. 특히 대외투자관리시스템 건설이 아주 부진하고, 대외투자가 빠르게 발전하는 새로운 형세에 적응하지 못하고 있다. 투자의 심사비준, 외환관리, 금융서비스, 화물의 수출입, 관련 인원들의 출입국 등 방면에서 아직도 많은 장애가 존재한다.

---

273) 『2016年我國對外投資同比增長44.1%』, 『經濟日報』, 2016년 1월 17일.

## 2. 새로운 개방형 경제체제를 서둘러 구축해야 한다.

시진핑 동지는 다음과 같이 강조했다. “새로운 역사적 기점에 서서, ‘두 개 백년’의 분투목표를 실현하고, 중화민족의 위대한 부흥이라는 「중국의 꿈」을 실현하기 위해서는 반드시 경제 글로벌화의 새로운 추세에 적응하고, 글로벌 형세의 새로운 변화를 정확히 판단하며, 국내 개혁발전의 새로운 요구를 심각하게 인식하고, 더 적극적인 행동으로 더 높은 수준의 대외개방을 추진하며, 자유무역구역 전략을 다그쳐 실시하고, 새로운 개방형 경제체제를 서둘러 구축하며, 대외개방을 주도적으로 하여 경제발전을 주도해야 하고, 국제경쟁력 또한 주도적으로 이끌어가야 합니다.”[274] 당의 18기 3중전회에서는 개방형 경제체제를 구축하는데 대한 중요한 목표를 처음으로 제기했다. 이는 우리나라가 전 방위적 개방의 새로운 시대에 진입했음을 의미한다.

당의 18차 전국대표대회 보고는 개방형 경제수준을 전면적으로 제고시킬 것을 요구했으며, 이를 “사회주의 시장경제 체제를 서둘러 보완하고 경제발전 방식을 서둘러 전환하는” 중요한 영역의 하나라고 인정했다. 당의 18기 3중전회에서는 “새로운 개방형 경제체제의 구축”이라는 새로운 표현을 내놓았다. 이는 개혁개방 이래 우리나라가 개방형 경제에 대한 탐색과 경험의 계승이고 발전이며, 새로운 시기와 새로운 형세에서, 제도적 측면으로 개혁개방을 구체화하는 청사진을 그린 것이다. 현재 우리나라의 개방형 경제는 이미 새로운 역사적 단

---

274) 『習近平在中共中央政治局第十九次集体學習時强調：加快實施自由貿易區戰略加快构建開放型經濟新体制』, 『人民日報』, 2014년 12월 7일.

계에 진입하여, 글로벌 경제와 정치·환경 변화에 따른 기회와 도전에 직면했으며, 국가발전 전략의 새로운 요구에 직면했다. 따라서 우리는 반드시 더 적극적이고 주동적인 개방전략을 실시해야 하며, 개방형 경제수준과 질을 확실하게 제고시키고, 개방형 경제의 새로운 메커니즘과 새로운 태세를 서둘러 형성해야 한다.

첫째, 개방형 경제의 새로운 메커니즘과 새로운 태세를 구축하는 것은 국부적 개방으로부터 전면적 개방으로 나아가는 것을 의미하고, 적극적인 '해외 인입'으로부터 주동적인 '해외 진출'로 선회한 것을 의미한다. 새로운 형세에서 대외개방의 새로운 구도와 새로운 메커니즘 구축의 발걸음을 다그치기 위해서는 반드시 대내와 대외의 '두 개 개방'의 상호 촉진과 상호 보완의 역할에 중시를 돌리고, '해외 인입'과 '해외 진출'을 더 잘 결합시키며, 국제와 국내요소의 자유롭고 질서 있는 유동을 촉진시키고, 국내와 국제 두 시장의 심층적인 융합을 촉진시켜야 한다. 기업과 개인의 대외투자를 격려하고 기업과 개인의 대외투자에 대한 주체적 지위를 확립하며, 자체적인 장점을 발휘하여 해외 투자합작을 추진하는 것을 허락해야 한다. 또한 스스로 위험을 부담하고 자주적으로 경영하며 세계 여러 나라와 지역에 가서 노무합작 프로젝트를 전개하는 것을 허락하고, 혁신적인 방식으로 해외에서 인수합병 투자, 증권투자, 컨소시엄 투자 등을 추진하는 것을 허락해야 한다.

둘째, 새로운 개방형 경제체제를 구축하는 것은 개방을 통해 전 방위적인 개혁을 추진하는 것을 의미하며, 역사적으로 내려온 문제와 전진의 길에서 마주치게 되는 새로운 문제들을 적극적으로 해결한다는 것을 의미한다. 현재 우리나라의 개혁개방은 이미 관건적인 시기에 들어섰다. 막중한 임무가 우리를 기다리고 있다. 어려운 문제와 초점문제(焦点問題)들이 추진하기 어렵고 해결하기 어려운 이유는 고유한 체제와 메커니즘이 남겨놓은 결함에서 비롯된 것이며, 사상관념의 속박과 장애에서 기인된 것이고, 기득권 이익구도의 속박에서 비롯된 것이기 때문이다. 내부개혁이 장애를 만난 상황에서 "개방을 통해 개혁을 촉진시키는 것"은 난관을 돌파할 하나의 지름길인 것이다. 실천이 증명하다시피 우리나라가 WTO에 가입하고, 외부 제약과 국제관례로 국내의 개혁을 압박함으로써 우리나라 경제사회 발전의 10년 '황금기'를 일궈왔다. 사회의 진보와 경제의 발전으로 말미암아, 현재의 일부 관리제도와 정부의 관리감독 모델은 이미 우리나라가 글로벌 경제순환 속에 충분히 융합되고, 국가경쟁력을 제고시키는데 방해가 되고 있다. 따라서 반드시 큰 결심을 내리고 큰 조정을 해야 하며, 정부직능의 전환을 추진하고, 경제의 전환을 추진해야 한다. 정부직능 전환의 핵심은 행정심사 비준제도를 개혁하고, 정부기구 간소화와 권력이양을 추진하며, 정부와 시장의 관계를 잘 처리하고, 정부의 직능과 효율을 충분히 발휘하는 한편 시장이 자원배치에서 결정적인 역할을 하도록 하는 데 있다.

둘째, 새로운 개방형 경제체제를 구축함에 있어서 자유무역구역은 중요한 시범창구이다. 상하이 자유무역시범구역 건설은 당 중앙이 새로운 형세에 직면하여 추진한 개혁개방의 중대한 조치이다. 이는 전면적으로 개혁을 심화시키는 것과 개방 확대를 위해 새로운 루트를 제시하고 새로운 경험을 축적하게 될 것이다. 2013년 9월 국무원에서는 상하이자유무역구역 설립을 승인했다. 이 상하이자유무역구역의 복제 가능한 경험이 초보적으로 형성되면서, 2015년 4월 국무원에서는 텐진(天津), 푸젠(福建), 광동(广東) 등 3개의 자유무역구역을 새로 비준했다. 2017년 3월 국무원에서는 또 랴오닝(遼宁), 저장(浙江), 허난(河南), 후뻬이(湖北), 총칭(重慶), 쓰촨(四川), 산시(陕西) 등 7개의 자유무역구역을 비준했다. 이로써 "1+3+7"이라는 11개 자유무역구역 구도가 형성되었다. 이러한 자유무역구역의 주변의 경제 활성화를 위한 추진 역할은 진일보 적으로 발휘될 것이고, 따라서 우리나라 개혁개방의 새로운 구도를 형성하고 우리나라 경제사회 발전을 유력하게 추진하게 될 것이다.

### 3. 새로운 개방형 경제체제 구축의 주공격방향.

"바다는 모든 하천을 받아들이듯이, [275]포부가 넓으면 모든 것을 포용할 수 있다(海納百川, 有容乃大)". 새로운 개방형 경제체제를 어떻게 구축할 것인가? 시진핑 동지는 2016년 APEC 정상회의에서 다음과 같이 말했다. "중국 개방의 대문은 영원히 닫히지 않을 것이며 더 크게 열릴 것입니다. 우리는 적극적이고 주동적으로 개방전략을 실시하여, 더 전면적이고 더 심도 있으며 더 다원화된 대외개방의 구도를 추축해 나갈 것입니다." "우리는 경제 글로벌화 행정에 더 깊이 참여하고

275) 총칭(重慶), 신장위구르, 유럽을 관통하는 철도. -역자 주.

다변화 무역체제를 지지할 것이며, 아시아태평양 지역 자유무역구역 건설을 추진하고, 구역의 전면적인 경제 동반자관계 협정을 하루빨리 매듭지을 것입니다."[276] 이를 위해서는 첫째, '해외 인입'과 '해외 진출'을 다 같이 중시하고 국제투자합작의 수준을 제고시켜야 한다. 시진핑 동지는 다음과 같이 말했다. "중국경제 발전의 전망은 아주 넓습니다. 중국은 개혁개방을 흔들림 없이 추진할 것이며, 발전방식 전환을 다그치고 대외개방정책을 흔들림 없이 고수할 것이며, 외자기업에 지속적으로 더 좋은 환경과 조건을 마련해줄 것입니다. 중국의 발전은 세계에 더 많은 공헌을 할 것입니다."[277] "'해외 인입'과 '해외 진출'을 다 같이 중시하고 글로벌 투자합작의 수준을 제고하며, 투자와 무역체제의 개혁을 심화시키고, 법률과 법규를 보완해야 합니다."[278] 따라서 우리는 내자와 외자 관련 법률과 법규를 통일하고, 외자정책이 안정성과 투명성, 예측가능성을 보장해야 한다.

둘째, 자유무역구역 건설을 다그쳐야 한다. 균형적이고 서로 이익을 볼 수 있는 다변무역체제 건설을 추진하고, 개방형 경제수준을 제고시켜야 한다. 2012년 말에 있은 중앙경제사업회의에서는 자유무역구역 전략을 서둘러 실시해야 한다고 말했다. 2013년 10월 시진핑 동지는 재차 다음과 같이 강조했다. "우리는 구역과 서브지역의 여러 가지 개방과 합작을 통일적으로 계획하고, 자유무역구역 전략을 서두

---

276) 『亞太經濟往何處去, 習近平在利馬給出中國答案』, 『人民日報』, 2016년 11월 20일.
277) 『習近平同出席博鰲亞洲論壇年會的中外企業家代表座談』, 新華网, 2013년 4월 8일.
278) 『深化改革開放, 共創美好亞太在亞太經合組織工商領導人峰會上的演講』, 『人民日報』, 2013년 10월 8일.

르며 주변국가와의 상호 연동을 추진해야 합니다."[279] 자유무역시험구역을 건설하는 것은 새로운 형세에 직면하여 당 중앙과 국무원에서 개혁개방을 추진하기 위해 내놓은 하나의 중대한 조치이다. 최근 몇 년 동안 주요 경제체(經濟体)들은 자유무역구역 협상을 중요한 전략으로 추진하고 있으며, 자유무역협정은 대국들이 지연정치와 경제경쟁의 중요한 수단으로 되었다. 이러한 상황에서 주동적으로 출격하고 더 높은 차원의 자유무역구역 네트워크를 형성해야만 주도권을 확보할 수 있고 발언권을 높일 수 있다. 당의 18기 3중전회에서는 다음과 같이 명확하게 언급했다. "시장의 진입정책과 세관의 감독관리, 세관의 검역 등 관리 메커니즘을 개혁하고, 환경보호·정부구매·전자상거래 등 새로운 의제에 대한 담판을 서두르며, 더 높은 차원의 글로벌 자유무역구역 네트워크를 구축해야 한다."[280]

셋째, 내륙 연변(沿邊)의 개방을 확대시켜야 한다. 개방을 확대하는 것은 단순히 연해 일대의 개방만 말하는 것이 아니다. 더 중요한 것은 대내적 개방을 확대하고 대륙 연변의 개방을 확대하는 것이다. 우선 체제와 메커니즘, 정책 환경 등 방면에 힘을 쏟아야 하며, 내륙 개방형 경제발전의 기초를 잘 닦아야 한다.

글로벌 산업 개편의 기회를 움켜쥐고 내륙 무역과 투자, 기술혁신 등의 조화로운 발전을 추진해야 한다. 가공무역 모델을 혁신하고, 내

279) 『深化改革開放, 共創美好亞太在亞太經合組織工商領導人峰會上的演講』, 『人民日報』, 2013년 10월 8일.

280) 『十八大以來重要文獻選編』(상), 中央文獻出版社, 2014년, 526쪽.

륙 산업군 발전에 유리한 체제와 메커니즘을 구축해야 한다. 글로벌 유통 네트워크를 구축하고 내륙 도시들이 국제항로를 추가로 구축하는 것을 지지하며, 동부·중부·서부와 남방·북방을 아우르는 대외경제 네트워크를 형성시켜야 한다. 내륙과 연해·연변의 통관합작을 추진하고, 글로벌 생산네트워크와 글로벌 유통 네트워크의 효과적인 연결을 실현하며, 세관 관리부문의 정보의 상호 교환, 관리감독의 상호 인정, 법집행의 상호 방조 등을 실현해야 한다. 이로써 내륙지구의 화물 수출입의 "원스톱 신고, 원스톱 검역, 원스톱 통관"을 점차적으로 실현하여 통관의 효율을 높이고 비용을 감소시켜야 한다. 내륙 연변의 개방을 다그쳐야 한다. 연변의 중점 항구와 변경도시, 경제합작구역에서 인원들의 왕래와 가공물류, 여행 등 방면에서 별도의 정책을 실시하는 것을 허락해야 한다. 개발성(開發性) 금융기구를 설립하고, 내륙과 연변지구에 대한 투입을 확대하며, 주변국가와 구역 기초시설의 상호 연동 건설을 다그치고 변경무역의 자금 지원을 확대해야 한다. 주변국가와의 경제무역 합작을 적극 추진하고, 내륙 연변 지역에 대한 개방을 진일보 적으로 확대하며, 구역경제를 최적화하고 통합적으로 업그레이드하며, 내륙 연변 지구들의 글로벌 경쟁력을 끌어올려야 한다.

### 4. 국제합작을 강화하고 글로벌 거버넌스에 적극 참여해야 한다.

2016년 9월 3일 시진핑 동지는 G20정상회의 개막식에서 다음과 같이 발언했다. "글로벌 경제 거버넌스는 공정하고 효율적인 글로벌 금융 거버넌스 구도의 공동 구축, 개방하고 투명한 글로벌 무역과 투자 거버넌스 구도의 공동 구축, 친환경·저탄소 글로벌 에너지 거버넌스 구도의 공동 구축, 포용적으로 연동하는 글로벌 발전 거버넌스 구도의 공동 구축 등 네 가지를 중점적으로 움켜쥐어야 합니다."[281] 이는 우리가 글로벌 합작과 글로벌 거버넌스에 참여하는 원칙이며 중국이 글로벌 거버넌스에서 자체적 역량을 발휘하는 주요 방향이다.

첫째, 글로벌 경제 합작의 물질적 기초를 잘 닦아야 한다. 글로벌 합작에서 실용적인 합작에 중시를 돌려야 한다. 실용적 합작은 물질적 기초이고 원동력이다. 중국은 서로 다른 조직과 지역에서 모두 맞춤형 실용합작의 목표를 제기했다. 제5차 브릭스(BRICS) 정상회담에서 시진핑 동지는 브릭스 개발은행 등 프로젝트의 건설을 적극 추진하고 합작의 경제·사회적 기초를 다져야 한다고 언급했다. 동남아시아국가연맹에 대해 중국은 해당 국가들과의 상호 연동건설에 주력하고 있다. 리커창 동지는 말레이시아 방문과 중동부유럽 지도자들과의 회담에서, 생산능력 합작(産能合作)을 여러 번 언급했다. 또한 스스로 '세일즈맨'을 자처하고 중국 철도의 동남아 진출을 추진했다. 상하이협력기구 성원국과 옵서버국이라는 지연적 특점에 근거하여, 시진핑 동지는 교통과 물류의 대통로를 건설하여 무역과 투자의 편리화를 촉진하며, 금융 영역과 에너지·식량의 안전 면에서 실제적인 합작을 추진해야 한다고 언급했다. 라틴아메리카에서 시진핑 동지는 멕시코 참의원의 연설에서 중국과 라틴아메리카는 쌍방의 경제발전방식

281) 『習近平：全球經濟治理要抓住四个重点』, 新華网, 2016년 9월 3일.

을 전환시킬 수 있는 기회를 잘 움켜쥐고 합작하는 잠재력을 발굴하며, 합작 모델을 혁신하고, 이익의 융합을 심화하며, 지속적이고 안정적이며 상호 이익을 볼 수 있는 경제무역 합작 동반자관계를 구축해야 한다고 언급했다. 그는 또 아프리카 순방을 하면서 중국은 아프리카 국가들을 위해 각종 인재 연수를 할 것이고, 아프리카에 대한 기술 이전과 경험의 공유를 강화할 것이며, 중국과 아프리카의 경제무역, 금융, 기초시설 건설, 인원 왕래 등 영역의 합작에 힘을 쏟을 것이라고 밝혔다. 2014년 3월 유럽순방을 하면서 시진핑 동지는 중국과 유럽은 상호 이익을 보는 것을 견지하고, 시장개방을 견지하며, 개방형 세계경제 건설에 노력함으로써 글로벌경제의 지속적이며 균형적인 성장을 위해 강대한 동력을 제공해야 한다고 말했다.

둘째, 합리적이고 지속가능한 규칙을 제정하고 글로벌 경제거버넌스에 참여해야 한다. G20은 발달한 국가와 개발도상국들이 글로벌 경제에 대한 협상을 위한 중요한 플랫폼이다. 중국은 G20과 APEC 등 다각도로 합작을 추진하고 글로벌 경제거버넌스 개혁을 추진함으로써, 글로벌 경제의 강력하고 지속적이며 평온한 성장을 촉진해야 할 것이다. G20을 세계경제를 안정시키고, 글로벌 금융안전네트워크를 구축하며, 글로벌 경제거버넌스를 개선하는 중요한 역량으로 성장시켜야 한다. 글로벌 경제가 어렵고 복잡한 조정을 겪는 과정에서 지속가능한 발전문제를 둘러싸고, 글로벌 경제거버넌스의 능력을 어떻게 제고시킬 것인가 하는 문제는 현재의 국제사회가 반드시 해결해야 할 문제이다. 신흥시장 국가와 개발도상국들은 글로벌 경제체제가 더 완벽해지고 세계 생산력 발전의 요구에 더 부합하며, 세계 여러 나라의 공동발전에 더 유리하기를 바라고 있다. 중국은 경제총생산량과 국제무역 순위의 지속적인 상승에 힘입어 더 큰 담판능력을 확보했고, 세계경제와 정치무대에서의 지위 역시 상승하고 있으며, 글로벌 경제 거버넌스 체계에서 점점 더 중요한 역할을 발휘하고 있다. 책임감이 있는 대국으로서, 중국은 국제경제 거버넌스 메커니즘 개혁을 이끌 능력이 있으며 피동적으로 "국제관례의 궤도에 끌려가던 데서부터" 주동적으로 "규칙의 개혁에 참여하게 되었다." 우리는 여러 나라들이 거시경제정책의 조정을 강화하고 국제화폐금융시스템을 개혁하는 것을 추진하고, 무역과 투자 자유화와 편리화를 추진하며, 글로벌 경제가 더 강력하게 발전해나갈 수 있도록 촉진시켜야 한다.

셋째, 우리나라는 글로벌 경제 거버넌스 체제개혁의 참여자와 리더가 되기 위해 노력해야 한다. 양호한 외부환경은 우리나라 경제가 지난 30여 년 동안 지속적으로 성장할 수 있은 중요한 조건이었으며, 다음 단계의 경제 뉴노멀을 안정적으로 운행하기 위한 필수불가결의 외부 조건이다. 우리나라는 과거에는 후발주자였기 때문에 기존의 글로벌 거버넌스 체계를 수동적으로 수용만 했었다. 하지만 뉴노멀 상황에서 우리나라는 이미 가장 중요한 경제체의 하나로 부상했다. 따라서 적극적으로 개혁의 참여자와 거버넌스 체계의 디자이너가 되어야 한다. 2016년 항저우(杭州) G20 정상회담에서 중국은 글로벌 경제 회복과 성장을 위한 여러 가지 방안들을 제시했다. 또한 미래 글로벌 거버넌스 체계와 메커니즘을 위해 지속가능하고 포용적인 발전의 기조를 마련했다.[282] 금후 우리나라는 여전히 WTO, 세계은행, 국제화폐기금 등 조직의 역할에 대해 중시해야 할 것이다. 글로벌 대국으로서 우리나라는 국제조직에서 발언권이 있어야 하며, 주동적으로 발언권을 확보해야 한다.

---

282) 성빈(盛斌),『習主席在杭州峰會上提出了哪些中國方案』, 中國共産党新聞网, 2016년 9월 29일.

# 제16장

## 경제복지:
## 인민들이 더 좋은 생활을 누릴 수 있게 하다.

# 제16장
# 경제복지:
# 인민들이 더 좋은 생활을 누릴 수 있게 하다.

인민들이 더 좋은 생활을 누릴 수 있게 하는 것은 우리 당이 시종일관 분투하는 목표이다. 우리는 인민대중들의 아름다운 생활에 대한 염원에 순응해야 하고, 인민을 중심으로 하는 발전사상을 견지하며, 민생을 보장하고 개선하는 것을 중점으로 하고, 각종 사회사업을 발전시키고, 수입과 분배 조절에 힘을 쏟으며, 빈곤퇴치 전투에서 승리를 거두어야 한다. 우리는 또한 인민들이 평등하게 참여하고 평등하게 발전할 수 있는 권리를 보장하고, 더 많은 개혁과 발전의 성과가 전체 인민들에게 공평하게 돌아가도록 하며, 전체 인민들이 공동으로 부유해지는 목표를 향해 흔들림 없이 걸어가야 한다. "아름다운 생활에 대한 인민들의 염원이 곧 우리의 분투목표이다."[283]

## 1. 인민을 중심으로 하는 발전사상을 수립해야 한다.

"나라가 발전했는지의 여부는 백성들이 부유한가를 보아야 하고, 나라가 평화로운지 여부는 백성들이 즐거워하는가를 보아야 한다.(天下順治在民富, 天下和靜在民樂)" 당의 18차 전국대표대회 이래 시진핑 동

---

283) 『習近平談治國理政』, 外文出版社, 2014년, 4쪽.

지를 핵심으로 하는 당 중앙은 인민을 중심으로 하는 발전사상을 치국이정의 중요한 위치에 올려놓았다. 시진핑 동지는 다음과 같이 강조했다. "우리는 반드시 인민의 이익을 최 우선 자리에 놓아야 합니다. 인민을 중심으로 하는 발전사상은 말로만 할 것이 아니고, 사상적인 것에만 국한되어서도 안 됩니다. 경제사회 발전의 여러 단계에 모두 체현되어야 합니다."[284] 인민을 중심으로 하는 발전사상은 풍부한 내포와 강력한 지도역할을 갖고 있으며, 새로운 형세에서 당의 근본적 취지를 견지하는 과학적 지침이다.

첫째, 인민을 중심으로 하는 발전사상은 마르크스주의 입장과 우리 당이 추구하는 바를 보여주고 있다. 우리 당은 전심전의로 인민을 위해 복무하는 당이고, 우리나라는 인민이 주인이 된 나라이다. 당과 국가의 모든 사업의 출발점과 입각점은 모두 광범위한 인민의 근본이익을 실현하고 수호하고 발전시키는 것이다. 인민을 중심으로 하는 발전사상은 마르크스주의 입장과 관점, 방법을 체현하고 있으며 중국공산당원들의 불굴의 의지로 추구하는 바를 충분히 체현했다.

먼저 마르크스주의 정치경제학의 근본 입장을 체현했다. 마르크스주의 정치경제학은 마르크스주의의 중요한 구성부분으로서, 경제사회를 관찰하고 분석하는 망원경이고 현미경이며, 마르크스주의 정당이 인민들에게 이익을 가져다주고 인민들의 이익을 우선시하는 필수과목이다. 시진핑 동지는 다음과 같이 말했다. "인민을 중심으로 하는 발전사상을 견지해야 합니다. 이는 마르크스주의 정치경제학의 근

284) 차이팡(蔡昉), 『堅持以人民爲中心的發展思想』, 『人民日報』, 2016년, 8월 3일.

본적 입장입니다."[285] 인민을 중심으로 하는 발전사상은 "어떤 사람을 위하고, 누가 향유하는가?" 라는 발전의 근본문제를 해결했다. 발전은 인민을 위한 것이고, 발전은 인민에 의지해야 하며, 발전의 성과는 인민들이 공유해야 한다. 이는 인민대중이 역사를 창조한다는 마르크스주의 관점에 대한 심화이다. 이는 중국특색사회주의의 본질적 특징과 사회주위 시장경제 발전의 근본적 목적을 체현한 것이며, 마르크스주의 정치경제학의 근본적 입장을 체현한 것이다. 다음으로 중국공산당의 근본적인 종지를 체현했다. 시진핑 동지는 다음과 같이 말했다. "우리는 종지에 대해서 많은 말들을 해왔습니다. 하지만 결과적으로는 모두 인민을 위한다는 이 한마디로 귀결됩니다. 우리 당은 인민을 위해 복무하는 당입니다."[286] 당 창건 90여 년 집정 60여 년이라는 마르크스주의 정당으로서, 우리 당은 시종 인민의 주체적 지위를 견지했고, 광범위한 인민대중들의 가장 근본적인 이익을 실현하고, 보호하고 발전시키는 입장에서 문제를 보고 일을 처리했다. 인민대중들 속에서 오고, 인민대중 속에 뿌리를 두었으며, 전심전의로 인민을 위해 복무하는 것은 우리 당이 다른 모든 당들과 구별되는 근본적인 표지이다. 인민을 중심으로 하는 발전사상은 역사발전법칙을 존중하는 것과 인민들의 주체적 지위를 존중하는 것의 상호 일치성을 충분히 체현한 것이며, 중국공산당이 전심전의로 인민을 위해

---

285) 리펑(李鵬),『中國特色社會主義政治經濟學要堅持以人民爲中心的發展思想』,『理論視野』, 2016년, 5기.

286) 양허(楊河),『說到底還是爲人民服務這句話』, 『求是』, 2014년, 18기.

복무하는 근본적 종지와 “인민들의 아름다운 생활에 대한 염원이 곧 우리들의 분투목표”라는 가치 추구를 잘 체현한 것이다. 그 다음으로 당대 중국 경제사회 발전의 기본적 가치관을 체현했다. 혁신, 협조, 친환경, 개방, 공유 등 새로운 발전이념은, 현 단계에서 더 질적이고 효율적이며 더 공평하고 지속가능한 발전의 과학적 루트를 제시했는데, 이는 우리나라 발전 대국에 관계되는 심각한 변혁이다. 인민을 중심으로 하는 발전사상은 인민들의 복지를 증진시키고, 사람들의 전면적인 발전을 촉진시키는 것이며, 공동부유의 방향을 향해 온건하게 걸어 나가는 것을 경제사회 발전의 출발점과 귀착점으로 한다는 것으로, 이는 새로운 발전이념 전체에 관통되는 영혼이다. 인민을 중심으로 한다는 발전사상을 굳게 수립해야만, 진정으로 역사발전과 경제사회 발전의 기본법칙을 움켜쥘 수 있으며, 중국특색사회주의 사업의 새로운 국면을 부단히 열어나갈 수 있는 것이다.

둘째, 인민을 중심으로 하는 발전사상의 풍부한 내포를 심각하게 이해해야 한다. “정치가 흥하려면 민심에 순응해야 하고, 정치가 망하려면 민심에 역행해야 한다.(政之所興在順民心, 政之所廢在逆民心)”[287] 인민은 역사창조의 동력이고, 우리들의 전도와 운명을 결정하는 근본적인 역량이다. 인민을 중심으로 하는 발전사상은 인민은 발전을 추진하는 근본적 역량이라는 관점을 견지하고 있는데, 이는 풍부한 사상적 내포를 갖고 있는 것이다. 우선 인민을 우선으로 하는 가치관을 견지하고, 인민의 주체적 지위를 시종일관 견지해야 한다. 시진핑

287) 자오양(朝陽), 『政之所興在民心』, 『中國紀檢監察報』, 2016년 9월 26일.

동지는 다음과 같이 말했다.

“인민은 역사를 창조하는 동력입니다. 우리 공산당은 어떠한 시기에도 이 역사유물주의의 가장 기본적인 도리를 망각해서는 안 될 것입니다.”[288] 중국공산당은 국가가 쇠퇴하고 민족이 고난에 처해있던 시기에 탄생했고, 전란 속에서 성장했으며 사회주의 건설을 하면서 성숙하고, 발전과 사회 진보의 선봉대인 인민대중에 의지하였다. 새로운 형세에서, 우리나라 경제사회 발전은 전대미문의 기회와 도전에 직면해 있다. 따라서 인민대중에게 굳게 의지하여 발전의 난제를 극복하고 발전의 동력을 증강하며 발전의 우세를 살리고 역사의 위업을 창조해야 할 것이다. 이에 대해 시진핑은 다음과 같이 명확하게 주문했다. “인민들의 주체적 지위를 존중하고 인민들을 단합시켜 실천하고 창조해야 합니다.”[289] “민주를 충분히 발양하고 인민들의 지혜를 광범위하게 끌어 모으며, 인민들의 역량을 최대한 끌어내고, 사람마다 참여하고 사람마다 힘을 다 하고, 사람마다 성취감을 얻을 수 있는 생동적인 국면을 조성해야 합니다.”[290]인민을 중심으로 하는 발전사상을 굳게 수립하는 것은 인민들의 주체적 지위를 견지하는 것이고, 인민들의 혁신경험과 권리를 충분히 존중하는 것이다. 따라서 인민들에 의지하여 발전을 도모하고 억만 인민들을 단결시켜 공동으로 분투해야 한다.

---

288) 쌍쉐시(双學習),『以人民爲中心的方法論蘊意』,『光明日報』, 2017년 1월 19일.

289) 2016년 5월 17일, 시진핑이 철학·사회과학좌담회에서 한 발언임.

290) 시진핑,『新常態不是避風港 不是不要發展和GDP增長』,『人民日報』, 2016년 5월 10일.

다음으로 발전은 인민을 위하는 것이라는 근본 요구를 굳건히 움켜쥐고 점차적으로 공동부유를 실현해야 한다. 전면적 샤오캉사회 건설이든, 점차적으로 공동부유를 실현하는 것이든 모두 사람들의 전면적 발전을 촉진시키기 위한 것이며, 아름다운 생활에 대한 인민들의 염원에 순응하는 것이다. 당의 18차 전국대표대회 이래 시진핑 동지를 핵심으로 하는 당 중앙은 인민을 위한다는 근본요구를 견지하고, 개혁발전의 성과가 더 많이, 더 보편적으로 광범위한 인민대중들에게 돌아가게 했으며, 인민대중들로 하여금 공동으로 건설하고 공동으로 향유하는 가운데 더 많은 성취감을 얻게 했다. 최근 몇 년간 우리나라 개혁 발전은 큰 성과를 거두었다. 민생과 복지가 지속적으로 개선되고, 도시와 농촌의 수입 격차가 점차적으로 줄어들고 있으며, 빈곤인구가 부단히 감소하고 있다. 인민을 중심으로 하는 발전사상을 견지하고, 경제의 평온하고 건강한 발전을 유지하는 기초위에서, 개혁과 발전의 성과가 더 많이, 더 공평하게 전체 인민들에게 돌아가게 노력한다면, 예정한대로 전면적 샤오캉사회를 건설할 수 있을 것이고 공동부유라는 목표를 향해 온건하게 전진할 수 있게 된다. 그 다음으로 민심을 중시하는 평가표준을 굳게 움켜쥐고 인민대중들과의 혈육의 연계를 밀접하게 해야 한다. 민심은 가장 큰 정치이다. 시진핑 동지는 다음과 같이 말했다. "우리의 모든 사업의 효과를 검증하는 기준은 최종적으로 인민들이 실제적인 혜택을 얻었는지, 인민들의 생활이 진정으로 개선되었는지, 인민들의 권익이 진정으로 보장되었는지에 달렸습니다." "경제사회 발전을 이룸에 있어서 민생은 곧 '나침

반'입니다."[291] 민심을 중시하는 평가표준을 굳게 움켜쥐는 것은 당 건설이 공공의 이익을 위하는 것이고, 집정은 인민을 위하는 것이라는 내재적 요구를 견지하는 것이며, 당과 인민의 사업이 부단히 발전하는 중요한 보증이다. 당의 18차 전국대표대회 이래, 시진핑 동지를 핵심으로 하는 당 중앙은 종엄치당(從嚴治党)을 견지하고, 강철 같은 규율로 당의 단결과 통일을 수호했고, 조금도 에누리 없는 태도로 부패를 퇴치했으며, 연이어 당의 군중노선 교육·실천 활동, '삼엄삼실(三嚴三實)' 교육, '양학일작(兩學一做)' 교육 등을 진행함으로써, 당풍(党風)과 정풍(政風)이 새로운 기상을 보였고, 인민대중들의 옹호와 지지를 받았다. 인민을 중심으로 하는 발전사상을 실천하는 것은 곧 인민들의 염원을 충분히 존중하고, 인민들의 기대에 순응하며, 인민들의 옹호를 받고 당과 인민의 혈육의 관계를 더 밀접히 하는 것이다.

셋째, 인민을 중심으로 하는 발전사상을 실제에 적용시켜야 한다. 당의 18차 전국대표대회 이래, 시진핑 동지를 핵심으로 하는 당 중앙의 치국이정 사상은 부단히 풍부해지고 발전했으며, 치국이정의 실천 또한 현저한 성과를 거두었다. 그 과정에서 인민을 중심으로 한다는 사상은 한 줄기 붉은 선처럼 시종일관 관통되었다.

우선 개혁개방을 전면적으로 심화시켜야 한다. 경제의 건강한 발전을 촉진시키고 인민들의 복지를 증진시키기 위해 노력해야 한다. 당의 18기 3중전회에서는 "전면적으로 개혁을 심화하기 위한 약간의 중대한 문제에 대한 결정"을 내렸다. 30여 년래 각종 영역의 대표적이고

291) 핑옌(平言), 『民生是經濟工作 "指南針"』, 『經濟日報』, 2015년 7월 22일.

지주적인 개혁이 기본적으로 추진되었고, 중요한 영역과 관건 단계의 개혁이 전기를 이루었다. 따라서 현 단계에서는 발전이 불균형하고 조화롭지 않으며, 지속적이지 않는 등의 문제 해결에 초점을 맞춰야 하며, 도시와 농촌 발전과 주민 수입의 격차 해결에 초점을 맞춰야 하며, 각종 사회모순을 해결하는데 초점을 맞춰야 한다. 이는 경제의 발전을 더 촉진시키고, 인민들의 복지를 증진시키기 위한 것이다. 시진핑 동지는 국내외 발전의 형세에 따라 중국경제가 뉴노멀에 진입했다는 전략적 판단을 내리고 이에 따라 정책의 방향을 조정했다. 경제사회의 건강한 발전을 촉진케 하고, 인민대중의 수요에 더 잘 부응하기 위해 당 중앙은 경제체제 개혁의 견인역할을 중시하고 공급측 구조개혁을 실시했으며, 요소 배치를 하는데 있어서 왜곡된 부분을 진일보 적으로 교정하여 시장이 자원배치에서 결정적인 역할을 하게 했다. 또한 경제발전의 질과 효익을 더욱 중시하고 실제적이고 거품이 없는 성장을 이루는 것을 추구하고 있다. 글로벌 경제가 침체기에 처해있는 상황에서 중국 경제구조는 부단히 최적화되어야 하고, 혁신 구동의 발전전력을 다그쳐야 하며, 국유기업 개혁은 지속적으로 추진하고, 사람을 핵심으로 하는 신형 도시화가 온건하게 추진되도록 하며, 경제는 지속적으로 중고속 성장을 유지하게 하고, 도시와 농촌 주민들의 수입이 지속적으로 성장하게 하며, 인민들의 생활을 부단히 개선함으로써, 인민을 중심으로 하는 사상이 충분히 체현되도록 해야 한다. 다음으로 전면적 샤오캉사회의 건설을 견지하고 민생의 취약점을 개선하는데 힘을 쏟음으로써 인민대중이 실제적인 혜택을 보도록 해야 한다. 민생은 인민들 행복의 기초이고 사회 화목의 근본이다. 민생복지를 증진시키는 것은 "당 건설은 공공의 이익을 위하는 것이고 집정은 인민을 위하는 것"이라는 우리 당의 본질적 요구에 의한 것이다. 2013년부터 2016년까지 중국 도시의 취업 인수는 매년 1,300만 명 이상 증가했는데 취업난 문제를 효과적으로 해결했다.

직원 의료보험과 도시주민 의료보험, 농촌주민 의료보험 가입 인수가 13억 명을 초과하여, 그 가입률이 95% 이상에 달했다. 교육사업 개혁을 지속적으로 추진하여 교육의 공평성을 추진하고 교육경비 투입을 증가시켰으며, 학교에 가기 어렵고 비용이 많이 드는 등의 문제가 점차 해결되는 방향으로 나아가고 있다. 보장성 주택 건설을 늘리고 교통과 수리시설 등 기초건설 투자를 늘려 인민대중들의 기본적인 주거와 식수 등의 요구를 만족시켰으며, 인민대중들이 많은 실제 혜택을 볼 수 있게 했다. 당 중앙은 빈곤퇴치 사업에 중시를 돌리고 2020년까지 빈곤 탈퇴를 전부 실현해야 한다고 명확하게 요구했다. 2013년부터 2016년까지 매년 빈곤탈퇴 인구는 1,200만 명 이상에 달했다. 또한 맞춤형 빈곤지원 전략을 실시하여 확실한 효과를 얻었다. 기본 공공서비스 균등화 건설을 부단히 강화하고 낙후한 지구의 발전이 취약한 문제를 적극 해결했다. 당 중앙이 민생건설과 빈곤퇴치를 적극적으로 추진하는 근본적 출발점과 귀착점은 인민들의 삶의 질을 부단히 향상시키고, 인민대중들이 개혁의 성과를 공동으로 향유할 수 있도록 하는 것이다. 그 다음으로 법치국가를 건설하여 사회의 공평과 정의를 촉진시키고, 인민대중들이 각종 민주권리를 공평하게 향유하도록 하는 것이다. 당의 18차 전국대표대회 이래 당 중앙은 사회의 안정을 기본임무로 하고, 사회의 공평과 정(情)의 촉진을 핵심적인 가치추구로 하며, 인민들이 안거낙업할 수 있는 보장을 근본 목표로 하고, 전국적으로 법제중국의 건설을 추진하였다. 당의 18기 4중전회에서는「의법치국을 전면적으로 추진하는데 있어서 약간의 중대 문제에 대한 중공중앙의 결정(中共中央關于全面推進依法治國若干重大問題的決定)」을 심의 통과시키고, 의법치국의 총체적 목표와 주요임무를 명확하게 제기했으며, 당의 영도와 의법치국의 관계를 엄중하게 천명하고, 사회주의 법제시스템이 내포하고 있는 바를 상세히 설명했으며, 의법치국에서 헌법이 가지는 지위를 특별히 강조했다. 따라서 법제정부 건설을 깊이 추진하고, 정부의 권력리스트, 네거티브리스트, 책임리스트 구축을 다그치며, 정부의 책임과 권력의 경계를 진일보 적으로 명확히 하고, 권력이 부패해질 수 있는 공간을 굳건히 척결해야 한다.·법에 의해 결책을 내리는 메커니즘을 구축하고, 중대한 결책에 대해 종신책임을 지는 제도와 책임을 역 추적하는 메커니즘을 구축하며, 중대한 행정결책의 법정시스템에 대중들을 참여시켜야 한다.

정무를 전면적으로 개방하고 권력이 양지에서 운행되도록 하며, 인민들이 권력의 운행을 감독하도록 해야 한다. 사법공정을 보장하고 억울하고 잘못한 사건은 적극 시정하고, 사법부의 공신력을 효과적으로 제고시켜야 한다. 법제중국을 건설하는 것은 인민들이 결책에 참여할 권리를 가지게 하고, 권력의 운행을 감독할 권리를 가지게 하며, 사법 평등을 향유할 수 있는 권리를 가지게 하기 위함이며, 인민을 중심으로 하는 사상의 근본적인 체현이다.

### 2. 샤오캉사회의 실현 여부는 백성들을 보아야 한다.

당의 18차 전국대표대회 이래, 시진핑 동지는 전면적 샤오캉사회 건설에 대해 일련의 중요한 발언을 했다. 그는 다음과 같이 말했다. “2020년에 이르러 전면적 샤오캉사회를 실현한다는 것은 당연히 농촌을 포함한 샤오캉이며, 옛 혁명지구와 빈곤지역의 샤오캉을 포함하는 것입니다. 농촌의 샤오캉, 특히 빈곤지역의 샤오캉이 없이는 전면적 샤오캉사회를 실현했다고 할 수 없습니다.” 그는 또 허뻬이(河北) 푸핑(阜平)현을 고찰하면서 다음과 같이 언급했다. “빈곤을 소멸하고 민생을 개선하며 공동부유를 실현하는 것은 사회주의의 본질적 요구입니다.”[292] 전면적 샤오캉사회 실현은 총체적으로, 총생산량 적으로 샤오캉을 실현하는 것일 뿐만 아니라, 더욱 중요한 것은 농촌과 빈곤지역의 발전을 촉진시켜 발달한 지역과의 격차를 점차적으로 줄이고 샤오캉사회가 전체 인민들에게 혜택을 주도록 하는 것이다. 이는 전면적 샤오캉사회를 건설하는데 필요한 것이기도 하지만 사회주의의 본질적 요구이기도 하다.

첫째, 빈곤탈퇴와 부에 이르고, 나아가 샤오캉을 실현하는 과학적인 루트는 각 지역의 구체적 실정에 맞는 발전의 길을 찾는 것이다. 빈곤탈퇴와 부에 이르는 것을 실현하기 위해서는 사상해방도 중요하지만 방향을 제대고 잡고 알맞은 길을 찾는 것도 십분 중요하다. 시

---

292) 『習近平談治國理政』, 外文出版社, 2014년, 189쪽.

진핑 동지는 닝더(宁德)에서 일할 때 다음과 같이 말했다. "약한 새가 먼저 날도록 해야 합니다. 더 빠르게, 더 높이 날게 해야 합니다. 반드시 지역의 구체적 실정에 맞는 경제발전의 새 길을 찾아야 합니다.", "지역에 맞는 경제발전의 길을 찾기 위해서는 중앙과 성의 총체적 배치에서 출발하여, 전반적인 정세와 본 지역의 실제 상황에 따라 고려해야 합니다." 당의 18차 전국대표대회 이후, 그는 또 한발 더 나아가 강조했다. "빈곤지원을 추진하고 경제사회 발전을 추진하기 위해서는 우선 좋은 생각과 좋은 길이 있어야 합니다. 실제에서 출발하고 지역 상황에 맞게 적절한 대책을 세우며, 생각을 가다듬고 기획을 보완하여 돌파구를 정확히 찾아야 합니다."[293] 당시 그는 닝더(宁德)의 실제 상황에 근거하여 "당지의 실제에 맞게 대책을 세우고, 분류하여 지도하며, 능력껏 최선을 다하고, 효익을 중시한다."는 지도사상을 내놓았다. 그는 이러한 지도사상에 근거하여 닝더의 지역적 특성에 맞게 농업을 발전시키는 길을 택하고, 동시에 본 지방의 자원에 기초한 공업개발을 진행하여 농업과 공업, 두 바퀴가 함께 굴러가야 한다고 주장했다. 실천이 증명하다시피 빈곤지역에서 실제와 결부하여 발전 방향을 잘 잡고 비교우세와 늦게 출발한 장점을 발휘하기만 하면 쾌속 발전을 이룰 수 있을 뿐만 아니라 선두주자를 추월하는 것도 가능하다.

둘째, 빈곤탈퇴와 부에 이르고, 나아가 샤오캉을 실현하는 것은 근

---

293) 중국공산당 윈난성 위원회(中共云南省委), 『深入學習貫徹習近平總書記關于扶貧開發的戰略思想』, 『求是』, 2015년 7기.

본적으로 인민대중에 의지해야 한다. 빈곤탈퇴 사업은 특수한 의의의 군중사업이다. 시진핑 동지는 다음과 같이 말했다. "빈곤지역의 발전은 무엇에 의거해야 할까요? 천 가지 만 가지가 있어도 근본적으로는 두 가지에 의거해야 합니다. 하나는 당의 영도이고, 다른 하나는 인민대중의 역량입니다." "당의 영도 역할을 발휘하기 위해서든, 군중들의 적극성을 발휘하기 위해서든, 모두 우리의 각급 지도간부들이 시종일관 광범한 인민대중들과 밀접한 혈육의 관계를 유지할 것을 요구합니다."[294] 그는 닝더에서 사업할 때, 간부들은 대중들과 밀접한 관계를 유지하는 기본기를 잘 다져야 한다고 크게 강조했다. 즉 신방(信訪)업무[295]가 기층으로 내려가고, 현장사무가 기층으로 내려가며, 조사연구가 기층으로 내려가고, 당의 방침과 정책을 선전하는 것도 기층으로 내려가야 한다는 '4개 기층(四下基層)' 사업제도를 추진한 것이다. 이는 인민대중과의 관계를 밀접하게 하는 중요한 루트로 되었고, 모순을 해결하고 발전을 촉진시키며, 화합을 촉진하고 작풍을 개선하는 효과적인 방법이 되었다. 당년에 그가 자동차로 3시간, 다시 도보로 2시간이 걸리는 서우닝(壽寧)현 샤당(下党)향에 세 번이나 찾아가서 인민대중들의 질고를 헤아리고 그들과 발전의 난제에 대해 상의한 일은 당지 백성들이 지금까지도 칭송하는 미담으로 남아있다.

---

294) 시진핑,『擺脫貧困』, 福建人民出版社, 1992년.

295) 신방(信訪)업무 : 공민, 법인 또는 기타 조직이 서신, 이메일, 팩스, 전화, 방문 등의 형식을 취하여 각급 인민정부, 현(縣) 급 이상 인민정부 업무부문에 상황을 전달하고 건의, 의견 또는 투서청구(投訴請求 : 민원제기)를 제출하며 법에 따라 관련 행정기관이 처리하는 활동을 가리킨다. 그리고 전관이 규정한 형식으로 상황을 전달하고 건의, 의견 또는 신고청구를 제출한 공민, 법인 또는 기타 조직을 신방인이라 칭한다.

셋째, 빈곤탈퇴와 부에 이르고, 나아가 샤오캉을 실현하는 관건은 농촌의 빈곤지원 사업이다. 빈곤지원은 3농(三農)사업이 중요한 내용이며, 농촌 빈곤인구의 수입 증가와 빈곤 탈퇴는 빈곤지원 사업에서 가장 중요한 것이다. 시진핑 동지는 농촌의 빈곤지원 사업의 중요성에 대해서 여러 번 강조했다. 그는 다음과 같이 말했다. "샤오캉사회의 전면적 실현에서 가장 어렵고 막중한 임무는 농촌에 있습니다. 특히 빈곤지역에 있지요. 농촌이 샤오캉이 없이는, 특히 빈곤지역의 샤오캉이 없이는 전면적 샤오캉사회를 실현했다고 말할 수 없습니다.", "전면적 샤오캉사회의 건설은 농촌을 버릴 수 없습니다."[296] "우리가 첫 번째 백년분투목표를 실현하고 전면적 샤오캉사회를 실현하는데 있어서, 혁명근거지의 전면적 샤오캉이 없어서는 안 됩니다. 특히 혁명근거지 빈곤인구의 빈곤탈퇴가 없다면 그것은 완전하지 않은 샤오캉입니다."[297] 각급 당위원회와 정부는 빈곤 지역와 빈곤촌의 발전을 더 효과적으로 추진하고, 빈곤한 농민 가정을 도와 발전능력을 향상시키며, 농촌의 빈곤탈퇴 돌격전을 적극적으로 추진해야 한다.

넷째, 빈곤탈퇴와 부에 이르고, 나아가 샤오캉 사회를 실현하는 중요한 보장은 "낙수가 돌을 뚫는 정신"이다. 빈곤지원 사업을 제대로 하여 낙후한 면모를 개선시키는 것은 하루아침에 이루어지는 것이 아니므로 시종일관 포기하지 않고 노력하는 의지가 필요하다. 시진핑

---

296) 『習近平 : 實現有質量有效益的速度, 實現實實在在沒有水分的速度』, 新華网, 2014년 11월 2일.

297) 『把革命老区发展时刻放在心上习近平主持召开陕甘宁革命老区脱贫致富座谈会侧记』 『人民日报』, 2015년 2월 17일.

동지는 닝더에서 사업할 때 “낙수가 돌을 뚫는 정신”을 크게 강조하고, 낙후한 지역의 발전에는 지름길이 없으며, 하룻밤 사이에 격변이 일어나는 것도 아니고, 낙수가 돌을 뚫는 것처럼 하나의 점진적인 과정이라고 말했다. 그는 또 다음과 같이 강조했다. “‘질적 변화’에만 매달려서는 안 됩니다. ‘양적 변화’의 축적을 잘 해야 합니다. 릴레이 경주처럼 한 사람 한 사람 이어서 나가야 하지요.” “낙수가 돌을 뚫는 정신”은 쇠를 갈아서 바늘을 만들고, 티끌 모아 태산을 이루는 근성을 체현하는 것이다. 또한 약한 새가 먼저 날고 용감한 자가 앞장에서는 창업정신을 체현한 것이며, 초심을 잃지 않고 끝까지 분투하는 진취정신을 체현하는 것이다. 이는 낙후한 지역과 혁명근거지의 광범한 인민대중들의 소중한 정신적 재부이며, 지금에 와서도 아주 강한 현실적 의의가 있다. 어떠한 사업이든 성공하려면 ‘낙수’의 근성이 있어야 하며, 낙후한 지역의 면모를 개선시키기 위해서는 간부와 대중들이 일치단결하여 초심을 잃지 않고 대를 이어가는 노력이 필요하다. 우리는 “낙수가 돌을 뚫는 정신”을 빈곤탈퇴와 부에 이르고, 나아가 샤오캉을 실현하는 전 과정에 관통시켜야 하며, 몸을 낮춰 실정을 헤아리고 열성적으로 일에 몰두하고, 강인한 근성으로 조급한 정서를 물리치고, 빈곤지원의 새로운 에너지를 만들어내야 한다.[298]

298) 유촨(尤權), 『實現貧困地區全面小康的戰略思考學習習近平同志 〈擺脫貧困〉 一書的体會』, 『人民日報』, 2014년 8월 19일.

### 3. 맞춤형 빈곤지원 전략을 실시하여 빈곤탈퇴 공격전의 승리를 이루어야 한다.

2013년 11월 시진핑 동지는 후난(湖南)을 고찰하면서 "맞춤형 빈곤지원"이라는 개념을 제기했다. 그는 다음과 같이 말했다. "빈곤지원은 실제적이어야 하고, 상황에 따라 달라야 하는 맞춤형 빈곤지원을 실시해야 합니다. 빈 구호만 외치지 말아야 하며 비현실적인 목표를 제정하지도 말아야 합니다." 2015년 1월 그는 윈난(云南)에서 조사연구를 하면서 다음과 같이 말했다. "더 명확한 목표와 더 유력한 조치, 더 효과적인 행동으로 맞춤형 빈곤지원과 맞춤형 빈곤탈퇴를 심층적으로 추진해야 합니다. 프로젝트를 합리적으로 안배하고, 자금을 합리적으로 사용하여 빈곤 백성들이 실제적인 혜택을 보도록 해야 합니다." 맞춤형 빈곤지원은 새로운 시기 빈곤지원 사업의 중요한 지도사상이며, 빈곤탈퇴 공격전에서 승리하고 전면적 샤오캉사회를 실현하는 현실적 요구이다.

첫째, 맞춤형 빈곤지원을 실시하는 것은 빈곤탈퇴 공격전의 승리를 이루기 위한 현실적 수요이다. 당의 18차 전국대표대회 이래, 당 중앙은 맞춤형 빈곤지원 전략을 실시하고 중국특색의 빈곤지원 개발의 길을 개척했고 새로운 시기 빈곤지원 사업의 새로운 국면을 열었다. 시진핑 동지는 다음과 같이 말했다. "우리는 한편으로는 전면적 샤오캉사회의 실현을 선포하고, 다른 한편으로는 수 천 만 인구의 생활수준이 빈곤탈퇴의 표준에 못 미치는 상황을 만들지 말아야 합니다. 이는 인민대중들이 전면적 샤오캉사회의 실현에 대해 의문을 가지게 할 것이며, 국제사회에서도 우리나라의 전면적 샤오캉사회의 실현에 대해 의문을 가지게 할 것입니다."[299] 현재의 중점은 맞춤형 빈곤지원과 맞춤형 빈곤탈퇴를 견지하고 중점적으로 빈곤탈퇴 공격전의 효과를 끌어올리며, 당 중앙이 확정한 빈곤탈퇴 공격전 목표를 기한 내에 실현하는 것이다.

먼저 "효율만 추구하고 효과를 경시하는 빈곤지원 모델"은 새로운 형세에서의 빈곤지원 개발사업의 수요에 더 이상 맞지 않는다. 빈곤지원 사업의 효과를 가늠하는 두 개의 중요한 지표가 바로 정확성과 고효율성이다. 빈곤지원 개발이 실시된 이래 우리는 전체적인 빈곤상황을 기본적으로 파악했고 빈곤지원 효율도 비교적 높았다. 하지만 빈곤지원의 정확성이 떨어지고 그 역할 역시 충분히 발휘되지 못했다. 맞춤형 빈곤지원 전략을 실시하는 것은, 과거의 현(縣)을 단위로 하던 '구역성(區域性)' 빈곤지원에서 구체적인 마을과 세대를 직접 겨냥한 '점혈식(点穴式)' 빈곤지원으로의 전환을 의미한다.

다음으로 "전체를 중시하고 개체를 경시하는" 빈곤지원 방식은 이제 더 이상 그 역할을 발휘하기 힘들게 되었다. 맞춤형 빈곤지원은 진짜로 빈곤하고 도움이 필요한 사람들을 선별해냄으로써 제한된 빈곤지원 자원을 효과적으로 사용하기 위한 것이며, 진정으로 생존과 발전에 도움이 필요한 빈곤세대들이 정책과 자원의 도움을 받도록 하는 것이다. 전통적인 빈곤지원 방식은 전체적인 효율만 강조해왔다. 흔히 정부가 통일적으로 획일화된 빈곤지원 책략을 제정하고 일

299) 류융푸(劉永富),『全力補齊全面建成小康社會的突出短板』,『求是』, 2016년, 6기.

정한 조직과 시스템에 따라 빈곤인구들이 빈곤지원 개발에 참여하도록 하는 것이다. 하지만 실제 정황을 보면, 정부의 통일적은 책략은 흔히 여러 지역의 기후풍토에 맞지 않았고 빈곤세대의 실제 수요와도 맞지 않았다. 따라서 빈곤탈퇴를 전면적으로 실현하기 위해서는 중점을 '맞춤형'에 놓아야 한다. 따라서 병에 따라 약을 처방하고 표적치료를 해야만, 비로소 빈곤지원이 실제적인 효과를 거두게 되고, 빈곤세대들의 진심으로 된 환영을 받게 될 것이며, 빈곤지원과 빈곤탈퇴 사업은 비로소 실제적인 효과를 보게 될 것이다.[300]

그 다음으로 인민을 중심으로 하는 발전관을 수립하고 맞춤형 빈곤지원 전략을 실시해야 한다. 시진핑 동지는 푸핑현(阜平縣) 빈곤세대들을 위문하는 자리에서 다음과 같이 말했다. "빈곤을 소멸하고 민생을 개선하여 공동부유를 실현하는 것은 사회주의의 본질적인 요구입니다. 어려운 백성들에 대해 우리는 각별히 주목하고 각별히 아끼며, 각별히 관심을 두고 천방백계로 이들의 어려움을 해소해야 하며, 백성들의 안위를 시시각각 마음속에 새기고 당과 정부의 배려를 천가만호에 보내줘야 합니다." 맞춤형 빈곤지원은 사회주의 길을 견지하는 것이고 공동부유를 실현하기 위한 것이다. 공동부유는 중국특색사회주의의 본질적인 요구이며, 중국특색사회주의 이론의·중요한 구성부분이다.[301]

---

300) 원타오(聞濤),『扶貧開發, 精准在于扶貧』,『人民日報』, 2015년 6월 25일.
301) 우전쿤(吳振坤),『改革開放30年的最大成果論中國特色社會主義』,『理論學刊』, 2008년, 10기.

둘째, 맞춤형 빈곤지원과 맞춤형 빈곤탈퇴 전략을 실현하기 위해서는 정확성을 높여야 한다. 우선 빈곤지원의 대상을 정확하게 식별해야 한다. 맞춤형 빈곤지원과 맞춤형 빈곤탈퇴의 관건은 '맞춤'에 있고 실제적인 효과를 보는 데 있다. 정확하게 빈곤대상을 식별하고 빈곤의 정도를 체크하며 빈곤의 원인을 찾아내는 것은 맞춤형 빈곤지원의 첫 걸음이다. 빈곤의 경위를 잘 파악하고 정확하게 분류하며, 통일적인 빈곤대상 식별방법으로 상황을 파악하고, 빈곤의 원인과 발전의 수요에 따라 과학적으로 빈곤세대 유형을 구분해야 한다.[302]

다음으로 빈곤지원 프로젝트를 정확하게 안배해야 한다. 빈곤지원 대상을 정확하게 식별한 기초위에서, 사업의 중점은 맞춤형 정책을 실시하고 분류별 정책 실시하는 것이다. 즉 사람과 지역에 따라서 정책을 다르게 실시하고 빈곤 유형에 따라서 정책을 다르게 실시해야 한다. 지역별 특성에 맞게 특색산업을 발전시켜야 한다. 각 지역의 자원우세와 산업기초에 따라 그 지역에 어울리는 특색산업을 발전시켜야 한다. 대중들의 적극성을 끌어내고 빈곤지원 프로젝트와 자금의 역할을 충분히 발휘하며, 빈곤세대가 산업을 발전시키는 데 맞춤형 도움을 줘야 한다.[303] 조건에 부합되는 농민전문합작사와 농촌집체경제조직 등을 중점적으로 지원하여 빈곤세대들이 수입증가를 이끌어내야 한다. 그 다음으로 빈곤지원 자금을 정확히 사용해야 한다. 빈

302) 류치(劉奇),『堅決打贏老區脫貧攻堅戰』,『人民日報』, 2016년 11월 14일.

303) 國家發展改革委社會發展研究所課題組,『精准扶貧 : 讓全民共同邁上小康之路』,『社會科學報』, 2016년 3월 31일.

곤지원 자금은 곧 빈곤대중들의 '생명줄'이며 맞춤형 빈곤지원의 '촉진제'로서, 기본을 유지하고 최저선을 지키며 공평을 실현하는(保基本, 兜底線, 促公平) 중요한 사명을 안고 있다.[304] 농촌 빈곤지역의 빈곤지원 사업의 실제 효과를 가늠하는 가장 직접적인 방법은 빈곤지원 자금의 사용과 관리가 제대로 되었는가를 보는 것이다. 빈곤지원 자금을 정확하게 지급해야 하며 임의적인 자금 분배를 방지해야 한다. 빈곤지원 자금을 효과적으로 이용해야 한다. 중점적이고 견인역할을 할 수 있는 빈곤지원 프로젝트에 우선적으로 투입하고, 각종 빈곤지원 자금을 통합하여 이용하며, 역량을 집중하여 빈곤을 유발하는 핵심문제를 해결해야 한다. 또한 빈곤지원 조치를 정확히 실시해야 한다. 빈곤지원 대상의 어려움과 빈곤을 야기한 원인에 따라 구체적인 지원방안을 제정하고 분류별로 지원조치를 실시하며, 관련 지원과 조치들이 세대와 개인에게 전달되도록 해야 한다. 빈곤지원 대상들 가운데 노동능력이 있고 경작지나 기타 자원을 갖고 있지만, 자금이 부족하고 산업적 지지가 없으며 전문기술이 부족한 대상들에 대해서는 중점을 생산과 생활 조건 개선에 두고, 이들이 자기의 두 손으로 아름다운 미래를 창조해나가도록 인도하고 지원해야 한다. 생산조건이 열악하고 자연재해가 빈곤한 지방에 대해서는 당사자들의 자원을 전제로, 타 지역으로의 이전을 추진해야 한다. 동시에 방법을 동원하여 이전 인구들에게 취업과 생활조건을 제공하고 빈곤에서 탈퇴하도록 이끌어야 한다. 일부 노동능력을 상실한 빈곤대상들에 대해서는

---

304) 샤홍민(夏紅民), 차오수린(曹樹林),『扶貧需要提高 "精准度"』,『人民日報』, 2014년 5월 21일.

직접적인 사회보장으로 도움을 줘야 한다.

### 4. 더욱 공평하고 지속가능한 사회보장제도를 구축해야 한다.

시진핑 동지는 경제 사업을 진행하면서 "최저선을 지켜야 한다."고 강조했다. 이는 기본생활 보장을 위주로 하는 공평한 사회보장체계를 구축해야 함을 의미한다. 우리나라는 세계적으로 인구가 가장 많은 개발도상국이며, 현재 사회주의 초급단계에 처해있다. 따라서 더욱 공평하고 지속가능한 사회보장제도를 구축하기 위해서는 우리가 처한 기본국정을 전제로 해야 한다. 최선을 다하되 힘이 닿는 만큼 하며 시종 아래와 같은 원칙을 견지해야 한다.

우선 공평과 효율이 서로 결합되어야 한다. 사회보장제도의 설계는 보편성을 가져야 하며, 정부는 가장 곤란한 계층의 기본생활을 보장해야 한다. 여러 계층을 두루 고려한 사회보장 조정메커니즘을 구축하고, 각 방면의 이해관계를 합리적으로 조정하여 사회의 화합을 도모해야 한다. 동시에 요금제(繳費型) 사회보장을 핵심으로 하여, 사회의 상호구제(互濟)를 통일적으로 계획하고 위험을 분산시키며, 권리와 임무가 서로 매치되도록 해야 한다. 또한 요금 납부와 보장 혜택이 적당히 매치되게 하며, 성실하고 근면한 노동을 격려함으로써 사회보장제도의 지속가능성을 실현해야 한다. 다음으로 전면 포함(全覆盖)과 기본 보장을 결합시켜야 한다. 국제적 경험이 표명하듯이 사회보장제도에는 '모범답안'이 없으며, 여러 나라들은 자국의 실정에 근거하여 제도를 확정해야 한다. 기본적 제도 안정은 지속가능한 발전을 실현하는 전제이다. 경솔하게 "호떡 뒤집듯이" 하는 '개혁'은 혹독한 대가를 치르게 된다. 우리나라의 사회보장제도는 전면적으로 포함하고 기본적으로 보장하는 것을 우선적인 목표로 해야 한다. 최선을 다 하면서도 능력이 닿는 만큼 해야 하며, 사회보장의 범위를 확대하고 각종 사회보장 표준을 안정적으로 제고해나가야 한다. 우리나라의 현행 사회보장제도는 많은 결함이 존재하지만, 이미 적지 않은 경험을 축적했기에 지금의 기초 위에서 지속적으로 보완해나가야 하며, 기본제도 자체를 뒤집어엎고 다시 반복하는 우를 범해서는 안 될 것이다.

그 다음으로 통일적인 규범화와 통일적으로 계획하고 두루 돌보는 것을 결합해야 한다. 우리나라 사회보장제도 개혁은 모두 국부적인 테스트를 통해 점차적으로 추진되고 있다. 제도가 발전하는 과정에서 정책표준이 일정하지 못한 문제나 지역 관리 구분 관련 모순의 발생을 피할 수 없다. 따라서 전국적 범위 내에서 기본정책을 통일하고 펀드 관리를 통일시키며, 서비스 과정을 규범화하고 전국적으로 통일된 사회보장 정보시스템을 구축해야 한다. 사회보장제도의 정층설계(頂層設計)를 강화하고 경제정책과 사회정책이 서로 협조하게 하며, 도시와 농촌의 발전을 통일적으로 계획하고, 서로 다른 계층 사이의 이해관계를 적절하게 처리하며, 국가와 단위부문(單位), 개인(가정)의 사회보장 관련 책임을 명확히 하고, 사회보장시스템 건설을 종합적으로 추진하며, 현재와 미래를 고루 돌보고 제도의 지속가능한 발전을 실현해야 한다. 더욱 공평하고 지속가능한 사회보장제도를 구축하기 위해서는 공평성과 적응성, 유동성을 증강시키고 지속가능성을 보장하는 것을 중점으로 해야 하며 아래와 같은 방면에서 전기를 가져와야 한다.

첫째, 사회보장제도 개혁을 서둘러 추진해야 한다. 시진핑 동지는 다음과 같이 강조했다. "제도를 보완하고 사업을 개진하며, 양로사업의 다원화와 다양화 발전을 추진하여 모든 노인들이 의탁할 곳이 있게 하며, 안락하고 즐거운 만년을 보낼 수 있게 해야 합니다."[305] 우선 사회의 통일적 계획과 개인의 계좌가 서로 결합된 기본양로보험제도를 견지해야 한다. 개인계좌제도를 보완하여 많이 내면 많이 받는 격려 메커니즘을 구축하며, 보험 가입자의 권익을 보호하고 기초양로금의 전국적 통일계획을 실현시켜야 한다. 다음으로 기관과 사업단위(事業單位) 양로보험제도 개혁을 서둘러서 추진해야 한다. 사회의 통일적 계획과 개인의 계좌가 서로 결합된 기본제도에 따라 기관과 사업단위의 양로보험제도를 개혁하며, 양로보험의 '이원제(双軌制)'를 폐기해야 한다. 동시에 기관과 사업단위의 특점에 맞는 직업연금제도를 구축해야 한다. 그 다음으로 도시와 농촌 주민들의 기본양로보험제도와 기본의료보험제도를 병합하며, 도시와 농촌 주민들이 제도적으로 공평한 대우를 받고, 공공자원을 공유할 수 있도록 해야 한다.

둘째, 사회보장제도의 지속가능한 발전을 보장할 수 있는 체제와 메커니즘을 서둘러 구축해야 한다. 우선 사회보장의 재정투입 제도를 완비하고 사회보장 예산제도를 보완해야 한다. 정부의 사회보장

305) 『習近平總書記深入北京市供熱企業和敬老院考察民生工作時表示』, 新華网, 2013년 12월 29일.

책임을 명확히 하고 민생보장에 대한 공공재정의 역할을 더 잘 발휘해야 한다. 다음으로 각 계층 인원들을 합리적으로 고려한 사회보장 대우의 확정과 정상적인 조정 메커니즘을 구축해야 한다. 주민수입에 기초하여 사회보장 수준을 합리적으로 확정하고, 수입 증가와 물가 변동 등 주요 요소들을 종합적으로 고려한 정상적 조정 메커니즘을 구축하며, 사회보장 대우와 경제사회 발전이 서로 연동되는, 지속적이고 질서 있으며 합리적인 성장을 실현해야 한다. 그 다음으로 사회보장기금의 투자 관리와 감독을 강화하고 기금의 시장화 다원화 투자운영을 추진해야 한다. 사회보장기금의 법률 감독과 행정 감독, 사회 감독을 강화하고 기금 안전과 효과적인 사용을 보장해야 한다. 또한 사회보장관리체제와 서비스시스템을 완비해야 한다. 사회보장제도의 새로운 개혁과 변화발전에 따라 사회보장 행정관리체제를 제때에 조정해야 한다.

셋째, 다차원적 사회보장시스템 건설을 추진해야 한다. 우선 도시와 농촌의 최저생활보장제도를 통일적으로 계획하고 발전시켜야 한다. 도시와 농촌의 최저생활보장제도를 지속적으로 보완하는 한편, 착력점을 점차 도시와 농촌의 통일적 계획에 돌리고, 도시와 농촌 제도의 통합과 대우의 연결을 추진해야 한다. 다음으로 주거보장제도를 보완해야 한다. 우리나라의 국정에 부합되는 주거보장과 공급시스템을 구축하고 공개적이고 규범화된 주택기금(住房公積金)제도를 구축하며, 주택기금이 인출, 사용, 관리감독 메커니즘을 개선하고 주택기금의 사용 효율을 제고시켜야 한다. 그 다음으로 보충사회보험(補充

社會保)과 상업보험을 적극 발전시켜야 한다. 세금 감면 등의 우대정책을 제정하고 실시하며, 기업연금과 직업연금 등 보충사회보험과 상업보험을 서둘러 발전시키고 다차원적인 사회보장시스템을 구축해나가야 한다. 또한 특수계층의 보장제도를 완비해야 한다. 사회양로서비스시스템 구축과 양로서비스산업 발전을 다그치고, 농촌 유수아동(留守儿童)과 부녀, 노인 등을 아끼고 배려하는 서비스시스템을 구축해나가야 한다.

# 후기

# 후기

현재 중국은 거대한 역사적 변혁의 시대에 처해있다. 당의 18차 전국대표대회 이래, 시진핑 동지를 핵심으로 하는 당 중앙은 치국이정(治國理政)의 새로운 이념과 새로운 사상, 새로운 전략을 수립해놓고 '5위일체(五位一体)'의 총체적 배치와 '네 개 전면(四个全面)'의 전략적 배치를 통합적으로 추진하고 있다. 중국경제를 뉴노멀에 적응하고 "중진국의 함정"을 뛰어넘기 위해, 혁신, 조화, 친환경, 개방 공유 등 새로운 발전이념을 제기하고 공급측 구조개혁을 크게 추진하고 있으며, 경제성장의 질과 효익을 더 중시하고, 경제대국에서 경제강국으로 나아가는 걸음을 촉구하고 있다. 5년 동안 중국의 경제는 안정 속 성장을 추구하고, 일련의 새로운 성과와 경험을 얻었다. 이와 같은 중요한 전략판단과 사상 논단과 실천경험은 마르크스주의 정치경제학의 새로운 성과이고 당대 발전경제학의 새로운 전기일 뿐만 아니라, 중국특색사회주의건설 법칙의 새로운 제고이며, 중국특색사회주의 이론체계의 새로운 발전으로 치국이정(治國理政)의 새로운 경지를 개척하고 전진의 방향을 제시한 것이다.

중국행정학원(國家行政學院)은 공무원, 특히 고급 공무원을 배양하는 신형의 학부이다. 고급 관리인재와 정책연구인재를 배양하는 중요한 기지이며, 중앙정부에 결책자문서비스를 제공하고 과학연구를 진행하는 신형의 싱크탱크이며, 의식형태 방향을 고수하고 여론을 인도하는 이론적 진지이다. 최근 몇 년 간, 중앙과 학원(學院) 당위원회의 요구에 따라 나와 경제학부의 동료들은 시진핑 총서기의 일련의 중요한 발언정신들을 학습하고, 교내외에서 이에 상응하는 교학과 과학연구 자문 임무를 담당했다. 필자는 주로 "경제대국에서 경제 강국으로 나아가는 전략(從經濟大國到經濟强國的戰略)", "중국경제의 뉴노멀과 경제정책의 방향(中國經濟新常態及經濟政策取向)", "신형 도시화와 국가변혁(新型城鎮化与國家變革)", "샤오캉사회의 전면적 실현(全面建成小康社會)", "공급측 구조개혁의 추진(加快推進供給側結构性改革)" 등의 과정이다. 또한『개혁의 보너스를 끌어내야 한다(釋放改革紅利)』,『중국 경제의 업그레이드(打造中國經濟升級版)』,『돌파: 경제체제개혁을 전면적으로 심화시키자(攻堅： 全面深化經濟体制改革)』,『뉴노멀에 접어든 중국경제(走進新常態的中國經濟)』,『네 개의 전면, 새로운 배치와 새로운 경지(四个全面： 新布局, 新境界)』,『중국경제의 뉴노멀(中國經濟新常態)』,『경제대국에서 경제 강국으로(從經濟大國邁向經濟强國)』,『중국 공급측 구조개혁(中國供給側結构性改革)』,『중국 신발전이론(中國新發展理念)』,『중국 맞춤형 빈곤탈퇴의 10가지(中國精准脫貧攻堅十講)』,『중국경제의 새로운 방향(中國經濟新方位)』 등 저서들을 합작하여 편찬했고, 인민출판사(人民出版社和)와 국가행정학원출판사(國家行政學院出版社)에서 출판했다. 이 가운데 일부는 중앙선전부(中央宣傳部)와 중앙조직부(中央組織部) 등에 의해 우수이론독물상(优秀理論讀物奬)을 받았고, 일부는 국가사회기금(中華學術外譯項目)의 자금지원을 받는 중화학술번역프로젝트(中華學術外譯項目)에 선정되어 좋은 사회적 반향을 얻었다.

2017년 하반기에 당의 제19차 대표대회가 열리게 된다. 당의 18차 전국대표대회 이래 시진핑 동지를 핵심으로 하는 당 중앙이 경제건설 영역에서 거둔 성과와 경험을 잘 결산하는 것은 우리가 앞으로의 경제건설을 잘 해내는 데 있어서 특별히 중요하다. 따라서 인식과 능력에 한계가 있음에도 불구하고 우리는 경외의 마음을 가지고 이 사업을 시작했다. 이 책을 집필함에 있어서 국가행정학원의 지도자들과 동료들의 많은 관심과 지지를 받았다. 마바오청(馬宝成), 장칭(張青), 펑차오빈(馮俏彬), 판지다(樊継達), 마샤오팡(馬小芳), 황퀸(黃錕), 왕루(王茹), 왕하이옌(王海燕), 장궈화(張國華), 셰전둥(謝振東), 콩스핑(孔世平), 저우웨훼이(周躍輝), 두칭하오(杜慶昊), 루홍예(呂洪業), 마하이롱(馬海龍), 쑨즈위안(孫志遠), 쉐이밍웨(水名岳), 쑨페이(孫飛), 까오리페이(高立菲) 등이 부분적 내용에 대한 토론과 수정에 참여하였다. 특히 저우웨훼이(周躍輝), 두칭하오(杜慶昊), 쑨페이(孫飛) 등은 기초적인 자료와 문자 처리를 담당했는데, 그 두터운 정과 우정은 마음에 새겨둘 것이다. 이 지면을 통해 충심으로 감사를 드린다!

이 책의 집필은 당 중앙과 국무원의 사업을 지지하는 차원의 형식을 띠고 있고, 필자의 교학과 연구, 자문 등 '세 가지를 결합하는' 유익한 탐색이기도 하다. 집필의 과정은 필자가 부단히 학습하고 사상인식을 제고시키는 과정이기도 했다. 따라서 이 책은 단계적인 초보적 연구성과이며, 앞으로 후속연구를 통해 부단히 인식의 수준을 제고시켜야 한다고 생각한다. 집필 시간이 총망했고 필자의 이론 수준에도 한계가 있었기에 미흡한 부분 역시 적지 않으리라 생각한다. 따라서 여러 독자들의 아낌없는 비평과 지적을 바라마지 않는다.

장잔빈(張占斌)

2017년 7월

# 참고문헌


习近平,『习近平谈治国理政』, 外文出版社, 2014년.

『之江新语』, 浙江出版联合集团, 浙江人民出版社, 2013년.

『摆脱贫困』, 福建人民出版社, 1992년.

『干在实处,走在前列———推进浙江新发展的思考与实践』, 中共中央党校出版社, 2006년.

『中国农村市场化建设研究』, 人民出版社, 2001년.

『习近平总书记重要讲话文章选编』, 党建读物出版社, 中央文献出版社, 2016년.

『习近平关于全面建成小康社会论述摘编』, 中央文献出版社, 2016년.

『习近平关于实现中华民族伟大复兴的中国梦论述摘编』, 中央文献出版社, 2013년.

『习近平关于社会主义经济建设论述摘编』, 中央文献出版社, 2017년.

毛澤東,『毛泽东选集』, 人民出版社, 1991년.

鄧小平,『邓小平文选』第二卷, 人民出版社, 1994년.『邓小平文选』第三卷, 人民出版社, 1993년.

『鄧小平年谱(1975—1997)』, 中央文献出版社, 2004년.

『十八大以来重要文献选编』, 中央文献出版社, 2014년.

国家发展和改革委员会编写组,『中华人民共和国国民经济和社会第十三个五年规划纲要辅导读本』, 人民出版社, 2016년.

『中共中央关于全面深化改革若干重大问题的决定』, 人民出版社, 2013년.

『中共中央关于全面依法治国若干重大问题的决定』, 人民出版社, 2014년.

中共中央宣传部编,『习近平总书记系列重要讲话读本』, 学习出版社, 人民出版社, 2014년.

『国家新型城镇化规划(2014—2020 年)』, 人民出版社, 2014년.

『推动共建丝绸之路经济带和 21 世纪海上丝绸之路的愿景与行动』, 人民出版社, 2015년.

『习近平用典』, 人民日报出版社, 2015년.

何毅亭, 『学习习近平重要讲话』(증정본), 人民出版社, 2014년.

Angus Maddison, 『中国经济的长期表现(公元 960—2030年)』, 伍晓鹰 등 역, 上海人民出版社, 2011년.

Douglass Cecil North, 『经济史中的结构与变迁』, 上海三联书店, 1991년.

David Smith, 『龙象之争』, 丁德良 역, 当代中国出版社, 2007년.

Robert Rowles, 『转折点, 增长范式的终结』, 上海译文出版社, 2001년.

Ronald H. Coase, 王宁, 『变革中国, 市场经济的中国之路』, 中信出版社, 2013년.

Thomas Piketty, 『21 世纪资本论』, 中信出版社, 2014년.

邹致庄), 『中国经济转型』, 电子工业出版社, 2017년.

蔡昉, 『破解中国经济发展之谜』, 中国社会科学出版社, 2014년.

常修泽, 『包容性改革论』, 经济科学出版社, 2013년.

陈佳贵, 黄群慧 등, 『工业大国国情与工业强国战略』, 社会科学文献出版社, 2012년.

成思危, 厉以宁, 吴敬琏, 林毅夫 등, 『改革是中国最大的红利』, 人民出版社, 2013년.

迟福林, 『改革红利』, 中国经济出版社, 2013년.

『转型抉择 2020, 中国经济转型升级的趋势与挑战』,中国经 济出版社, 2015년.

樊纲, 『制度改变中国』, 中信出版社, 2014년.

高培勇, 『财税体制改革与国家治理现代化』, 社会科学文献出版社, 2015년.

高尚全, 『改革只有进行时』, 人民出版社, 2013년.

辜胜阻, 『创新驱动战略与经济转型』, 人民出版社, 2013년.

何传启, 『中国现代化报告』, 北京大学出版社, 2015년.

国家行政学院经济学教研部, 『中国经济新常态』, 人民出版社, 2015년.
国家行政学院经济学教研部, 『中国供给侧结构性改革』, 人民出版社, 2016년.
『中国经济新方位』, 人民出版社, 2017년.
国家行政学院 편찬팀, 『中国精准脱贫攻坚十讲』, 人民出版社, 2016년.
『中国新发展理念』, 人民出版社, 2016년.
『打造中国经济升级版』, 国家行政学院出版社, 2014년.
『攻坚, 全面深化经济体制改革』, 国家行政学院出版社, 2014년.
胡鞍钢, 『2030 中国, 迈向共同富裕』, 中国人民大学出版社, 2011년.
贾康, 『供给侧改革理论、实践与思考』, 商务印书馆, 2016년.
李扬, 张晓晶, 『论新常态』, 人民出版社, 2015년.
厉以宁, 『中国经济双重转型之路』, 中国人民大学出版2013.
林毅夫, 蔡昉, 李周, 『中国的奇迹, 发展战略与经济改革』, 格致出版社, 1994년.
林毅夫, 『解读中国经济没有现成模式』, 社会科学文献出版社, 2008년.
『新结构经济学』, 北京大学出版社, 2012년.
刘鹤, 『两次全球大危机的比较研究』, 中国经济出版社, 2013년.
刘世锦,『在改革中形成增长新常态』, 中信出版社, 2014년.
刘伟, 『改革与发展的经济学分析』, 北京大学出版社, 2005년.
马建堂, 『2014 年中国宏观经济』, 中国统计出版社, 2015년.
聂高民, 孙长学) 등, 『中国经济体制改革顶层设计研究』, 人民出版社, 2012년.
欧阳峣, 『大国综合优势』, 上海三联书店 2011년.
邱晓华, 管清友, 『新常态经济』, 中信出版集体 2015년.
王一鸣 등, 『走向 2020, 中国中长期发展的挑战和对策』, 中国计划出版社, 2011년.
『改革红利与发展活力』, 人民出版社, 2013년.
王一桅, 『"一带一路"机遇与挑战』, 人民出版社, 2015년.

魏礼群,『四个全面, 新布局,新境界』, 人民出版社, 2015년.

『改革论集』, 人民出版社, 2016년.

吴敬琏,『中国增长模式抉择』(第 4 版), 上海远东出版社, 2013년.

徐绍史,『加快转变经济发展方式』, 人民出版社, 党建读物出版社, 2015년.

张占斌, 周跃辉,『新常态下的大国经济』, 湖南人民出版社2015 .

张占斌,『大国经济的治理』, 国家行政学院出版社, 2014년.

『统筹城乡经济发展』, 国家行政学院出版社, 2011년.

『中国改革新起点』, 人民出版社, 2017년.

『改革红利再释放』, 三联书店 2014년.

『解析新型城镇化』, 中国经济出版社, 2014년.

『中国式崛起, 渐进改革与政府公共政策选择』, 中央文献出版社, 2004년.

『中国经济强国梦』, 河北出版传媒集团, 河北人民出版社, 2014년.

赵胜轩,『全面建成小康社会与中国梦』, 人民出版社, 党建读物出版社, 2015년.

武力,『中国道路与中国梦』, 当代中国出版社, 2015년.

周其仁,『城乡中国』, 中信出版集团 2017년.

周天勇,『艰难的复兴, 中国21世纪国际战略』, 中共中央党校出版社, 2013년.

『中国向何处去』, 人民日报出版社, 2010년.

郑永年,『中国模式经验与挑战』, 中信出版集团 2016년.

张维为,『文明型国家』, 上海人民出版社, 2017년.